AF148749

Kinder, Kindheiten und Kindheitsforschung

Band 33

Reihe herausgegeben von

Sabine Andresen, Fachbereich Erziehungswissenschaften, Institut für
Sozialpädagogik und Erwachsenenbildung, Goethe-Universität Frankfurt am
Main, Frankfurt am Main, Deutschland

Isabell Diehm, Fachbereich Erziehungswissenschaften, Institut für Allgemeine
Erziehungswissenschaft, Goethe-Universität Frankfurt am Main, Frankfurt am
Main, Deutschland

Claudia Machold, Fachbereich Erziehungswissenschaften, Institut für Pädagogik
der Elementar- und Primarstufe, Goethe-Universität Frankfurt am Main, Frankfurt
am Main, Deutschland

Die aktuellen Entwicklungen in der Kinder- und Kindheitsforschung sind ungeheuer vielfältig und innovativ. Hier schließt die Buchreihe an, um dem Wissenszuwachs sowie den teilweise kontroversen Ansichten und Diskussionen einen angemessenen Publikationsort und breit gefächertes -forum zu geben. Gegenstandsbereiche der Buchreihe sind die aktuelle Kinderforschung mit ihrem stärkeren Akzent auf Perspektiven und Äußerungsformen der Kinder selbst als auch die neuere Kindheitsforschung und ihr Anliegen, historische, soziale und politische Bedingungen des Aufwachsens von Kindern zu beschreiben wie auch Theorien zu Kindheit zu analysieren und zu rekonstruieren.

Die beteiligten Wissenschaftlerinnen sind mit unterschiedlichen Schwerpunkten in der Kinder- und Kindheitsforschung verankert und tragen zur aktuellen Entwicklung bei. Insofern versteht sich die Reihe auch als ein neues wissenschaftlich anregendes Kommunikationsnetzwerk im nationalen, aber auch im internationalen Zusammenhang. Letzterer wird durch eine größere Forschungsinitiative über Kinder und ihre Vorstellungen vom guten Leben aufgebaut.

Entlang der beiden Forschungsperspektiven – Kinder- und Kindheitsforschung – geht es den Herausgeberinnen der Reihe „Kinder, Kindheiten und Kindheitsforschung" darum, aussagekräftigen und innovativen theoretischen, historischen wie empirischen Zugängen aus Sozial- und Erziehungswissenschaften zur Veröffentlichung zu verhelfen. Dabei sollen sich die herausgegebenen Arbeiten durch teildisziplinäre, interdisziplinäre, internationale oder international vergleichende Schwerpunktsetzungen auszeichnen.

Reihe herausgegeben von

Sabine Andresen
Goethe-Universität
Frankfurt am Main, Deutschland

Isabell Diehm
Goethe-Universität
Frankfurt am Main, Deutschland

Christine Hunner-Kreisel
Universität Vechta
Deutschland

Claudia Machold
Bergische Universität Wuppertal
Deutschland

Sabina Staub

Anerkennungsverhältnisse in der Schule

Empirische Untersuchungen im Kontext der Auffangzeit im Schweizer Kindergarten

 Springer VS

Sabina Staub
Pädagogische Hochschule Zug
Zug, Schweiz

Von der Pädagogischen Hochschule Freiburg zur Erlangung des Grades einer Doktorin der Philosophie (Dr. phil.) genehmigte Dissertation von Sabina Staub aus Zürich. Promotionsfach: Erziehungswissenschaft Erstgutachterin: Prof. Dr. Bettina Fritzsche (Pädagogische Hochschule Freiburg i. Br.) Zweitgutachterin: Prof. Dr. Doris Edelmann (Pädagogische Hochschule Bern) Tag der mündlichen Prüfung: 3. November 2023.

ISSN 2512-0964   ISSN 2512-0972 (electronic)
Kinder, Kindheiten und Kindheitsforschung
ISBN 978-3-658-46175-1   ISBN 978-3-658-46176-8 (eBook)
https://doi.org/10.1007/978-3-658-46176-8

Die Deutsche Nationalbibliothek verzeichnet diese Publikation in der Deutschen Nationalbiblio-grafie; detaillierte bibliografische Daten sind im Internet über https://portal.dnb.de abrufbar.

Diese Publikation wurde durch den Open-Access-Publikationsfonds der Pädagogischen Hochschule Zug finanziell unterstützt

Planung/Lektorat: Daniel Rost
Springer VS ist ein Imprint der eingetragenen Gesellschaft Springer Fachmedien Wiesbaden GmbH und ist ein Teil von Springer Nature.
Die Anschrift der Gesellschaft ist: Abraham-Lincoln-Str. 46, 65189 Wiesbaden, Germany

Wenn Sie dieses Produkt entsorgen, geben Sie das Papier bitte zum Recycling.

Wer „bin" ich ohne dich?
(Butler, 2012, S. 39)

Wie sich aber auch zeigt, birgt eine Selbsthinterfragung dieser Art die Gefahr, dass man die Möglichkeit des Anerkanntwerdens durch andere aufs Spiel setzt; denn wenn man die Normen der Anerkennung, die darüber bestimmen, was ich sein kann, in Frage stellt, wenn man nach dem fragt, was diese Normen übergehen und was sie vielleicht unbedingt berücksichtigen sollten, dann riskiert man in Bezug auf das gegenwärtige Regime, kein anerkennungsfähiges Subjekt mehr zu sein oder doch zumindest die Frage zu provozieren, wer man ist (oder sein kann) und ob man anerkannt werden kann oder nicht.

(Butler, 2007, S. 35)

Worauf es aus meiner Sicht ankommt, ist, dass sich das Kind einem Normalisierungsprozess unterwerfen muss, um im Klassenzimmer, und im weiteren Sinn in der Schule, ein anerkennbares Subjekt zu sein; dieser Prozess kann eine gewaltvolle Wende gegen sich selbst einschließen, indem bestimmte Wünsche und Sehnsüchte verleugnet oder zerstört, wichtige religiöse oder ethnische Charakterzüge der eigenen Geschichte versteckt und verunglimpft werden. Einen Weg zu finden innerhalb eines normativen Gefüges fordert einen hohen Preis. Damit geht das Erlangen einer sozialen Lesbarkeit manchmal auf Kosten der eigenen Fähigkeit zu atmen, sich zu bewegen und zu leben.

(Butler, 2014, S. 185)

Für
meine Eltern
Lisbeth Staub-Nägeli und Eugen Staub

Geleitwort

Ausgangspunkt der vorliegenden Studie ist der Mangel an empirischen Erkenntnissen zur Situation des Schuleingangsbereichs in der Schweiz, namentlich des Kindergartens im Kanton Zürich. Im Zuge der nationalen Bildungsreform «HarmoS» (2009), die zu einer Harmonisierung der bisher stärker föderalistisch geprägten kantonalen Bildungssysteme führte, wurde der Kindergarten in die obligatorische Schule integriert und das Schuleintrittsalter gesenkt. Seither erfolgt der obligatorische Schuleintritt mit dem vollendeten vierten Altersjahr. Damit werden Vierjährige zu Schulkindern und sie – wie auch ihre Eltern – mit entsprechenden normativen Erwartungen konfrontiert.

Während dieser frühe Schuleintritt prinzipiell mit vielen Bildungschancen verbunden ist, da er allen Kindern, unabhängig von ihrer sozialen Lebenssituation, eine frühkindliche Bildung durch qualifizierte Lehrpersonen ermöglicht, wird diese Reform bis heute auch kritisiert. Drei zentrale Kritikpunkte stehen dabei im Vordergrund: Erstens, dass die Kinder zu jung für die Schule seien, zweitens, dass der Unterricht im Kindergarten völlig neugestaltet werden müsse, um den Bedürfnissen junger Kinder gerecht zu werden, und drittens, dass der Unterricht durch die Integration in die obligatorische Schule «verschult» werde, was letztlich zu einer «Verschulung» der frühen Kindheit führe.

Inwiefern Lehrpersonen, insbesondere Lehrpersonen für den Kindergarten, wie die ersten beiden Schuljahre weiterhin bezeichnet werden, und Eltern die Situation auf der Kindergartenstufe erleben und bearbeiten, wurde in der von der Bildungsdirektion des Kantons Zürich in Auftrag gegebenen Studie «Die Situation auf der Kindergartenstufe im Kanton Zürich» erstmals umfassend untersucht. Die qualitativ und quantitativ ausgerichtete Quasi-Längsschnittstudie wurde von einem Forschungsteam von rund einem Dutzend Forschenden der Pädagogischen Hochschulen Bern und Zürich durchgeführt. Die Erhebungen fanden in zwanzig bewusst ausgewählten Kindergärten statt, welche die Diversität der bestehenden Settings hinsichtlich der soziokulturellen Situation des Einzugsgebietes bzw. der Schülerinnen, Schüler und deren Eltern, der lokalen Einbettung sowie der Berufserfahrung der Lehrpersonen repräsentierten.

Sabina Staub war im Rahmen ihrer Tätigkeit als wissenschaftliche Mitarbeiterin an der Pädagogischen Hochschule Bern von Beginn an massgeblich an der Konzeption, Durchführung, Datenanalyse und Verschriftlichung der Studie beteiligt. Insbesondere war sie verantwortlich für die Videoerhebungen und -analysen des Unterrichts und sie führte leitfadengestützte Interviews mit den Lehrpersonen durch.

Völlig unabhängig vom Forschungsauftrag der Bildungsdirektion des Kantons Zürich hat sie eigenständig eine sekundäranalytische qualitative Studie zum Thema «Anerkennungsverhältnisse in der Schule. Empirische Untersuchungen im Kontext der Auffangzeit im Schweizer Kindergarten» entwickelt und durchgeführt. Vor dem Hintergrund der überzeugend diskutierten Chancen und Herausforderungen von Sekundäranalysen ist es ihr in jeder Hinsicht gelungen, mit einem neuen theoretischen Rahmen und entsprechenden empirischen Methoden vorhandene Unterrichtsvideographien sowie Interviews mit Lehrpersonen unter neuen Fragestellungen zu analysieren. Nicht nur aus forschungsökonomischer Sicht, sondern auch aufgrund der wertvollen neuen Erkenntnisse für anerkennungstheoretisch fundierte interaktionsanalytische Untersuchungen im Schulbereich sind die detaillierten Rekonstruktionen der vorliegenden Datensätze sowie deren sinnvolle Zusammenführung und theoretische Einbettung in jeder Hinsicht ein Gewinn.

Im Zentrum der vorliegenden qualitativ-rekonstruktiv ausgerichteten Studie von Sabina Staub steht die Analyse der Auffangzeit in zwanzig Kindergärten im Kanton Zürich, die den Beginn eines jeden Unterrichtstages kennzeichnet. Im Rahmen ihrer zentralen Fragestellung untersucht sie, welche Anerkennungsverhältnisse zwischen Kindergartenlehrpersonen und Kindergartenkindern in den alltäglichen Interaktionspraktiken zum Ausdruck kommen. Ebenso steht aus subjektivationstheoretischer Perspektive das Erkenntnisinteresse im Zentrum, wie Kinder zu Kindergartenkindern gemacht werden. Als zentrale theoretische Grundlagen der Untersuchung werden anerkennungstheoretische Überlegungen sowie praxistheoretische Konzeptionen herangezogen. Unter Bezugnahme auf die Dokumentarische Methode rekonstruiert sie auf der Grundlage einer systematischen komparativen Analyse von Unterrichtsvideographien sowie von Interviews mit

Kindergartenlehrpersonen ein komplementäres Anerkennungsverhältnis zweier Lehrpersonen gegenüber ihren Schülerinnen und Schülern.

Zusammenfassend ist festzuhalten, dass die vorliegende Studie sehr wichtige Fragestellungen aufgreift. Sie ist methodologisch und methodisch ausgesprochen reflektiert durchgeführt und beeindruckt durch ihre theoretische Fundierung. Die sorgfältigen nachvollziehbaren Rekonstruktionen und deren Diskussion leisten einen wichtigen Beitrag zur rekonstruktiven Unterrichtsforschung sowie zu anerkennungstheoretischen Analysen im Schuleingangsbereich.

Insgesamt ist es Sabina Staub mit dieser Studie gelungen, eine sehr ertragreiche Mikroperspektive auf pädagogische Praktiken und Orientierungen im Kontext des Schuleingangs in Schweizer Kindergärten zu eröffnen und deren pädagogische Bedeutung zu verdeutlichen. Darüber hinaus hat sie aus ihren Erkenntnissen wegweisende pädagogische Implikationen für die Aus- und Weiterbildung von Lehrpersonen sowie für die Weiterentwicklung der Schuleingangsstufe entwickelt, die einen wertvollen Beitrag zu Debatten zur Bildung in der frühen Kindheit sowie zu bildungspolitischen Fragen in Bezug auf den Kindergarten in der Schweiz leisten. Dies insbesondere, da sie ihre Interpretationsergebnisse souverän und plausibel in Bezug auf bildungspolitische und pädagogische Konsequenzen weiterdenkt. Es bleibt zu wünschen, dass ihre Schlussfolgerungen breit zur Kenntnis genommen werden.

Zürich   Doris Edelmann
Freiburg   Bettina Fritzsche
August 2024

Danksagung

Die vorliegende Dissertationsschrift ist das Ergebnis eines längeren Prozesses. Dieser hätte ohne die Unterstützung meines beruflichen und privaten Umfeldes nicht erfolgreich zu Ende geführt werden können. Besonders danken möchte ich Prof. Dr. Bettina Fritzsche und Prof. Dr. Doris Edelmann, die mich stets sehr unterstützend begleitet und mir während des gesamten Forschungsprojektes viel Freiheit gewährt haben.

Mein Dank gilt jenen Kindergartenlehrpersonen, die an der Kindergartenstudie teilgenommen und das Einverständnis gegeben haben, die Daten für weiterführende Fragestellungen verwenden zu dürfen. Sie haben mir Einblicke in ihre alltäglichen Herausforderungen und Freuden im Kindergarten gegeben, die für mich enorm wertvoll und im Verlauf des Prozesses auch immer wieder motivierend waren. Das Interesse an der alltäglichen Praxis ist es, was mich stets angetrieben hat.

Ein weiterer Dank gilt all jenen Personen, die mich fachlich, methodisch und moralisch auf unterschiedliche Art und Weisen unterstützt und gestärkt haben. Ein großer Dank gilt meinen Eltern, Lisbeth Staub-Nägeli und Eugen Staub, sowie meinem Bruder, Lukas Staub, die mich mit ihrem Interesse motivieren konnten, mir den Rücken freihielten und stets Verständnis für meine besondere Situation aufbrachten. Ebenso danken möchte ich meinem Partner, Georg Bruckmaier, der für mich auf fachlicher und emotionaler Ebene eine große Stütze war.

Viele weitere liebe Menschen in meinem beruflichen und privaten Netzwerk haben stets an mich geglaubt, sich für meine Arbeit interessiert und immer ein offenes Ohr für mich und meine aktuellen Anliegen gehabt. Besonders Christoph Baumann, Christiane Rohn und Franziska Weir, die sich fast jeden Freitag online mit mir zum Austausch über unsere Projekte trafen, trugen maßgeblich zur Aufrechterhaltung der Motivation bei. Ebenso namentlich genannt werden sollen Martin Adam, Sonja Beeli-Zimmermann, Karin Büchel, Melanie Kuhn und Seraina Montanari. Vielen herzlichen Dank.

Ein Dank gilt auch all jenen Personen, die sich im Rahmen von Forschungs- werkstätten, Kolloquien, Methodenworkshops und Interpretationstandems mit meinen Interpretationen auseinandergesetzt haben. Das gemeinsame Arbeiten am Material stellte im Rahmen der qualitativ-rekonstruktiven Forschung einen festen Bestandteil dar und war für mich stets sehr gewinnbringend.

Ohne finanzielle Unterstützung wäre die Durchführung des Projektes ebenfalls nicht möglich gewesen. Ich danke der PH FHNW, der PHBern, der PH Zug sowie der Aebli-Näf Stiftung für die großzügige finanzielle Unterstützung. Diese hat es mir ermöglicht, mich parallel zu meiner regulären Erwerbstätigkeit auf die Arbeit an meiner Dissertation zu fokussieren und keine finanziellen Sorgen haben zu müssen. Ich möchte an dieser Stelle den vier Institutionen herzlich für die Unterstützung und das damit verbundene Vertrauen in mich bedanken. Ohne diese Unterstützung hätte ich mein Vorhaben nicht umsetzen und schließlich zu Ende bringen können.

Sabina Staub

Zusammenfassung

In der Schweiz gehört der Kindergarten zur sogenannten Volksschule und damit in fast allen Kantonen zur obligatorischen elfjährigen Schulzeit. Treten Kinder mit vier Jahren in den Kindergarten ein, werden sie zu Kindergarten- bzw. Schulkindern. Die vorliegende Untersuchung widmet sich der Frage, was dieser Eintritt auf der Ebene der Subjektivation für die Kinder bedeutet: Es wird aus einer qualitativ-rekonstruktiven Perspektive untersucht, wie Kinder zu Kindergartenkindern gemacht werden und wie sie sich selbst dazu machen.

Hierzu wurden in der vorliegenden Untersuchung unterrichtliche Interaktionen zwischen Kindergartenlehrpersonen und Kindergartenkindern – verstanden als Anerkennungsverhältnisse – fokussiert. Diese werden von normativen Horizonten gerahmt, die wiederum in Praktiken aktualisiert werden und damit Gültigkeit erhalten. Durch die Notwendigkeit der Wiederholung werden Normen verschieb- und veränderbar. Um diese Normen zu rekonstruieren, wurden einerseits videografierte Unterrichtsbeobachtungen aus Kindergärten im Kanton Zürich und andererseits Interviews mit den gefilmten Kindergartenlehrerinnen dokumentarisch interpretiert. Es wurde rekonstruiert, wie die Lehrpersonen die Kinder innerhalb der sogenannten Auffangzeit, mit der jeder Kindergartenmorgen beginnt, adressieren, welche Praktiken dabei eingesetzt werden und innerhalb welcher normativer Horizonte dies geschieht. Zudem wurde im Rahmen der Interviewinterpretationen nach der sprachlichen Konstruktion des Kindergartenkindes gefragt. Die Untersuchung mündet in der Beschreibung von zwei kontrastierenden Fällen.

Ein zentrales Ergebnis ist, dass im Rahmen der Begrüßung der Kinder im Kindergarten in beiden Fällen die Norm der ordnungsgemäßen Durchführung von Aufträgen betont und aktualisiert wird. Die Kinder werden in beiden untersuchten

Fällen eng begleitet und als unterstützungsbedürftige Interaktionsteilnehmende adressiert. Während der normative Horizont im einen der beiden Kindergärten anschließend zum aktiven und gestaltenden Umgang mit dem vorbereiteten Spiel- und Lernangebot wechselt und die Kinder als kompetente Mitgestaltende adressiert werden, verändert sich bei der anderen Kindergartenlehrperson die vorherrschende Norm nicht. Es konnte gezeigt werden, dass die Art und Weise der Aufgabenstellungen und die Begleitung der Kinder für deren Anerkennung eine zentrale Rolle spielt.

Die Analysen ergaben außerdem, dass diverse Praktiken der Kindergartenlehrerinnen dazu beitragen, immer wieder eine generationale Ordnung herzustellen. Diesbezüglich konnten innerhalb der unterrichtlichen Interaktionen divergente, komplementäre und machtstrukturierte Anerkennungsverhältnisse unterschieden werden. Im Rahmen der Interviewanalyse konnte zudem u. a. aufgezeigt werden, dass der Entwicklungsstand der Kinder und das Bild der Kindergartenkinder als zukünftige Erwachsene die Anerkennungsverhältnisse bestimmen. Die Kinder werden als Entwicklungs- bzw. Defizitwesen und als abhängig von Erwachsenen dargestellt.

Die vorliegende Untersuchung stellt rekonstruierbare Normen, innerhalb derer Kinder zu Kindergarten- und Schulkindern werden, zur Diskussion. Am Ende der vorliegenden Arbeit werden einerseits pädagogische und andererseits methodische Konsequenzen aus den Ergebnissen abgeleitet und daraus Forschungsdesiderate entwickelt.

Inhaltsverzeichnis

Abbildungsverzeichnis

Tabellenverzeichnis

Einleitung

Für in der Schweiz lebende Kinder bedeutet der Eintritt in den Kindergarten auch die Aufnahme in die Schule und den Beginn der Schulpflicht, da der Schweizer Kindergarten zur obligatorischen Volksschule gehört[1] und als solcher der öffentlichen Aufsicht untersteht. Wenn die Kinder in den Kindergarten eintreten, werden somit aus Familienkindern zugleich Kindergarten- respektive Schulkinder. Fortan werden sie in gewissen Kontexten im Alltag als Kindergartenkinder bezeichnet und als solche adressiert. Doch was bedeutet das für die Kinder? Welche Bedeutung haben Interaktionen zwischen den Kindergartenlehrpersonen und den Kindergartenkindern in Bezug auf die Bestätigung und Transformation des Selbstverständnisses der Kinder?

Im Anschluss an Butler (2001; 2007), die u. a. auf Foucault (1994) Bezug nimmt, stellt sich aus subjektivationstheoretischer Perspektive (vgl. Butler, 2001) die Frage, wie Kinder zu Kindergartenkindern werden bzw. sich selbst dazu machen. Das *Subjekt* wird aus dieser theoretischen Perspektive verstanden als sich in einem Prozess befindend, unabgeschlossen und unvollständig (vgl. Alkemeyer, 2013, S. 34). Es kann laut Butler (2001) nicht mit dem Individuum gleichgesetzt werden, sondern ist „als sprachliche Kategorie aufzufassen […], als Platzhalter, als in Formierung begriffene Struktur" (ebd., S. 15). Das Subjekt konstituiert sich somit fortlaufend; in diesem Sinne gibt es keine abgeschlossene Form. Der prozesshafte Aspekt wird in der Bezeichnung „Subjektivation" (Ricken, 2013, S. 78) deutlich, worunter ein relationaler Prozess mit „Selbst- und Anderenbezug" (ebd.) verstanden wird, der nicht determiniert ist (vgl. ebd.). Das Subjekt konstituiert sich also in Relation zu sich selbst und zu anderen sich ebenfalls in

---

[1] Im Kanton Zürich wurde der Kindergarten 1984 im Volksschulgesetz verankert, der Besuch des Kindergartens ist seit der Einführung des Volksschulgesetzes von 2006 obligatorisch.

© Der/die Autor(en) 2025
S. Staub, *Anerkennungsverhältnisse in der Schule*, Kinder, Kindheiten und Kindheitsforschung 33, https://doi.org/10.1007/978-3-658-46176-8_1

einem Subjektivationsprozess befindenden Subjekten. Interessiert nun aus professionstheoretischer Perspektive die Subjektivation von Kindergartenkindern, rückt die Verschränkung des Selbstbezugs (Kindergartenkind) und des Anderenbezugs (Kindergartenlehrperson) in den Fokus.[2] Dieses Verständnis von Subjektivation – im konkreten Fall von Kindergartenkindern – legt nahe, *Interaktionen* zwischen Kindergartenlehrpersonen und -kindern zu fokussieren. Es wird davon ausgegangen, dass in der Interaktion gewisse Subjektpositionen ermöglicht und andere verunmöglicht werden. Dies findet oft auf einer nicht bewussten, impliziten Ebene statt. Aus pädagogischer Perspektive interessiert, welche Einflussnahme in Bezug auf die Subjektivation des Kindergarten- bzw. Schulkindes möglich ist (vgl. Fritzsche, 2012). Dies ist insbesondere deshalb relevant, weil sich Kindergartenlehrpersonen und -kinder in einem machtstrukturierten Verhältnis befinden, in dem die erwachsene Person in ihrer professionellen Rolle die Rahmungshoheit besitzt.

Den theoretischen Überlegungen von Butler (2007) folgend, spielt *Anerkennung* eine zentrale Rolle bei der Subjektwerdung. Die Konstitution des Subjekts wird dabei als fortlaufender sozialer Prozess verstanden, und Anerkennung stellt das Medium dar, „in dem sich Subjektivation vollzieht" (Reh & Rabenstein, 2012, S. 226). Es geht somit nicht um eine wechselseitige Anerkennung bzw. darum, dass sich (bereits konstituierte) Subjekte bestätigen. Vielmehr wird davon ausgegangen, dass in der Anerkennung eine subjektkonstituierende Komponente liegt. Mit Bezugnahme auf das Konzept der „Anrufung" von Althusser (1977) schreibt Butler (1997): „Sie [die Anrufung, Anm. S. S.] erschafft mehr, als sie jemals zu schaffen vermeinte, da sie über jeden beabsichtigten Referenten hinausgehend signifiziert" (ebd., S. 174). Zudem geht Butler davon aus, dass sich Anerkennungsprozesse nicht nur zwischen zwei Personen vollziehen, sondern in Abhängigkeit von *Normen* (vgl. Butler, 2007, S. 42; Fritzsche, 2015b, S. 174 f.). Das Befolgen dieser Normen führt zwar dazu, dass jemand anerkennbar wird (vgl. Butler, 2003, S. 64). Es bedeutet aber auch, dass durch das Unterwerfen die Einnahme von möglichen „Subjektpositionen" (Bedorf, 2010, S. 78) eingeschränkt wird. Laut Butler (1997, S. 173–177) sind die möglichen Subjektpositionen nicht abschließend bestimmt. Dies liegt daran, dass Normen ständig in entsprechenden Praktiken wiederholt werden müssen, um Gültigkeit zu behalten. In ebendieser Wiederholung liegt „ein Moment der Verschiebung und der Abweichung" (Bedorf, 2010, S. 84)

---

[2] Es wären auch andere Eingrenzungen möglich, wie z. B. der Subjektivationsprozess auf der Peer-Ebene.

Gerade in diesem poststrukturalistischen Verständnis, wonach Sprache Realität abbildet und herstellt (vgl. Butler, 1991), werden Normen der Anerkennung verschiebbar. Für interagierende Personen besteht demnach theoretisch die Möglichkeit, eine Verschiebung von Normen herbeizuführen. Sieber Egger und Unterweger (2020) konnten in ihrer ethnografischen Untersuchung, die in Zürcher Kindergärten durchgeführt wurde, jedoch aufzeigen, dass in den untersuchten Kindergärten die Möglichkeiten zur Normverschiebung mit viel Aufwand eingeschränkt werden (vgl. ebd., S. 291). Die hohe Kontrolle durch die Kindergartenlehrperson in Bezug auf die Gewährung von Normverschiebungen erklären die beiden Autorinnen damit, dass damit die Herstellung der „generationalen Ordnung des Kindergartens" (ebd., S. 283) gewährleistet werde. Diese Erkenntnis weist auf die Bedeutsamkeit hin, institutionell gerahmte Normen der Anerkennung explizit zu machen und sowohl in Bezug auf Möglichkeiten der Verschiebung als auch in Bezug auf das relationale Verhältnis von Kindergartenlehrpersonen und Kindergartenkindern zu prüfen.

An dieser Stelle knüpft die vorliegende Untersuchung mit der übergeordneten Frage an, welche *Anerkennungsverhältnisse* sich zwischen Kindergartenlehrpersonen und Kindergartenkindern in alltäglichen Praktiken der Interaktion manifestieren. Es interessiert, welche Wirklichkeit in sozialen Situationen bzw. durch Praktiken und Adressierungen – verbal, nonverbal und unter Einbezug von Artefakten – immer wieder neu hergestellt wird und welche Bedeutung dies für die Einnahme von Subjektpositionen insbesondere bei den Kindern erhält. Implizit vorhandene Wissensbestände und normative Rahmungen sollen explizit und damit bearbeitbar sowie diskutierbar gemacht werden. Die Herleitung dieses Erkenntnisinteresses erfolgt nun schrittweise anhand der theoretischen Verortung der vorliegenden Untersuchung (Abschn. 1.1) und der Einbettung in die bestehende Forschung (Abschn. 1.2). Dies führt zur Formulierung der Forschungsfragen in Abschnitt 1.3. Anschliessend werden das Forschungsdesign und das methodische Vorgehen skizziert (Abschn. 1.4) und die Gliederung der Arbeit beschrieben (Abschn. 1.5).

1.1 Theoretische Verortung der vorliegenden Untersuchung

Die vorliegende Untersuchung kann an der Schnittstelle zwischen Erziehungswissenschaft, Soziologie und Philosophie verortet werden. Was die Erziehungswissenschaft betrifft, kann sie dem Bereich Professionstheorie zugerechnet werden. Es werden unterrichtliche Interaktionen zwischen Kindergartenlehrpersonen und

Kindergartenkindern untersucht, wobei Erstere in einer professionellen päd-
agogischen Rolle agieren und damit zum Gegenstand professionstheoretischer
Fragestellungen werden. Aus soziologischer Perspektive wird Unterricht praxistheoretisch als soziale Wirklichkeit verstanden, die „in und durch Praktiken"
(Budde, 2015, S. 14) entsteht. Die Verbindung zur Philosophie wird über die
Anerkennungstheorie in Anlehnung an Butler (2009) geschaffen. Nach deren
Anerkennungsverständnis können Beziehungen zwischen Kindergartenlehrpersonen und Kindergartenkindern analytisch als Anerkennungsverhältnisse gefasst
werden (vgl. Fritzsche, 2013, S. 194). Auf diese dreifache Verortung wird nun
genauer eingegangen.

1.1.1 Erziehungswissenschaft: Professionstheorien zum Lehrberuf

In der Schweiz gehört der Kindergarten formal zur obligatorischen Volksschule
und richtet sich nach dem Lehrplan 21[3] (Deutschschweizer Erziehungsdirektoren-
Konferenz, 2016), der für die gesamte obligatorische Schulzeit gültig ist. Die
Zugehörigkeit zur Schule kommt auch in der Ausbildung der Kindergartenlehrpersonen zum Ausdruck. Analog zum Abschluss von Primarlehrpersonen
erwerben Kindergartenlehrpersonen an einer Pädagogischen Hochschule (PH) ein
Lehrdiplom auf der Bachelor-Stufe. Dadurch wird das pädagogische Personal
des Kindergartens zur Lehrprofession gezählt und rückt in seiner institutionellen
Rolle in den Blick von Professionstheorien. In der vorliegenden Untersuchung
stehen Kindergartenlehrpersonen in ihrer professionellen pädagogischen Rolle in
der Frage nach der Subjektivation der Kindergartenkinder im Fokus des Interesses. Lehrpersonen beanspruchen erwiesenermaßen einen Großteil der Sprechan-
teile im Rahmen der Unterrichtszeit für sich (vgl. Reisenauer & Ulseß-Schurda,
2018, S. 146). Zudem kann aus theoretischer Perspektive davon ausgegangen
werden, dass Sprache und Diskurs eine performative Kraft haben (vgl. Butler,
1991). Weil also die Sprache mit einer konkreten bzw. ausführenden Handlung
zusammenhängen kann, „bestimmen und prägen sie [die Lehrerinnen und Lehrer,
Anm. S. S.] in besonderem Masse die Normen der Erziehungswirklichkeit im
Unterricht" (Reisenauer & Ulseß-Schurda, 2018, S. 146). Unter diesen Perspektiven rücken die interagierenden Kindergartenlehrpersonen für die Konstituierung

---

[3] Die Zahl 21 steht für die 21 deutsch- und mehrsprachigen Schweizer Kantone, in denen –
basierend auf Artikel 62 der schweizerischen Bundesverfassung – mit dem gemeinsamen
Lehrplan die Dauer und die Ziele der Bildungsstufen vereinheitlicht wurden (vgl. Deutschschweizer Erziehungsdirektoren-Konferenz, 2016).

der institutionellen Rollen der Kinder als Kindergartenkinder bzw. – im weiteren Sinne – als Schülerinnen und Schüler in den Fokus. Für Kinder in der Schweiz ist der Kindergarten die erste „verbindliche ausserfamiliäre Sozialisationsinstanz" (Jäger et al., 2006, S. 16). Angeleitet von und begleitet durch pädagogische Fachpersonen machen die Kinder „ihre ersten Erfahrungen in der Rolle als Schülerin bzw. Schüler" (ebd.).

1.1.2 Soziologie: Praxistheorie

Die vorliegende Untersuchung ist im Kontext der seit einigen Jahren feststellbare „*Perspektivenverschiebung*" (Fritzsche et al., 2011, S. 31, Hervorh. i. O.) zu betrachten: Im Fokus steht nicht die Frage, *was* guter Unterricht ist, sondern, *wie* er von den Forschenden vorgefunden wird. Dazu wird ein praxistheoretisch fundiertes Verständnis von Unterricht einem handlungstheoretischen vorgezogen (vgl. Breidenstein, 2009, S. 210). Demnach wird davon ausgegangen, dass soziale Situationen vordergründig durch eine Selbstläufigkeit sozialer Praktiken bestimmt werden (vgl. ebd.). Es handelt sich dabei nicht um intendierte Handlungen, sondern um Praktiken, die auf der Basis von impliziten Wissensbeständen, die zu einem großen Teil nicht reflexiv zugänglich sind, ausgeführt, wiederholt und aktualisiert werden.

Nachdem vor ungefähr einem Jahrzehnt „das Interesse für *pädagogische* Praktiken […] eher gering [war]" (Fritzsche et al., 2011, S. 29, Hervorh. i. O.), hat sich die Situation in der Zwischenzeit geändert: Die praxistheoretische Erziehungswissenschaft hat Konjunktur, wobei in Bezug auf die Theoriebildung sowie auf die Forschungspraxis noch Präzisierungsbedarf besteht (vgl. Bittner et al., 2018). Auf der thematischen Ebene lassen sich gegenwärtig drei Stränge erkennen: *Wissen*, *Materialität* und *Subjektivation* (vgl. ebd., S. 12). Die vorliegende Untersuchung lässt sich im thematischen Bereich der Subjektivation verorten, wenn auch die beiden erstgenannten Stränge Wissen und Materialität nicht bedeutungslos bleiben.

1.1.3 Philosophie: Anerkennungstheorie

Während im Vergleich zu anderen wissenschaftlichen Disziplinen die Bedeutung der Anerkennung für pädagogisches Handeln lange nicht theoretisch ausgearbeitet und empirisch bearbeitet wurde, stehen nun im Rahmen eines unübersichtlich gewordenen Diskurses Forderungen nach einer konzeptionellen Klärung des

Anerkennungsbegriffs im Raum (vgl. Balzer & Ricken, 2010, S. 35). Grob kann
unterschieden werden zwischen einerseits einem normativen Verständnis von
Anerkennung (vgl. Honneth, 1992) und einer damit verbundenen möglichen Kate-
gorisierung von Lehrpersonenhandeln als anerkennend, neutral und verletzend
(vgl. Prengel, 2012) und andererseits einem subjektivierenden bzw. das Subjekt
konstituierenden Verständnis von Anerkennung auf der anderen Seite (vgl. Butler,
2007).

Das an Letzterem anschließende Interesse an pädagogischen Interaktionen –
verstanden als *Anerkennungsgeschehen* – hat in den letzten Jahren zugenommen
(vgl. z. B. Balzer & Bergner, 2012; Fritzsche, 2015b; Fritzsche et al., 2011; Riedl,
2018). Obwohl die Anerkennungstheorie von Butler in erster Linie im Rahmen
von Genderfragen diskutiert wird (vgl. Reckwitz, 2012, S. 81), hat diese Theorie
durchaus Potenzial für schulische Fragestellungen (vgl. Ricken & Balzer, 2012).
Der Anerkennungsbegriff im Sinne Butlers (2009) ermöglicht es, Anerkennung
als analytische Kategorie einzusetzen (vgl. Alkemeyer & Pille, 2012, S. 5; Balzer & Ricken, 2010, S. 70; Riedl, 2018, S. 173), und zwar „‚Anerkennung' als
Kategorie und Dimension ‚der' pädagogischen Praxis" (Balzer, 2014, S. 574).
Anerkennung wird „als eine Kategorie gekennzeichnet, die *verschiedene* Perspektiven auf die pädagogische Praxis bzw. die ‚Erziehungswirklichkeit' zu eröffnen
vermag"[4] (ebd., Hervorh. i. O.). Somit steht nicht eine bewertende Perspektive
auf den Unterricht im Vordergrund, sondern die Beschreibung der Praxis (vgl.
Breidenstein, 2009, S. 210). Normative Horizonte, die die Praxis rahmen, müssen
stets wiederholt und aktualisiert werden, um Gültigkeit zu erlangen (vgl. Butler,
2009, S. 90). Durch die Wiederholung werden Normen „permanent verschoben" (Ricken, 2013, S. 91). Aus pädagogischer Perspektive ist dies relevant, weil
der Lehrperson eine gewisse Rahmungshoheit zukommt, normative Horizonte zu
bestimmen. Es stellt sich die Frage, inwiefern im Sinne Butlers eine „Erweiterung
von Freiräumen" (Riedl, 2018, S. 174) – verstanden als gemeinsames Aushandeln
von Grenzen gültiger Normen – gelingen kann.

---

[4] Mit den „verschiedene[n] Perspektive[n]" verweist Balzer (2014, S. 606–608) auf die
erziehungs-, bildungs- und sozialisationstheoretische Forschung, beispielsweise mit Fragestellungen in Bezug auf (1) die Herstellung, Aufrechterhaltung und den Verlust von pädagogischen Positionen und pädagogischer Autorität, (2) auf die Konstituierung von Subjekten
und (3) auf die Reproduktion von sozialer Ungleichheit.

1.2   Einbettung in die bestehende Forschung

Die vorliegende Untersuchung lässt sich in einen Forschungskontext einordnen, der auf einem zunehmenden Interesse an frühkindlicher Bildung beruht. Ausgelöst wurde dieses Interesse durch den PISA-Schock, der eine Reaktion auf die erste Durchführung der PISA-Erhebungen im Jahr 2000 war (vgl. Hemmerling, 2007, S. 14). Aus den Fachkreisen der frühkindlichen Bildung wurde u. a. eine Verbesserung der Bildungsqualität gefordert, und zwar durch eine bessere Ausbildung des pädagogischen Personals sowie durch mehr Forschung in diesem Bereich (vgl. ebd.). In Bezug auf die erstgenannte Forderung kann in der Schweiz erstens die Einführung von verbindlichen Lehrplänen für den Kindergarten genannt werden, die beispielsweise im Kanton Zürich[5] im Jahr 2008 erfolgte (vgl. Bildungsdirektion Kanton Zürich, 2008; Imlig et al., 2019, S. 14). Zu erwähnen ist zudem die Tertiarisierung der Ausbildung von Kindergartenlehrpersonen an Pädagogischen Hochschulen; im Kanton Zürich erfolgte diese 2002 (vgl. Imlig et al., 2019, S. 27). Durch die Festlegung von Zielen und Inhalten für den Kindergarten wurde das Verständnis des Kindergartens als Bildungs- und Lernort gefördert (vgl. Edelmann et al., 2018b, S. 18).

In Bezug auf die zweitgenannte Forderung nach mehr Forschung (vgl. Hemmerling, 2007, S. 14) kann festgestellt werden, dass über die aktuelle Praxis im Schweizer Kindergarten wenige Erkenntnisse vorhanden sind, die auf einer empirischen Grundlage basieren (vgl. Edelmann et al., 2018b, S. 14). Insbesondere entsprechende Forschung mit einem praxis- sowie anerkennungstheoretischen Zugang ist rar. Hinzu kommt, dass ein Transfer empirisch fundierter Erkenntnisse aus Kindergärten außerhalb der Schweiz auf den Schweizer Kindergarten nur bedingt möglich ist. So gehen beispielsweise Burkhardt Bossi et al. (2014, S. 86) aufgrund sich unterscheidender Strukturmerkmale davon aus, dass die Ausgestaltung der im Kindergarten stattfindenden Arbeiten, der Habitus und die Kultur eines Kindergartens von solchen Merkmalen beeinflusst werden. Ob der Kindergarten wie in Deutschland eine Einrichtung der Jugendhilfe oder wie in der Schweiz dem Bildungssystem zugehörig ist, ist deshalb von Bedeutung.

Im Anschluss an diese Erkenntnisse erweist es sich somit als sinnvoll, dass zum Schweizer Kindergarten weitere eigenständige Forschung betrieben wird. Es gibt jedoch bereits durchgeführte Studien aus der Schweiz, die für die vorliegende Untersuchung eine wichtige Grundlage darstellen. Dazu zählt die ethnografische

---

[5] Hier wird bewusst auf die Situation im Kanton Zürich verwiesen, da der Datenkorpus der vorliegenden Untersuchung im Kanton Zürich erhoben wurde.

Studie „Grundstufe als Zusammenführung zweier Kulturen. Teil 1: Eine Ethnographie des Kindergartens", die unter der Leitung von Jäger entstanden ist. Die
Studie befasste sich u. a. mit der *Auffangzeit*, also der ersten Sequenz eines Kindergartenvormittags, die durch das gestaffelte Eintreffen der Kinder geprägt ist
(vgl. Jäger et al., 2006, S. 59). Auf die Frage, wie sich die Auffangzeit im Rahmen des Übergangs von der Familie zum Kindergarten verorten lässt und wie
sie funktioniert, lassen sich aus dieser umfangreichen Studie wichtige Erkenntnisse für die vorliegende Untersuchung entnehmen. Es gilt jedoch zu beachten,
dass der Kindergarten seither auf institutioneller Ebene einen großen Wandel
durchlaufen hat. Dies führt dazu, dass einzelne Erkenntnisse zur Auffangzeit
aus der Studie von Jäger et al. (2006) nicht mehr aktuell sind. Anhand von
neueren empirischen Untersuchungen können die Erkenntnisse von Jäger et al.
(2006) aktualisiert werden. Dazu zählt insbesondere die Studie „Die Situation
auf der Kindergartenstufe im Kanton Zürich" (Edelmann et al., 2018b) – nachfolgend „Kindergartenstudie" genannt –, in der ebenfalls Kindergärten des Kantons
Zürich untersucht wurden und auf deren Datenkorpus die vorliegende Untersuchung basiert. Beispielsweise bezeichneten Jäger et al. (2006) die Auffangzeit als
„Überbrückungs-, Einstimmungs-, Vorbereitungszeit" (ebd., S. 58), für die keine
expliziten Arbeitsziele bestehen. In der Kindergartenstudie konnte das Verhalten
der Kindergartenlehrpersonen während der Auffangzeit jedoch als zielgerich-
tet bewertet werden, was u. a. im Rahmen von individueller Förderung zum
Ausdruck kam (vgl. Edelmann et al., 2018b, S. 177) (vgl. Abschn. 3.2).

  Die im Rahmen des Projektes „Kinder, die auffallen. Eine Ethnographie
von Anerkennungsverhältnissen im Kindergarten"[6] veröffentlichten Studien von
Maeder (2018) sowie Sieber Egger und Unterweger (2020) sind im Vergleich
zur Studie von Jäger et al. (2006) aktueller und weisen theoretisch und inhaltlich mehr Nähe zur vorliegenden Untersuchung auf. Die sowohl praxis- als auch
anerkennungstheoretische Verortung der Studie von Maeder, Sieber Egger und
Unterweger, die in Kindergärten des Kantons Zürich durchgeführt wurde, weist
mehrere Stellen auf, die für die vorliegende Untersuchung anschlussfähig sind.
Sieber Egger und Unterweger (2020) untersuchten beispielsweise die Einführung
der Kinder in Praktiken des Kindergartens und konnten aufzeigen, dass dabei der
kindliche Körper im Mittelpunkt steht.

  Hier setzt die vorliegende Untersuchung an, in der in Ergänzung zur Studie
von Sieber Egger und Unterweger (2020) jedoch nicht die von den Kindergartenkindern zu erlernenden Praktiken im Vordergrund stehen, sondern die Praktiken

---

[6] Weitere Informationen: https://phzh.ch/ueber-die-phzh/themen-und-taetigkeiten/projekte/
kinder-die-auffallen/ (abgerufen am 15.10.2024).

der Kindergartenlehrpersonen. Aus einer professionstheoretischen Perspektive soll der Fokus auf das Agieren der Kindergartenlehrpersonen beim Lehrpersonal eine (Selbst-)Reflexion ermöglichen und dadurch individuelle Professionalisierungsprozesse auslösen. Die Ergebnisse der vorliegenden Studie sind jedoch nicht als direkte Handlungsanleitungen zu verstehen, sondern vielmehr als „Reflexionsfolien und Verstehensgrundlagen des Pädagogischen" (Bittner et al., 2018, S. 10). Die vorliegende Untersuchung stellt somit Konzepte und Begrifflichkeiten für die Reflexion von Handlungspraxis zur Verfügung, wobei Reflexion als zentrales Mittel zur Entwicklung von pädagogischer Professionalität verstanden wird (vgl. z. B. Krüger, 2014).

1.3 Fragestellung

Im Anschluss an das Erkenntnisinteresse in Bezug auf die Subjektivation der Kindergartenkinder und die Einbettung der vorliegenden Untersuchung in theoretische Grundlagen und in die einschlägige Forschung ergeben sich folgende analyseleitende Fragestellungen:

Übergeordnete Fragestellung

- Welche Anerkennungsverhältnisse manifestieren sich zwischen Kindergartenlehrpersonen und Kindergartenkindern im Rahmen der Auffangzeit?

Untergeordnete Fragestellungen

- Wie adressieren sich Kindergartenlehrpersonen und Kindergartenkinder gegenseitig?
- Welche expliziten und impliziten Normen der Anerkennung kommen im Adressierungsgeschehen im Kindergarten zum Ausdruck?
- Welche expliziten und impliziten Normen der Anerkennung kommen in den Praktiken von Kindergartenlehrpersonen in der Auffangzeit zum Ausdruck?
- Welche expliziten und impliziten Normen der Anerkennung kommen im Sprechen der Kindergartenlehrpersonen über Kindergartenkinder und den Kindergartenalltag zum Ausdruck?

Durch die Bearbeitung dieser Fragestellungen bzw. durch die Rekonstruktion von Normen der Anerkennung soll aufgezeigt werden, welche Subjektpositionen

innerhalb dieser Normen ermöglicht bzw. verunmöglicht werden. Analyselei-
tend ist somit die Frage, als *wer* die interagierenden Subjekte sich gegenseitig
ansprechen und dadurch konstituiert werden, wobei der Fokus bezüglich der
Subjektivation auf den Kindergartenkindern liegt. Die vorliegende Untersuchung
leistet einen Beitrag zum methodischen Diskurs in Bezug auf die Anerkennungstheorie nach Butler (2009) und deren Verwendung im schulischen Kontext (vgl.
Ricken & Balzer, 2012). Dies ist insofern notwendig, als die philosophischen
Texte von Butler keine methodischen Vorschläge zur Frage enthalten, wie Anerkennung empirisch erfassbar gemacht werden kann (vgl. z. B. Reisenauer &
Ulseß-Schurda, 2018, S. 190). Den Überlegungen von Fritzsche (2015b) folgend, wird konkret vorgeschlagen, nach den Grundsätzen der *dokumentarischen
Methode* mit dem methodischen Schritt des Wechsels der Analyseeinstellung (vgl.
z. B. Bohnsack et al., 2013, S. 75) auf die Ebene der Art und Weise bzw.
des *modus operandi* einerseits der Praktiken der Interaktion und andererseits
der Konstruktion des Kindergartenkindes vorzudringen. Durch die vorliegende
Untersuchung wird somit das Potenzial der dokumentarischen Methode in Bezug
auf die empirische Erfassung von Anerkennungsverhältnissen ausgelotet. Zudem
wird das vorliegende Forschungsdesign durch die fallbezogene Zusammenführung von Erkenntnissen aus der Video- und der Interviewinterpretation auf einen
zusätzlichen Erkenntnisgewinn hin überprüft.

Aus der vorliegenden Untersuchung resultieren somit einerseits zwei Fallbeschreibungen (vgl. Kap. 7), die vergleichend analysiert werden (vgl. Kap. 8).
Andererseits werden die Erkenntnisse aus der Analyse der vorliegenden Daten
in der Form von „pädagogischen Konsequenzen" gebündelt (vgl. Abschn. 9.1),
um diese z. B. den Lehrpersonen in der Aus- und Weiterbildung sowie der
Bildungspolitik zugänglich zu machen.

Der Fokus auf Adressierung und Anerkennung im pädagogischen Bereich ist
relevant, weil die „Hervorbringung und Formierung von Subjekten als Schülerinnen und Schüler" (Reisenauer & Ulseß-Schurda, 2018, S. 163) bzw. als
Kindergartenkinder in der Adressierung und Anerkennung vollzogen wird. Normen der Anerkennung gewinnen auch im Vergleich von Schulsystemen aus
unterschiedlichen Nationen mit Blick auf deren Leistungsfähigkeit an Bedeutung
(vgl. Reh & Rabenstein, 2012). Der Umgang mit Bildung sowie die „Haltung
gegenüber schulischen Leistungen" (ebd., S. 225) sind bedeutsam hinsichtlich der
Anforderungen, die an Schülerinnen und Schüler gestellt werden. Aber auch die
Art und Weise, wie Schulkinder Rückmeldungen von den Lehrpersonen erhalten,
wird davon beeinflusst. Die unterschiedlichen Normen scheinen also zu bestimmen, „wie und als wer Schüler und Schülerinnen […] Anerkennung finden"
(ebd.).

1.4   Forschungsdesign und methodisches Vorgehen

Der vorliegenden Untersuchung liegt ein Datenkorpus zugrunde, der im Rahmen der Kindergartenstudie (Edelmann et al., 2018b) erhoben wurde (vgl. Abschn. 2.1). Bei der breit angelegten Studie wurden zwanzig Kindergärten im Kanton Zürich genauer untersucht. Für die vorliegende Studie sind einerseits videogestützte Unterrichtsbeobachtungen relevant, die in diesen Kindergärten mit besonderem Fokus auf den jeweiligen Kindergartenlehrpersonen durchgeführt wurden. Andererseits fließen leitfadengestützte Interviews, die mit je einer Kindergartenlehrperson aller beteiligten Kindergärten geführt wurden, in die vorliegende Untersuchung ein. Von den untersuchten Fällen (bzw. Kindergartenlehrpersonen) dieses umfassenden Datenkorpus wurden acht Fälle ausgewählt und genauer analysiert. Daraus wurden wiederum zwei kontrastierende Fälle ausgewählt und so intensiv analysiert und verglichen, dass daraus Fallbeschreibungen resultierten (vgl. Kap. 7).

Butler selbst macht keine Vorschläge zur methodischen Erfassung von Anerkennung (vgl. z. B. Reisenauer & Ulseß-Schurda, 2018, S. 190). Um Anerkennungsverhältnisse empirisch beschreiben zu können, werden entsprechende Überlegungen von Reh und Ricken (2012; Ricken, 2013) hinzugezogen, da sie für die vorliegende Untersuchung anschlussfähig sind. Für die vorliegende Untersuchung wird v. a. deren theoretische Annahme genutzt, dass Anerkennung empirisch als Adressierung erfasst werden kann (Ricken, 2013). Für die qualitativ-rekonstruktive Video- und Interviewinterpretation wird in der vorliegenden Untersuchung nach der dokumentarischen Methode gemäß Asbrand und Martens (2018), Fritzsche und Wagner-Willi (2015) sowie Nohl (2017) gearbeitet, die auf der methodologischen Grundlage der „praxeologischen Wissenssoziologie" nach Bohnsack (2017) fußt. Durch den in der praxeologischen Wissenssoziologie zentralen Wechsel des Analysefokus – von dem, *was* gesagt und getan wird, hin zu dem, *wie* etwas gesagt und getan wird – wird der Zugang zu implizitem Wissen ermöglicht. Es wird davon ausgegangen, dass dieses handlungsleitend ist (vgl. Przyborski & Wohlrab-Sahr, 2014) bzw. zu einer Selbstläufigkeit sozialer Praktiken beiträgt (vgl. Breidenstein, 2009, S. 210). Forschungsvorhaben, in denen die dokumentarische Methode erfolgreich zur Beschreibung von Anerkennungsverhältnissen hinzugezogen wurde, dienen hierfür als Grundlage (vgl. z. B. Fritzsche, 2015a).

Im Rahmen der dokumentarischen Videointerpretationen (vgl. Asbrand & Martens, 2018; Fritzsche & Wagner-Willi, 2015) werden in der vorliegenden Untersuchung zusätzlich zum bereits genannten Fokus auf die Adressierung auch soziale Praktiken der Kindergartenlehrpersonen rekonstruiert. Solche zeichnen

sich oft durch ihre routinisierte Form aus (vgl. Fritzsche, 2013, S. 196). Laut
Schatzki (2001) werden entsprechende Praktiken „centrally organized around
shared practical understanding" (ebd., S. 2); sie sind „von einem kollektiven Wissen organisiert" (Fritzsche, 2013, S. 196). Es kann davon ausgegangen werden,
dass sich Anerkennungsprozesse „auf Wissensordnungen zurückführen [lassen],
die auch eine normative Dimension haben" (ebd.). Praktiken sind deshalb relevant, weil darin Normen der Anerkennung wiederholt und aktualisiert werden.
Auch im Sprechen der Kindergartenlehrpersonen über die Kindergartenkinder
sowie den Kindergartenalltag werden – analog zur Aktualisierung von Normen
in der Interaktion – Normen der Anerkennung wiederholt und aktualisiert. Diese
Art von Normen wird in der Interviewinterpretation (vgl. Nohl, 2017) ebenfalls rekonstruiert und den rekonstruierten Normen aus der Videointerpretation
gegenübergestellt. Die fallbezogenen Erkenntnisse aus der Video- und der Interviewinterpretation werden anschließend verbunden und in Fallbeschreibungen
konsolidiert (vgl. Kap. 7 und 8).

Die Interpretationen der videografierten Unterrichtsbeobachtungen beschränken sich auf die Auffangzeit. Diese Auswahl erfolgte unter der Annahme, dass
die gegenseitige Adressierung beim Eintreffen der Kinder und der (begleiteten)
Aufnahme einer Tätigkeit, also beim Übergang von der Familie zum Kindergarten, besonders deutlich ausfällt. Das Betreten des Kindergartens kann auch
als „Identitätswechsel" (Jäger et al., 2006, S. 60) verstanden werden: Das Kind
wird bei diesem Schritt vom Familien- zum Kindergartenkind. Die Interaktionen
zwischen der Kindergartenlehrperson und den Kindergartenkindern in der Auffangzeit scheinen daher in Bezug auf die Subjektivation der Kindergartenkinder
eine besondere Intensität bzw. „Dichte" (Bohnsack, 2014b, S. 125) aufzuweisen,
was für das methodische Vorgehen der vorliegenden Untersuchung bedeutsam ist.

1.5   Gliederung der Arbeit

Die vorliegende Arbeit ist wie folgt gegliedert: Im Anschluss an die Einleitung
(Kap. 1) folgt in Kapitel 2 die Beschreibung des Kontexts der vorliegenden
Untersuchung. Dazu zählt die Einbettung in die Kindergartenstudie und die
Erhebung des vorliegenden Datenkorpus, der in der Form einer Sekundärana-
lyse untersucht wurde. Zudem wird die vorliegende Studie ins Paradigma der
qualitativ-rekonstruktiven Sozialforschung eingeordnet. Aus dieser Zuordnung
heraus werden Gütekriterien definiert, anhand denen die Qualität der vorliegenden
Untersuchung reflektiert werden kann.

In Kapitel 3 folgt die Beschreibung des Forschungsgegenstandes: unterrichtliche Interaktionen in der Auffangzeit des Schweizer Kindergartens und darin zum Ausdruck kommende Anerkennungsverhältnisse zwischen Kindergartenlehrpersonen und Kindergartenkindern. Diese Beschreibung basiert auf gegenstandstheoretischen Grundlagen und wird in die einschlägige Forschung eingebettet.

Anschließend werden in Kapitel 4 die Anerkennungstheorie und die Theorie sozialer Praktiken ausgeführt. Diese zwei theoretischen Perspektiven werden als „Grundlagentheorien" (Dörner & Schäffer, 2012, S. 16) verstanden. Damit wird geklärt, wie in der vorliegenden Untersuchung „,Soziales' theoretisch gedacht wird" (ebd.).

In Kapitel 5 werden theoretische Grundlagen der dokumentarischen Methode auf der Ebene der Methodologie anhand von relevanten Elemente der praxeologischen Wissenssoziologie (vgl. Bohnsack, 2017) umrissen. Zudem werden unterschiedliche Interaktionsmodi beschrieben. Um die Wahl der Methode zu begründen, werden Herausforderungen formuliert, die sich aus dem Forschungsgegenstand ergeben. Anschließend wird dargelegt, inwiefern sich die dokumentarische Methode für den Umgang mit diesen Problemstellungen eignet.

In Kapitel 6 wird schrittweise aufgezeigt, wie in der vorliegenden Untersuchung methodisch vorgegangen wird, um Anerkennungsverhältnisse zwischen Kindergartenlehrpersonen und Kindergartenkindern auf der Grundlage von videografierten Unterrichtsbeobachtungen und leitfadengestützten Interviews und mithilfe der dokumentarischen Methode empirisch zu beschreiben.

Die dokumentarischen Interpretationen werden in Beschreibungen der beiden Fälle Sandra Sommer und Dora Dünki[7] konsolidiert. Dazu werden in Kapitel 7 einzelne Sequenzen aus der videografierten Auffangzeit je eines Vormittags in den Kindergärten der beiden Kindergartenlehrpersonen analysiert. Zudem werden Passagen aus den Interviews mit den beiden Kindergartenlehrerinnen interpretiert und den Erkenntnissen aus der Videointerpretation gegenübergestellt. In Kapitel 8 werden die beiden Fälle vergleichend analysiert.

Abschließend werden in Kapitel 9 zuerst Erkenntnisse aus den Fallanalysen anhand der einschlägigen Forschung diskutiert und daraus pädagogische Konsequenzen abgeleitet. Es folgen eine Reflexion des methodischen Vorgehens und das Aufzeigen von Forschungsdesideraten sowie eine Zusammenfassung und ein Ausblick.

---

[7] Die Namen der beiden Kindergartenlehrpersonen wie auch diejenigen der in den Interpretationen genannten Kindergartenkinder wurden anonymisiert.

Einbettung der Untersuchung 2

Bevor in den Kapiteln 3 bis 5 gebündelt auf verschiedene theoretische Grundlagen eingegangen wird, erfolgt nun an dieser Stelle die Einbettung der Untersuchung. In Abschnitt 2.1 erfolgt diese Einbettung in Bezug auf die Kindergartenstudie, aus der der verwendete Datenkorpus stammt. Dazu werden die untersuchten Fragestellungen (Abschn. 2.1.1) genannt, Hinweisen zur Stichprobe (Abschn. 2.1.2) gemacht und die Durchführung der videobasierten Unterrichtsbeobachtungen und der leitfadengestützten Interviews dargestellt (Abschn. 2.1.3). Das Verhältnis zwischen der Kindergartenstudie und der vorliegenden Untersuchung wird als Sekundäranalyse bezeichnet, da die Erhebung der Daten unabhängig von der vorliegenden Untersuchung stattfand. Eine Sekundäranalyse birgt sowohl Chancen als auch Grenzen in sich (Abschn. 2.1.4). In Abschnitt 2.2 wird die Forschungslogik der qualitativ-rekonstruktiven Sozialforschung anhand von ausgewählten Merkmalen ausgeführt (Abschn. 2.2.1). Um die Qualität der vorliegenden Untersuchung reflektieren zu können, werden zudem Gütekriterien bestimmt (Abschn. 2.2.2). In Abschnitt 2.3 wird diese Einbettung mit Blick auf die Untersuchung zusammengefasst.

2.1 Einbettung in die Studie „Die Situation auf der Kindergartenstufe im Kanton Zürich"

Der Datenkorpus für die vorliegende Untersuchung stammt aus der Kindergartenstudie (Edelmann et al., 2018b), die von Mitarbeitenden der PHBern und der PH Zürich erstellt wurde. Bei der Kindergartenstudie handelt es sich um eine Auftragsarbeit, die von der Bildungsdirektion des Kantons Zürich vergeben wurde. Die vorliegende Untersuchung wurde unabhängig von den Fragestellungen des

© Der/die Autor(en) 2025
S. Staub, *Anerkennungsverhältnisse in der Schule*, Kinder, Kindheiten und Kindheitsforschung 33, https://doi.org/10.1007/978-3-658-46176-8_2

Auftrags durchgeführt, basiert jedoch auf einem Teil der in der Kindergartenstudie erhobenen Daten.

Der für die vorliegende Studie zur Verfügung stehende Datenkorpus stammt ausschließlich aus dem Kanton Zürich. Dass der Fokus nur auf einem von insgesamt 26 Kantonen der Schweiz[1] liegt, lässt sich auch damit begründen, dass der Kanton Zürich der mit Abstand bevölkerungsstärkste Schweizer Kanton ist. Hier leben knapp 18 % der Wohnbevölkerung (vgl. Bundesamt für Statistik, 2021). Aufgrund der Verteilung der Bevölkerung auf mehrere städtische Zentren sowie auf ländliche und weniger dicht besiedelte Gebiete kann innerhalb des Kantons Zürich von einer heterogenen Bevölkerung ausgegangen werden, was sich auch in den Kindergärten widerspiegelt. Ausgehend von dieser Annahme wurden die Kindergärten aufgrund von strukturellen Merkmalen ausgewählt (vgl. Edelmann et al., 2018b, S. 35–38). Dass ein deutlicher Kontrast zwischen den einzelnen im Rahmen der Kindergartenstudie untersuchten Kindergärten besteht, konnte empirisch anhand einer Typologie auf der Ebene der Kindergartenlehrpersonen bestätigt werden (vgl. ebd., S. 166–174). Das Vorhandensein von Verschiedenartigkeit zwischen den einzelnen Fällen ist für die vorliegende Untersuchung wichtig, weil das gewählte methodische Vorgehen auf dem Vorhandensein eines maximalen Kontrastes aufbaut (vgl. Kap. 5 und 6). Im Folgenden wird genauer auf das Forschungsdesign der Kindergartenstudie eingegangen und dabei explizit ausgewiesen, in welchen Teilprojekten die vorliegende Untersuchung angesiedelt ist.

2.1.1 Themenbereiche und Fragestellungen der Kindergartenstudie

Im Zentrum der breit angelegten Kindergartenstudie stand die aktuelle Situation in den Kindergärten des Kantons Zürich, wobei folgende drei Themenbereiche fokussiert wurden (vgl. Edelmann et al., 2018b, S. 34):

• Unterrichtsgestaltung in den Kindergärten des Kantons Zürich,
• Kompetenzerwerb und Lernzuwachs von Kindern mit Fokus auf dem Sprachstand und der Sprachförderung sowie
• Übergänge in den Kindergarten sowie in die nachfolgende Primarschule.

---

[1] Die Halbkantone wurden einzeln mitgezählt, da die schulische Bildung bis zu einem gewissen Grad kantonal geregelt ist und sich diese in einzelnen Aspekten auch zwischen Halbkantonen unterscheiden kann.

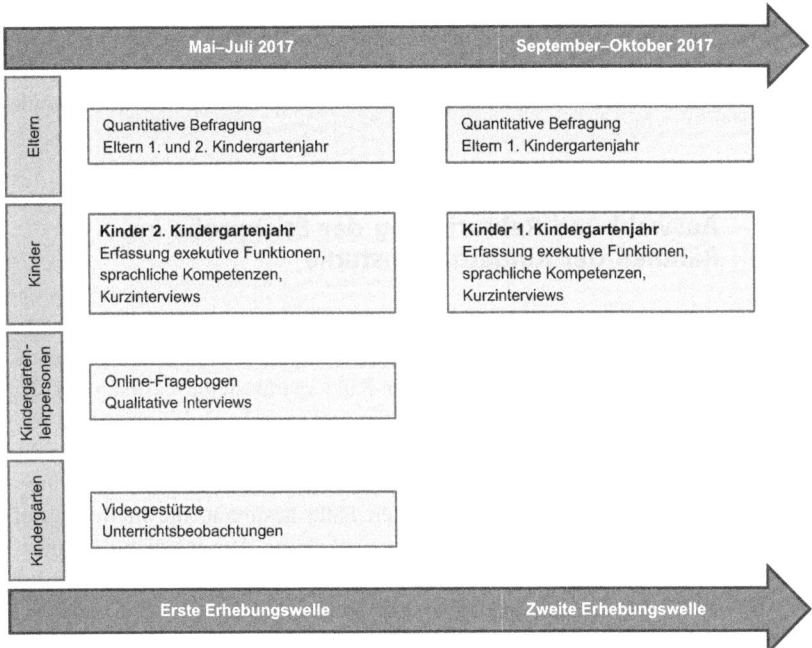

Abbildung 2.1 Erhebungsplan der Kindergartenstudie. (Quelle: Edelmann et al., 2018b, S. 34)

Zu allen drei Themenbereichen wurden mehrere Fragestellungen formuliert. Um diese beantworten zu können, wurden unterschiedliche Daten erhoben und mit qualitativen und quantitativen Methoden ausgewertet. Die Studie wurde in mehrere Teilprojekte gegliedert, wobei auf folgenden vier Ebenen Daten erfasst wurden: Eltern, Kinder, Kindergartenlehrpersonen sowie Kindergärten (Unterricht). Der Erhebungsplan der Kindergartenstudie wird in Abbildung 2.1 dargestellt. Diese zeigt einen Überblick über die Art der erhobenen Daten und über die Zeitpunkte bzw. -räume, zu denen die Erhebungen stattfanden.

Für die vorliegende Untersuchung werden Daten aus den leitfadenstützten Interviews mit den teilnehmenden Kindergartenlehrpersonen und den video-gestützten Unterrichtsbeobachtungen aus deren Kindergärten mit einer neuen Fragestellung (vgl. Abschn. 1.3) bearbeitet. Zudem werden Erkenntnisse aus der Videointerpretation mit denjenigen aus der Interviewinterpretation zusammenge-führt (vgl. Kap. 7 und 8). Die videobasierten Unterrichtsbeobachtungen in den zwanzig Kindergärten sowie die Durchführung der qualitativen Interviews mit den Kindergartenlehrpersonen fanden im Zeitraum zwischen Mai und Juli 2017 statt. Es handelte sich also um das Ende des Schuljahres. Bei den älteren Kindern der jahrgangsgemischten Kindergartenklassen[2] stand der Übertritt in die Primarschule an.

2.1.2 Auswahl und Rekrutierung der Stichprobe im Rahmen der Kindergartenstudie

Zu Beginn des Jahres 2017 wurden im Kanton Zürich in ca. 1 560 [3] öffentlichen Kindergärten 30 269 Kindergartenkinder unterrichtet (vgl. Bildungsstatistik Kanton Zürich, 2020). Die Ergebnisse der Kindergartenstudie basieren auf der Grundlage von Daten, die, wie bereits erwähnt (vgl. Abschn. 1.4), in zwanzig verschiedenen Kindergärten im Kanton Zürich erhoben wurden. Die Stichprobe, die für die Kindergartenstudie in Frage kam, wurde anhand eines gezielten Samplings bestimmt (vgl. Patton, 1990). Dazu wurden Fälle bestimmt, die in Bezug auf bestimmte Merkmale eine maximale Varianz aufwiesen. Um möglichst kontrastreiche Kindergärten zu identifizieren, wurden drei Merkmale bestimmt, die bei der Auswahl der zwanzig Kindergärten berücksichtigt wurden: der Gemeindetyp[4], der Mischindex pro Klasse[5] und die Dienstjahre der Kindergartenlehrpersonen[6].

---

[2] Eine Kindergartenklasse besteht in der Regel aus zwei Kohorten, verteilt auf den ersten und den zweiten Kindergarten.

[3] Anzahl Lernende im öffentlichen Kindergarten (30 296) geteilt durch die durchschnittliche Klassengrösse im öffentlichen Kindergarten (19.4).

[4] In Anlehnung an die Gemeindetypologie des Bundesamtes für Statistik (BFS) (www.bfs. admin.ch) wurden fünf Gemeindetypen unterschieden: Zentrumsgemeinden (1), Arbeitsplatzgemeinden (2), suburbane Wohngemeinden (3), periurbane Wohngemeinden (4), reiche Gemeinden (5), ländliche Gemeinden (6) und gemischte Gemeinden (7). Die Gemeindetypen 3 und 4, wie auch die Gemeindetypen 6 und 7 wurden aufgrund ähnlicher Merkmale zusammengefasst. Somit resultieren fünf verschiedene Gemeindetypen.

[5] Der Mischindex setzt sich zusammen aus dem Anteil von Kindergartenkindern, deren Erstsprache nicht Deutsch ist und Kindergartenkindern mit einer ausländischen Nationalität, wobei Deutschland, Österreich und Liechtenstein nicht dazugezählt werden. Der Mischindex pro Klasse wurde von den Projektverantwortlichen der Bildungsdirektion des Kantons Zürich in vier Kategorien eingeteilt: 0 bis < 0.2; 0.2 bis < 0.4; 0.4 bis < 0.6; $\geq$ 0.6.

[6] Kindergartenlehrpersonen mit einem Dienstalter von unter sechs Jahren wurden ausgeschlossen, weil ein routinierter Kindergartenalltag im Fokus des Interessens stand. Lehrpersonen mit einem Dienstalter von mindestens sechs Jahren werden als beruflich erfahren eingeschätzt werden. Entsprechend der Anzahl an Dienstjahren wurden drei Kategorien gebildet: 6–9, 10–19 und 20–42 Dienstjahre.

Die Kombination dieser drei Merkmale führte zur Bestimmung von Kindergarten-lehrpersonen und Kindergärten, die für die Studie in Frage kamen (vgl. Edelmann et al., 2018b, S. 35–37). Für jede Kombination wurden Klassen bestimmt, die diese Merkmale erfüllten und somit in die engere Auswahl kamen. Zu jedem Gemeindetyp wurden drei bis fünf Klassen und zu jeder Mischindex-Kategorie fünf Klassen gesucht. Anschließend wurde das Merkmal Dienstjahre der Kin-dergartenlehrperson hinzugezogen. Dabei wurde darauf geachtet, dass alle drei Kategorien des Dienstalters sowohl bei jedem Gemeindetyp als auch bei jeder Mischindex-Kategorie vertreten sind (vgl. ebd., S. 37). So wurde erreicht, dass sich die zwanzig Fälle in Bezug auf die genannten Kriterien möglichst stark unterscheiden.

Im März 2017 wurden alle Schulleitungen von Kindergärten, die in die engere Auswahl kamen, mit einem Brief von der kantonalen Bildungsdirektion über das Projekt informiert und um ihre Unterstützung gebeten. Anschließend wurden diese Schulleitungen telefonisch von Mitgliedern des Forschungsteams kontaktiert, um das Vorhaben der Studie zu erklären und das Einverständnis zur Kontaktaufnahme mit der jeweiligen Lehrperson einzuholen. Erst dann wurden die Kindergartenlehrpersonen kontaktiert und angefragt, ob sie an der Studie teilnehmen möchten.

2.1.3 Teilprojekte Video- und Interviewstudie

Im Folgenden werden nun die Video- und die Interviewstudie als zwei Teil-projekte der Kindergartenstudie genauer beschrieben, da in der vorliegenden Untersuchung Daten aus diesen beiden Teilprojekten bearbeitet werden. Dazu werden nachfolgend die inhaltlichen Fokusse der beiden Teilprojekte und die Datenerhebung sowie die Auswertung der Video- sowie Interviewdaten im Rah-men der Kindergartenstudie beschrieben. Letzteres hat die Funktion, die in der vorliegenden Untersuchung verwendete Auswertungsstrategie von derjenigen der Kindergartenstudie abzugrenzen. Die Ergebnisse der Kindergartenstudie werden im dazugehörigen Schlussbericht ausführlich dargestellt und diskutiert (vgl. Edel-mann et al., 2018b). Der Entscheid, lediglich mit den Daten aus der Video- und der Interviewstudie weiterzuarbeiten, wurde aufgrund der Mitarbeit der Autorin in den Teilprojekten und der damit verbundenen vertieften Kenntnis der Daten gefällt.

2.1.3.1 Videostudie

In der videobasierten Unterrichtsbeobachtung wurde nach der Strukturierung und Rhythmisierung des Unterrichts, den Unterrichtsformen, dem Spiel- und Lernangebot im Innenraum des Kindergartens sowie nach den Formen der Individualisierung gefragt (vgl. ebd., S. 54). Nachfolgend wird beschrieben, wie die videobasierten Unterrichtsbeobachtungen durchgeführt wurden und was danach mit dem Videomaterial geschah.

Erhebung der Videodaten

In jedem der ausgewählten Kindergärten wurde für die Dauer eines ganzen Vormittags mit zwei Kameras gefilmt. Jede Kamera wurde von einer Person geführt. Die Kameras wurden jeweils beim Eintreffen des ersten Kindes gestartet und erst dann wieder gestoppt, nachdem das letzte Kind verabschiedet wurde. Die beiden Kameras waren unterschiedlich ausgestattet und hatten verschiedene Funktionen (vgl. ebd.).

Die *Lehrpersonenkamera* folgte der Kindergartenlehrperson, deren Handlungen während des ganzen Vormittags aufgenommen wurden. Die Kamera stand auf einem Stativ, das wiederum auf einer fahrbaren Kameraplattform, einem sogenannten Dolly, befestigt war. Dieses Vorgehen begünstigte verwackelungsarme Aufnahmen von der Lehrperson, die sich im Raum, in den Gängen, in weiteren Räumen sowie im Außenbereich bewegte. Die Lehrperson steckte sich ein Funkmikrofon an, das mit der Lehrpersonenkamera verbunden wurde. Dadurch konnten die Gespräche, die die Lehrperson während der Aufnahme führte, in guter Tonqualität aufgenommen werden. Die Lehrperson konnte das Mikrofon selbst ausschalten; z. B. bei einem vertraulichen Gespräch mit Eltern.

Die *Klassenkamera* hatte die Funktion, die Aufnahme der Lehrpersonenkamera zu ergänzen. Wenn die Klasse im Kreis arbeitete, wurde mit der Klassenkamera eine zweite Perspektive eingenommen. Sobald die Kinder verteilt auf mehrere Räume arbeiteten, bildete diese zweite Kamera eine andere Situation ab als die Lehrpersonenkamera. Die Klassenkamera war mit einem Richtmikrofon ausgerüstet, mit welchem Geräusche in der Umgebung der Kamera aufgezeichnet wurden.

Der Einsatz von zwei Kameras für die Datenerhebung hatte mehrere Gründe. Ein praktischer Grund bestand in der Backup-Funktion für den Fall, dass eine Kamera während der Aufnahme nicht funktioniert hätte. Aus inhaltlicher Perspektive ermöglichte der Einsatz von zwei Kameras, mehr als nur eine Situation zugleich aufzunehmen, wenn sich das Geschehen außerhalb des Sitzkreises abspielte. Dadurch konnten u. a. Informationen über Geschehnisse auch in Abwesenheit der Lehrperson gesammelt werden. In Kreissituationen ermöglichte die zweite Kamera eine andere Perspektive auf dieselbe Situation. Zudem versprach der konsequente Einbezug beider Kameraperspektiven einen zusätzlichen Erkenntnisgewinn (vgl. Beeli-Zimmermann et al., 2020).

Der im Vergleich zum Primar- und Sekundarschulunterricht speziellen Situation im Kindergarten konnte anschliessend an die Erhebungen einerseits im Transkript, andererseits auch bei der Interpretation besser Rechnung getragen werden: Diese Situation zeichnet sich u. a. dadurch aus, dass in den Räumlichkeiten viel Bewegung stattfindet, dass sich die Tätigkeiten im Verlauf des Vormittags auf mehrere Außen- und Innenräume ausdehnen und dass es im Laufe des Vormittags keine Pause gibt, die ein Umstellen der Kameras erlaubt.

Die Aufnahmen der beiden Kameras wurden anschließend mit der Software *iMovie* synchronisiert und in die Videosoftware *Transana* importiert. Darin wurden die Aufnahmen der zwanzig Kindergärten grob transkribiert, wobei die Übergänge wörtlich verschriftlicht und die Zeit zwischen den Übergängen zusammenfassend beschrieben wurde. Dies erwies sich als sinnvoll für die im Rahmen der Kindergartenstudie erstellte *Segmentierungsanalyse* nach Dinkelaker und Herrle (2009).

Im Anschluss an die Durchführung der videobasierten Unterrichtsbeobachtung erhielten die Lehrpersonen einen kurzen Fragebogen, in dem sie aufgefordert wurden, einzuschätzen, ob sie und die Kinder sich genauso verhalten hatten wie an anderen Vormittagen auch (vgl. Edelmann et al., 2018b, S. 57). Die beiden Kindergartenlehrerinnen, zu denen in der vorliegenden Untersuchung Fallbeschreibungen erstellt wurden (vgl. Kap. 7) hielten ihr Verhalten und dasjenige der Kinder für identisch mit anderen Tagen.[7]

Videoanalyse

Das vorliegende Videomaterial wurde im Rahmen der Kindergartenstudie einer Segmentierungsanalyse nach Dinkelaker und Herrle (2009, S. 54–64) unterzogen. Dabei wurden die gesamten Videoaufnahmen in unterschiedliche Sequenzen eingeteilt, wobei sich diese möglichst stark voneinander unterscheiden sollten. Um den Charakter unterschiedlicher Sequenzen zu bestimmen, wurde auf die Aktivitäten, das Verhalten und die Äußerungen der Kindergartenlehrpersonen und der Kinder geachtet. Material- und theoriegeleitet konnten so vier unterschiedliche

---

[7] Bei den folgenden zwei Fragen kreuzten die beiden Kindergartenlehrerinnen Sandra Sommer und Dora Dünki nachfolgende Antworten an. 1. Frage: „Die Kinder haben sich genau so verhalten wie an anderen Vormittagen." Antwort von Sandra Sommer und Dora Dünki: „trifft völlig zu". 2. Frage: „Ich habe mich genau so verhalten wie an anderen Tagen auch." Antwort von Sandra Sommer: „trifft völlig zu"; Antwort von Dora Dünki: „trifft eher zu".

Sequenzen identifiziert werden: 1) geführte Sequenz, 2) offene Sequenz, 3) „Znü-ni"[8] und Aktivität draußen sowie 4) Übergänge. Die Ergebnisse der Videoanalyse lassen sich im Schlussbericht der Kindergartenstudie nachlesen (vgl. Edelmann et al., 2018b, S. 85 f.).

2.1.3.2 Interviewstudie

Mit jeder Kindergartenlehrperson, die im Rahmen der videogestützten Unterrichtsbeobachtung gefilmt wurde, wurde ein qualitatives Interview geführt. Die Interviews wurden jeweils von speziell dafür geschulten Personen aus dem Projektteam durchgeführt und fanden im Zeitfenster zwischen Mai und Juli 2017 statt. Die meisten Interviews wurden in Schweizerdeutsch geführt. Die Gespräche wurden aufgenommen, anschließend transkribiert und in Standardsprache übersetzt (vgl. Abschn. 6.2.4). Die Interviews dauerten zwischen 1 Stunde 10 Minuten und 2 Stunden 50 Minuten.

Die Kindergartenlehrpersonen wurden zu den folgenden Themenbereichen befragt (vgl. ebd., S. 52 f.): aktuelle Kindergartenklasse, Unterrichtsgestaltung, sprachliche Förderung, Kompetenzförderung und -erfassung, Übergänge in den Kindergarten und in die erste Klasse, Kooperation mit Eltern, Fachpersonen und dem Kollegium, aktuelle bildungspolitische Rahmenbedingungen sowie Zukunftsperspektiven. Zum Schluss des Interviews bestand die Möglichkeit, unerwähnte Themenbereiche und weitere Fragen oder Anliegen anzubringen und auszuführen.

Interviewanalyse

Die transkribierten Interviews wurden im Rahmen der Kindergartenstudie einer qualitativen Inhaltsanalyse nach Mayring (2002) unterzogen. Die Transkripte wurden einerseits deduktiv entlang der im Interviewleitfaden gesetzten Themen codiert. Andererseits wurden induktive Codes gebildet für Themen, die von den Interviewten eingebracht wurden. Dies führte zu zwölf Themenbereichen. Relevante Interviewstellen wurden zu einer dichten Beschreibung verarbeitet und mit ausgewählten Zitaten aus den Interviews angereichert. Die Ergebnisse der Interviewauswertung lassen sich im Schlussbericht der Kindergartenstudie nachlesen (vgl. Edelmann et al., 2018b, S. 70–165).

Die Fragestellungen, die in der vorliegenden Untersuchung verfolgt werden (vgl. Abschnitt 1.3), dringen – im Gegensatz zu denjenigen der Kindergartenstudie – auf implizite Wissensbestände der Kindergartenlehrpersonen vor. Während

---

[8] Mit «Znüni» (Jäger, 2008, S. 145) wird die Zwischenmahlzeit bezeichnet, die die Kinder üblicherweise von zuhause mitbringen und zu einem festgelegten Zeitpunkt am Vormittag im Kindergarten verspeisen.

in der Kindergartenstudie primär untersucht wurde, was gesagt und getan wird,
soll hier der Fokus darauf gelegt werden, wie die untersuchten Kindergartenlehrpersonen etwas sagen und tun. Dadurch wird der Zugang zu einer völlig neuen
Ebene ermöglicht.

2.1.4 Sekundäranalyse

Im Folgenden wird darauf eingegangen, was unter einer Sekundäranalyse verstanden wird und inwiefern es sich bei der vorliegenden Arbeit um eine solche handelt. Zudem wird aufgezeigt, mit welchen besonderen Chancen (Abschn. 2.1.4.1)
und Herausforderungen (Abschn. 2.1.4.2) eine Sekundäranalyse konfrontiert ist
und wie in der vorliegenden Studie damit umgegangen wird.

Die Sekundäranalyse ist eine Forschungsstrategie, bei der bereits existierende
quantitative oder qualitative Forschungsdaten verwendet werden, um eine neue
Fragestellung zu untersuchen oder vorangehende Studien zu überprüfen (vgl.
Heaton, 2004, S. 16). Das Interesse an Sekundäranalysen in der qualitativen
Forschung steigt seit Mitte der 1990er-Jahre an (vgl. ebd., S. 1). Gleichzeitig
wird kontrovers diskutiert, ob sich die Analyse von Daten, die zu einem anderen
Zweck erhoben wurden, mit den Grundprinzipien der qualitativen Forschung vereinbaren lassen. In der vorliegenden Studie handelt es sich um die Beantwortung
einer neuen Fragestellung, die in der ursprünglichen Studie in dieser Form nicht
enthalten war.

Für die vorliegende Untersuchung wurden mehrheitlich im Rahmen der Kindergartenstudie von der Autorin erhobene Daten wiederverwendet (vgl. Heaton,
2008, S. 35 f.), wobei auch weitere Daten einbezogen wurden, die von anderen Mitarbeitenden für dasselbe Forschungsvorhaben erhoben wurden. Die Daten
sind der Autorin durch die Mitarbeit in der Kindergartenstudie (vgl. Abschn. 2.1)
bereits bekannt; der Zugang zu ihnen war gewährleistet. Bei der vorliegenden
Studie handelt es sich um eine sogenannte Supra-Analyse bzw. „supra analysis" (ebd., S. 39), in der der Fokus der ursprünglichen Studie auf eine neue
Fragestellung ausgeweitet wird. Als erweiterte Analyse bzw. als „amplified analysis" (ebd.) wird die Zusammenführung von Daten aus unterschiedlichen Studien
genannt. In der vorliegenden Untersuchung werden Daten aus zwei Teilstudien
zusammengeführt, indem Video- und Interviewdaten fallbasiert kombiniert werden. Im weitesten Sinne kann diese Sekundäranalyse also als erweiterte Analyse
bezeichnet werden.

2.1.4.1 Chancen

Die Durchführung einer Sekundäranalyse eröffnet Chancen: erstens hinsichtlich forschungsökonomischer Überlegungen und zweitens in Bezug auf die Schonung des Forschungsfeldes. Stehen erstens forschungsökonomische Überlegungen im Vordergrund, beginnt der Vorteil bereits beim Zugang zum Feld, der nicht erneut hergestellt werden muss. Dadurch fallen beispielsweise forschungsstrategische Entscheidungen bezüglich des Vorgehens beim Feldzugang weg (vgl. z. B. Przyborski & Wohlrab-Sahr, 2014, S. 54–58). Der Zugang zum Forschungsfeld kann sich herausfordernd gestalten und zeitintensiv sein. Des Weiteren entfällt die Phase der Datenerhebung (vgl. Meyer, 2007, S. 271). So ist besonders die videobasierte Unterrichtsbeobachtung mit finanziellen Kosten verbunden, etwa im Zusammenhang mit der erforderlichen technischen Ausrüstung und den notwendigen zeitlichen Ressourcen (vgl. Andersson & Sørvik, 2013). Bei einer Sekundäranalyse fallen diese Kosten komplett weg. Um Daten teilen zu können, müssen diese bereits aufbereitet sein, was im Rahmen von Sekundäranalysen ebenfalls Ressourcen schont (vgl. Steinhardt et al., 2020, S. 11).

Zweitens wird als Argument, das ebenfalls für eine Sekundäranalyse spricht, angeführt, dass diese Strategie das Forschungsfeld schont, da der Unterricht so selten wie möglich durch die Anwesenheit von Mitarbeitenden des Forschungsprojekts beeinträchtigt wird (vgl. Andersson & Sørvik, 2013, S. 4; Fielding, 2004, S. 100; Steinhardt et al., 2020). Besonders bei videobasierten Unterrichtsbeobachtungen, aber auch bei anderen Daten, die in Anwesenheit von wissenschaftlichen Fachleuten erhoben werden, besteht die Gefahr der „Überforschung eines Feldes" (vgl. Steinhardt et al., 2020, S. 10), was in der Schulforschung als Problem bekannt ist (vgl. ebd.).

Im Rahmen der vorliegenden Untersuchung konnte von diesen beiden Chancen profitiert werden. Zusätzlich zum Feldzugang und zur Erhebung von Daten wurde der Datenkorpus bereits im Rahmen der Kindergartenstudie aufbereitet, was ebenfalls einen großen Vorteil darstellte: Die Videoaufnahmen waren bereits in synchronisiertem Zustand in die Software Transana eingelesen und grob transkribiert, die Interviews lagen vollständig transkribiert vor.

2.1.4.2 Herausforderungen und Grenzen

Grundsätzlich ist eine Sekundäranalyse mit drei Herausforderungen konfrontiert (vgl. Heaton, 2008, S. 40 f.): Es handelt sich erstens um die Frage nach ihrer Vereinbarkeit mit der qualitativen Forschung, zweitens um die Problemstellung der Verfügbarkeit von Kontextinformationen und drittens um ethische sowie rechtliche Aspekte. Diese drei Herausforderungen werden nachfolgend genauer geschildert und Bezüge zur vorliegenden Untersuchung hergestellt.

Die erste Herausforderung stellt die Frage nach der grundsätzlichen Vereinbarkeit mit qualitativer Forschung dar, weil die Forschungsdaten für einen anderen Zweck erhoben wurden und allenfalls für die Beantwortung der neuen Fragestellung andere Daten vorliegen müssten. Damit einher geht auch die Frage nach der Qualität der Daten. Es muss geprüft werden, ob die Daten den in der Sekundäranalyse fokussierten Gegenstand angemessen darstellen bzw. ob eine Passung besteht (vgl. Medjedović, 2014, S. 253). Medjedović (ebd.) nennt dafür folgende Voraussetzungen: „Hierfür ist entscheidend, dass das Thema der Sekundäranalyse in der Originalstudie abgedeckt ist und deren Methoden die Analyse nicht einschränken". Bei der Sekundäranalyse von Videodaten besteht die Herausforderung darin, dass die Erstellung von videobasierten Unterrichtsbeobachtungen grundsätzlich mit Selektionsentscheidungen zusammenhängt, die sich durch die Fragestellung und den Forschungsgegenstand begründen lassen (vgl. Herrle et al., 2016, S. 13). In Bezug auf Sekundäranalysen von Videodaten muss diese Passung geprüft werden (vgl. Beeli-Zimmermann et al., 2020). Dies bedingt, dass Selektionsentscheidungen sowohl im Rahmen der Datenerhebung als auch der -aufbereitung dokumentiert wurden (vgl. ebd., Abs. 30). Für die vorliegende Untersuchung besteht im Rahmen der Videointerpretation eine hohe Passung mit der ursprünglichen Studie. Die thematische Nähe zwischen der Kindergartenstudie und der vorliegenden Untersuchung ist unbestritten. Auf der technischen Ebene bewährte sich, dass die Lehrpersonenkamera stets die Interaktionen der Kindergartenlehrperson fokussierte, während die verbalen Äußerungen der Lehrpersonen mit einem Funkmikrophon aufgenommen wurden (vgl. Abschn. 2.1.3.1).

Bei der Sekundäranalyse von Interviewdaten gilt es insbesondere die Passung zwischen den im Leitfaden formulierten Interviewfragen und der neuen Fragestellung sowie dem Forschungsgegenstand zu prüfen, und zwar auf der inhaltlichen Ebene, aber auch in Bezug auf die genaue Formulierung der Fragen. Hierbei zeigt sich in der dokumentarischen Interpretation der transkribierten Interviews aus der Kindergartenstudie im Rahmen der vorliegenden Untersuchung insofern eine Herausforderung, als dass die Interviews nicht im Hinblick auf eine dokumentarische Interpretation konzipiert und durchgeführt wurden. Durch die Orientierung an einem strukturierten Leitfaden mit dem Ziel, zu möglichst allen Fragen Antworten zu erhalten, weisen die Interviews zwar viele Beschreibungen, aber eher wenige Erzählungen auf. Über Erzählpassagen lassen sich implizite Wissensbestände der interviewten Personen jedoch am besten rekonstruieren (vgl. Nohl, 2017, S. 19). In der vorliegenden Untersuchung werden daher auch Beschreibungen fokussiert, die ebenfalls einen Zugang zu impliziten Wissensbeständen ermöglichen.

In Bezug auf die inhaltliche Schwerpunktsetzung besteht jedoch eine ausrei-
chende Übereinstimmung zwischen der Kindergartenstudie und der vorliegenden
Untersuchung. Außerdem kann davon ausgegangen werden, dass die interviewten
Personen weitere Themen unabhängig von den Interviewfragen zum Ausdruck
bringen konnten. Solche Interviewpassagen werden bei der dokumentarischen
Interviewinterpretation ebenfalls berücksichtigt (vgl. ebd., S. 30).

Die dokumentarische Methode setzt voraus, dass das empirische Material
möglichst kontrastreich ist (vgl. Asbrand & Martens, 2018, S. 165). Dies führt
dazu, dass im Forschungsprozess erst nach und nach ersichtlich wird, inwiefern ein Kontrast besteht und wie weiteres Material erhoben werden kann, das
einen weiteren Kontrast abbildet. Dieses Vorgehen wird als „theoretisches Sam-
pling" (Strauss & Corbin, 1996, S. 148) bezeichnet, das erst dann abgeschlossen
wird, wenn in neuem Material keine weiteren Aspekte mehr hinzukommen, die in
Bezug auf die Bildung einer Gegenstandstheorie relevant wären (vgl. Asbrand &
Martens, 2018, S. 165). Im Rahmen der vorliegenden qualitativen Sekundäranalyse kann dieser Anspruch nicht abschließend erfüllt werden. Da jedoch in der
vorliegenden Untersuchung auf eine Typenbildung verzichtet wird und die rekonstruierten Fälle einen Kontrast abbilden, kann dieser Anspruch vernachlässigt
werden.

Die zweite Herausforderung besteht darin, dass die Forscherinnen und
Forscher der Sekundäranalyse bei der Erhebung gewisser Daten nicht anwesend waren. Somit sind nicht alle Kontextinformationen verfügbar, stellt doch
„Kontextsensitivität" einen Grundpfeiler qualitativer Forschung" (Medjedović,
2014, S. 251, Hervorh. i. O.) dar. Dasselbe Problem besteht jedoch auch, wenn
Daten in einem Team erhoben werden und nicht alle persönlich anwesend sind.
Diesem Problem wurde in der Kindergartenstudie begegnet, indem die Durchführung jeder Datenerhebung schriftlich dokumentiert wurde. Zudem steht bei
rekonstruktiven Verfahren derjenige Kontext im Vordergrund, „den die Teilnehmenden durch die wechselseitige Bezugnahme aufeinander in der Interaktion
selbst erzeugen" (ebd.). Die Art und Weise, *wie* die interagierenden Personen aufeinander Bezug nehmen, wird damit relevant. Da die Autorin bei der Erhebung
der videogestützten Unterrichtsbeobachtungen und der leitfadengestützten Interviews der Kindergartenstudie mitarbeitete, ist mindestens ein Teil des Kontextes
aus der direkten Involviertheit bekannt.

Die dritte Herausforderung besteht im Zusammenhang mit ethischen und
rechtlichen Problemen: Es stellt sich die Frage, ob die Einwilligung der involvierten Personen auch für eine Sekundäranalyse gültig ist. Ebenso müssen
die Wahrung der Vertraulichkeit und der Anonymisierung sorgfältig behandelt
werden. Im Rahmen der Kindergartenstudie wurde die Einwilligung auch für

weiterführende Analysen eingeholt (vgl. Edelmann et al., 2018a). Da die Verfasserin der vorliegenden Arbeit auch Mitautorin der Kindergartenstudie war, stellt sich bezüglich der Vertraulichkeit kein Problem betreffend des Datenzugangs.

2.2 Qualitativ-rekonstruktive Sozialforschung

Für die vorliegende Untersuchung wurde ein methodischer Zugang gewählt, der der qualitativ-rekonstruktiven Sozialforschung zugeordnet werden kann. Nachfolgend wird daher anhand der zugrundeliegenden Forschungslogik erläutert, was mit „rekonstruktiv" gemeint ist, inwiefern das rekonstruktive Paradigma von einer standardisierten oder hypothesenüberprüfenden Forschung abgegrenzt werden kann (Abschn. 2.2.1) und welche Folgerungen dies für die Formulierung von Ansprüchen an die Qualität der Forschung hat (Abschn. 2.2.2).

2.2.1 Merkmale qualitativ-rekonstruktiver Sozialforschung

Die Bezeichnungen „qualitativ" und „rekonstruktiv" werden oft synonym verwendet, wenn auch keine Einigkeit darin besteht, ob qualitative Sozialforschung immer auch rekonstruktiv erfolgt (vgl. z. B. Bohnsack, 2005; Przyborski & Wohlrab-Sahr, 2014). Daher wird nachfolgend die Bezeichnung „qualitativ-rekonstruktive Sozialforschung" verwendet.

Ziel dieser Art der Forschung ist die Generierung gegenstandsbezogener Theorien sowie eine Weiterentwicklung der metatheoretischen Grundlagen (vgl. Bohnsack, 2005, S. 70 f.; Przyborski, 2004, S. 42; Przyborski & Wohlrab-Sahr, 2014, S. 29). Ihre Logik grenzt sich deutlich ab von derjenigen der standardisierten oder hypothesenüberprüfenden Forschung, wie quantitative Forschung oft auch bezeichnet wird (vgl. Bohnsack, 2005; Heiser, 2018, S. 26–44). Die Bezeichnung „rekonstruktiv" beschreibt das „Verhältnis qualitativer Methoden der Sozialwissenschaft zu ihrem Gegenstand" (Przyborski & Wohlrab-Sahr, 2014, S. 12), wie nachfolgend genauer ausgeführt wird. Als Gegenstand qualitativ-rekonstruktiver Sozialforschung kann die „Sozialwelt" (Schütz, 1971, S. 6) bezeichnet werden, die eine „besondere Sinn- und Relevanzstruktur für die in ihr lebenden, denkenden und handelnden Menschen" (ebd.) aufweist. Forschungsgegenstand der vorliegenden Untersuchung ist die Interaktion zwischen Lehrpersonen und Kindern im Rahmen des Kindergartenunterrichts. Zur theoretischen Klärung des Sozialen wird die Anerkennungstheorie nach Butler (vgl.

Butler, 2003) als zentrale Grundlagentheorie beigezogen und durch die Theorie
sozialer Praktiken (vgl. Reckwitz, 2003) ergänzt (vgl. Kap. 4).

Es wird davon ausgegangen, dass das Verhalten der Menschen von ihren „Konstruktionen der alltäglichen Wirklichkeit" (Schütz, 1971, S. 6) bestimmt wird,
mit deren Hilfe sie die Welt gliedern und interpretieren. Aussagen der Beforschten *über* ihre Handlungspraxis sowie die Handlungen selbst bzw. das, was die
Beforschten sagen und was sie tun, sind *Konstruktionen ersten Grades* bzw. sogenannte „Common-Sense-Konstruktionen" (Bohnsack, 2005, S. 66; Przyborski,
2004, S. 41; Przyborski & Wohlrab-Sahr, 2014, S. 12). Sie bilden den Ausgangspunkt qualitativ-rekonstruktiver Sozialforschung (vgl. ebd.). In der vorliegenden
Untersuchung stellen die Interaktionen zwischen Kindergartenlehrpersonen und
Kindergartenkindern sowie das Sprechen der Kindergartenlehrpersonen über
die Kindergartenkinder und den Kindergartenalltag Konstruktionen ersten Grades dar. Fokussieren Forscherinnen und Forscher das, *was* die Beforschten
sagen und tun, bleiben die Konstruktionen auf der Ebene des Common Sense,
also der Alltagstheorien. Laut Przyborski (2004, S. 41) beinhaltet dies „wenig
Potenzial zur theoretischen Abstraktion". Da Theoriegenerierung das Ziel von
qualitativ-rekonstruktiver Forschung ist, rücken stattdessen Wissensbestände der
Beforschten in den Vordergrund, die nur implizit vorhanden und handlungsleitend
sind (vgl. Wagener, 2020, S. 17).

Um auf diese Wissensbestände des fokussierten „Beobachtungsfeld[es]" bzw.
der „Sozialwelt" (Schütz, 1971, S. 6) zugreifen zu können, bedarf es daher
„Konstruktionen zweiten Grades" (ebd., S. 7), also „Konstruktionen jener Konstruktionen, die im Sozialfeld von den Handelnden gebildet werden" (ebd.).
Qualitative Sozialforschung wird demnach dann als rekonstruktiv bezeichnet,
wenn es sich um theoretische Konstruktionen zweiten Grades handelt. Diese fragen nicht nur danach, wie die Erforschten den Common Sense selbst konstruieren,
sondern nach der „Praxis der Beforschten" (Wagener, 2020, S. 17) und – mit
Blick auf die vorliegende Untersuchung – u. a. nach sozialen Praktiken. Im Rahmen rekonstruktiver Verfahren erfolgt daher ein „Bruch mit dem Common Sense"
(Bohnsack, 2005, S. 63). In der praxeologischen Wissenssoziologie wird dieser
beschrieben als „Wechsel der Analyseeinstellung von der Frage danach, *was* die
(gesellschaftliche) Wirklichkeit *ist* zur Frage danach, *wie* diese *hergestellt* wird"
(ebd., Hervorh. i. O.). Die praxeologische Wissenssoziologie stellt die methodologische und metatheoretische Grundlage der dokumentarischen Methode dar, die in
der vorliegenden Untersuchung zur Rekonstruktion von Anerkennungsverhältnissen zwischen Kindergartenlehrpersonen und Kindergartenkindern eingesetzt wird.
Da Anerkennungsverhältnisse die Praxis der Beforschten betreffen und als implizite Wissensbestände vorliegen, eignet sich die dokumentarische Methode, die

durch ein rekonstruktives Vorgehen gekennzeichnet ist (vgl. Abschn. 5.2). Im Rahmen von (Unterrichts-)Beobachtungen zielen Konstruktionen zweiten Grades zudem auf die „korporierten Anteile der Interaktion" (Wagener, 2020, S. 17), also auf die „Ikonizität und Körperlichkeit des Sozialen" (Fritzsche & Wagner-Willi, 2015, S. 131), die in der Unterrichtsforschung lange Zeit außer Acht gelassen wurden, aber relevante Aspekte von Unterrichtspraxis darstellen (vgl. Asbrand & Martens, 2018, S. 105; Fritzsche & Wagner-Willi, 2015, S. 131; Wagner-Willi, 2004b, S. 50).

Obwohl bei der rekonstruktiven Sozialforschung im Gegensatz zur standardisierten oder hypothesenüberprüfenden Forschung keine theoriegeleiteten Hypothesen formuliert werden, wird nicht komplett auf theoretisches Wissen und Theoretisierung verzichtet (vgl. Przyborski & Wohlrab-Sahr, 2014, S. 30). So wird der Gegenstand einer empirischen Untersuchung mit Bezugnahme auf den relevanten Forschungsstand „*gegenstandstheoretisch* konstituiert" (Dörner & Schäffer, 2012, S. 16, Hervorh. i. O.). Die metatheoretische Absicherung der Gegenstandstheorien erfolgt durch das Hinzuziehen „*grundlagentheoretischer* Begrifflichkeiten und Konzepte" (ebd., Hervorh. i. O.). Grundlagentheorien werden dabei verstanden als „Theorien des Sozialen" (ebd.), die unabhängig von Disziplinen, Fächern und Domänen bestehen. Grundlagentheorien bieten laut Przyborski (2014, S. 30) „analytische Grundbegriffe" an, die in der Forschungspraxis verwendet werden können. Um dem Anspruch gerecht zu werden, *gegenstands*bezogene Theorien zu generieren, braucht es zwingend ein Fundament, das von *grundlagen*theoretischen Kategorien gebildet wird (vgl. Bohnsack, 2005, S. 64). Während bereits bestehende gegenstandsbezogene Theorien der „Schärfung des Erkenntnisinteresses" (Przyborski & Wohlrab-Sahr, 2014, S. 30) dienen und bei der Diskussion der Ergebnisse einbezogen werden müssen, werden sie bei der Interpretation von empirischem Material zunächst ausgeklammert (vgl. ebd.).

In der Phase der Annäherung an das empirische Material beschreiben im Rahmen der qualitativen Forschung „sensitizing concepts" (Blumer, 1954, S. 7) und das Konzept der „theoretischen Sensibilität" (Strauss & Corbin, 1996, S. 25) das Verhältnis von Theorie und Empirie. Mit sensitizing concepts sind offene Konzepte gemeint, die die Forscherinnen und Forscher laut Blumer (1954) „für die Wahrnehmung sozialer Bedeutung in konkreten Handlungsfeldern sensibilisieren" (Kelle & Kluge, 2010, S. 29) sollen. Unter theoretischer Sensibilität wird nach Glaser und Strauss (1967/1998) die Fähigkeit verstanden, „über empirisch gegebenes Material *in theoretischen Begriffen* zu reflektieren" (Kelle & Kluge, 2010, S. 28, Hervorh. i. O.). Besonders in Untersuchungen, die auf soziale Sachverhalte abzielen, stehen keine präzise definierten und operationalisierten Begriffe am Anfang der Forschungstätigkeit. Stattdessen werden bewusst unscharfe und vage Konzepte verwendet, die erst in der Auseinandersetzung mit dem empirischen Feld bzw. dem Forschungsgegenstand präzisiert werden können (vgl. ebd., S. 28–30).

2.2.2 Gütekriterien für die vorliegende Untersuchung

Im Zusammenhang mit der Unterscheidung zwischen standardisierten oder hypothesenüberprüfenden Verfahren auf der einen Seite und qualitativ-rekonstruktiven Verfahren auf der anderen (vgl. Przyborski, 2004, S. 40) stellt sich auch die Frage nach der Qualität eines spezifischen methodischen Vorgehens. In der standardisierten oder hypothesenüberprüfenden Forschung haben sich dafür die Kriterien von Objektivität, Reliabilität und Validität durchgesetzt. Im Rahmen der qualitativen Sozialforschung haben sich entsprechende Fachpersonen erst systematisch mit den Gütekriterien auseinandergesetzt, nachdem die Bedeutung der qualitativen Forschung in den 1970er- und 1980er-Jahren zugenommen hatte (vgl. Strübing et al., 2018, S. 84). In der qualitativen Forschung gibt es zurzeit keinen Konsens darüber, welche Kriterien und Standards Gültigkeit haben in Bezug auf Aussagen über die Qualität der Forschung (vgl. z. B. Strübing et al., 2018; Vasarik Staub et al., 2019). Innerhalb des Diskurses lässt sich jedoch unterscheiden, ob für die qualitative Sozialforschung allgemeine Kriterien gefordert werden oder ob für methodenspezifische Kriterien argumentiert wird. Während Strübing et al. (2018) fünf konkrete Gütekriterien mit Gültigkeit für den gesamten qualitativen Forschungsbereich vorschlagen,[9] ist laut Flick (2019) unklar, ob ein Konsens überhaupt wünschenswert ist angesichts der „Diversifizierung qualitativer Forschung" (ebd., S. 485) und des „Verzicht[s] auf Standardisierung von Vorgehensweisen" (ebd.). Eisewicht und Grenz (2018) befassen sich ebenfalls mit der Frage, „ob überhaupt und wenn wie adäquat ansatzübergreifende Gütekriterien für die Qualitative Forschung formuliert werden können" (ebd., S. 364). Die beiden Autoren argumentieren mit Bezug auf den Vorschlag von Strübing et al. (2018), dass bei der Bestimmung von Gütekriterien für die qualitative Forschung Grenzwerte schwer zu bestimmen seien, die eine Aussage darüber zulassen würden, ob ein Kriterium erfüllt oder nicht erfüllt sei (vgl. Eisewicht & Grenz, 2018, S. 371). Mit anderen Worten stellt sich beispielsweise die Frage, wie sich messen

---

[9] Dabei handelt es sich um folgende Gütekriterien: Gegenstandsangemessenheit, empirische Sättigung, theoretische Durchdringung, textuelle Performanz sowie Originalität (vgl. Strübing et al., 2018).

lässt, ob das Gütekriterium „textuelle Performanz" (Strübing et al., 2018, S. 93 f.)
ausreichend berücksichtigt wurde. Dass die Art und Weise, wie Forschung und
ihre Ergebnisse präsentiert werden, zentral ist, wird hiermit nicht infrage gestellt.
Laut Steinke (2017, S. 319–321) können in Bezug auf die Bestimmung von
Gütekriterien für die qualitative Forschung drei Grundpositionen unterschieden
werden: (1) die Anpassung der Gütekriterien aus der quantitativen Forschung an
die qualitative Forschung, (2) die Bestimmung eigener, an die Forschung ange-
passter Gütekriterien und (3) die komplette Ablehnung von Gütekriterien für die
qualitative Forschung. Der letztgenannte Punkt kann nicht mit dem Ziel vereinbart
werden, die Qualität der qualitativen Sozialforschung aufrechtzuerhalten bzw. zu
erhöhen. Um die Glaubwürdigkeit der qualitativen Sozialforschung zu untermau-
ern, braucht es zwingend definierte Gütekriterien oder Standards (vgl. Gisske,
2021, S. 37). Die Orientierung an den Gütekriterien der quantitativen Forschung
ist zwar grundsätzlich möglich, wie beispielsweise Przyborski und Wohlrab-Sahr
(2014, S. 21–28) ausführen. Jedoch müssen die drei Hauptgütekriterien Objektivität, Reliabilität und Validität um weitere Kriterien ergänzt werden (vgl. ebd.),
was gegen eine starre Orientierung an diesen drei Gütekriterien spricht. Die Logik
der qualitativen Sozialforschung ist eine andere als diejenige der quantitativen
(vgl. Abschn. 2.2.1). Die Konsequenz, die die unterschiedlichen Logiken für die
Bestimmung von Standards für die qualitativ-rekonstruktive Sozialforschung hat,
formuliert Bohnsack (2005) in der These, dass eine „*Explikation* der Standards
erst *nach* erfolgreich etablierter Forschungspraxis" (ebd., S. 64, Hervorh. i. O.)
möglich sei.

Zur Bestimmung bzw. Auswahl von Gütekriterien, die für die vorliegende
Untersuchung im Vordergrund stehen bzw. an denen die Qualität der Arbeit
gemessen werden kann, wurde von der Autorin zuerst ein Überblick erstellt
über den aktuellen Diskurs zu Gütekriterien, Merkmalen und Orientierungen der
qualitativen Sozialforschung. Dabei wurde stets geprüft, welche Bedeutung die
Gütekriterien aus der Literatur für die vorliegende Untersuchung erhalten. Mit
dem Wissen über die Literatur und den Diskurs zu Gütekriterien wurde auf eine
induktive Art und Weise eine Sammlung von Aspekten angelegt, die in Bezug
auf die Qualität der Untersuchung relevant sind. Diese Aspekte wurden systematisch den Gütekriterien aus der einschlägigen Literatur gegenübergestellt und
mit ihnen abgeglichen, was letztlich zur Ergänzung der Aspekte geführt hat.
Anschließend wurden die eigenen Kriterien in eine Systematik überführt. Bei
der Systematisierung der gesammelten Kriterien war der Vorschlag von Vasarik
Staub et al. (2019) leitend. Als „Strategien der Qualitätssicherung" (ebd., Abs. 3)

wird eine Matrix vorgeschlagen, in der zwischen Aspekten einer methodenspezifischen und einer methodenübergreifenden Qualitätssicherung sowie zwischen einer produkt- und einer prozessorientierten Qualitätssicherung unterschieden wird (vgl. ebd., Abs. 10). Diese Systematik erlaubt eine Integration verschiedener Ansätze. Da sie im Falle der vorliegenden Untersuchung die Entwicklung eigener Kriterien aber zunehmend einschränkte, wurden die Qualitätsansprüche an die vorliegende Untersuchung letztendlich unabhängig davon definiert. Durch das beschriebene Vorgehen konnten vier zentrale *Kategorien* eruiert werden, die nachfolgend anhand von Bezügen zur einschlägigen Literatur über Gütekriterien in der qualitativen Forschung beschrieben werden.

2.2.2.1 Begründung der Methodenwahl mit Bezug auf den Forschungsgegenstand

Nachdem das Erkenntnisinteresse ausgehend von einem gegenstandstheoretisch begründeten Forschungsgegenstand sowie von grundlagen- bzw. metatheoretischen Begrifflichkeiten formuliert wird, kann davon die Forschungsfrage abgeleitet werden. Ausgehend von dieser Forschungsfrage erfolgt die Wahl einer passenden Methode (vgl. Dörner & Schäffer, 2012, S. 17). Die gewählte Methode muss also zum Gegenstand passen, was in der Literatur vielfach als „Gegenstandsangemessenheit" (Steinke, 2017; Strübing et al., 2018, S. 86) bezeichnet wird.

2.2.2.2 Beschreibung, Reflexion und methodologische Einordnung des methodischen Vorgehens

Um nachvollziehen zu können, wie im Forschungsprozess vorgegangen wird, muss das Vorgehen transparent gemacht werden (vgl. Flick, 2019). Die einzelnen Schritte müssen regelgeleitet erfolgen (vgl. Mayring, 2016). Damit intersubjektiv nachvollzogen werden kann, wie geforscht wurde, müssen z. B. auch die Erhebungsmethoden, verwendete Transkriptionsregeln und die Samplingstrategie offengelegt werden (vgl. Steinke, 2017).

In Bezug auf die dokumentarische Methode, die im Rahmen einer rekonstruktiven Forschungslogik zum Tragen kommt, muss das methodische Vorgehen folgenden drei methodologisch verankerten Kriterien entsprechen: Bei der Interpretation der vorliegenden Daten findet ein Wechsel der Analyseeinstellung vom *Was* zum *Wie* statt, womit der Fokus auf Konstruktionen zweiten Grades gelegt wird (vgl. Bohnsack, 2005). Im Verlauf des Forschungsprozesses werden das methodische Vorgehen und Interpretationen von empirischem Material in Forschungswerkstätten besprochen und validiert (vgl. ebd.; Przyborski &

Wohlrab-Sahr, 2014; Steinke, 2017). Diese gemeinschaftlich organisierte Interpretationsarbeit und die Fallkontrastierung führen zu einer Triangulation der
Interpretationen (vgl. Flick, 2019; Mayring, 2016). Die komparative Analyse
ermöglicht eine Generalisierung der Ergebnisse (vgl. Bohnsack, 2005; Przyborski & Wohlrab-Sahr, 2014), wobei durch den Verzicht auf eine empirisch
gesättigte Typenbildung eine Generalisierung in der vorliegenden Untersuchung
nur limitiert möglich ist.

2.2.2.3 Herstellung von Theoriebezügen

Im gesamten Forschungsprozess bilden Bezüge zu theoretischem Wissen einen
zentralen Anspruch, was allgemein als „theoretische Durchdringung" (Strübing
et al., 2018, S. 90) bezeichnet werden kann. Wie bereits ausgeführt (vgl.
Abschn. 2.2.1), werden zur Formulierung des Erkenntnisinteresses und der
Forschungsfragen sowohl Gegenstandstheorien als auch Grundlagen- bzw. Meta-
theorien herangezogen (vgl. Dörner & Schäffer, 2012). Eine metatheoretische
Fundierung ist die Voraussetzung für die Generierung einer gegenstandsbe-
zogenen Theorie (vgl. Bohnsack, 2005; Przyborski & Wohlrab-Sahr, 2014).
Des Weiteren wird die Methodologie als „wissenschaftstheoretisch abgesicherte
‚Logik' der Methode" (Dörner & Schäffer, 2012, S. 18) verstanden, die es auszu-
weisen gilt. Auch im fortlaufenden Interpretationsprozess und bei der Diskussion
der Ergebnisse sollen Bezüge zu (gegenstands-)theoretischem Wissen erstellt
werden, was die Generierung neuer Theorien zulässt.

2.2.2.4 Nachvollziehbare Darstellung und Einordnung der Ergebnisse bzw. Interpretationen

Um zu vermeiden, dass einer Interpretation Willkür unterstellt wird (vgl. Gisske,
2021, S. 37), muss sie sowohl in Bezug auf das Vorgehen als auch hinsichtlich
der Ergebnisse nachvollziehbar dargestellt werden. Um die empirische Verankerung der Ergebnisse aufzuzeigen, müssen diese hinreichend mit Texten aus
dem empirischen Material belegt werden (vgl. Steinke, 2017, S. 328 f.), damit
eine „empirische Sättigung" (Strübing et al., 2018, S. 88) erkannt werden kann.
Damit die Interpretationen sowie die Ergebnisse (aber auch andere Stellen) nachvollziehbar sind, muss der Text entsprechend aufgebaut sein, was als „textuelle
Performanz" (ebd., S. 86) bezeichnet wird. Die Interpretation muss zudem argu-
mentativ abgesichert werden (vgl. Mayring, 2016). Das Ergebnis bzw. die durch
die Forschung entwickelte Theorie sollte kohärent und relevant sein (vgl. Steinke,
2017, S. 330), was auch als Anspruch an Originalität bezeichnet werden kann
(vgl. Strübing et al., 2018). Zur Darstellung der Relevanz bzw. Originalität wird

an den aktuellen Forschungsstand angeschlossen. Die entwickelte Theorie wird wiederum in die bereits bestehende Gegenstandstheorie eingeordnet.

Die Berücksichtigung dieser vier Kategorien in allen Phasen des Forschungsprozesses sowie auch in Bezug auf die Ergebnisdarstellung ermöglicht es, die vorliegende Forschung stetig mit den Qualitätsansprüchen abzugleichen. Zudem erlauben die vier Kategorien eine Reflexion der Forschungstätigkeit in Bezug auf die Ansprüche, was zu einer gezielten Verbesserung des Prozesses und der Ergebnisdarstellung führen soll (vgl. Abschn. 9.2).

2.3   Zusammenfassung mit Blick auf die vorliegende Untersuchung

In Kapitel 2 wurde der Kontext der vorliegenden Untersuchung beschrieben. Dieser besteht aus der Einbettung in die Kindergartenstudie (vgl. Abschn. 2.1) und aus der Einordnung in das Paradigma der qualitativ-rekonstruktiven Sozialforschung (vgl. Abschn. 2.2). Die vorliegende Untersuchung wird als Sekundäranalyse bezeichnet, was im Vergleich zum Fokus der Kindergartenstudie eine Ausweitung der Fragestellung darstellte, bei der Video- und Interviewdaten aus zwei Teilstudien der Kindergartenstudie fallbasiert kombiniert werden. Eine Sekundäranalyse eröffnet Chancen, birgt aber auch Herausforderungen und hat Grenzen (vgl. Abschn. 2.1.4). U. a. aus forschungsökonomischen Gründen und im Zusammenhang mit sich zurzeit rasch entwickelnden technischen Möglichkeiten wird das Teilen von Daten in Zukunft zunehmend an Bedeutung gewinnen (vgl. Steinhardt et al., 2020). Die vorliegende Untersuchung leistet einen Beitrag zum Diskurs über den Umgang mit Chancen, Herausforderungen und Grenzen von qualitativen Sekundäranalysen. Dazu wird das konkrete Vorgehen im vorliegenden Forschungsprozesses kritisch reflektiert und ein produktiver Umgang mit Herausforderungen angestrebt (vgl. Abschn. 9.2.2).

Forschungsgegenstand 3

Gegenstand der vorliegenden Untersuchung sind unterrichtliche Interaktionen während der Auffangzeit des Kindergartens. Fokussiert werden Interaktionen zwischen Kindergartenlehrpersonen und Kindergartenkindern, also zwischen zwei oder mehreren Personen mit unterscheidbaren institutionellen Rollenzuschreibungen, sowie das Sprechen der Lehrpersonen über den Kindergartenunterricht. Da der Schweizer Kindergarten zur obligatorischen Schule zählt, wird von der *unterrichtlichen* Interaktion gesprochen. Das Erkenntnisinteresse der vorliegenden Untersuchung liegt auf Anerkennungsverhältnissen, die in sozialen Praktiken zum Ausdruck kommen. Deshalb wird der Unterricht in der vorliegenden Untersuchung aus praxis- und anerkennungstheoretischer Perspektive betrachtet. Eine Praktik wird in Abgrenzung zu einem intentional-rationalen Handlungsbegriff (vgl. Reckwitz, 2003, S. 291–294) verstanden „als ein typisiertes, routinisiertes und sozial ‚verstehbares' Bündel von Aktivitäten" (ebd., S. 289).

Um sich dem Gegenstand anzunähern, werden in Kapitel 3 drei Aspekte mit Bezügen zu einschlägiger Forschung theoretisch beschrieben. In Abschnitt 3.1 wird der Kindergarten in der Deutschschweiz aus mehreren Perspektiven beleuchtet und beschrieben. In Abschnitt 3.2 erfolgt eine Beschreibung der sogenannten Auffangzeit als diejenige Phase im Kindergarten, die in der vorliegenden Untersuchung fokussiert wird. In Abschnitt 3.3 wird ausgeführt, was unter unterrichtlichen Interaktionen verstanden wird und inwiefern diese in der vorliegenden Untersuchung als Anerkennungsverhältnisse verstanden werden. In Abschnitt 3.4 werden die Erkenntnisse mit Blick auf die vorliegende Untersuchung zusammengefasst.

S. Staub, *Anerkennungsverhältnisse in der Schule*, Kinder, Kindheiten und Kindheitsforschung 33, https://doi.org/10.1007/978-3-658-46176-8_3

3.1   Kindergarten in der Deutschschweiz

Der Begriff „Kindergarten" dient v. a. im deutschsprachigen Raum als eine „Art Sammelgefäß für vielfältige pädagogische Organisationen zur Sozialisation und Erziehung kleiner Kinder" (Maeder, 2018, S. 569). Regional ist der Kindergarten jedoch unterschiedlich ausgestaltet, was einen genaueren Blick auf die Situation in der (Deutsch-)Schweiz erfordert. Im Folgenden wird zunächst grob auf die Entwicklung des Kindergartens seit 1845 und auf die Erprobung der Grundstufe ab der Jahrtausendwende eingegangen. Anschließend werden der Kindergarten als Teil der Volksschule und Veränderungen der Ausbildung von Kindergartenlehrpersonen zusammenfassend beschrieben.

3.1.1   Historische Entwicklung des Kindergartens

In der Schweiz wurden Kindergärten bzw. Vorschulen lange mehrheitlich von Vereinen, Firmen und Privaten – und nur vereinzelt von Gemeinden – gegründet und finanziert (vgl. Rüfenacht, 1984). Im Jahr 1845 gab es im Kanton Zürich 32 sogenannte „Kleinkinderbewahranstalten" (ebd., S. 80), wovon lediglich drei von der Gemeinde organisiert waren. Das Angebot an Vorschulen wurde in den nachfolgenden Jahren erweitert, wie exemplarisch anhand der Zahlen des Kantons Zürich dargestellt wird: Im Jahr 1880 gab es in 40[1] von damals 171 politischen Gemeinden eine Vorschule. Bis 1918 kamen 25 Vorschulen dazu, bis 1960 weitere 47 und bis 1978 nochmals 55 (vgl. ebd., S. 143–194). Ab den 1960er-Jahren übernahmen die Gemeinden schweizweit die privaten Trägerschaften und das Angebot wurde erweitert (vgl. Criblez, 2015, S. 66; Rüfenacht, 1984, S. 143–194). Neben den Gemeinden verstärkten auch die Kantone ihr Engagement im Bereich des Kindergartens (vgl. Criblez, 2015, S. 66). Sie definierten minimale Standards für die Ausbildung von Lehrpersonen der Kindergartenstufe, die als „Kindergärtnerinnen" (ebd.) bezeichnet wurden. Zudem übernahmen sie die Trägerschaft für Ausbildungsstätten für Kindergartenlehrpersonen, die Kindergartenseminare, und gründeten neue (vgl. ebd.). Im Kanton Zürich setzten sich die Kindergärtnerinnenvereine dafür ein, dass der Kindergarten im Volksschulgesetz des Kantons Zürich verankert wurde (vgl. Edelmann et al., 2018b, S. 17). Dies gelang im Jahr

---

[1] Bei diesen Zahlen wurde jeweils nur die erste Gründung einer Vorschule gezählt, auch wenn zu einem späteren Zeitpunkt ein anderer Träger nochmals eine Vorschule gründete.

1984 und somit etwa zeitgleich mit anderen Kantonen, womit der Kindergarten eine gesetzliche Grundlage auf kantonaler Ebene erhielt (vgl. Schweizerische Konferenz der kantonalen Erziehungsdirektoren, 1994, S. 16–18). Die Gemeinden im Kanton Zürich wurden dadurch verpflichtet, ein mindestens einjähriges Kindergartenangebot zu schaffen (vgl. ebd., S. 20). Im Kanton Zürich wurde der Besuch des Kindergartens erst im Zusammenhang mit dem Volksschulgesetz von 2006 obligatorisch (vgl. Abschn. 3.1.2).

Ein Entwicklungsschritt, der nach der Jahrtausendwende erprobt und in einigen Kantonen flächendeckend eingeführt wurde, ist die institutionelle Verbindung von Kindergarten und Primarschule. Damit verbunden sind Begriffe wie „(Schul-)Eingangsstufe", „Basisstufe" und „Grundstufe", wobei Ersterer als Überbegriff der beiden anderen verstanden werden kann. Der Terminus „(Schul-) Eingangsstufe" steht für die Schulstufe, „in die alle Kinder eines Alters eingeschult werden, die aber nicht jahrgangsklassenmäßig organisiert ist" (Hildebrandt, 2009, S. 87). Bereits in den 1980er-Jahren wurde im Rahmen des Projekts „Situation Primarschule Schweiz" in einem Thesenpapier (vgl. Ambühl et al., 1986) eine engere Zusammenarbeit zwischen dem Kindergarten und der Primarschule gefordert. Im Dossier 48a „Bildung und Erziehung der vier- bis achtjährigen in der Schweiz" (Schweizerische Konferenz der kantonalen Erziehungsdirektoren, 1997) wurde das „Nebeneinander" (ebd., S. 9) von Kindergarten und Schule ebenfalls problematisiert. Als Lösung wurde das Modell *Basisstufe* vorgeschlagen, also eine Verbindung von Kindergarten und den ersten beiden Jahren der Primarschule. Das Konzept ermöglichte einen flexibleren Übergang vom Kindergarten in die Schule und einen individuelleren Umgang mit der heterogenen Entwicklung und Leistung der Kinder (vgl. Imlig et al., 2019, S. 17 f.). Im Kanton Zürich wurde 2003 das Modell *Grundstufe*, das die zwei Kindergartenjahre und das erste Jahr der Primarstufe umfasste, als Schulversuch eingeführt. 86 Klassen nahmen bis zum Jahr 2010 daran teil (vgl. ebd., S. 18). In einer Volksabstimmung im Kanton Zürich vom November 2012 wurde die flächendeckende Einführung der Grundstufe jedoch abgelehnt, was zum Ende des Schulversuchs per Ende Schuljahr 2013/14 führte (vgl. ebd.).

3.1.2 Der Kindergarten als Teil der Volksschule

Schweizweit gehört der Kindergarten seit der nationalen Bildungsreform Harmos[2] im Jahr 2009 in der Mehrheit der Kantone[3] zum obligatorischen Teil der Volksschule und untersteht der öffentlichen Aufsicht (Schweizerische Konferenz der kantonalen Erziehungsdirektoren, 2011). In der schweizerischen Tradition wird der Begriff „Volksschule" mit zwei Bedeutungen verbunden (vgl. Criblez et al., 2011, S. 7 f.), nämlich einerseits als „Schule des Volkes" (ebd.), was auf die demokratische Mitbestimmungsmöglichkeit des Volkes in Angelegenheiten der Schule hinweist, und andererseits als „Schule für das Volk" (ebd.), was mit der Forderung verbunden ist, dass Schule für alle zugänglich sein soll. Volksschule bezeichnet den unentgeltlichen obligatorischen Schulunterricht, der elf Jahre dauert, von den Gemeinden angeboten wird und politisch sowie konfessionell neutral ist. Die Volksschule umfasst den in Abbildung 3.1 dargestellten

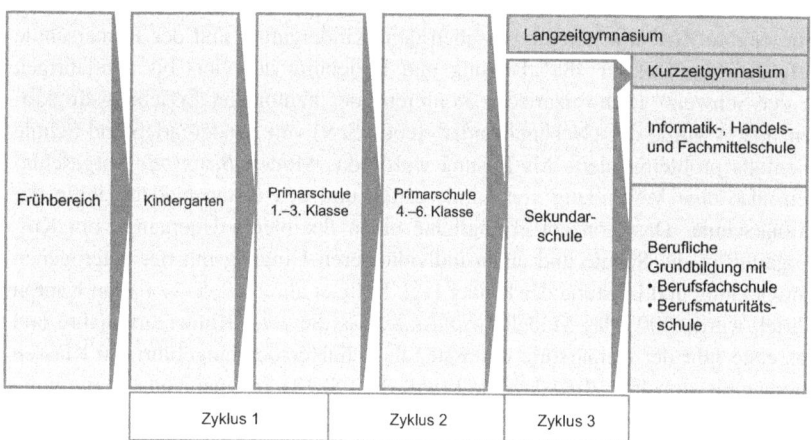

Abbildung 3.1 Der Kindergarten als Teil der Volksschule. (Quelle: Edelmann et al., 2018b, S. 18)

---

[2] Die Bezeichnung „HarmoS" steht für „Interkantonale Vereinbarung über die Harmonisierung der obligatorischen Schule". Deren Ziel besteht darin, die obligatorische Schule (inkl. Kindergarten) zwischen den Kantonen zu vereinheitlichen (vgl. Schweizerische Konferenz der kantonalen Erziehungsdirektoren, 2011).

[3] In den Kantonen, die dem Konkordat zugestimmt haben, wohnen rund 80 % der Schweizer Bevölkerung (vgl. Schweizerische Konferenz der kantonalen Erziehungsdirektoren, 2011, S. 2).

Kindergarten, die Primarschule und die Sekundarschule, also die Zyklen 1–3 des Lehrplans 21. Die obligatorische Schulzeit kann auch in privaten Institutionen oder unter gewissen Bedingungen im Privatunterricht absolviert werden. In der Schweiz besuchen jedoch die meisten Kinder die öffentlichen Bildungseinrichtungen. Im Jahr 2017, als die Daten für die Kindergartenstudie und damit auch für die vorliegende Untersuchung erhoben wurden, besuchten laut den Zahlen der Bildungsstatistik des Kantons Zürich (2020) lediglich 6,5 % der Kinder einen privaten Kindergarten. Auf der begrifflichen Ebene führt die Zugehörigkeit des Kindergartens zur Volksschule dazu, dass von Kindergarten*lehrpersonen* und von *Unterricht* die Rede ist.

Der Umstand, dass der Besuch des Kindergartens in der Schweiz obligatorisch ist (vgl. Schweizerische Konferenz der kantonalen Erziehungsdirektoren, 2011), ist insofern relevant, als dies einer Schulpflicht gleichkommt, was bedeutet, dass sich das Kind einer Beziehung zur Lehrperson nicht entziehen kann (vgl. Helsper et al., 2005, S. 184). Die Wahl eines bestimmten Kindergartens ist – mit Ausnahme einer privat finanzierten Institution – ebenso wie der Wechsel in einen anderen Kindergarten im Vergleich zum Betreuungsangebot einer Kindertagesstätte und auch im Vergleich zum Kindergarten in Deutschland nicht vorgesehen.

Das Eintrittsalter für die Kinder ist kantonal geregelt und liegt in den meisten Kantonen bei vier Jahren (vgl. Beeli-Zimmermann et al., 2020, Abs. 17). Im Kanton Zürich gehört der zweijährige Kindergarten seit der Einführung des Volksschulgesetzes[4] von 2006 zur Volksschule und wurde damit für alle Kinder obligatorisch, die bis zum 30. April des jeweiligen Kalenderjahrs das vierte Altersjahr vollendet haben. Der Stichtag, an dem die Kinder dieses Altersjahr vollendet haben müssen, wurde im Kanton Zürich zwischen 2014 und 2020 schrittweise auf den 31. Juli verschoben (vgl. Imlig et al., 2019, S. 15 f.). Dies führte dazu, dass Kinder beim Eintritt in den Kindergarten durchschnittlich jünger sind als noch vor 2014, und dass sich somit die Altersstruktur der Kindergartenklassen bis 2020 veränderte.

Bezüglich der Altersstruktur der Kinder einer Kindergartenklasse kann es große Unterschiede geben. Bei den im Rahmen der Kindergartenstudie untersuchten Kindergärten betrug die größte Differenz zwischen dem ältesten und dem jüngsten Kind innerhalb einer Kindergartenklasse zwei Jahre und neun Monate, der geringste Unterschied nur ein Jahr und acht Monate (vgl. Edelmann et al.,

---

[4] Volksschulgesetz (VSG) vom 7. Februar 2021, In Zürcher Gesetzessammlung Nr. 412.100. Erste Version (2005) abrufbar unter http://www.zhlex.zh.ch/Erlass.html?Open&Ordnr=412.100,07.02.2005,,054, aktuelle Version abrufbar unter http://www.zhlex.zh.ch/Erlass.html?Open&Ordnr=412.100,07.02.2005,21.08.2006,113 (abgerufen am 15.10.2024).

2018b, S 41). Die Kinder im Kindergarten mit den jüngsten Kindern waren am Stichtag, dem 31. Juli 2017, durchschnittlich 5,97 Jahre alt, während das Durchschnittsalter im Kindergarten mit den ältesten Kindern 6,40 Jahre betrug (vgl. ebd.). Die im Rahmen der Kindergartenstudie befragten Kindergartenlehrpersonen legten dar, dass die jüngeren Kinder mehr Unterstützung[5] von Erwachsenen brauchen, beispielsweise beim Spielen (vgl. ebd., S. 84). Im Rahmen einer Studie mit Kindergartenlehrpersonen aus dem Kanton Thurgau konnten Fasseing Heim et al. (2018) ebenfalls feststellen, dass die jüngeren Kinder viel Unterstützung und Aufmerksamkeit von den Erwachsenen brauchen. Die Jüngsten wurden als „weniger selbstständig" (ebd., S. 30) erlebt. Die neue Altersstruktur bewirke insgesamt eine Veränderung der pädagogischen Arbeit im Kindergarten (vgl. ebd., S. 58). Es stehe jedoch nicht genügend Raum, Zeit und Ruhe für die notwendigen Interaktionen mit den Kindern zur Verfügung, was bei den Kindergartenlehrpersonen zu Frustration führen könne (vgl. ebd., S. 60). Die Anpassung des Stichtages für den Kindergarteneintritt ist deshalb relevant, weil diese bildungspolitische Veränderung durch die direkte Auswirkung auf den Kindergartenalltag von den Kindergartenlehrpersonen deutlich wahrgenommen wird. Somit ist sie wichtig für den Kontext der vorliegenden Untersuchung, in den die Ergebnisse eingebettet werden müssen.

Auf rechtlicher Ebene ist somit im Kanton Zürich seit dem Volksschulgesetz von 2006 mit dem Eintritt in den Kindergarten auch der Eintritt in die (Volks-) Schule verbunden (vgl. Edelmann et al., 2018b, S. 14), da der Kindergarten seither dem formalen Bildungsbereich angehört. Die Kindergartenlehrpersonen sind seit 2008 verpflichtet, sich am „Lehrplan für die Kindergartenstufe des Kantons Zürich" (Bildungsdirektion Kanton Zürich, 2008) zu orientieren. Zum Zeitpunkt der Erhebung der in der vorliegenden Untersuchung verwendeten Daten im Schuljahr 2016/17 galt dieser Lehrplan noch. Er wurde in der Zwischenzeit jedoch vom Lehrplan 21 (Deutschschweizer Erziehungsdirektoren-Konferenz, 2016) abgelöst, der im Kanton Zürich für den Kindergarten und in der Primarschule bis zur 5. Klasse per Schuljahr 2018/19 eingeführt wurde. Der Lehrplan 21 wurde in einzelnen Kantonen bereits auf das Schuljahr 2015/16 und in anderen Kantonen in den darauffolgenden Jahren eingeführt.[6] Er regelt die insgesamt elf Jahre dauernde obligatorische Schulzeit: zwei Jahre Kindergarten, sechs Jahre

---

[5] Eine ausführliche Auflistung des Unterstützungsbedarfs ist im Bericht zur Kindergartenstudie aufgeführt (Edelmann et al., 2018b, S. 151)

[6] Eine Übersicht über die Einführung des Lehrplans 21 bietet folgende Website: https://www.lehrplan21.ch/stand-der-einfuehrung (abgerufen am 15.10.2024).

Primarschule und drei Jahre Sekundarschule I (vgl. Abbildung 3.1). Im Lehrplan 21 werden die zwei Kindergartenjahre sowie die ersten zwei Jahre der Primarschule als sogenannter „1. Zyklus" zusammengefasst (vgl. Deutschschweizer Erziehungsdirektoren-Konferenz, 2016, S. 8). Explizit heißt es dort: „Mit dem Eintritt in den Kindergarten oder eine Eingangsstufe beginnt für das Kind die Bildungslaufbahn in der Volksschule. Es wird in den sozialen Kontext der Schule aufgenommen und in die Welt des schulischen Lernens eingeführt" (ebd., S. 42). Der Kindergarten befindet sich somit aufgrund seiner Position als erste obligatorische institutionelle Bildungsstufe am Übergang von der familiären zur schulischen Lern- und Lebenswelt (vgl. Maeder, 2018, S. 569).

3.1.3 Folgen für die Ausbildung von Kindergartenlehrpersonen

Wie bereits beschrieben, hat sich der Schweizer Kindergarten in den letzten ungefähr zwanzig Jahren stark gewandelt:

> Vom lange eher belächelten und oft als harmlos eingeschätzten Ort zur Aufbewahrung von Kindern mittels fördernder Beschäftigung bei Spiel und Gesang im Sinne seines Schöpfers Friedrich Fröbel ist der Kindergarten zu einer unausweichlichen und geplanten staatlichen Intervention des modernen Bildungs- und Sozialstaates mitsamt entsprechender Inszenierung geworden. (Maeder, 2018, S. 569)

Dieser Wandel führte zu erhöhten Anforderungen an die Ausbildung von Kindergartenlehrpersonen, welche seit 2002 anstelle eines seminaristischen Diploms ein Lehrdiplom auf der tertiären Stufe an einer Pädagogischen Hochschule[7] erwerben (vgl. ebd.; Künzli Kläger & Scherrer Käslin, 2019, S. 6). Der formale Abschluss einer auf der Kindergartenstufe tätigen Lehrperson wird in der Schweiz mit einem Bachelor erlangt – analog zu demjenigen von Primarlehrpersonen.

Die Erprobung und Einführung der Grund- bzw. Basisstufe (vgl. Abschn. 3.1.1) hatte auch Auswirkungen auf die Ausbildung der Lehrpersonen. So wird beispielsweise an der Pädagogischen Hochschule Zürich seit 2009 ein Studiengang angeboten, der ein Lehrdiplom für den Kindergarten *und* die Primarunterstufe (1.–3. Klasse) beinhaltet (vgl. Pädagogische Hochschule Zürich, 2010). Obwohl der Schulversuch zur Einführung der Grundstufe im Kanton Zürich per

---

[7] Von den zwanzig Kindergartenlehrpersonen, die an der Kindergartenstudie (vgl. Edelmann et al., 2018b) teilnahmen, verfügen drei über einen Bachelorabschluss einer Pädagogischen Hochschule und 17 über ein seminaristisches Lehrdiplom.

Ende Schuljahr 2013/14 beendet wurde (vgl. Imlig et al., 2019, S. 18), blieb dieser Studiengang erhalten. Die Ausbildung von Lehrpersonen ausschließlich für die Kindergartenstufe verlor sogar an Bedeutung, wie einer Medienmitteilung des Zürcher Regierungsrats (2019) zu entnehmen ist. Im Zusammenhang mit dem Hochschulförderungs- und -koordinationsgesetz[8] vom 30. September 2011 und dem revidierten Reglement über die Anerkennung von Lehrdiplomen[9] vom 28. März 2019 wurden die Zulassungsvoraussetzungen für die Pädagogischen Hochschulen vereinheitlicht. Dies bedeutet u. a., dass der direkte Zugang zu den Pädagogischen Hochschulen – bzw. bislang zum Studiengang für die Ausbildung zur Kindergartenlehrperson – nach dem Abschluss einer dreijährigen Fachmittel- oder Diplomschule fortan nicht mehr möglich ist bzw. dass ein zusätzliches Aufnahmeverfahren durchlaufen werden muss. Eine Ausnahme bildet die Fachmaturität mit pädagogischer Ausrichtung. An der Pädagogischen Hochschule Zürich beispielsweise wird daher seit 2021 kein Studiengang mehr angeboten, der ausschließlich zur Lehrbefähigung für den Kindergarten führt. Auch an den anderen Pädagogischen Hochschulen in der Schweiz wurde zu unterschiedlichen Zeitpunkten die Ausbildung von reinen Kindergartenlehrpersonen eingestellt. Eine Ausnahme stellt die SUPSI (Scuola universitaria professionale della Svizzera italiana) dar, wo noch ein Bachelor mit Lehrbefähigung für die „Scuola dell'infanzia" angeboten wird.

3.1.4 Kindergartenunterricht und Kindergartenklassen

Kindergartenkinder besuchen den Kindergartenunterricht an mehreren Halbtagen pro Woche, und zwar nach einem von der Schule erstellten Stundenplan. Die besuchten Lektionen verteilen sich auf die einzelnen Vor- und Nachmittage von Montag bis Freitag. Im Stundenplan kann eingeplant werden, dass an einzelnen Halbtagen nur die älteren Kinder unterrichtet werden. In der überwiegenden Zeit werden zwei Jahrgänge gemeinsam unterrichtet. Im Kanton Zürich sind die Kindergartenkinder üblicherweise an fünf bis sieben Halbtagen pro Woche im

---

[8] Bundesgesetz über die Förderung der Hochschulen und die Koordination im schweizerischen Hochschulbereich, kurz: Hochschulförderungs- und -koordinationsgesetz (HFKG) vom 30. September 2011, in Kraft seit dem 1. Januar 2015. Link: https://www.fedlex.admin.ch/eli/cc/2014/691/de (abgerufen am 15.10.2024).

[9] Reglement über die Anerkennung von Lehrdiplomen für den Unterricht auf der Primarstufe, der Sekundarstufe I und an Maturitätsschulen vom 28. März 2019. Link: https://edudoc.ch/record/202452/ files/Regl_Lehrdiplome_d.pdf (abgerufen am 15.10.2024).

Kindergarten. Die Halbtage sind auf fünf Vormittage und bis zu zwei Nachmittage verteilt, wobei am Nachmittag in der Regel nur die älteren Kinder in den Kindergartenunterricht kommen. In einzelnen Kantonen der Schweiz gibt es für die Kinder einen Tag unter der Woche ohne Kindergarten. Die Kinder besuchen den unentgeltlichen Kindergarten nur während der im Stundenplan vorgesehenen Zeit, da er nicht als Tagesbetreuung konzipiert ist (vgl. Beeli-Zimmermann et al., 2020, Abs. 17). Im Kanton Zürich gibt es in vielen Gemeinden ein ergänzendes, kostenpflichtiges Betreuungsangebot, das abhängig vom Bedarf vor Ort erstellt wird (vgl. Bildungsdirektion Kanton Zürich, 2020b, S. 4). Dieses Angebot für Kindergartenkinder vor und nach dem Kindergartenunterricht wird in der Regel als *Hort* bezeichnet, während die Betreuung von Kindern im Alter von 0 bis 4 Jahren in *Kindertagesstätten* oder *Krippen* organisiert ist. Die Tagesbetreuung ist jedoch v. a. in ländlichen Gebieten noch nicht für alle Familien zugänglich (vgl. Künzli Kläger & Scherrer Käslin, 2019, S. 5). Während der Kindergarten vor wenigen Jahren für „die meisten Kinder die erste ausserhäusliche Sozialisationsinstanz" (Jäger et al., 2006, S. 7) darstellte, wurden zum Zeitpunkt der Datenerhebung für die Kindergartenstudie bereits 74 % der Kinder im Vorschulalter familienergänzend betreut (Bundesamt für Statistik, 2017, S. 49). Somit kann davon ausgegangen werden, dass viele Kinder aus der Stichprobe der Kindergartenstudie bereits Erfahrungen außerhalb der Familien machen konnten (vgl. Edelmann et al., 2018b, S. 19). Dennoch kann der Kindergarten immer noch als Ort bezeichnet werden, in dem die Kinder „das für die Mitgliedschaft in einer Bildungsinstitution grundlegende Wissen erwerben und Verhaltensweisen einüben, die für ihre Schullaufbahn funktional sind" (Jäger et al., 2006, S. 7).

Der jahrgangsdurchmischte Unterricht stellt ein strukturelles Merkmal des zweijährigen Kindergartens dar. Jäger et al. (2006) haben u. a. die Praxis im Umgang mit diesem strukturellen Merkmal genauer untersucht. In didaktischer Hinsicht wird dadurch beispielsweise das Lernen der jüngeren Kinder von den älteren möglich (vgl. ebd., S. 20). In diesem Zusammenhang stehen auch die unterschiedlichen Bezeichnungen der beiden Jahrgänge, wobei häufig Ausdrücke gewählt werden, die auf zwei verschiedene Entwicklungsstufen referieren, wie „Räupli" und „Schmetterling" (ebd., S. 18). Laut den Autorinnen weist die Wahl solcher Jahrgangsbezeichnungen auf eine Zieldimension der Entwicklung der jüngeren Altersgruppe hin: „Man möchte gern älter werden, möchte auch bald ein Schmetterling sein, zumal der Status der älteren Kinder mit zusätzlichen Privilegien ausgestattet ist" (ebd.). Die dahinterstehende unausgesprochene Botschaft lautet gemäß Jäger et al. (ebd.): „Der Besuch der Bildungsinstitution untersteht einem Entwicklungsparadigma." Zudem können unterschiedliche Rechte und Pflichten für die jüngeren und die älteren Kinder erkannt werden. So wird beispielsweise von den älteren Kindern erwartet, dass sie den jüngeren helfen (vgl. Edelmann et al., 2018b, S. 79). Auch dürfen ältere Kinder gewisse Tätigkeiten bereits ausführen, die den jüngeren noch nicht erlaubt sind. Als Beispiel kann hier die Wahl des Sitzplatzes am ersten Kindergartentag genannt werden, während den jüngeren Kindern von der Kindergartenlehrerin ein Platz zugewiesen wird (vgl. Jäger et al., 2006, S. 18).

Die durchschnittliche Größe einer Kindergartenklasse im Kanton Zürich betrug im Jahr 2017 19,4 Kinder (vgl. Bildungsstatistik Kanton Zürich, 2020). Bei den im Rahmen der Kindergartenstudie untersuchten Kindergärten variierte die Klassengröße zwischen 14 und 24 Kindern, bei einem Mittelwert von 21,1 Kindern (vgl. Edelmann et al., 2018b, S. 40 f.). In der Regel hat eine Kindergartenlehrperson die Hauptverantwortung für eine Klasse, die Verantwortung kann aber auch von zwei Lehrpersonen geteilt werden. Im zweiten Fall kann es sein, dass einzelne Halbtage (z. B. ein Vormittag pro Woche) im Teamteaching unterrichtet werden. Zusätzlich zur Kindergartenlehrperson, die für die Klassenführung die Hauptverantwortung trägt, können weitere Fachpersonen wie eine Lehrperson für Deutsch als Zeitsprache (DaZ) oder für Integrative Förderung (IF) sowie heilpädagogische und logopädische Fachkräfte oder Assistenzen anwesend sein (vgl. ebd., S. 101 f.). Im Kindergartenlehrberuf gibt es ein großes Ungleichgewicht zwischen dem Anteil an Frauen und Männern. Dies zeigte sich auch in der Stichprobe der Kindergartenstudie (vgl. ebd.), in der es lediglich einen Mann gab, der die Verantwortung für die Klasse mit einer Kindergartenlehrerin teilte.

3.1.5 Der Kindergarten als Raum und Ort

Während der Begriff „Kindergarten" oben aus einer institutionellen und organisationalen Perspektive beschrieben wurde, bezeichnet er auch eine räumliche Situation. Wie in der Kindergartenstudie gezeigt werden konnte, unterscheidet sich die räumliche Situation zwischen den einzelnen Kindergärten sowohl bezüglich der Architektur als auch der örtlichen Lage sowie hinsichtlich der Anbindung an weitere Kindergärten oder an die Primarschule (vgl. Edelmann et al., 2018b, S. 93). So konnten in der Kindergartenstudie räumlich alleinstehende Kindergärten identifiziert werden, aber auch solche, die sich auf einem Primarschulareal befanden. Zudem wurde unterschieden zwischen Einzel- und Doppelkindergärten. In Erstgenannten wird in einem Gebäude *eine* Kindergartenklasse unterrichtet, im

Doppelkindergarten sind es zwei (vgl. ebd., S. 39).[10] Die Anbindung an weitere Kindergärten und an eine Primarschule kann limitierende, aber auch erweiternde Folgen haben für die Gestaltung von Spiel- und Lernangeboten sowie für die zeitliche Rhythmisierung des Unterrichts. Bietet ein Gebäude beispielsweise Raum für zwei Kindergartenklassen, kann das Spiel- und Lernmaterial geteilt bzw. gegenseitig ausgeliehen werden. Hingegen kann die Anbindung eines Kindergartens an ein Primarschulareal zur Folge haben, dass das Außenareal während der Schulpause mit den Kindern der Primarschule geteilt werden muss.

Nachdem nun der Kindergarten in der Deutschschweiz als Teil der obligatorischen Volksschule und mit Lehrpersonen als pädagogischem Personal beschrieben wurde, wird nachfolgend die Auffangzeit als erste Phase im Verlauf des Kindergartenvormittags fokussiert.

3.2 Auffangzeit als Unterrichtssequenz im Kindergarten

Auf der Website des Volksschulamts des Kantons Zürich wird die Auffangzeit folgendermaßen beschrieben: „Im Kindergarten gibt es am Morgen in der Regel eine sogenannte Auffangzeit. Die Schülerinnen und Schüler können in dieser Zeit im Kindergarten eintreffen" (Volksschulamt des Kantons Zürich, 2023). Die Auffangzeit stellt eine Phase des Unterrichts im Kindergarten dar, die in den nachfolgenden Stufen der Volksschule nicht existiert. Im Kindergarten des Kantons Zürich und in weiteren Deutschschweizer Kantonen und Gemeinden[11] wird mit Auffangzeit derjenige Zeitraum am Morgen bezeichnet, in dem die Kinder einzeln oder in kleinen Gruppen gestaffelt im Kindergarten ankommen und individuell in den Kindergartenmorgen starten (vgl. Beeli-Zimmermann & Staub, 2020, S. 50).

---

[10] Genauere Zahlen zur räumlichen Lage und Raumsituation der Kindergärten im Kanton Zürich sind im Monitoringbericht der Bildungsdirektion des Kantons Zürich aufgeführt (vgl. Imlig et al., 2019)

[11] Es gibt keine Übersicht darüber, wo es an Deutschschweizer Kindergärten eine Auffangzeit gibt und wo nicht. Dies ist i. d. R. kantonal und teilweise sogar auf Gemeindeebene geregelt.

Nachfolgend wird die Auffangzeit aus verschiedenen Perspektiven beleuchtet:
Aus der Sicht des Kindergartenkindes stellt sie einen Abschnitt im Übergang von
der Familie zum Kindergarten dar (Abschn. 3.2.1). Anschließend wird die Auffangzeit aus struktureller Perspektive betrachtet. Der Umstand, dass die Kinder in
der Regel gestaffelt im Kindergarten eintreffen, hat einen Einfluss auf die didaktische Gestaltung des Unterrichts während dieser Ankommenszeit (Abschn. 3.2.2).
Der Übergang zur Unterrichtsphase, die an die Auffangzeit anschließt, kann
fließend erfolgen oder in einer Änderung des didaktischen Settings zum Ausdruck kommen. Der Abschluss der Auffangzeit kann z. B. anhand von äußeren
Merkmalen bestimmt werden (Abschn. 3.2.3). Als weitere theoretische Annäherung an die Auffangzeit wird aus systemtheoretischer Perspektive die Komplexität
des Unterrichts im Allgemeinen und der Auffangzeit im Speziellen beschrieben
(Abschn. 3.2.4). Abschließend wird der Unterricht praxistheoretisch betrachtet,
was einen Anschluss an die in der vorliegenden Untersuchung als Grundlagentheorie eingesetzte Theorie sozialer Praktiken ermöglicht (Abschn. 3.2.5 und, für
genauere Ausführungen zur Theorie, vgl. Abschn. 4.2).

3.2.1 Die Auffangzeit aus der Perspektive des Übergangs von der Familie zum Kindergarten

Die Auffangzeit kann aus der Perspektive des Kindes als Abschnitt im täglichen
Übergang von der Familie zum Kindergarten bzw. von einem privaten über einen
öffentlichen zu einem halböffentlichen Raum betrachtet werden (vgl. Jäger et al.,
2006, S. 56). Es kommt zu einem „Durchwandern von Räumen mit unterschiedlichen Anforderungen und Möglichkeiten" (Jäger, 2008, S. 146). Dieser Übergang
kann in sechs Abschnitte aufgeteilt werden, die in Abbildung 3.2 dargestellt sind.

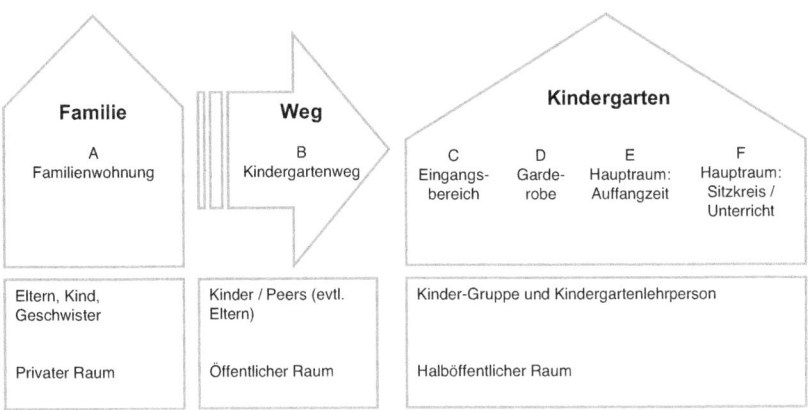

Abbildung 3.2 Übergang von der Familie in den Kindergarten (Quelle: In Anlehung an Jäger, 2008, S. 147)

Diese sechs Abschnitte (A bis F) werden nun genauer beschrieben um die Auffangzeit in den Übergang von der Familie in den Kindergarten eingebettet darstellen zu können:

A) Der Anfang des Übergangs wird durch den Abschied vom Elternhaus und das Verlassen der *Familienwohnung* gekennzeichnet.

B) Anschließend begeben sich die Kinder auf den *Kindergartenweg*. Während Kinder aus den umliegenden Quartieren in der Regel zu Fuß in den Kindergarten gehen, können Kinder mit einem weiten Weg in der Regel den Schulbus nehmen. Auf dem Weg in den Kindergarten stehen die Kinder nicht unter der Aufsicht der Erziehungsberechtigten, was es ihnen ermöglicht „vielfältige Erfahrungen im *öffentlichen Raum*" (Jäger, 2008, S. 146, Hervorh. i. O.) sowie unter Gleichaltrigen zu machen[12]. Auf dem Weg in den Kindergarten tragen die Kinder den sogenannten „Kindergartenbändel" (ebd.) am Oberkörper, einen orangen oder gelben Leuchtstreifen, der für Sichtbarkeit im Straßenverkehr sorgt. Zudem hat der Streifen eine Statusfunktion, da er die Kinder als Kindergartenkinder erkenntlich macht und sie dadurch von jüngeren, noch nicht schulpflichtigen Kindern abgrenzt.

---

[12] In der Zwischenzeit muss jedoch festgestellt werden, dass es sich hierbei eher um eine Idealvorstellung handelt. Es kann beobachtet werden, dass immer mehr Kinder von erwachsenen Personen zu Fuß begleitet oder mit dem Auto zum Kindergarten gefahren werden.

C) Im *Eingangsbereich* des Kindergartens warten die Kinder, bis die Tür zum Kindergarten geöffnet wird. Steht diese bereits offen, gehen die Kinder selbstständig zur Garderobe (vgl. Jäger et al., 2006, S. 56).

D) Die Kinder betreten die *Garderobe*, in der alle ihren eigenen markierten Platz haben. Hier hängen die Kinder den Kindergartenbändel und die Jacke an einen Haken und tauschen die Straßen- gegen die Hausschuhe. Das Kindergartentäschchen mit der von zuhause mitgebrachten Zwischenmahlzeit, dem Znüni, wird in einen gemeinsamen Behälter gelegt. Anschließend betreten die Kinder „quasi dekodiert vom Familienkontext" (Jäger, 2008, S. 147) den Hauptraum. Die Garderobe wird als „Ort einer säkularen Reinigungszeremonie" (ebd.) betrachtet. Die Kinder legen ihre private Identität in dieser Übergangphase schrittweise ab und „schlüpfen" in eine neue Rolle, „die sie einerseits als Gleiche untereinander verbindet, aber auch in eine formale hierarchische Beziehung setzt zu einer ausserfamilalen Erwachsenen" (Jäger et al., 2006, S. 58). Diese erwachsene Person ist berechtigt, alle Beschäftigungen im Kindergartenraum zu bestimmen und zu kontrollieren (vgl. ebd.).

E) Nach Betreten des *Hauptraums* geht das Kind zur Kindergartenlehrperson und begrüßt diese mit Handschlag. Hingegen wird nicht erwartet, dass sich die Kinder gegenseitig begrüßen, wobei befreundete Kinder eine Ausnahme bilden (vgl. ebd.). Es folgt eine gemeinsame Klärung der Aktivität der Kinder in der Auffangzeit. Letztere wird nach einer bestimmten Zeit mit einem auditiven Zeichen beendet, worauf die verwendeten Materialien und Gegenstände aufgeräumt werden.

F) Der Wechsel in den *Sitzkreis* fungiert als „Eintritt in den sozialen Status als Gruppenmitglied" (Jäger, 2008, S. 148). Bis alle bereit sind, initiiert die Lehrperson ein Spiel, das alle Kinder integriert, die bereits im Kreis anwesend sind oder dort eintreffen. Die Lehrerin stimmt ein Begrüßungslied an, was den Abschluss des „kollektiven Aufnaherituals" (ebd.) und den Beginn der Kreissequenz markiert.

Die Auffangzeit kann somit aus der Perspektive der Kindergartenkinder als derjenige Abschnitt im Übergang von der Familie zum Kindergarten verstanden werden, der in einem halböffentlichen Raum stattfindet und in dem die Kindergartenlehrperson eine zentrale Rolle einnimmt. Im nachfolgenden Abschnitt (3.2.2) wird der Fokus noch genauer auf die strukturellen Bedingungen der Auffangzeit sowie auf die daraus entstehenden Implikationen für die didaktische Gestaltung gelegt.

Die Auffangzeit stellt ein verbreitetes Spezifikum vieler Deutschschweizer Kindergärten dar, das zumindest im deutschsprachigen Ausland so nicht existiert. Im Kontext der deutschen Kindertageseinrichtungen hat die „Bringzeit" (Göbel, 2018, S. 185; Karsch & Gießler, 2020, S. 49) eine ähnliche Funktion, wobei sich diese auf die Zeit beschränkt, in der die Eltern anwesend sind. Die Bezeichnung „Bringzeit" wird im Kontext von Kindertageseinrichtungen und Tagesfamilien verwendet (vgl. Bostelmann & Fink, 2011). Sie bezeichnet somit auch einen Übergang von der Familie in die Betreuungseinrichtung von Kindern, die jedoch jünger sind als die Schweizer Kindergartenkinder. Im Vergleich zur Auffangzeit im Schweizer Kindergarten nehmen bei der Bringzeit die Eltern eine aktive Rolle ein, indem sie „einige Minuten bleiben, um sich von ihrem Kind zu verabschieden" (Karsch & Gießler, 2020, S. 49). Zudem wird die Zeit von Eltern und pädagogischen Fachkräften für „Übergangsgespräche" (ebd.) genutzt. Dies ermöglicht ein „stressfreies Ankommen für alle Beteiligten" (ebd.). Da die Eltern während der Bringzeit eine aktive Rolle einnehmen, überrascht es nicht, dass diese Zeitspanne eher in Bezug auf Interaktionen zwischen Eltern und Kindern (vgl. Damm, 2010, S. 114) oder hinsichtlich der Zusammenarbeit zwischen Eltern und Fachkräften (vgl. z. B. Betz et al., 2019; Bischoff-Pabst, 2021; Menz & Thon, 2013, S. 148 f.) in den Blick der Forschung geraten ist. Interaktionen zwischen Kindern und Fachkräften während der Bringzeit wurden bisher nicht untersucht.

3.2.2 Strukturelle Bedingungen und Implikationen für die didaktische Gestaltung der Auffangzeit

Die Auffangzeit dauert üblicherweise zwischen 20 und 30 Minuten, wobei in dieser Zeit alle Kinder im Kindergarten eingetroffen sein müssen (vgl. Beeli-Zimmermann & Staub, 2020, S. 54). Die didaktische Anlage für die Auffangzeit als ersten Teil des Vormittags wird von den Lehrpersonen so gestaltet, dass für die Kinder ein individueller Start in den Kindergartenmorgen möglich ist, weil sie gestaffelt eintreffen (vgl. ebd., S. 50). Ein gemeinsamer Start in Plenarform kann aus diesen strukturellen Gründen erst später erfolgen.

Die pädagogische Funktion der Auffangzeit liegt laut Jäger et al. (2006, S. 58) in der Beruhigung und der Konzentration. Diese Perspektive scheint auch einen Einfluss auf die von der Lehrperson bevorzugten Tätigkeiten der Kinder zu haben. So werden individuelle Aktivitäten oder solche zu zweit gegenüber Gruppenspielen bevorzugt. Damit soll eine zu starke physische oder psychische Absorbierung der Kinder verhindert werden. Letztere sollen für die anschließende geführte Kreisaktivität bereit sein, in der ein „kontrollierter Umgang" (Jäger, 2008, S. 148)

mit verschiedenen Bedürfnissen und Emotionen verlangt wird. Dass im Kindergarten auch mehr als zehn Jahre nach der Durchführung der Studie von Jäger
et. al (2006) im Rahmen der Auffangzeit immer noch eine Einschränkung des
Spiel- und Lernangebots besteht, lässt sich exemplarisch einer Videoaufnahme
aus der Kindergartenstudie entnehmen, in der ein Junge einer Kindergartenlehrerin[13] mitteilt, dass er und ein weiteres Kind in die Puppenecke gehen wollen.
Darauf erwidert die Kindergartenlehrerin, dass die Kinder erst nach der Kreissequenz dort spielen dürfen. Hingegen konnte nicht in allen im Rahmen der
Kindergartenstudie untersuchten Kindergärten festgestellt werden, dass die stille
Beschäftigung bevorzugt und eine zu starke Involviertheit in Spiele vermieden
wurde (vgl. Jäger, 2008, S. 148). Als Beispiel sei der Kindergarten von Sandra
Sommer genannt (vgl. Abschn. 7.2), in dem die Kinder die erste Sequenz des
Morgens draußen auf einem Bewegungsparcours verbringen.

Für die vorliegende Untersuchung bildet die Einführung in mögliche, vorgesehene und/oder bereitgestellte Spiel- und Lernangebote den inhaltlichen Kontext
für die Interaktionen zwischen Kindergartenlehrperson und Kindergartenkind
während der Auffangzeit. Es stellt sich die Frage, wie die Kinder im Kontext
der Spiel- und Lernangebote adressiert werden und wie sie darauf reagieren.
Je nachdem, wie die Auffangzeit bzw. das Spiel- und Lernangebot von den
Kindergartenlehrpersonen gestaltet wird, kann zwischen geführten und offenen
Sequenzen unterschieden werden (vgl. Edelmann et al., 2018b, S. 85–90). In
Sequenzen, die als „geführt" bezeichnet werden, weist die Kindergartenlehrperson jedem Kind eine spezifische Aufgabe oder eine kleine Auswahl von Aufgaben
zu (vgl. ebd., S. 86). Dabei handelt es sich beispielsweise um verschiedene Spiele,
die auf einem ausgebreiteten Tuch liegen und zur Verfügung stehen. Die Aufgabe
kann für jedes Kind individuell bestimmt sein (z. B. ein Puzzle zusammenset-
zen, eine Spirale ausschneiden, Tiere sortieren) oder für alle Kinder dieselbe
sein (z. B. einzelne Körperteile eines Tiers ausschneiden und auf ein Papier
kleben). Oft ist der für die Kinder vorgesehene Arbeitsplatz mit einem Namens-
schild oder einem persönlichen Symbol gekennzeichnet (vgl. Beeli-Zimmermann
et al., 2021, S. 206). In „offenen Sequenzen" (Edelmann et al., 2018b, S. 85)
können die Kinder, oftmals nach Absprache mit der Kindergartenlehrperson, aus
einem bestimmten Spiel- und Lernangebot auswählen (z. B. ein Gesellschaftsspiel
spielen, mit Legosteinen bauen, ein Buch anschauen, zeichnen).

---

[13] Es handelt sich um eine Aufnahme, die im Kindergarten von Dora Dünki entstanden ist.
Die Fallanalyse zu Dora Dünki findet sich in Abschnitt 7.3. Die hier erwähnte Videosequenz
wird in Kapitel 7 jedoch nicht weiter thematisiert.

Die videografierten Unterrichtsbeobachtungen aus der Kindergartenstudie wurden in einem zweiten Schritt hinsichtlich der Bedeutung von Individualisierung u. a. in der Auffangzeit untersucht (vgl. Beeli-Zimmermann & Staub, 2020). In den „offenen Sequenzen" findet individualisierender Unterricht typischerweise in Form eines freien Spiels statt, was als „kindzentriert" bezeichnet werden kann (vgl. ebd., S. 57). Für Lehrpersonen besteht die Möglichkeit für einzelne Interaktionen mit Kindern sowie für gezielte Beobachtungen aus der Distanz. Nutzt die Lehrperson diese Diagnosemöglichkeiten, kann sie Wissen generieren, das ihr bei der Gestaltung zukünftiger individualisierender Angebote dienlich ist (vgl. Beeli-Zimmermann et al., 2021, S. 204). Im Bereich der „geführten Sequenzen" konnte eine lehrpersonenzentrierte Individualisierung identifiziert werden (vgl. Beeli-Zimmermann & Staub, 2020, S. 59 f.). Dies bedeutet, dass die Kinder primär die Anweisungen der Lehrperson umsetzen. Wenn für die Kinder jeweils unterschiedliche Aufgaben vorbereitet wurden, setzt dies voraus, dass die Lehrperson die Kinder gut kennt und über ihren Lernstand informiert ist. Wurde hingegen für alle Kinder dieselbe Aufgabe vorbereitet, ermöglicht dies der Lehrperson eine vergleichende Beobachtung der Kinder, was einer weiteren Diagnosemöglichkeit entspricht und in zukünftige individualisierende Angebote einfließen kann. In der Untersuchung kam jedoch auch zum Ausdruck, dass Lehrpersonen in der Auffangzeit eher selten differenzierte Rückmeldungen zu den Aktivitäten der Kinder machten. Die meisten Rückmeldungen waren eher knapp und in der Regel summativer Art (vgl. Beeli-Zimmermann et al., 2021, S. 206). Diese Bandbreite der möglichen didaktischen Gestaltung der Auffangzeit zeigt auf, welchen Spielraum die Kindergartenlehrpersonen in den in der Kindergartenstudie untersuchten Kindergärten nutzten.

Jäger et. al. (2006) konnten in ihrer ethnografischen Studie feststellen, dass die Kindergartenlehrpersonen die Auffangzeit weniger als eigenständige Unterrichtssequenz mit expliziten Arbeitszielen betrachten, sondern als „Überbrückungs-, Einstimmungs-, Vorbereitungszeit" (ebd., S. 58). Den Befunden von Jäger et al. (ebd.) bezüglich des Fehlens von expliziten Arbeitszielen müssen diejenigen aus der aktuelleren Kindergartenstudie gegenübergestellt werden (vgl. Edelmann et al., 2018b, S. 177). So konnte in der Analyse der Unterrichtsvideos festgestellt werden, dass die Auffangzeit für Beziehungspflege und individuelle Förderung eingesetzt wird, was als zielgerichtetes Verhalten der Kindergartenlehrpersonen bewertet werden kann. Die Wichtigkeit der Auffangzeit aus der Perspektive der Kindergartenlehrpersonen kam auch in der Auswertung der Interviews mit den Kindergartenlehrpersonen zum Ausdruck: „Es wurde darauf hingewiesen, dass diese [die Auffangzeit, Anm. S. S.] systematisch für die individuelle und sprachliche Förderung der Kindergartenkinder genutzt wird" (ebd.).

Im Vergleich zur Untersuchung von Jäger et. al. (2006) lässt sich eine Veränderung hin zu stärker strukturierten und geführten Aktivitäten in der Auffangzeit
feststellen. Dies könnte ein Hinweis sein für eine Entwicklung im Sinne einer
Annäherung an schulische Merkmale, aber auch dafür, dass die Lehrpersonen
über ein höheres Repertoire an Möglichkeiten verfügen, individualisierenden
Unterricht bzw. solche Gelegenheiten zu gestalten, in denen Lernstandsdiagno-
sen auf der individuellen und der vergleichenden Ebene möglich sind, wie dies
Beeli-Zimmermann et al. (2021) anhand der Daten aus der Kindergartenstudie
(Edelmann et al., 2018b, S. 91) feststellen konnten. Dies kann wiederum als
Anzeichen für eine verstärkte Orientierung an der Förderung von individuellen Lernprozessen gedeutet werden. Die Erkenntnisse aus der Kindergartenstudie
weisen deutlich darauf hin, dass die Auffangzeit als Unterricht bezeichnet werden kann und soll – und dass die Kindergartenlehrpersonen darin eine zentrale
Funktion haben. In diesem Sinne wird, entgegen der Definition von Jäger et al.
(2006), in der vorliegenden Untersuchung die Auffangzeit bereits zum Unterricht
gezählt.

Dieser Befund führte zu einer Forderung gegenüber der Bildungspolitik,
wonach sichergestellt werden müsse, dass die Auffangzeit als wertvolles Zeitfenster für die individuelle Förderung der Kinder weiterhin zur Verfügung stehe
und als Unterrichtszeit anerkannt werde (vgl. Edelmann et al., 2018b, S. 177).
Mit der Einführung des neu definierten Berufsauftrags (vgl. Volksschulamt des
Kantons Zürich, 2016), der im Kanton Zürich seit dem Schuljahr 2017/18 gültig
ist, gilt nicht mehr die tatsächliche Präsenzzeit mit den Kindern als Berechnungs-
grundlage, sondern die Übertragung auf die Anzahl Lektionen à 45 Minuten. Die
Auffangzeit und die „begleitete Pause" (vgl. ebd., S. 3), die für die Kindergartenlehrpersonen durch die Betreuung der Kinder oftmals keine tatsächliche Pause
darstellt, finden außerhalb der Lektionen statt. Im Kanton Zürich und in weiteren Deutschschweizer Kantonen wird sie nicht als Unterrichtszeit anerkannt. Im
Rahmen eines Kindergartenvormittags kann sich damit eine Diskrepanz von 50
Minuten ergeben: Der Angebotspflicht von 230 Minuten – z. B. zwischen 8.05
und 11.55 Uhr – steht durch die Umrechnung auf vier 45-minütige Lektionen eine
bezahlte Präsenzzeit von 180 Minuten pro Vormittag gegenüber (vgl. ebd.). Auf
politischer Ebene ist die Auffangzeit als Bestandteil des Kindergartenvormittags
insofern umstritten, als durch die neue Berechnung Kindergartenlehrpersonen in
einem Vollpensum nur noch 24 Lektionen unterrichten können. Obwohl die Lehrpersonen während mehr als 24 Lektionen aktiv mit den Kindern arbeiten, können
sie sich im Vergleich zu einem Vollpensum von Primarlehrpersonen nur in einem
maximalen Pensum von 88 % anstellen lassen. Dies wirkt sich entsprechend

auf das Gehalt der Lehrpersonen auf der Kindergartenstufe mit eigener Lohn-klasse aus. Der Zürcher Lehrerinnen- und Lehrerverband (ZLV) kritisierte dies und schlägt stattdessen ein Arbeitszeitmodell mit Gültigkeit für alle Lehrpersonen vor (vgl. Edelmann et al., 2018b, S. 19).

Die Situation hat sich in der Zwischenzeit – u. a. dank dem Engagement des ZLV – wieder etwas beruhigt. Dies liegt einerseits daran, dass den Schul-leitungen seit 2020 empfohlen wird, Kindergartenlehrpersonen mit den auf der Stufe maximal zu unterrichtenden 24 Lektionen in den Teilbereichen Schule, Zusammenarbeit und Weiterbildung die bei einem theoretischen Pensum von 100 % vorgesehene Stundenzahl zu gewähren, womit sie auf einen Beschäfti-gungsgrad von 90 % kommen (vgl. Bildungsdirektion Kanton Zürich, 2020a, S. 9). Durch die Vereinheitlichung der Zulassungsvoraussetzungen für die Päd-agogischen Hochschulen (vgl. Abschn. 3.1.3) wurden an allen entsprechenden Institutionen in der Schweiz – mit Ausnahme der SUPSI im Tessin – Studien-gänge abgeschafft, die ausschließlich zur Lehrbefähigung für den Kindergarten führten. Stattdessen wurden Studiengänge entwickelt, mit denen ein Lehrdiplom für die Kindergarten- und Primarunterstufe – also dem Zyklus 1 laut Lehrplan 21 (vgl. Deutschschweizer Erziehungsdirektoren-Konferenz, 2016) – erlangt werden kann. So ausgebildete Lehrpersonen lassen sich auch für Unterricht auf der Pri-marunterstufe einsetzen, womit ein höheres Pensum erreicht werden kann. Im Zuge dieser Vereinheitlichung der Zulassungsvoraussetzungen für Pädagogische Hochschulen wurden im Kanton Zürich auch die Löhne der Kindergartenlehr-personen angepasst und denjenigen von Primarlehrpersonen angeglichen (vgl. Bildungsdirektion des Kantons Zürich, 2023), was ebenfalls zu einer Verbesse-rung der Anstellungsbedingungen von Kindergartenlehrpersonen führte. Was dies für den Stellenwert der Auffangzeit bedeutet, bleibt indessen offen.

3.2.3 Der Abschluss der Auffangzeit

Während bei Jäger (2008, S. 148) das Ende der Auffangzeit durch den Wechsel in den Sitzkreis bestimmt wurde (vgl. Abbildung 3.2), zeigte sich in der Kindergar-tenstudie ein weniger deutliches Bild, da nach der ersten Sequenz[14] nicht in allen Kindergärten ein Wechsel in den Kreis stattfand. Durch die Segmentierungsana-lyse der videografierten Kindergartenvormittage konnte zudem aufgezeigt werden,

---

[14] Im Gegensatz zur dokumentarischen Videointerpretation, in der die Bezeichnung „Se-quenz" i. d. R. auf eine Interaktionseinheit hinweist (vgl. Abschn. 6.2.2), handelt es sich bei der Sequenz im Rahmen der Segmentierungsanalyse um eine längere Zeiteinheit, die auf den sich unterscheidbaren Unterrichtssettings beruht.

dass äußere Merkmale – wie das Eintreffen des letzten Kindes oder das gemäß
Stundenplan markierte Ende des Zeitraums, der für das Ankommen der Kinder
vorgesehen ist – nur bedingt einen Einfluss auf die tatsächliche Unterrichtsgestaltung haben (vgl. Edelmann et al., 2018b, S. 87). So wurde nach erkennbaren
Übergängen im Unterrichtssetting gesucht, um das Ende der ersten Sequenz zu
bestimmen. Im Kindergartenunterricht werden Übergänge oft durch ein akusti-
sches Signal eingeleitet; sie dienen der Neuausrichtung des Settings (vgl. ebd.,
S. 86). Die Kinder brechen anschließend ihre Aktivitäten ab und räumen das
Material an den dafür vorgesehenen Ort (vgl. Jäger, 2008, S. 148).

Die im Rahmen der Segmentierungsanalyse codierten ersten Sequenzen fielen
in der Mehrheit der in der Kindergartenstudie untersuchten Kindergärten deutlich
länger als 20 bis 30 Minuten aus. Erst zu einem späteren Zeitpunkt konnte ein
Übergang in eine andere Sequenz festgestellt werden (vgl. Beeli-Zimmermann &
Staub, 2020, S. 54). So dauerte die kürzeste erste Sequenz lediglich 14 Minuten, wohingegen die längste 96 Minuten umfasste. Bei zehn der untersuchten
Kindergärten dauerte die erste Sequenz zwischen 50 und 60 Minuten. In der vorliegenden Untersuchung wurde jeweils der Zeitraum bis zum ersten erkennbaren
Übergang berücksichtigt.

3.2.4   Die Komplexität der Auffangzeit

Da der Schweizer Kindergarten zur Volksschule gehört und daher auch Begrifflichkeiten aus dem schulischen Kontext verwendet werden (vgl. Abschn. 3.1.2),
wird die Zeit, die die Kindergartenlehrpersonen gemäß Stundenplan gemeinsam
mit den Kindern verbringen, als „Unterricht" bezeichnet. Basierend auf einer
systemtheoretischen Perspektive (vgl. Luhmann, 2002) kann die Komplexität von
Unterricht anhand der Sozial-, der Sach- sowie der Zeitstruktur beschrieben werden (vgl. Asbrand & Martens, 2018, S. 84–103). Diese auf der Systemtheorie
basierende Unterscheidung wird hier nur für die Beschreibung der Komplexität
des Kindergartenunterrichts herbeigezogen, die es insbesondere bei der Erhebung
und Analyse von entsprechenden empirischen Daten zu berücksichtigen gilt (vgl.
Kap. 6).

Die Komplexität der *Sozialstruktur* zeichnet sich durch soziale Interaktionen aus, an der Personen mit unterschiedlichen „gesellschaftlich festgelegten
bzw. institutionell bedingten Rollen" (vgl. ebd., S. 84) teilnehmen. Ein zentrales
Merkmal von unterrichtlichen Interaktionen ist eine „komplementäre, aber asymmetrische Rollenstruktur" (Luhmann, 2002, S. 108), die das Verhältnis zwischen
Lehrpersonen und Schulkindern bzw. zwischen Kindergartenlehrpersonen und

Kindergartenkindern charakterisiert. Im Rahmen der Auffangzeit ist aus strukturellen Gründen keine Adressierung der ganzen Klasse möglich. Vielmehr finden die Interaktionen mehrheitlich zwischen der Kindergartenlehrperson und einzelnen Kindern oder kleinen Gruppen statt (vgl. Edelmann et al., 2018b, S. 118). Darüber hinaus gibt es auch Interaktionen zwischen weiteren Fachpersonen und Kindergartenkindern sowie zwischen den Kindern. Sie stehen in der vorliegenden Untersuchung jedoch nicht im Zentrum. Ein weiteres Merkmal in Bezug auf die Sozialstruktur besteht in der „Unfreiwilligkeit des Zusammenseins" (Luhmann, 2002, S. 108), das für den Schweizer Kindergarten insofern zum Tragen kommt, als die Eltern nicht wählen können, in welchem Kindergarten und von welcher Kindergartenlehrperson ihr Kind unterrichtet wird. Einzig bei der Entscheidung für einen privaten Kindergarten erhalten die Eltern eine Wahlmöglichkeit. Die daraus resultierende Unfreiwilligkeit des Zusammenseins gilt sowohl für die Kinder als auch für die Kindergartenlehrpersonen.

Die Vielfalt und die Gleichzeitigkeit von Themen und Tätigkeiten kennzeichnen die Komplexität der *Sachstruktur* (vgl. Asbrand & Martens, 2018, S. 86 f.). Die thematische Vielfalt bezieht sich inhaltlich auf den Unterrichtsinhalt, aber auch auf organisatorische Fragen wie beispielsweise den zeitlichen Ablauf, die Aufgabenstellung und -bewertung sowie das soziale Zusammenleben; sie kann auch nonverbal durch eine Bewegung im Raum oder das Einbeziehen von Dingen bearbeitet werden (vgl. ebd.). Ebenso komplex ist die Abfolge von Themen und Tätigkeiten, die abgebrochen werden können und von anderen Themen und Tätigkeiten überlagert oder abgelöst sowie wiederaufgenommen werden können (vgl. ebd., S. 87). Im Rahmen der Auffangzeit kommt die Gleichzeitigkeit von Themen und Tätigkeiten besonders stark zum Ausdruck. Aus der Perspektive der Kindergartenlehrperson lässt sich dies gut beschreiben: Da die Kinder nacheinander im Kindergarten ankommen, werden Lehrpersonen mit einer Gleichzeitigkeit von verschiedenen Handlungen konfrontiert. Hierzu zählen die Begrüßung von ankommenden Kindern, die Einführung in das vorbereitete Spiel- und Lernangebot oder das Besprechen der Wahl einer Aktivität, die formative und summative Evaluation der Aktivitäten, nach Abschluss einer Aktivität die Besprechung der nächsten Aktivität, die Kontrolle der Regeleinhaltung und gegebenenfalls deren Einforderung sowie Gespräche mit weiteren Fachpersonen oder Assistenzen.

Die Komplexität der *Zeitstruktur* zeigt sich aus einer sequenziellen Logik (vgl. Asbrand & Martens, 2018, S. 101) in der Rhythmisierung der Kindergartenvormittage (und -nachmittage): In unterschiedlichen Sequenzen wird ein Wechsel zwischen Bewegung und Ruhe sowie zwischen Konzentration und Entspannung zugelassen (vgl. Chanson, 2004, S. 48). Die Rhythmisierung erfolgt durch eine gezielte Variation der Spiel- und Lerninhalte, der Unterrichts- und

Sozialformen sowie durch Pausen (vgl. Wannack & Herger, 2014, S. 17–19). In
der simultanen Logik rückt die Gleichzeitigkeit von teilweise unterschiedlichen
Themen und Tätigkeiten in den Fokus, wie in Bezug auf die Sachstruktur bereits
beschrieben wurde. Die Bearbeitung von Themen kann gleichzeitig und unabhängig voneinander, jedoch auch gleichzeitig und ineinander verwoben stattfinden
(vgl. Asbrand & Martens, 2018, S. 87). Im Rahmen der Auffangzeit kommt die
Sequenzialität dadurch zum Ausdruck, dass ein Kind zuerst ankommt und dann
mit einer Aktivität beginnt. Die Simultaneität zeigt sich darin, dass ein Kind am
Ankommen ist, während sich ein anderes bereits mit dem Spiel- und Lernangebot
befasst.

Zusätzlich zur Sozial-, Sach- und Zeitstruktur (vgl. ebd., S. 90–103) kommt
die Komplexität von Kindergartenunterricht in Bezug auf die *Raumstruktur*[15]
deutlich zum Ausdruck. Die für den Kindergartenunterricht zur Verfügung stehenden Räumlichkeiten unterscheiden sich von Kindergarten zu Kindergarten
deutlich. Elf der untersuchten Kindergärten weisen einen Hauptraum und teilweise kleine Nischen, aber keine weiteren Räume auf. In den anderen neun
Kindergärten konnten mehrere Räume ausgemacht werden, die voneinander
getrennt sind. Letzteres ist beispielsweise dann der Fall, wenn es sich um eine
ehemalige Wohnung handelt, die als Kindergarten genutzt wird. Dazu kommen
allgemein zugängliche Bereiche wie die Garderobe oder der Flur – die v. a.
für das freie Spiel, aber auch für die integrative Förderung genutzt werden
–, sowie Außenbereiche, die je nach Anbindung an einen weiteren Kindergarten oder an die Schule mit weiteren Kindern und Klassen geteilt werden (vgl.
Edelmann et al., 2018b, S. 93 f.). Diese Heterogenität der räumlichen Situation und der Raumnutzung, die den Unterricht im Kindergarten charakterisiert,
musste bei der videogestützten Unterrichtsbeobachtung berücksichtigt werden
(vgl. Abschn. 2.1.3.1).

3.2.5 Unterricht als Konglomerat sozialer Praktiken

Um den Bogen nun zur theoretischen Grundlage der vorliegenden Untersuchung
zu spannen, wird Unterricht abschließend noch aus einer *praxistheoretischen
Perspektive* beschrieben. Aus dieser Perspektive wird Unterricht als soziale Wirk-
lichkeit verstanden, die „in und durch Praktiken" (Budde, 2015, S. 14) entsteht.
Unterricht stellt somit ein „Konglomerat sozialer Praktiken" (Reckwitz, 2003,
S. 295), ein „Produkt alltäglicher Praktiken" (Göbel, 2018, S. 18) bzw. ein

---

[15] Auf die Bedeutung des Raums für soziale Systeme weist beispielsweise Latka (2003) hin.

„komplexes Zusammenspiel sozialer Praktiken" (Breidenstein, 2021, S. 937) dar. Mit Praktiken sind „repetitive Muster der Praxis" (Reckwitz, 2003, S. 294) gemeint, die auf implizitem und praktischem Wissen auf der Ebene des „knowing how" (ebd.) basieren. In der vorliegenden Untersuchung werden Praktiken rekonstruiert, die von Kindergartenlehrpersonen im Kontext von Interaktionen mit Kindergartenkindern während der Auffangzeit ausgeführt werden. Praktiken verweisen auf „soziale Strukturen des Beobachteten" (vgl. Budde, 2015, S. 14) bzw. auf eine „soziale Ordnung des Unterrichts" (Fritzsche et al., 2011, S. 31). Ebenso interessiert die in Praktiken eingelagerte Entstehung von unterschiedlichen Subjektpositionen, die eingenommen werden können (vgl. Reh & Ricken, 2012, S. 37). Für die Forschungsfrage nach der gegenseitigen Adressierung haben die Selbstpositionierung und die Positionierung des Gegenübers eine zentrale Bedeutung (vgl. Abschn. 6.5.1).

3.3 Unterrichtliche Interaktionen im Kindergarten

In Abschnitt 3.1 wurde dargestellt, dass der Schweizer Kindergarten zur obligatorischen Volksschule gehört und dass die Zeit, die die Kindergartenlehrpersonen und Kindergartenkinder gemeinsam gestalten und verbringen, daher als *Unterricht* bezeichnet werden kann. Zudem wurde anhand von empirischen Erkenntnissen begründet, weshalb auch die Auffangzeit – also die Zeit, in der die Kindergartenkinder gestaffelt im Kindergarten eintreffen – zum Unterricht gezählt werden kann (Abschn. 3.2). In diesem Kapitel geht es nun darum, aus theoretischer Perspektive einen genaueren Blick auf Interaktionen zu werfen, die im Unterricht und bei der Kinderbetreuung stattfinden. Um diese Interaktionen zu definieren, werden zentrale Forschungsergebnisse hinzugezogen (Abschn. 3.3.1). Anschließend wird dargelegt, inwiefern unterrichtliche Interaktionen als Anerkennungsverhältnisse verstanden werden (Abschn. 3.3.2).

3.3.1 Merkmale unterrichtlicher Interaktionen

Als *Interaktion* wird das wechselseitig aufeinander bezogene Handeln von zwei oder mehreren Personen auf der verbalen und nonverbalen Ebene bezeichnet, wobei auch „die Bewegung der Körper im Raum und der Umgang mit Dingen von Bedeutung sind" (Asbrand & Martens, 2018, S. 57). Zur Systematisierung von Interaktion, an denen Kinder beteiligt sind, schlägt König (2009, S. 99–124) eine Zweiteilung vor: (1) die *nicht professionelle Interaktion*, die die

Eltern-Kind-Interaktion sowie die Peerinteraktion umfassen, und (2) die *profes-sionelle Interaktion*, zu der sie die Interaktion zwischen pädagogischer Fachperson und Kind, die Instruktion sowie die allgemeine Kindergartenpraxis zählt. In Anlehnung an diese aus dem deutschen Kontext stammende Systematisierung wird die in der vorliegenden Untersuchung im Vordergrund stehende Interaktion zwischen Kindergartenlehrperson und Kindergartenkinder(n) zur professionellen Interaktion gezählt.

Um sich dem Forschungsgegenstand anzunähern, werden nachfolgend Studien herangezogen, die die Interaktion zwischen Erwachsenen und Kindern in einem institutionellen Kontext fokussieren und für die vorliegende inhalt-lich Untersuchung relevant sind. Weil Studien aus unterschiedlichen Kontexten einbezogen werden, sind die darin verwendeten Bezeichnungen und Begriffe nicht einheitlich. Nachfolgend wird auf spezifische Merkmale eingegangen, die die „professionelle Interaktion" (ebd., S. 110) – also jene zwischen erwachse-nen Personen in professionellen Rollen und Kindern in einem institutionellen Rahmen – auszeichnen.

Nentwig-Gesemann und Gerstenberg (2018) gehen bei Interaktionen zwischen Fachkräften und Kindern im Kindertagesstätten-Kontext von einer „*doppelten konstituierenden (Fremd-) Rahmung* [sic]" (ebd., S. 135, Hervorh. i. O.) aus: einer generationalen und einer organisationalen (Fremd-)Rahmung. Die generationale (Fremd-)Rahmung verweist auf eine sich zwischen Erwachsenen und Kindern unterscheidende Zugehörigkeit zu einer Generation, und zwar sowohl in Bezug auf das relative Lebensalter als auch auf eine Zugehörigkeit zu einer Generation, die durch das „Er-Leben zeitgeschichtlicher Veränderungen und Umbrüche kon-stituiert" (Bohnsack, 2017, S. 221) wird (vgl. auch Honig, 2009, S. 41). Diese Unterscheidung zwischen Kind und Erwachsenem folgt einer differenztheoreti-schen Logik und äußert sich in einer „generationalen Ordnung" (ebd., S. 25; vgl. auch Honig, 2018). Die organisationale bzw. institutionelle (Fremd-)Rahmung kommt dadurch zustande, dass die an der Interaktion beteiligten Personen eine Schul- bzw. Kindergarten-bezogene Rolle einnehmen (vgl. Nentwig-Gesemann & Gerstenberg, 2018). Dies muss jedoch insofern relativiert werden, als die erwach-sene Person in einer professionellen Rolle handelt, während das Kind „in der pädagogischen Beziehung nicht in einer Rolle, sondern immer als ganzer Mensch und Persönlichkeit" (Nentwig-Gesemann & Nicolai, 2015, S. 68) agiert. Weil die „Rahmungshoheit" (Bohnsack, 2017, S. 136; Gerstenberg, 2014, S. 299) bei solchen Interaktionen den Erwachsenen zukommt, tragen diese eine Verant-wortung gegenüber den Kindern (vgl. Nentwig-Gesemann & Gerstenberg, 2018, S. 135). Es entsteht eine Asymmetrie zwischen der Fachkraft und dem Kind, die auf „Macht, Wissen und Können" (Nentwig-Gesemann & Nicolai, 2015, S. 68) basiert und von den Professionellen „ein sehr hohes Maß an geistiger Wachheit und Beobachtungsgabe, an Feinfühligkeit und Einfühlungsvermögen einerseits und an Deutungs- und Reflexionskompetenz andererseits" (ebd.) erfordert. Auch Asbrand und Martens (2018, S. 210) gehen in Bezug auf den schulischen Kontext davon aus, dass unterrichtliche Interaktionen zwischen Lehrpersonen und Schulkindern typischerweise asymmetrisch strukturiert und institutionell gerahmt sind.

Wenn sich also die Erfahrungsräume und Rahmungen der an der Interaktion teilnehmenden Personen unterscheiden und den Erziehungs- und Lehrpersonen die Rahmungshoheit zukommt (vgl. Gerstenberg, 2014), entstehen Interaktionen mit „rollenspezifisch unterschiedliche[n] Orientierungsrahmen" (Asbrand et al., 2020, S. 299). Die Bezeichnung „Orientierungsrahmen" ist eine grundlegende Kategorie der praxeologischen Wissenssoziologie nach Bohnsack (2017), welche die metatheoretischen Grundlage der dokumentarischen Methode darstellt und auf eine „habituelle Ebene" (Asbrand & Martens, 2018, S. 22) verweist, also das „konjunktive bzw. implizite Wissen, das der Handlungspraxis unterlegt ist" (ebd.). Es kann davon ausgegangen werden, dass sich unterrichtliche Interaktionen zwischen Kindergartenlehrpersonen und Kindergartenkindern durch sich unterscheidende Orientierungsrahmen auszeichnen. Differenzierend muss hier in Bezug auf Orientierungsrahmen angemerkt werden, dass es durchaus möglich ist, dass zwischen Lehrpersonen und Schulkindern beispielsweise aufgrund von milieu- oder geschlechtsbezogenen Erfahrungen, die Lehrpersonen und Kinder teilen können, geteilte Orientierungsrahmen bestehen können (vgl. Asbrand et al., 2020, S. 300). Es stellt sich nun die empirische Frage, wie gegenseitiges Verstehen trotz des Vorhandenseins von unterschiedlichen Orientierungsrahmen möglich ist und in welchem Modus dieses erfolgt.

Laut Nentwig-Gesemann und Nicolai (2015) ist es in einer pädagogischen Situation trotz sich unterscheidender Orientierungsrahmen möglich, dass eine Überlappung der beiden Rahmen hergestellt werden kann und sich die Orientierungen mindestens vorübergehend in einem komplementären Verhältnis befinden. Dies kann durch eine gegenseitige Bezugnahme aufeinander, also durch Reziprozität, erfolgen (vgl. ebd.). Gelingt es hingegen nicht, „Rahmenüberlappungen" (ebd., S. 67) zu erzielen, bleibt eine Rahmeninkongruenz bestehen und „die Akteure agieren aneinander vorbei oder sogar gegeneinander" (ebd.). Missverständnisse zwischen der Fachkraft und dem Kind können jedoch auf der kommunikativen Ebene aufgeklärt werden, wodurch gegenseitiges Verstehen möglich wird. Diesbezüglich gilt es zu beachten, dass gerade in den ersten drei Lebensjahren die körpersprachliche Kommunikation wichtig ist (vgl. ebd., S. 48).

Mit dem Fokus auf der Herstellung und der Sicherung von geteilten Orientierungsrahmen und unter Bezugnahme auf die Arbeiten von Nentwig-Gesemann und Nicolai (2015) untersuchte auch Alemzadeh (2014) Interaktionen im frühpädagogischen Feld. Sie geht davon aus, dass die Rahmenkongruenz in pädagogischen Erwachsenen-Kind-Interaktionen eine Voraussetzung dafür darstellt, dass langanhaltende Interaktionen entstehen und aufrechterhalten werden (vgl. ebd., S. 265). Dies gelingt, wenn zwischen einer pädagogischen Fremdrahmung und der Orientierung der erwachsenen Person am Kind variiert wird (vgl. ebd., S. 269). Alemzadeh (2014) stellt fest, dass Wechselseitigkeit und Reziprozität bedeutsam sind, um Interaktionen zu initiieren und aufrecht zu erhalten (vgl. ebd., S. 272). Insbesondere bei der Aufrechterhaltung der Interaktion sei es daher wichtig, neben der „kommunikativ-expliziten Ebene" (ebd., S. 273) auch die „handlungspraktisch-implizite Ebene" (ebd.) zu berücksichtigen. Das Handlungsrepertoire von pädagogischen Fachkräften muss daher verschiedene Interaktionsformen beinhalten (vgl. ebd.). Für die vorliegende Untersuchung bedeutet dies, dass bei der dokumentarischen Interpretation der videogestützten Unterrichtsbeobachtung zusätzlich zu den verbalen die nonverbalen Anteile der Interaktion systematisch berücksichtigt werden.

Aufgrund empirischer Erkenntnisse aus ihren eigenen Studien (vgl. z. B. Martens & Asbrand, 2017) gehen Asbrand und Martens (2018) wie auch Nentwig-Gesemann und Nicolai (2015) davon aus, dass Interaktionen mit unterschiedlichen Orientierungsrahmen von Lehrpersonen und Schulkindern „einvernehmlich und reibungslos" (Asbrand & Martens, 2018, S. 210) funktionieren können. Laut Asbrand und Martens (ebd.) gelingt dies, wenn sich die sich unterscheidenden Orientierungsrahmen in einer komplementären Passung zueinander befinden. Die Komplementarität kann einerseits auf einem Passungsverhältnis basieren, bei dem habitualisierte Praktiken bei der Lehrperson wie auch bei den Kindern wie „Schlüssel und Schloss ineinandergreifen" (ebd., S. 139). Diese Passung kann aber auch „in der Interaktion interaktiv und in situ hergestellt" (ebd., S. 140) werden, was als „Rekontextualisierung" (ebd.) bezeichnet werden kann. Das Verhältnis der bestehenbleibenden unterschiedlichen Orientierungsrahmen zueinander kann in einem solchen Fall als „Rahmenkomplementarität" (ebd., S. 213) bezeichnet werden.

Auf die Frage, wie gegenseitige Verständigung bei sich unterscheidenden Orientierungsrahmen hergestellt werden kann, bietet die Untersuchung von Gerstenberg (2014) eine Antwort. Im Kontext von außerschulischen Bildungsangeboten im Bereich von naturwissenschaftlichen Themen konnte Gerstenberg (ebd.) feststellen, dass „die *Frage* als Diskursbewegung eine vermittelnde Funktion auf der thematischen Ebene, z. B. bezogen auf Verständigungsprozesse über eine Sache, ein Phänomen und soziale Interaktionserfahrungen" (ebd., S. 277, Hervorh. S. S.) einnimmt. Dies gilt insbesondere dann, wenn ein Interaktionsmodus entsteht, bei dem einerseits über die Rahmeninkongruenz und andererseits über die Rahmungshoheit der pädagogischen Fachperson auf einer expliziten Ebene verhandelt wird (vgl. ebd.).

Eine andere theoretische Perspektive nimmt Jooß-Weinbach (2012) in Anlehnung an Oevermann (1996) ein. Sie geht davon aus, dass institutionell gerahmte Interaktionen als *Arbeitsbündnis* verstanden werden. Jooß-Weinbach (2012) rückt das professionelle Handeln von Erzieherinnen in den Fokus und versteht die Erzieherin-Kind-Interaktion als Arbeitsbündnis. Dessen Gestaltung stellt für Erzieherinnen im Rahmen ihres professionellen Handelns eine Herausforderung dar (vgl. ebd., S. 119). Die Autorin geht ebenfalls von einer „strukturelle[n] Asymmetrie" (ebd., S. 127) zwischen Erzieherin und Kind aus und beschreibt zwei Möglichkeiten im Umgang mit dieser: Einerseits könne die Asymmetrie durch „Machtverzicht" (ebd.) aufgelöst werden und andererseits könne die Erzieherin die Asymmetrie „aufgrund ihres Rollenverständnisses und standardisierter Handlungen" (ebd., S. 127) fixieren. Letzteres zeigt eine Parallele auf zu den „machtstrukturierten Interaktionsmodi", wie sie von Nentwig-Gesemann und Gerstenberg (2018, S. 142) bezeichnet werden. Das Handeln der Erzieherinnen im Rahmen eines bestimmten Rollenverständnisses (vgl. Jooß-Weinbach, 2012, S. 127) weist auf „machtstrukturierte Interaktionen" (Nentwig-Gesemann & Gerstenberg, 2018, S. 143) hin. Eine solche machtstrukturierte Interaktion zwischen Erzieherin und Kindern ist „dadurch geprägt, dass die Erzieherin *ihre* Regeln, *ihre* Ordnung der Dinge, *ihre* Vorstellung davon, wie die Kinder sich richtig zu verhalten haben, […] zur Geltung bringt" (ebd., S. 144, Hervorh. i. O.). Das Standardisieren von Handlungen (vgl. Jooß-Weinbach, 2012, S. 127) kann als Vermeidung von Interaktionen verstanden werden, die von „Willkür" (Nentwig-Gesemann & Gerstenberg, 2018, S. 145) geprägt sind und deren Interaktionsverlauf nicht erwartbar ist (vgl. ebd.). Interaktionen, die der Willkür zugeordnet werden können, sind insofern problematisch, als keine gemeinsame Interaktionssphäre etabliert werden kann (vgl. ebd., S. 147). Auch unter dieser theoretischen Perspektive rückt aus einem professionstheoretischen Forschungsinteresse das professionelle Handeln der pädagogischen Fachkräfte in den Fokus.

Die beiden bereits mehrfach genannten Prinzipien der *Komplementarität* und der *Reziprozität* lassen sich auch im Rahmen von Forschung zu lernprozessbezogenen Interaktionen wiederfinden. Laut König (2009) sind erfolgreiche Lernprozesse insbesondere dann möglich, wenn bei Interaktionen zwischen Erwachsenen und Kindern komplementäre Beziehungen bestehen (vgl. ebd., S. 111). Ebenso hat sich das „Prinzip der Reziprozität" (ebd., S. 125), also die „Wechselseitigkeit des Integrationsprozesses" (ebd.), als günstig für das Lernen von Kindern erwiesen, da es der erwachsenen Person ermöglicht, sich dem Denkprozess des Kindes anzunähern.

Asbrand et al. (2020) stellen mit Bezugnahme auf konversationsanalytische Studien fest, dass im schulischen Kontext die Asymmetrie zwischen Lehrpersonen und Schulkindern im Rahmen von „pädagogischen Interaktionen" (ebd., S. 299) insbesondere dadurch entsteht, dass die Lehrperson die Redebeiträge der an der Interaktion Beteiligten koordiniert bzw. über die Erteilung des Rederechts entscheidet (vgl. ebd., S. 304). Im Kontext des australischen Kindergartens hat Church (2010) untersucht, wie Lehrpersonen beim gemeinsamen Lesen von Bilderbüchern mit Interaktionen umgehen, die von vierjährigen Kindern initiiert werden. Bei der Analyse der Reaktionen von Lehrpersonen auf einen „child's turn" (ebd., S. 227) und mit der Annahme, dass diese Reaktionen einen Einfluss auf das Lernen der Kinder haben, konnte Church ein Kontinuum erkennen. Dieses umfasst folgende fünf Verhaltensarten der Lehrpersonen: „(1) ignore; (2) postpone; (3) minimal acknowledgement; (4) confirmation; (5) expand" (ebd.). Bei der Untersuchung stellte sich zudem heraus, dass die Kinder die grundlegenden Gesprächsregeln bzw. die „rules of turn-taking" (ebd., S. 236) kennen, was beispielsweise darin zum Ausdruck kommt, dass sie einander mehrheitlich nicht ins Wort fallen. Über alle von Church untersuchten Sequenzen betrachtet, wurde der Gesprächsverlauf deutlich von der Lehrperson gesteuert, die auch die Relevanz von kindlichen Beiträgen bestimmt (vgl. ebd., S. 238). Somit lässt sich auch in diesem kindzentrierten Setting erkennen, dass die Asymmetrie zwischen den Lehrpersonen und den Kindern im Umgang mit den Redebeiträgen zum Ausdruck kommt, der von der Lehrperson gesteuert wird. Übertragen auf die Auffangzeit im Kindergarten bedeutet dies, dass es sich lohnt, einen genauen Blick darauf zu werfen, wer wann Interaktionen initiiert bzw. das Rederecht erlangt, und wie dies passiert. Dadurch können differenziertere Aussagen über das Hervorbringen und die Erhaltung von Asymmetrie in unterrichtlichen Interaktionen erwartet werden.

Das Forschungsinteresse an Interaktionen zwischen pädagogischen Fachkräften und Kindern stieg im Zusammenhang mit einer verstärkten Diskussion über die Qualität der vorschulischen Bildung (vgl. König, 2009, S. 100). Dies liegt daran, dass die Interaktion zwischen dem pädagogischen Personal und dem Kind für die Qualität der frühkindlichen Bildung, Betreuung und Erziehung (FBBE) von zentraler Bedeutung ist (vgl. König, 2009; Weltzien, 2014). Werden Interaktionen zwischen pädagogischen Fachkräften und Kindern im Hinblick auf die Ermöglichung von Lern- und Entwicklungsprozessen untersucht, zeigt sich deutlich, dass das Potenzial noch nicht ausgeschöpft ist (für eine Übersicht vgl. z. B. König, 2009, S. 122–124). Die Pflege einer anregenden Sprachkultur erhält diesbezüglich eine zentrale Bedeutung (vgl. Isler et al., 2017). Meade und Cubey (1995) stellten fest, dass die meisten Interaktionen, die von pädagogischen Fachkräften initiiert werden, Begrüßungen, Fragen, Antworten oder Bemerkungen sind, die keinen Anlass zu ausgedehnten Interaktionen geben (vgl. ebd., S. 52). Auch im Rahmen der Kindergartenstudie konnte empirisch nachgewiesen werden, dass in Bezug auf die anregende Qualität von alltäglicher Sprachbildung noch unausgeschöpftes Potenzial besteht (vgl. Edelmann et al., 2018b, S. 121). In Studien im Bereich der Interaktionsforschung wird die Interaktionsqualität und deren Effekte oft mit standardisierten Methoden erfasst (vgl. Nentwig-Gesemann & Gerstenberg, 2018, S. 131). Dabei gilt jedoch zu beachten, dass die Bestimmung, welcher Output von Erziehungs- und Bildungsprozessen erwünscht ist, von „sozialen, historisch bedingten Konstruktionen von Kindern und Kindheit beeinflusst" (Nentwig-Gesemann & Nicolai, 2015, S. 45) wird. Normative Setzungen spielen bei der Bestimmung von Kategorien und bei der Operationalisierung der Interaktionsqualität eine zentrale Rolle (vgl. ebd., S. 46). Im Rahmen der qualitativ-rekonstruktiven Sozialforschung werden hingegen „die Geltungsansprüche auf Wahrheit und normative Richtigkeit eines Textes zunächst eingeklammert" (ebd.).

Als Zwischenfazit kann festgehalten werden, dass sich unterrichtliche Interaktionen durch eine doppelte (Fremd-)Rahmung sowie eine dadurch entstehende Asymmetrie auszeichnen. In der „professionellen Interaktion" (König, 2009, S. 110) stoßen somit unterschiedliche Orientierungsrahmen aufeinander – und dennoch kann ein gegenseitiges Verstehen ermöglicht werden. Ob diese Orientierungsrahmen trotzdem als *kongruent* (vgl. Alemzadeh, 2014) oder doch eher als *komplementär* (vgl. Asbrand & Martens, 2018) zueinander verstanden werden, hängt von der theoretischen Begründung sowie vom Erkenntnisinteresse ab. Weil der erwachsenen Person in einer professionellen Rolle die Rahmungshoheit zukommt, trägt sie die Verantwortung in Bezug auf die Gestaltung von Interaktionen zwischen (Kindergarten-)Lehrpersonen und Kindergarten- bzw. Schulkindern. Es gibt auch eine Verantwortung in Bezug auf die Herstellung einer Passung zwischen sich unterscheidenden Orientierungsrahmen bzw. in Bezug auf die Herstellung von „Rahmenüberlappungen" (Nentwig-Gesemann & Nicolai, 2015, S 67). Dadurch rücken (Kindergarten-)Lehrpersonen bzw. pädagogische Fachkräfte und ihr Handeln in einer institutionellen Rolle in den Mittelpunkt des professionstheoretischen Forschungsinteresses. Die Interaktionsgestaltung wird als Herausforderung beschrieben, was aus dieser professionstheoretischen Perspektive als Argument für den in der vorliegenden Untersuchung gewählten Fokus auf die Kindergartenlehrperson ausgeführt werden kann.

Obwohl die hier abgebildeten Forschungsergebnisse vorwiegend aus Deutschland stammen, sind sie für die vorliegende Untersuchung als Anknüpfungspunkte wichtig. Unterschiede zur Situation in der Schweiz bestehen insbesondere durch die institutionelle Rahmung der Studien. Da sich der Schweizer Kindergarten in Bezug auf das Alter der Kinder eher der deutschen Kindertagesstättenforschung und in Bezug auf die institutionelle Verortung des Schweizer Kindergartens als Teil der Volksschule eher der deutschen Unterrichtsforschung zuordnen lässt, kann die vorliegende Untersuchung somit an der Schnittstelle zwischen der deutschen Kindertagesstätten- und der deutschen Unterrichtsforschung angesiedelt werden. In beiden Perspektiven werden institutionell gerahmte Interaktionen zwischen Erwachsenen und Kindern bzw. Jugendlichen theoretisch und empirisch untersucht, wodurch die jeweiligen Forschungsergebnisse für die vorliegende Untersuchung relevant werden. Ein weiterer Nutzen liegt darin, dass die oben genannten wissenschaftlichen Arbeiten Begriffe zur Verfügung stellen, die bei der Annäherung an das empirische Material im Sinne von „sensitizing concepts" (Blumer, 1954) genutzt werden können.

3.3.2   Unterrichtliche Interaktionen als Anerkennungsverhältnisse

In der vorliegenden Untersuchung werden unterrichtliche Interaktionen als *Anerkennungsverhältnisse* aufgefasst; was damit gemeint ist, wird nachfolgend ausgeführt. In Ergänzung zum vorhergehenden Unterkapitel steht hier zudem die Frage im Vordergrund, was im Rahmen von empirischen Studien bereits über unterrichtliche Interaktionen – verstanden als Anerkennungsverhältnisse – herausgefunden wurde und welche Bedeutung diese Ergebnisse für die vorliegende Untersuchung haben.

Aus anerkennungstheoretischer Perspektive rücken die Beziehungen zwischen Lehrpersonen und Schul- bzw. Kindergartenkindern in den Fokus. Analytisch werden diese Beziehungen als Anerkennungsverhältnisse gefasst (vgl. Fritzsche, 2013, S. 194). Dabei steht ein Anerkennungsbegriff in Anlehnung an Butler (2007) im Mittelpunkt, der ein subjektivierendes Moment enthält. Dies ist insofern passend, als das Erkenntnisinteresse der vorliegenden Untersuchung auf der Subjektivation von Kindergartenkindern liegt. Dieses Verständnis von Anerkennung geht „über eine Wertschätzung des jeweiligen Gegenübers hinaus und beinhaltet ebenso eine Feststellung dessen, was dieses ist und was es sein könnte" (Fritzsche, 2013, S. 195). Zum bestätigenden Aspekt kommt ein stiftender dazu (vgl. Abschn. 4.1.1). Das Anerkennungsgeschehen kann somit nicht als eine abgeschlossene Dyade zwischen zwei Personen betrachtet werden (vgl. Fritzsche, 2015b, S. 174), sondern wird als triadisches Geschehen im „Horizont von Normen" (ebd.) verstanden. Die adressierende und die adressierte Person agieren mit expliziter und impliziter Bezugnahme auf „Normen und gesellschaftliche Konventionen" (Reisenauer & Ulseß-Schurda, 2018, S. 167). Um Anerkennungsverhältnisse beschreiben zu können, werden „Normen der Anerkennung" (Butler, 2009, S. 188) rekonstruiert. Dabei steht die Frage im Fokus, „wie man von wem vor wem als wer angesprochen" (Reh & Ricken, 2012, S. 42) und dadurch anerkannt wird. Der Anerkennungsbegriff in Anlehnung an Butler (2007; 2009) eignet sich auch deshalb für die vorliegende Untersuchung, weil er dazu dient, machtstrukturierte Verhältnisse zu analysieren (vgl. Fritzsche, 2013, S. 195).

Während im schulischen Kontext[16] Anerkennungsverhältnisse zwischen Lehrpersonen und Schulkindern durch Leistungserfolg bzw. -bewertungen charakterisiert werden können (vgl. Fritzsche, 2015b, S. 175; Helsper et al., 2005, S. 191; Hemmerling, 2007, S. 53), stehen bei jüngeren Kindern eine Bewertung des kindlichen Verhaltens und der damit verbundene individuelle Entwicklungsstand im Vordergrund (vgl. Hemmerling, 2007, S. 53). Das letztgenannte Forschungsergebnis im Kontext des deutschen Kindergartens steht in Einklang mit den Erkenntnissen von Sieber Egger und Unterweger (2020), die die beiden Autorinnen im Rahmen einer Studie zum Schweizer Kindergarten darlegten. Sie untersuchten, wie die Kinder von den Kindergartenlehrpersonen in die Praktiken des Kindergartens eingeführt werden und wie sie diese Praktiken inkorporieren. Dabei erkannten die Autorinnen, dass der Erwerb und das Beherrschen bestimmter (körperlicher) Praktiken die Anerkennungsverhältnisse bestimmen. Sieber Egger und Unterweger unterscheiden dabei zwischen Praktiken, die die Kinder explizit von der Kindergartenlehrperson erlernen, und solchen, die „als selbstverständlich vorausgesetzt werden" (ebd., S. 290), wie z. B. Regeln des sozialen Umgangs (vgl. ebd.). Die Autorinnen zeigen in ihrer Studie auf, dass die Kindergartenkinder vor dem Hintergrund der gesellschaftlichen Norm der „Lernkindheit" (Schulz, 2016, S. 72) adressiert werden (vgl. Sieber Egger & Unterweger, 2020, S. 289). Die Körper der Kinder erhalten dabei eine zentrale Bedeutung beim Erlernen dieser Praktiken, was darin zum Ausdruck kommt, dass die Kinder als „lernende *Körper*" (ebd., Hervorh. i. O.) adressiert werden. Zusätzlich zur körperlichen Dimension haben die Autorinnen Dinge und Artefakte „in ihrer Wechselwirkung mit menschlichen Aktivitäten" (ebd., S. 270) mit Blick auf deren Bedeutung für die Positionierung von Subjekten einbezogen, wie sie in Alltagspraktiken im Kindergarten erkannt werden können (vgl. ebd.). Dabei

---

[16] Hier ist die deutsche Grundschulstufe gemeint.

konnten sie erkennen, dass zusätzlich zum kindlichen Körper auch der praktische Umgang „mit Dingen und spezifischen (handwerklich und feinmotorischen)
Arbeiten" (ebd., S. 289) fokussiert werden muss. Die Autorinnen bezeichnen
dies als auffallendes „Merkmal des Kindergartens" (ebd.). Für die vorliegende
Untersuchung folgt daraus, dass sowohl die Bedeutung des kindlichen Körpers
im Rahmen der unterrichtlichen Interaktion als auch die Bedeutung von Dingen
und Artefakten für die Adressierung der Kindergartenkinder besonders beachtet
werden müssen.

Um Anerkennungsverhältnisse empirisch bearbeiten zu können, schlagen Reh
und Ricken (2012) vor, Anerkennung als Adressierung zu operationalisieren.
Adressierung wird verstanden als explizite und implizite Ansprache einer Person;
sie umfasst auch die Reaktion dieser Person auf die Ansprache, was als Re-
Adressierung bezeichnet wird (vgl. Rose & Ricken, 2018, S. 167). Ebenso zur
Adressierung gezählt werden nonverbale Anteile wie die körperliche Position,
der Blickwinkel oder die Präsenz von Gegenständen. Reh und Ricken (2012)
gehen davon aus, dass die gegenseitige Anerkennung in der Adressierung und
Re-Adressierung zwischen zwei oder mehreren Personen zum Ausdruck kommt,
also auch zwischen Lehrperson und Schulkind bzw. zwischen Kindergartenlehrperson und Kindergartenkind. Die Anschlussfähigkeit dieses Verständnisses von
Unterricht an die oben beschriebene praxistheoretische Perspektive auf den Unterricht ist insofern gegeben, als Adressierung ein Teil (unterrichtlicher) Praktiken
ist (vgl. Reh & Wilde, 2016, S. 107). Zudem kann davon ausgegangen werden,
dass Adressierung auf der sprachlichen und der körperlichen Ebene vollzogen
wird und oft innerhalb von „routinisierten Praktiken der Interaktion stattfinden"
(Fritzsche, 2013, S. 196).

Sieber Egger und Unterweger (2020) haben die Adressierung der Kindergartenkinder genauer in den Blick genommen. Dabei konnten sie u. a. feststellen,
dass einzelne Kinder als inkompetente Kindergartenkinder adressiert werden.
Dazu kommt es dann, wenn ein Kind schulische Praktiken, die auf explizit vermittelten oder auf selbstverständlich vorausgesetzten Normen basieren, noch nicht
verinnerlicht hat (vgl. ebd., S. 290). Beurteilt wird das Kindergartenkind somit auf
der Ebene des „Vollzugs von Praktiken" (ebd., S. 291). Aus poststrukturalistischer
Perspektive, die auch Butler einnimmt (vgl. Sabisch, 2017), kann davon ausgegangen werden, dass rekonstruierte Praktiken keine „endgültige Form" (Sieber
Egger & Unterweger, 2020, S. 291) erlangen. In der Wiederholung von Praktiken besteht somit ein Spielraum für Veränderung. Die beiden Autorinnen konnten
in ihrem Projekt aufzeigen, dass bei dieser Verschiebung von Normen auch die
Kindergartenkinder aktiv handelnd sein können (vgl. ebd., S. 292). Einschränkend

wirkt dabei jedoch die Erkenntnis aus ihrer Studie, dass die Kindergartenlehrpersonen die Möglichkeiten der Normverschiebung auf eine aufwändige Art und Weise eng halten (vgl. ebd., S. 291). Daraus wird deutlich, dass die Norm der Anerkennung bis zu einem gewissen Grad einen Aushandlungsprozess zwischen Kindergartenlehrperson und Kindergartenkindern darstellt. Dieser wird jedoch von den Kindergartenlehrpersonen kontrolliert, was mit der „generationalen Ordnung" (ebd., S. 283) erklärt werden kann: Sieber Egger und Unterweger (ebd.) zeigen mit ihrer Studie auf, dass „die Positionierung der Kinder und der Lehrperson innerhalb der generationalen Ordnung des Kindergartens" (ebd.) erfolgt, was bedeutet, dass „diese Ordnung laufend durch die Adressierungen und Positionierungen der beteiligten Akteure hergestellt" (ebd.) wird. Die Kinder adressieren „in ihrer meist stillen kompetenten Gefügigkeit" (ebd.) die Kindergartenlehrperson als „generational ‚Andere', als bestimmende und wissende Erwachsene" (ebd.).

Für die vorliegende Untersuchung bedeuten diese Ergebnisse einerseits, dass die generationale Ordnung als strukturierendes Merkmal des Verhältnisses zwischen der Kindergartenlehrperson und den Kindergartenkindern an Bedeutung erhält. Dies kommt in der Frage danach zum Ausdruck, welchen Spielraum die Kindergartenkinder zur Verschiebung von Normen erhalten, und in der Frage danach, wer Bestimmungshoheit hat in Bezug auf die Setzung von Grenzen und das Aushandeln von Normverschiebungen. Andererseits bedeutet es, dass die Adressierung der Kindergartenkinder auf der nonverbalen Ebene systematisch einbezogen werden muss.

Auf die Rekonstruktion von Normen der Anerkennung fokussiert auch Fritzsche (2015b) im Rahmen des kulturvergleichenden Forschungsprojekts „Ethnographische Untersuchung des Verhältnisses von LehrerInnnen und SchülerInnen an zwei in London und Berlin gelegenen Grundschulen"[17]. Normen der Anerkennung können sowohl „explizit formuliert sein als auch implizit wirken" (ebd., S. 175); sie bestehen nur insofern fort, als sie „in der sozialen Praxis durchgespielt und durch die täglichen sozialen Rituale des körperlichen Lebens und in ihnen stets aufs Neue idealisiert und eingeführt" (Butler, 2009, S. 85) werden. In ihrem Projekt rekonstruiert Fritzsche (2015b) Praktiken der Konfliktbearbeitung und stellt die darin zum Ausdruck kommenden Anerkennungsverhältnisse zwischen den Lehrpersonen und den Schulkindern dar. Die Grundlage dafür stellen videografierte Szenen aus einer Berliner und einer Londoner Grundschule dar, in denen je eine Lehrperson mit der Klasse einen Konflikt bearbeitet. Der Vergleich dieser videografierten Szenen erlaubt es ihr, in einem komparativen

---

[17] Weitere Informationen: https://gepris.dfg.de/gepris/projekt/171595587 (abgerufen am 15.10.2024).

Vorgehen Normen der Anerkennung herauszuarbeiten, die sich, wie sich herausstellte, kulturspezifisch unterscheiden. Während die Kinder in der Londoner Schule als „Mitglieder einer schulischen Gemeinschaft" (ebd., S. 186) adressiert wurden, gab es an der Berliner Schule keine Bezüge auf eine „gesamtschulische Gemeinschaft" (ebd.). Stattdessen wurden dort die Schulkinder als „ganze Personen" (ebd.) adressiert, also nicht auf einzelne Rollenaspekte reduziert. Diese Unterschiede führten dazu, dass sich die pädagogischen Beziehungen in der Londoner Schule im Vergleich zur Berliner Schule als hierarchischer erwiesen. Der Handlungsspielraum der Londoner Schulkinder blieb dadurch eingeschränkt, da die „Aufrechterhaltung der schulischen Ordnung" (ebd.) einer „kollektiven Verpflichtung" (ebd.) entsprach. An der Berliner Schule konnte hingegen die Norm des partizipativen Miteinanders rekonstruiert werden. In Bezug auf inkludierende und exkludierende Effekte dieser Praktiken und Normen ließ sich feststellen, dass sich die Londoner Kinder im Rahmen dieser Konfliktbearbeitung miteinander solidarisierten und sich von der Lehrperson distanzierten. Damit ließ sich jedoch nicht verhindern, dass ein Junge, der gegen eine schulische Regel verstoßen hatte, „einer öffentlichen Demütigung ausgesetzt" wurde (ebd., S. 187). Die Berliner Kinder hatten hingegen die Möglichkeit, sich in die Verhandlung des Konflikts einzubringen. Dies führte jedoch dazu, dass es bei einer Schülerin, die im Vergleich zu den anderen Kindern unterschiedlich konstruiert wurde, zu einer Entsolidarisierung durch die Klassenkameradinnen und -kameraden kam. Fritzsche (ebd.) kommt zum Schluss, dass sich „die „Komplexität und Widersprüchlichkeit der Normensysteme, an denen sich schulische Akteure orientieren" (ebd., S. 188) durch den Fokus auf den Normen und Praktiken beschreiben lässt, wobei sie insbesondere „Praktiken der Differenzbearbeitung im Unterricht" (ebd.) ins Zentrum stellt. So unterscheidet die Autorin beispielsweise zwischen peerkulturellen und institutionellen Normen der Organisation Schule (vgl. ebd., S. 187), die unter Umständen in einem Widerspruch zueinander stehen können.

Diese Erkenntnis lässt darauf schließen, dass sich die in Praktiken inhärenten Normen der Anerkennung nicht abschließend in ein normatives Schema im Sinne von *förderlich* oder *hinderlich* in Bezug auf eine bestimmte Zieldimension einteilen lassen. Die Rekonstruktion von solchen komplexen und widersprüchlichen Normen ermöglicht eine differenzierte Beschreibung des Handlungsfeldes von Lehrpersonen. Die Auseinandersetzung damit kann bei Lehrpersonen wiederum dazu führen, dass der bewusste Umgang mit dieser Komplexität und Widersprüchlichkeit im Rahmen von unterrichtlichen Interaktionen gefördert wird. Für die vorliegende Untersuchung bedeutet dies, dass die rekonstruierbaren Normen der Anerkennung explizit auch in Bezug auf mögliche Widersprüchlichkeiten untersucht werden sollten.

Die hier erwähnten Studien und ihre Ergebnisse zeigen deutlich auf, dass die Forschungslage in Bezug auf unterrichtliche Interaktionen – verstanden als Anerkennungsverhältnisse – noch ziemlich dürftig, weil fragmentarisch und unsystematisch, ist. Es können zwar unterschiedliche Perspektiven ausgemacht werden, unter denen der Forschungsgegenstand betrachtet wird. Eine Systematisierung von Ergebnissen fehlt jedoch. Die vorliegende Untersuchung soll dazu beitragen, den Forschungsgegenstand unter einer weiteren Perspektive zu beleuchten und dazu beizutragen, mehr über Anerkennungsverhältnisse im schulischen Kontext zu erfahren.

3.4 Zusammenfassung mit Blick auf die vorliegende Untersuchung

Kapitel 3 beinhaltete eine Annäherung an den Forschungsgegenstand der vorliegenden Untersuchung – der unterrichtlichen Interaktion im Kindergarten und darin zum Ausdruck kommende Anerkennungsverhältnisse – in mehreren Schritten. Zuerst wurde der Kindergarten in der Deutschschweiz aus institutioneller Perspektive beschrieben (vgl. Abschn. 3.1). Dazu kann festgehalten werden, dass es sich beim Kindergarten um eine historisch gewachsene, über Generationen tradierte Form der Betreuung und Bildung von Kindern im Alter von ungefähr vier bis sechs Jahren handelt. Der Besuch des Kindergartens kann deshalb als selbstverständlicher Bestandteil der Kindheit angesehen werden. Es kann jedoch auch davon ausgegangen werden, dass gerade aufgrund der langen Tradition auch eine gewisse Trägheit in Bezug auf die Weiterentwicklung des Kindergartens resultieren mag. Was die Kindergartenlehrpersonen betrifft, ist es naheliegend, dass sich diese hinsichtlich ihrer professionellen Rolle in einem Spannungsfeld zwischen der Fortsetzung einer Tradition und der Weiterentwicklung des Kindergartens befinden. Für die vorliegende Untersuchung hat dies insofern Bedeutung, als dieses Spannungsfeld einen Kontext für die Selbstpositionierung der Kindergartenlehrperson gegenüber den Kindergartenkindern darstellen könnte.

Anschließend wurde die Auffangzeit als Phase des Kindergartenvormittags beschrieben und aus verschiedenen Perspektiven beleuchtet (vgl. Abschn. 3.2). Es handelt sich dabei um eine Phase, die sich durch das gestaffelte Ankommen der Kinder im Kindergarten auszeichnet und – zumindest im Kanton Zürich – ein Charakteristikum des Kindergartens darstellt, während es ab der 1. Klasse der Primarschule keine solche Auffangzeit mehr gibt. Als dritte Annäherung an den Forschungsstand wurden unterrichtliche Interaktionen genauer beleuchtet

und verstanden als Anerkennungsverhältnisse beschrieben (vgl. Abschn. 3.3). Für
Letztere stand Butlers (2007) Anerkennungsbegriff mit einem subjektivierenden
Moment im Vordergrund.

Zusammenfassend und im Anschluss an die Ausführungen und Annäherungen in Kapitel 3 wird der Forschungsgegenstand der vorliegenden Untersuchung
folgendermaßen dargestellt: Untersucht werden unterrichtlichen Interaktionen
und sozialen Praktiken, sowie Selbstpositionierungen der Kindergartenlehrpersonen und Adressierungen der Kindergartenkinder, wie auch die sprachliche
Konstruktion des Kindergartenkindes. Auf dieser Grundlage werden Anerkennungsverhältnisse zwischen Kindergartenlehrpersonen und Kindergartenkindern
untersucht. Die Rekonstruktion der Anerkennungsverhältnisse soll Aufschluss
geben über die Frage nach der Subjektivation von Kindergartenkindern.

Theoretische Grundlagen

4

In Kapitel 4 wird die theoretische Perspektive erörtert, die der vorliegenden Untersuchung zugrunde liegt. Im Sinne von Dörner und Schäffer (2012) handelt es sich hierbei um die sogenannte *Grundlagentheorie*. Bei Grundlagentheorien handelt es sich um „disziplin-, fach- und damit domänenübergreifende Theorien des Sozialen bzw. zu sozialer Wirklichkeit" (ebd., S. 16). Sie bestimmen, „wie ‚Soziales' theoretisch gedacht wird" (ebd.). In der vorliegenden Untersuchung stellen die *Anerkennungstheorie* der Philosophin Judith Butler (2009) und die *Theorie sozialer Praktiken* des Soziologen und Kulturwissenschaftlers Andreas Reckwitz (2003) die beiden zentralen Bezugspunkte im Sinne von Grundlagentheorien dar.

Nachfolgend wird in Abschnitt 4.1 zuerst auf theoretische Ausführungen zum Begriff der „Anerkennung" eingegangen, wobei der Anerkennungsbegriff von Butler (2009) im Vordergrund steht. Um sich diesem anzunähern, werden zuerst unterschiedliche Bedeutungsfacetten des Anerkennungsbegriffs beschrieben und kritisch beleuchtet. Dazu werden Überlegungen von Honneth (1992), Benjamin (1990) und Düttmann (1997) herbeigezogen, auf die in der einschlägigen Literatur verwiesen wird. Zudem wird auf Hegel (1807/2011) Bezug genommen (Abschn. 4.1.1). Anschließend wird auf die Bedeutung von Normen der Anerkennung im Sinne Butlers (2009) eingegangen (Abschn. 4.1.2) und das für die vorliegende Untersuchung relevante Verständnis von Anerkennung zusammengefasst (Abschn. 4.1.3). Im Abschnitt 4.2 wird als zweite zentrale theoretische Perspektive die Theorie sozialer Praktiken von Reckwitz (2003) ausgeführt. Schließlich werden in Abschnitt 4.3 die wichtigsten Punkte dieser beiden Grundlagentheorien zusammengefasst und deren Nutzen für die vorliegende Untersuchung aufgezeigt.

© Der/die Autor(en) 2025
S. Staub, *Anerkennungsverhältnisse in der Schule*, Kinder, Kindheiten und Kindheitsforschung 33, https://doi.org/10.1007/978-3-658-46176-8_4

4.1 Theoretische Ausführungen zum Begriff der „Anerkennung"

Der Terminus „Anerkennung" wurde vom Philosophen Georg Wilhelm Friedrich Hegel (1807/2011) geprägt, der diesen in seiner Schrift „Phänomenologie des Geistes" (ebd.) thematisiert. In der Folge wurde Anerkennung in verschiedenen Disziplinen wie der Philosophie, der Soziologie, der Theologie und der Psychologie unterschiedlich aufgegriffen und theoretisiert (vgl. Reisenauer & Ulseß-Schurda, 2018, S. 17). Mittlerweile lässt sich eine Ausweitung von anerkennungstheoretischen Auseinandersetzungen auf fast alle Disziplinen der Kultur- und Sozialwissenschaften erkennen. Dies führte zu einer „Konjunktur von Anerkennung" (Balzer & Ricken, 2010, S. 36), was im Zusammenhang mit unterschiedlichen Bedeutungsgehalten einen unübersichtlichen Diskurs mit sich brachte (vgl. ebd.). Durch die Häufigkeit der Verwendung des Begriffs drohte ihm sogar die „Entleerung" (Röhr, 2009, S. 94). Aufgrund der „Heterogenität der Perspektiven" besteht zudem die Gefahr, dass er zu einem „Container-Begriff" (Ricken et al., 2017, S. 196) wird.

Seit ungefähr der Jahrtausendwende kann festgestellt werden, dass sich die Erziehungswissenschaft zunehmend mit dem Thema Anerkennung auseinandersetzt, wobei entsprechende Arbeiten v. a. im Bereich der Differenzforschung mit Einnahme einer interkulturellen, feministischen oder integrativen Perspektive verortet werden können (vgl. Balzer & Ricken, 2010, S. 35 f.; Reisenauer & Ulseß-Schurda, 2018, S. 9). Laut Reisenauer und Ulseß-Schurda (2018) wird in erziehungswissenschaftlichen Arbeiten in letzter Zeit vermehrt die anerkennungstheoretische Perspektive spezifisch nach Butler eingenommen, wenngleich es aus dem deutschsprachigen Raum kaum empirische Studien aus ebendieser Perspektive gibt (vgl. ebd., S. 145). Hier setzt die vorliegende Untersuchung an: Konkret wird ein praxistheoretisch informierter Blick auf Anerkennungsverhältnisse zwischen Kindergartenlehrpersonen und Kindergartenkindern gerichtet. Dies bedeutet, dass Normen der Anerkennung rekonstruiert werden, die in sozialen Praktiken durch deren Wiederholung Gültigkeit erhalten. Um eine schrittweise Annäherung an den Anerkennungsbegriff von Butler zu ermöglichen, wird nachfolgend auf Anerkennungsbegriffe von unterschiedlichen Theoretikerinnen und Theoretikern eingegangen und deren Bedeutung für Butlers Anerkennungsbegriff beschrieben.

4.1.1 Annäherungen an den Anerkennungsbegriff von Judith Butler

Um sich dem Anerkennungsbegriff von Butler anzunähern, erfolgt an dieser Stelle zuerst eine Abgrenzung. Diese wird im Folgenden nutzbar gemacht, um das Verständnis von Anerkennung, wie es für die vorliegende Untersuchung relevant ist, zu schärfen. Die bereits erwähnte Bedeutung von Anerkennung für die Konstitution des Subjekts, die Einbettung in Normen und Konventionen sowie die Abhängigkeit von Macht und Diskurs lassen sich *nicht* mit dem Anerkennungsbegriff des alltäglichen Sprachgebrauchs vereinbaren, wonach Anerkennung oft in Verbindung gebracht wird mit „Bestätigung, Wertschätzung, Achtung, Lob, Respekt, Akzeptanz" (Reisenauer & Ulseß-Schurda, 2018, S. 20). Bei dieser Definition handelt es um eine positive Lesart des Begriffs. In dieselbe Richtung geht der Anerkennungsbegriff von Honneth, dessen Werk „Der Kampf um Anerkennung" (1992) laut Schäfer und Thompson (2010, S. 14) als Ausgangspunkt für dessen Reflexionen rund um das soziale Phänomen der Anerkennung gilt. Honneth (2004) bestimmt einen „Originalmodus der ‚Anerkennung'" (ebd., S. 55), den er als „Affirmierung von positiven Eigenschaften menschlicher Subjekte oder Gruppen" (ebd.) beschreibt. Obwohl diese ermöglichende und positive Perspektive auf Anerkennung aus pädagogischer Sicht interessant klingt, weil sie verspricht, die Bedingungen für gelingende Anerkennungsbeziehungen aufzeigen zu können (vgl. Schäfer & Thompson, 2010, S. 18), muss ein solches Verständnis kritisch betrachtet werden, da es für einen „klar normativ[en]" (von Sychowski, 2014, S. 13) Anerkennungsbegriff steht. Wenn laut Ricken (2013, S. 88) zwischen *anerkennendem* und *aberkennendem* Handeln unterschieden wird, bleibt unberücksichtigt, dass die beteiligten Personen dieses Handeln unterschiedlich interpretieren können und somit die Unterscheidung nicht eindeutig sein kann. Laut Ricken (2013) steht beim Anerkennungsverständnis von Honneth (2004) zudem die Bestätigung des bereits Vorhandenen im Vordergrund, wodurch (subjekt-)konstituierende Effekte von Anerkennung missachtet werden (vgl. Ricken, 2013, S. 88). Es kann somit festgestellt werden, dass sowohl der im alltäglichen Sprachgebrauch verwendete Anerkennungsbegriff wie auch derjenige von Honneth für das vorliegende Interesse u. a. nach der Subjektivation der Kindergartenkinder nicht nutzbar gemacht werden können.

Um nach dieser Abgrenzung eine tatsächliche Annäherung an den Anerkennungsbegriff von Butler zu ermöglichen, folgen nun Ausführungen zu Benjamin (1990, 1993) und Düttmann (1997), die sich beide intensiv mit Anerkennung auseinandergesetzt haben und auch in der einschlägigen Sekundärliteratur erwähnt werden. Butler bezieht sich in ihren Überlegungen vorwiegend auf Benjamin,

die aufzeigt, dass das *Ich* auf andere angewiesen ist, um unabhängig zu sein:
„Denn mit dem Bedürfnis nach Anerkennung ist jenes grundlegende Paradoxon
gesetzt: In demselben Augenblick, in dem man des eigenen, unabhängigen Wil-
lens gewahr wird, braucht man einen Anderen, der ihn anerkennt" (Benjamin,
1993, S. 47). Laut Ricken (2013) macht Benjamin (1990) damit auf den „Zusammenhang von Versagung und Anerkennung, von Entzug und Zerstörung als
Möglichkeitsbedingung der Anerkennung" (Ricken, 2013, S. 88) aufmerksam.
Um also als unabhängiges Subjekt anerkannt zu werden, ist das Selbst abhängig
von einem von demselben Selbst unabhängigen anderen Subjekt. Um zu erkennen, „dass er oder sie außerhalb unseres Selbst existiert und nicht nur ein Produkt
unserer Phantasie ist" (Benjamin, 1993, S. 50), um also eine Differenz zum
Anderen bzw. zur Anderen zu erfahren, brauche es „Zerstörung" (ebd., S. 49)
oder „Negation" (ebd., S. 50). Diese Aspekte sind demnach notwendig zur Herstellung von Differenz, was wiederum eine Bedingung für die Entwicklung von
Eigenständigkeit ist. In diesem Anerkennungsverständnis von Benjamin (1993)
wird ebenfalls deutlich, dass eine Bestimmung von Anerkennung im positiven
Sinn als Bestätigung und im negativen Sinn als Aberkennung – wie dies im vorangehenden Abschnitt Honneth (2004) zugesprochen wurde – wenig zur Frage
nach der Subjektivation beiträgt.

Für Butler sind diese Überlegungen Benjamins aus verschiedenen Gründen
relevant und anschlussfähig an ihre Anerkennungstheorie. So lässt sich eine Verbindung zu Benjamins Überlegungen in Bezug auf die Abhängigkeit von anderen
für die eigene Subjektkonstitution erkennen. Dies wird beispielsweise in Butlers
(2012) Auseinandersetzungen mit Tod und Trauer deutlich:

> Es ist nicht so, als ob hier auf dieser Seite ein „Ich" unabhängig existiert und dann
> schlicht ein „Du" als Gegenüber verliert, besonders dann nicht, wenn die Zuneigung
> zu dem „Du" einen Teil von dem ausmacht, wer „ich" bin. [...] Wer „bin" ich ohne
> dich? (ebd., S. 39)

Um eigenständig sein zu können, sind wir somit paradoxerweise auf andere
angewiesen. Benjamin (1990) versteht Anerkennung als „Bedingung für die Entwicklung von Selbsttätigkeit und Urheberschaft" (ebd., S. 16). Darin lässt sich ein
konstituierender Charakter von Anerkennung erkennen, was für die Überlegungen
von Butler (2012, S. 62) zentral ist.

Eine weiterer theoretische Verbindung zu Benjamin (1993) besteht im Konzept
der „Zerstörung" (ebd., S. 49). Butler (2009) kritisiert Benjamin dahingehend,
„dass sie immer noch auf ein Anerkennungsideal setzt, in dem die Zerstörung
die gelegentliche und beklagenswerte Ausnahme ist [...] und die sich nicht als

grundsätzlich konstitutiv für Anerkennung erweist" (ebd., S. 218). Butler ist hingegen der Ansicht, dass Anerkennung „ohne eine bestimmende und konstitutive Gefahr der Zerstörung gar kein Anerkennungsprozess sein könnte" (ebd.). Somit grenzt sie sich in Bezug auf die Bedeutung, die die Zerstörung für den Anerkennungsprozess hat, von Benjamin ab.

Im Gegensatz zu den Texten von Butler wird in der einschlägigen Sekundärliteratur (vgl. Reisenauer & Ulseß-Schurda, 2018; Ricken, 2013) im Kontext von Anerkennungstheorien oft das Anerkennungsverständnis von Düttmann (1997) erwähnt. Der deutsche Philosoph weist in Bezug auf Anerkennung auf den Zusammenhang zwischen „Bestätigung und Stiftung" (ebd., S. 52) hin, der gemäß Düttmann kein „additiver" (ebd., S. 53) sei. Die Stiftung folgt also nicht auf die Bestätigung. Vielmehr handelt es sich um einen gleichzeitigen Zusammenhang, denn „was bestätigt werden soll, ist ja zugleich das, was das Anerkennen erst noch stiften muss" (ebd.). Diese von Düttmann genannten beiden Aspekte von Anerkennung – die Bestätigung und die Stiftung – fallen laut Ricken (2013) als „zwei Seiten einer Medaille" (ebd., S. 90) zusammen. Folglich wird auch auf der Grundlage der theoretischen Überlegungen zur Anerkennung deutlich, dass zwischen Düttmann und dem normativ konzipierten Anerkennungsbegriff Honneths, wonach das Subjekt bereits vor der Anerkennung besteht und entsprechend als solches anerkannt und bestätigt wird, ein Widerspruch besteht.

Zusammenfassend kann rekapituliert werden, dass Anerkennung mit einem Interesse an Subjektivation nicht auf positive und negative Bestätigung reduziert werden kann. Vielmehr rücken der zerstörende und der stiftende Aspekt von Anerkennung in den Vordergrund. Mit Blick auf die vorliegende Untersuchung sind diese insofern bedeutsam, als sie sich für Fragen nach Subjektivationsprozessen nutzbar machen lassen. Rückt der stiftende Aspekt der Anerkennung in den Fokus, wie dies von Düttmann (1997) vorgeschlagen wird, ist es laut Ricken (2013) „folgerichtig" (S. 90), Anerkennung „machttheoretisch zu interpretieren" (ebd.), wie dies Butler tut. Im Anschluss an diese Annäherungen an den Anerkennungsbegriff von Butler mit Bezug auf Benjamin (1990) und Düttmann (1997) folgt nun eine Konkretisierung ebendieses Verständnisses nach Butler.

4.1.2 Der Anerkennungsbegriff nach Judith Butler

Butler (2009, S. 215–246) bezieht sich in ihren Überlegungen auf verschiedene Theoretikerinnen und Theoretiker, wobei deren Positionen nicht miteinander kompatibel sind. Statt „sie in einer Synthese zusammenzuführen" (Butler, 2007,

S. 32), nutzt Butler „Bedeutsames" (ebd.) dieser Theorien für ihre eigenen Überlegungen. Eine zentrale Rolle spielt dabei Hegel. In Butlers „Subjects of Desire.
Hegelian Reflections in Twentieth-Century France" (Butler, 1987) lassen sich
bereits erste Ansätze in Bezug auf den Anerkennungsbegriff erkennen (vgl. von
Sychowski, 2014, S. 5). Butlers Auffassung, wonach das „Subjekt Anerkennung
braucht, nicht nur, um sich selbst zu erkennen, sondern auch, um ein Selbst zu
werden" (Bublitz, 2010, S. 144), kann als Anschluss an Hegel (1807/2011) verstanden werden (vgl. Reisenauer & Ulseß-Schurda, 2018, S. 160). Hegel (1807/
2011) schreibt: „Sie anerkennen sich, als gegenseitig sich anerkennend" (ebd.,
S. 129). Dabei denkt er das Selbst- und Miteinandersein gemeinsam, was laut
Reisenauer und Ulseß-Schurda (2018, S. 106) für Butler zentral ist.

Laut Butler (2009) erhält somit Anerkennung für die Konstitution des Subjekts eine zentrale Bedeutung, wobei eine Abhängigkeit von Macht und Diskurs
besteht (vgl. Butler, 2001). Butler (ebd.), die sich v. a. für das *Wie* der Subjekt-
konstituierung interessiert, schließt mit ihrem Verständnis von Anerkennung an
die macht- und subjekttheoretischen Arbeiten Foucaults (1994) an. Butler (2001)
geht davon aus, dass Macht „nicht nur einseitig beherrschend auf ein gegebenes
Individuum *einwirkt*, sondern das Subjekt auch *aktiviert* oder formt" (ebd., S. 82,
Hervorh. i. O.). Macht soll somit nicht nur negativ verstanden werden, als das,
„was von außen Druck auf das Subjekt ausübt, was es zur Unterordnung zwingt"
(ebd., S. 7), sondern – in Anlehnung an Foucault (1994) – auch produktiv:

> Verstehen wir aber mit Foucault Macht auch als das, was Subjekte allererst *bildet* oder
> *formt* […], dann ist Macht nicht einfach etwas, gegen das wir uns wehren, sondern
> zugleich im strengen Sinne das, wovon unsere Existenz abhängt und was wir in uns
> selbst hegen und pflegen. (Butler, 2001, S. 7 f., Hervorh. i. O.)

Die Konstitution des Subjekts findet somit laut Butler (ebd.) in Abhängigkeit
von Macht statt. Butler entwirft laut Kleiner und Rose (2014) ein „spezifisches
Verständnis vom Subjekt" (ebd., S. 10). Die beiden Autorinnen fassen Butlers
Subjekt als eines, das einerseits von anderen abhängig ist und dadurch ver-
letzlich wird, andererseits aber auch „auf die anerkennende Bestätigung eines
Subjektstatus angewiesen ist" (ebd., S. 10–11). Dieses Subjektverständnis kommt
auch in der Verwendung des Ausdrucks „Subjektivation" (Butler, 2001, S. 8) in
Abgrenzung zur „Subjektivierung" (Ricken, 2013, S. 71) zum Ausdruck. Während
laut Ricken bei der *Subjektivierung* „das Subjekt als gegeben und vorausgesetzt
betrachtet" (ebd.) wird, steht bei der *Subjektivation* die Frage im Mittelpunkt,
„wie denn jeweilige Individuen […] zu gesellschaftlichen Subjekten gemacht
werden und wie sie sich selbst dazu machen" (ebd., S. 72). Während Foucault

(1994) in Bezug auf Subjektivation der Frage nachging, wie „Menschen zu Subjekten gemacht werden" (ebd., S. 243), kritisiert ihn Butler (2001) dahingehend, dass er nicht auf die „spezifischen Mechanismen der Subjektbildung in der Unterwerfung" (ebd., S. 8) eingehe. Butler schreibt dazu: „‚Subjektivation' bezeichnet den Prozeß des Unterworfenwerdens durch Macht und zugleich den Prozeß der Subjektwerdung" (ebd.). Der machtvolle Rahmen ist somit für Butlers Subjekt notwendig, wobei dieser sowohl eine begrenzende als auch eine ermöglichende Funktion hat. „Ins Leben gerufen wird das Subjekt […] durch eine ursprüngliche Unterwerfung unter die Macht" (ebd.), wobei ein „Doppelaspekt der Macht als Unterwerfung und Erzeugung" (ebd.) bestehe.

Welche Bedeutung haben Unterwerfung und Überschreitung gemäß Butler (2007) für den hier zentralen Begriff der „Anerkennung"? Während Hegel laut Reisenauer und Ulseß-Schurda (2018) jedoch auf einer „Abgeschlossenheit der Dyade, nämlich das Subjekt und sein Anderer, beharrt" (ebd., S. 167), erweitert Butler (2007) das Anerkennungsgeschehen auf eine Triade, indem sie dieses in Normen und Konventionen einbettet: „Wir sind keine in uns abgeschlossenen Dyaden, da unser Austausch durch die Sprache bedingt und vermittelt ist, durch Konventionen, durch Ablagerungen von Normen, die ihrem Wesen nach gesellschaftlicher Art sind und die Perspektive der am Austausch Beteiligten übersteigen" (ebd., S. 42). Anerkennungsgeschehen finden somit „nie nur zwischen zwei Personen" (Fritzsche, 2015b, S. 174), sondern in einem „Horizont von Normen" (ebd.) statt, wobei explizite und implizite Anteile zum Tragen kommen. „Normen können explizit sein oder auch nicht. Wenn sie aber als normalisierendes Prinzip in der sozialen Praxis fungieren, bleiben sie in der Regel implizit und sind schwer zu entziffern" (Butler, 2009, S. 73). Butler führt dazu die Bezeichnung „Normen der Anerkennung" (ebd., S. 188) ein. Normen werden somit hauptsächlich in impliziten Wissensbeständen der interagierenden Personen eingelagert und bestehen „nur in dem Ausmaß als Norm fort, in dem sie in der sozialen Praxis durchgespielt und durch die täglichen sozialen Rituale des körperlichen Lebens und in ihnen stets aufs Neue idealisiert und eingeführt werden" (ebd., S. 85). Um Gültigkeit zu erhalten, müssen Normen demnach im Rahmen sozialer Praktiken wiederholt und (re-)aktualisiert werden – erst dadurch wird ihnen „ganz aktiv Realität" (ebd., S. 90) verliehen. Einerseits ermöglicht das Befolgen von Normen zumindest für einen Moment, „die volle Anerkennbarkeit" (Butler, 2003, S. 64) zu erhalten. Andererseits bedeutet es aber auch, beschränkt zu werden (vgl. ebd.). Laut Bedorf (2010) besteht die Beschränkung darin, dass das Einnehmen von möglichen „Subjektpositionen" (ebd., S. 78) durch das Unterwerfen begrenzt wird. Werden diese Normen, die somit „unsere Anerkennbarkeit beschränken" (ebd.), jedoch infrage gestellt, birgt das „die Gefahr der

Nicht-Anerkennbarkeit" (ebd.) und „das Risiko der Strafen" (ebd.) in sich. Um anerkennbar zu sein, werden somit ein Unterwerfen unter die Normen und ein Überschreiten derselben notwendig. Laut Ricken (2013) ist deshalb sowohl eine *Unterwerfung* des Subjekts unter „sozial etablierte intelligible Normen" (ebd., S. 90) als auch eine *Überschreitung* derselben notwendig, „da ich als spezifischer (und nicht irgend-)jemand anerkannt werden will" (ebd., S. 91). Indem Butler (2009) davon ausgeht, dass Normen nur in der Wiederholung Gültigkeit erhalten, werden sie veränderbar und verschiebbar.

Wird Anerkennung im Sinne Butlers (2001) also als Zusammenhang zwischen Unterwerfung und Überschreitung verstanden, erhält sie zusätzlich zu einem konstituierenden Charakter auch einen transformierenden (vgl. Reisenauer & Ulseß-Schurda, 2018, S. 162). Balzer und Ricken (2010) beschreiben ebendiesen *Aspekt der Transformation* folgendermaßen: „[M]an ist nicht erst jemand, der dann auf andere stößt, sondern man wird erst jemand durch andere und von anderen her – ohne dass man deswegen vorher niemand war" (ebd., S. 63). Die Bedeutung des Gegenübers für die Konstitution des Selbst – und hier kann der bereits beschriebene Anschluss an Benjamin wiedererkannt werden – bezeichnet Butler (2009) als relational: „Was jedoch klar wird, ist, dass das Selbst nie frei vom Anderen zu sich selbst zurückkehrt, dass seine ‚Relationalität' dafür bestimmend wird, wer das Selbst ist" (ebd., S. 240). Butler (2012) weist wie folgt auf den transformativen Aspekt von Anerkennung hin:

> Wenn wir einen anderen anerkennen oder wenn wir für uns selbst Anerkennung fordern, bitten wir einen Anderen nicht, uns so zu sehen, wie wir schon sind, wie wir es immer schon waren, wie wir schon vor der Begegnung beschaffen waren. Stattdessen sind wir bereits im Fragen, in der Bitte etwas Neues geworden, da wir kraft der Ansprache konstituiert werden […]. (ebd., S. 62)

Darin kommt laut Reisenauer und Ulseß-Schurda (2018, S. 162) die „Doppelrolle" der Anerkennung zum Ausdruck: „So ist Anerkennung sowohl konstituierend als auch transformierend, und damit spielen sowohl die Unterwerfung unter Normen oder im weitesten Sinne eine Macht als auch die Überschreitung des bisher Dagewesenen eine bedeutsame Rolle" (ebd.). Indem die beiden Autorinnen Normen als ein Moment von Macht konzipieren, machen sie einen Vorschlag zur Frage, in welchem Verhältnis Normen und Macht und deren Bedeutung für Anerkennung gedacht werden können.

An den transformativen Aspekt der Anerkennung schließt eine weitere Frage an, nämlich „wie dieses Werden von anderen und durch andere erfolgt" (Reisenauer & Ulseß-Schurda, 2018, S. 162). Zur Beantwortung bedient sich Butler bei

Althussers (1977) Konzept der *Anrufung* und *Interpellation* (vgl. Butler, 2001, S. 8). Damit ist laut Rose (2019) der Vorgang gemeint, „durch den ein Individuum mittels eines Rufes, einer Anrede oder Benennung als (Bürger-)Subjekt konstituiert wird" (ebd., S. 70). Das Individuum wird somit durch die Anrufung einer anderen Person zum Subjekt, denn „das Subjekt [kommt] durch die Anrede ins Sein" (Butler, 2018, S. 54). Davon ausgehend, dass das Subjekt durch die sprachliche Benennung entsteht, kommt der Anrufung nicht ein beschreibender, sondern ein einführender Charakter zu (vgl. Reisenauer & Ulseß-Schurda, 2018, S. 152). Die Verwendung von Sprache, die einen „performativen Charakter" (Butler, 2018, S. 11) hat, erhält demnach eine wichtige Bedeutung in Bezug auf die Konstitution des Subjekts. Da „unser Austausch durch die Sprache bedingt und vermittelt" (Butler, 2007, S. 42) ist, ist deren Bedeutung auch für die permanente Wiederholung und Aktualisierung von Normen zentral. Sprache ist somit einerseits geprägt von Konventionen und Normen (vgl. ebd.). Andererseits werden diese Normen und Konventionen durch die Verwendung von Sprache wiederholt und dadurch gültig (vgl. Reisenauer & Ulseß-Schurda, 2018, S. 146). Gleichzeitig liegt in der Wiederholung ein Potenzial der Verschiebung und Abweichung (vgl. Bedorf, 2010, S. 84). Hierin kommt eine Verortung von Butlers Überlegungen im Poststrukturalismus zum Ausdruck. Diese poststrukturalistische Perspektive auf Praktiken und Normen der Anerkennung ist insofern wertvoll, als Normen nicht als festgelegt verstanden werden. Vielmehr wird der Wiederholung von Praktiken eine Verschiebung von Normen zugeschrieben.

Wie bereits erwähnt, ist Anerkennung laut Butler (2001) abhängig von Macht und Diskurs. Die Bedeutung von Macht wurde dort bereits ausgeführt. Da Sprache als Vehikel für den Diskurs verstanden werden kann, wird somit auch die Abhängigkeit von diesem deutlicher: Durch eine „Anrufung" (Althusser, 1977) oder „Anrede" (Butler, 2018), wofür Sprache das zentrale Mittel darstellt, wird ein Subjekt als spezifisches Subjekt anerkannt und dadurch als solches konstituiert.

Im Anschluss an die in Abschnitt 4.1.1 aufgefächerten Bedeutungsfacetten von Anerkennung und aufgrund dessen, dass in der vorliegenden Untersuchung die Subjektivation des Kindergartenkindes interessiert, wird nun deutlich, dass der Anerkennungsbegriff von Butler mit seinem subjektkonstituierenden Charakter für die vorliegende Untersuchung entscheidend ist. Die zentralen Aspekte von Butlers Anerkennungsbegriff, die für das vorliegende Erkenntnisinteresse nutzbar gemacht werden können, werden nachfolgend nochmals zusammengefasst.

4.1.3   Begriffsdefinition für die vorliegende Untersuchung

Im Vordergrund stehen bei dem in der vorliegenden Untersuchung verwendeten Anerkennungsbegriff der stiftende und der transformative Aspekt. In Bezug auf diese beiden Aspekte ist bedeutsam, dass die interagierenden Individuen nicht erst durch Anerkennung zu jemandem werden und davor niemand waren. Für die Subjektivation besteht jedoch eine Abhängigkeit von einer anderen Person. Somit handelt es sich um ein „Werden von anderen und durch andere" (Reisenauer & Ulseß-Schurda, 2018, S. 162). Für dieses Vorgehen erhält die sprachliche „Anrede" (Butler, 2018, S. 54) eine zentrale Bedeutung. Anerkennungsgeschehen finden außerdem stets in Abhängigkeit von Normen statt, die Butler (2009) als „Normen der Anerkennung" (ebd., S. 188) bezeichnet. Um als spezifisches Subjekt anerkennbar zu sein, ist sowohl ein Unterwerfen unter die Normen als auch ein Überschreiten derselben notwendig. Während Ersteres mögliche Subjektpositionen eingrenzt, birgt Letzteres „die Gefahr der Nicht-Anerkennbarkeit" (Bedorf, 2010, S. 78). Anerkennung wird somit zu einem „spezifische[n] Strukturmoment einer jeden menschlichen Kommunikation und Praktik" (Balzer & Ricken, 2010, S. 73) und dadurch zu einer analytischen Kategorie (vgl. Alkemeyer & Pille, 2012, S. 5; Balzer & Ricken, 2010, S. 70). Es interessiert als *wer* oder *was* jemand anerkannt und damit subjektiviert wird. Dieses Verständnis von Anerkennung ist machttheoretisch gerahmt, wobei Macht nicht nur beherrschend wirkt, „sondern das Subjekt auch *aktiviert* oder formt" (Butler, 2001, S. 82, Hervorh. i. O.).

Laut Ricken (2014) sowie Reisenauer und Ulseß-Schurda (2018) können neben Normen und Machtverhältnissen auch weitere *Personen* das Anerkennungsgeschehen von einer Dyade zu einer Triade erweitern. Damit spannt sich das Dreieck auf zwischen Anzuerkennenden, Anerkennenden und „dem Anderen" (ebd., S. 168), denn es ist relevant, vor wem die Anerkennung stattfindet: „Als wer jemand – von wem und vor wem – angesprochen wird und wie dieser Angesprochene darauf antwortet, gibt daher Aufschluss darüber, zu wem jemand von anderen gemacht wird und sich – in der readressierenden Antwort – selbst macht" (Ricken, 2014, S. 125). Insofern ist es stets relevant, vor wem eine bestimmte Interaktion stattfindet. Reisenauer und Ulseß-Schurda (2018, S. 170) verdeutlichen dies an einem Beispiel, in dem eine Schülerin vor der ganzen Klasse für ihre Leistungen gelobt wird. Die Adressierung der einen Schülerin weitet sich auf die anwesenden Kinder aus, die gleichzeitig als weniger intelligent und leistungsfähig adressiert werden. Das hier zum Ausdruck kommende wechselseitige Geschehen der Anerkennung kann als „Adressierung und

Readressierung" (Ricken, 2013, S. 93) verstanden werden, was für die vorliegende Untersuchung im Rahmen des methodischen Vorgehens relevant wird (vgl. Kap. 6). In der Art und Weise der gegenseitigen Adressierung und der darin enthaltenen Zuweisung von Subjektpositionen sowie in den sozialen Praktiken der interagierenden Personen dokumentieren sich Normen der Anerkennung, die den „Horizont" (Fritzsche, 2015b, S. 174) des Anerkennungsgeschehens zwischen den untersuchten Kindergartenlehrpersonen und Kindergartenkindern darstellen.

Vom hier skizzierten Anerkennungsbegriff aus lässt sich ein Bogen schlagen zum Verständnis von unterrichtlichen Interaktionen als Anerkennungsverhältnisse (vgl. Abschn. 3.3.2). Solche Interaktionen werden in der vorliegenden Untersuchung somit *nicht* hinsichtlich der Frage analysiert, wofür Anerkennung vergeben wird. Stattdessen wird Anerkennung zur „analytische[n] Beobachtungskategorie" (Alkemeyer & Pille, 2012, S. 5), durch welche Subjektivationsprozesse sichtbar werden. Das hier skizzierte Verständnis von Anerkennung ermöglicht es somit, Subjektivationsprozesse zu fokussieren – im konkreten Fall jene von Kindergartenkindern. Wie diese theoretische Perspektive für das Erkenntnisinteresse der vorliegenden Untersuchung nutzbar gemacht werden kann, wird in Abschnitt 4.3 genauer ausgeführt.

4.2 Theorie sozialer Praktiken

Wie bereits in Abschnitt 3.2.5 umrissen, wird Unterricht in der vorliegenden Untersuchung aus praxistheoretischer Perspektive als soziale Wirklichkeit verstanden, die „in und durch Praktiken" entsteht (Budde, 2015, S. 14). In diesem theoretischen Kontext wird Unterricht auch als „Konglomerat sozialer Praktiken" (Reckwitz, 2003, S. 295) bezeichnet, als „Produkt alltäglicher Praktiken" (Göbel, 2018, S. 18) bzw. als „komplexes Zusammenspiel sozialer Praktiken" (Breidenstein, 2021, S. 937). Nachfolgend werden für die vorliegende Untersuchung relevante Aspekte der Theorie sozialer Praktiken in Anlehnung an Reckwitz (2003) ausgeführt.

Zunächst gilt es, den Begriff der „Praktiken" vom Begriff der „Handlung" zu unterscheiden. Laut Budde (2015) können Handlungen auf der „Ebene der beobachtbaren Phänomene" (ebd., S. 14) verortet werden sowie mit Intention und Rationalität in Verbindung gebracht werden (vgl. Reckwitz, 2003), während Praktiken auf „soziale Strukturen des Beobachteten" (Budde, 2015, S. 14) hinweisen. „Zu einer Praktik wird eine Handlung dann, wenn sie aufgrund ihrer Routinisiertheit als Ausdrucksgestalt tieferliegender sozialer Ordnungen verstanden und analysiert werden kann" (ebd.). Eine Praktik stellt die Verbindung her zwischen einer direkt beobachtbaren und empirisch aufzeichenbaren Handlung auf der einen Seite und einer sozialen Ordnung auf der anderen Seite. Die soziale Ordnung ist weder beobachtbar noch durch Interpretation zugänglich, wird aber als relativ stabil eingeschätzt (vgl. ebd.).

Die Ausführung sozialer Praktiken wird durch „implizites praktisches Wissen und Verstehen" (Reckwitz, 2003, S. 294) ermöglicht. Ist dieses Wissen inkorporiert – also verinnerlicht oder einverleibt –, kann es wiederholt in der Form von „repetitive[n] Muster[n] der Praxis" (ebd.) zum Ausdruck gebracht und damit aktualisiert und geteilt werden. Da dieses praktische Wissen in impliziter Form vorliegt, ist es bei den Beforschten in der Regel nicht reflexiv verfügbar, kann also nicht explizit benannt werden. Es handelt sich um Wissen in der Form von „knowing how" und nicht von „knowing that" (ebd., S. 292). Gleichzeitig ist dieses Wissen kein rein individuelles, sondern verweist auf „kollektive Wissensordnungen" (Fritzsche et al., 2011, S. 32). Auf empirischer Ebene hat dies zur Folge, dass dieses implizite und praktische Wissen nicht über einen Fragebogen abgefragt werden kann, sondern auf der Basis von beobachteten Praktiken rekonstruiert werden muss (vgl. Abschn. 6.5.1).

Nach Reckwitz (2003) treten wissensbasierte soziale Praktiken nicht zwingend nur in der Form von „sozialer Interaktion" oder „sozialem Handeln" (ebd., S. 292) auf. Vielmehr kann es sich dabei auch um „routinisierte Aktivitäten eines menschlichen Subjekts im Umgang mit Objekten" (ebd.) handeln, so, wie auch eine Selbstbezogenheit von sozialen Praktiken möglich ist (vgl. ebd.). Im Rahmen einer praxistheoretisch informierten Perspektive auf schulischen Unterricht besteht innerhalb des wissenschaftlichen Diskurses und im Rahmen des „practice turns" (Schatzki et al., 2001) Einigkeit darüber, dass die Sprachlichkeit, die im Verständnis des Unterrichts als Interaktion im Vordergrund steht, ergänzt werden muss um die Körperlichkeit und die Materialität als „Dimension[en] sozialer Praktiken" (Rabenstein, 2010, S. 40). Oder anders formuliert: „Soziale Praktiken werden als Körper/Artefakte/Wissenskomplexe in ihrer sinnlich-leiblichen Verankerung, ihrer raumzeitlichen Bindung und materiellen Dimension sowie in ihrer kommunikativen Struktur gesehen" (Kolbe et al., 2008, S. 132). Damit ermöglicht eine Orientierung an Praxistheorien „über menschliche Akteure hinaus weitere Beteiligte an der Unterrichtspraxis" (Breidenstein, 2021, S. 937) zu identifizieren.

Praxistheoretische Zugänge stehen in einem kritischen Verhältnis zu einem „strukturalistischen bzw. strukturdeterministischen Verständnis von Gesellschaft" (Göbel, 2018, S. 17). Aus strukturalistischer Perspektive wird das soziale Verhalten von Menschen als determiniert durch äußere Gegebenheiten begriffen (vgl. ebd.). Aus der Perspektive der Praxistheorie entsteht die soziale Praxis jedoch situativ als kontinuierlicher Prozess im Rahmen von Praktiken (vgl. ebd., S. 18).

Als Antwort auf das kritische Verhältnis zwischen Praxistheorie und Strukturalismus wird in der vorliegenden Untersuchung daher das Verständnis von Unterricht als „Konglomerat sozialer Praktiken" (Reckwitz, 2003, S. 295) aus einer poststrukturalistisch informierten Perspektive in Anlehnung an Butler beleuchtet. Butler geht davon aus, dass Normen und Konventionen durch Sprache wiederholt werden und dass sie durch diese Wiederholung zur Wirklichkeit werden. In der Wiederholung liegt aber auch das Potenzial, diese Wirklichkeit zu verändern (vgl. Reisenauer & Ulseß-Schurda, 2018, S. 146). Gleichzeitig stellt Butler fest, dass Sprache produktiv auf den Körper einwirken kann (vgl. Butler, 1997, S. 56). Damit wird die Dimension der Sprache um die Ebene des Körpers erweitert und somit wiederum anschlussfähig an die Rezeption der Theorie der Praxis (vgl. Rabenstein, 2010, S. 40). Inwiefern zusätzlich zur Anerkennungstheorie auch diese theoretische Perspektive für das Erkenntnisinteresse der vorliegenden Untersuchung nutzbar gemacht werden kann, wird in Abschnitt 4.3 ausgeführt.

4.3 Integration der Theorien mit Blick auf die vorliegende Untersuchung

In den Abschnitten 4.1 und 4.2 wurden die für die vorliegende Untersuchung relevanten Grundlagentheorien umrissen: Nach einer Abgrenzung von einem rein positiv verstanden Verständnis des Anerkennungsbegriffs (vgl. Abschn. 4.1.1) folgte eine Annäherungen an das Begriffsverständnis nach Butler (2009), wonach konstituierende und transformative Aspekte der Anerkennung in den Vordergrund rücken (vgl. Abschn. 4.1.2). Anerkennung wird als subjektivierender Prozess verstanden. Damit rückt das Interesse nach der wechselseitigen Ansprache und der damit verbundenen Konstituierung von Subjekten in den Fokus. Um Anerkennung als analytische Kategorie empirisch zugänglich zu machen, wird Anerkennung als Adressierung operationalisiert (vgl. Ricken, 2013). Wie in Abschnitt 3.3.2 beschrieben wurde, wird Adressierung als Teil (unterrichtlicher) Praktiken verstanden (vgl. Reh & Wilde, 2016, S. 107) und sowohl auf einer diskursiven als auch auf körperlicher Ebene vollzogen (vgl. Fritzsche, 2013, S. 196).

Mit Blick auf die vorliegende Untersuchung ist dieses Verständnis von Anerkennung insofern bedeutsam, als es eine machttheoretisch gerahmte Perspektive auf Anerkennungsverhältnisse zwischen Kindergartenlehrpersonen und Kindergartenkindern ermöglicht. Da das Verhältnis zwischen Kindergartenlehrpersonen und Kindergartenkindern von Generationalität und institutionellen Rollen geprägt ist, ermöglicht diese machttheoretische Perspektive ein Verständnis von Anerkennung, das sowohl der Unterwerfung als auch der Überschreitung bedarf. Um anerkennbar zu sein, muss sich das Kindergartenkind somit den von der Kindergartenlehrperson situativ hervorgebrachten Normen unterwerfen, diese aber gleichzeitig auch überschreiten.

Im Kontext von pädagogischen Fragen ist die Möglichkeit der Verschiebung und Veränderung „des bisher Dagewesenen" (Reisenauer & Ulseß-Schurda, 2018, S. 162) attraktiv, da sich in Bezug auf unterschiedliche Subjektpositionen ein Gestaltungsspielraum andeutet, dem das Individuum mit „Handlungsmacht" (Kleiner & Rose, 2014, S. 11) begegnen kann. Übertragen auf das Handeln von Lehrpersonen bedeutet dies, dass Anerkennung im hier gemeinten Sinne nicht als Mittel eingesetzt werden kann, sondern als Medium verstanden werden muss, in dem pädagogisches Handeln stattfindet (vgl. Ricken, 2006, S. 223). Die Erweiterung der Dyade zu einer Triade durch weitere Personen, macht relevant, vor *wem* eine Anrede geschieht. Dies ermöglicht einen Blick darauf, „wie sich zwei oder mehrere Individuen wechselseitig vor Dritten als Subjekte wahrnehmen und herstellen" (Alkemeyer & Pille, 2012, S. 5) und auf welche normativen Horizonte dabei rekurriert wird (vgl. Balzer & Ricken, 2010, S. 73).

Der Fokus auf die gegenseitige sprachliche „Anrede" (Butler, 2018, S. 54) als Ausgangspunkt der Subjektivation rückt die Bedeutung der Sprache in den Mittelpunkt. Für die vorliegende Untersuchung ist dies relevant, weil sowohl die videografierten Unterrichtsbeobachtungen als auch die leitfadengestützten Interviews auf sprachliche Äußerungen untersucht werden konnten. Die Bedeutung von Sprache für die Subjektivation des Kindergartenkindes ist auch deshalb interessant, weil in diversen Untersuchungen festgestellt wurde, dass im Unterricht mehrheitlich Lehrpersonen sprechen (vgl. Hattie, 2015). Während im Diskurs um Butlers Analyse v. a. die verbale Sprache im Mittelpunkt steht, war es für die vorliegende Untersuchung wichtig, die nonverbalen Anteile von Interaktion einzubeziehen. Anerkennung lässt sich dabei nicht auf einzelne Handlungen und Ereignisse eingrenzen (vgl. Reisenauer & Ulseß-Schurda, 2018, S. 170 f.), sondern ist als Prozess zu verstehen (vgl. Butler, 2009, S. 216). „So stellen Anerkennungspraktiken nicht primär intentionale Handlungen dar, sondern sie sind Handlungen inkorporiert" (Reisenauer & Ulseß-Schurda, 2018, S. 171). Durch den Einbezug der *Inkorporation* – was so viel bedeutet wie die Einverleibung von implizitem Wissen und Normen – wird deutlich, dass Anerkennung „nicht eine spezielle Handlung [ist], die man willentlich einsetzen kann" (ebd.). In Bezug auf den schulischen Kontext bedeutet dies, dass sie nicht „ein Mittel ist, über das man [z. B. die Lehrperson, Anm. S. S.] verfügen kann" (Ricken, 2006, S. 223). Vielmehr ist Anerkennung das Medium, in dem sich das Handeln vollzieht (vgl. ebd.). Diese Erweiterung auf die Ebene der Inkorporation kann durch den Einbezug der Theorie sozialer Praktiken ermöglicht werden (vgl.

Abschn. 4.2). Insbesondere bei der Analyse der videografierten Interaktionen zwischen Kindergartenlehrpersonen und Kindergartenkindern erhält der Blick auf Praktiken eine zentrale Bedeutung. In ihnen kommen die Normen der Anerkennung, die den Rahmen des Anerkennungsgeschehens bilden, durch Wiederholung und Aktualisierung zum Ausdruck. Sie lassen sich jedoch nicht zu einem in sich konsistenten Ganzen zusammenfügen, sondern bestehen oft in widersprüchlicher Form. Besonders Lehrpersonen sehen sich oft mit widersprüchlichen Normen konfrontiert, die teilweise bewusst wahrgenommen und explizit formuliert sein können (z. B. im Lehrplan oder Schulprogramm). Es gibt aber auch normative Vorstellungen, die auf einer unbewussten Ebene bestehen und den handelnden Akteuren – hier den Lehrpersonen – reflexiv nicht direkt zugänglich sind (vgl. Fritzsche, 2013, S. 196).

Um herauszufinden, von welchen Normen der Anerkennung die in der vorliegenden Untersuchung fokussierten Interaktionen zwischen Kindergartenlehrpersonen und Kindergartenkindern gerahmt waren, rückten somit aus empirischer Perspektive die soziale Praktiken der Kindergartenlehrpersonen, innerhalb derer die Kindergartenkinder adressiert werden, in den Mittelpunkt des Interessens. Indem Butler (2009) davon ausgeht, dass Normen nur in der Wiederholung Gültigkeit erhalten, werden diese veränderbar. Für die vorliegende Untersuchung ist die Veränderbarkeit der Normen insofern relevant, als die zu rekonstruierenden Normen nicht als gegeben verstanden werden, sondern im Hinblick auf eine potenzielle Verschiebbarkeit hin geprüft und diskutiert werden können.

Abschließend kann mit Blick auf die vorliegende Studie festgehalten werden, dass sich eine praxistheoretisch informierte Rezeption von Butlers Überlegungen anbietet, um die Anerkennungsverhältnisse zwischen Kindergartenlehrpersonen und Kindergartenkindern sowie das Interesse an einer Subjektwerdung von Kindergartenkindern zu untersuchen. Die Verbindung von Anerkennung und Praktiken ist gemäß Butler (2007) dadurch begründet, dass Anerkennung stets durch Normen bedingt wird. Normensysteme sind einerseits nicht einheitlich (vgl. Fritzsche, 2015b, S. 175) und müssen, um Gültigkeit zu erlangen, situativ in sozialen Praktiken aufgeführt werden (vgl. Reh & Rabenstein, 2012). Damit sie gültig bleiben, braucht es eine Wiederholung sozialer Praktiken; die darin eingelagerten Normen werden aktualisiert. Um sogenannte Normen der Anerkennung zu rekonstruieren, werden also soziale Praktiken fokussiert. Für die vorliegende Untersuchung bedeutet dies, dass soziale Praktiken von Kindergartenlehrpersonen untersucht werden müssen, um Anerkennungsverhältnisse zwischen Kindergartenlehrpersonen und Kindergartenkindern zu rekonstruieren. Diese Normen der Anerkennung haben auch für die Subjektwerdung eine zentrale Bedeutung. Die Konstitution des Subjekts wird als sozialer Prozess verstanden, der in pädagogischen Ordnungen und in Abhängigkeit von Normen der Anerkennung realisiert wird (vgl. ebd.). Anerkennung wird somit zum Medium, „in dem sich Subjektivation vollzieht" (ebd., S. 226).

Zum Ende dieses Kapitels stellt sich nun die Frage nach dem empirischen Zugang zu Normen der Anerkennung und zu sozialen Praktiken. Da beide nicht direkt beobachtet werden können und einen großen impliziten Anteil haben, wird ein methodisches Vorgehen benötigt, das den Zugang zu einer impliziten Ebene von Wissensbeständen erlaubt. In Kapitel 6 wird der empirische Zugang zu Normen der Anerkennung und zu sozialen Praktiken genauer ausgeführt. Bevor jedoch das methodische Vorgehen beschrieben wird, werden nachfolgend in Kapitel 5 die methodologischen Grundlagen ausgeführt und es wird begründet, weshalb sich die dokumentarische Methode für das Forschungsvorhaben eignet.

Methodische und methodologische Grundlagen

5

In Kapitel 5 werden für die vorliegende Untersuchung relevante theoretische Grundlagen der dokumentarischen Methode beschrieben, auf denen das in Kapitel 6 beschriebene Vorgehen basiert. Dazu werden in Abschnitt 5.1 vier methodologische und methodische Grundlagen aufgeführt (Abschn. 5.1.1 bis 5.1.3), Interaktionsbewegungen und -modi beschrieben (Abschn. 5.1.4) und die komparative Analyse als grundlegende Forschungslogik beschrieben (Abschn. 5.1.5). In Abschnitt 5.2 werden anhand von identifizierten Herausforderungen und ausblickend auf das Kapitel 6 die Passungsverhältnisse zwischen dem Forschungsgegenstand und dem methodischen Vorgehen beschrieben.

5.1 Theoretische Grundlagen der dokumentarischen Methode

Die dokumentarische Methode wurde in den 1980er-Jahren von Ralf Bohnsack zur Analyse von verbalen Daten im Rahmen von Gruppendiskussionen mit Jugendlichen entwickelt (vgl. Bohnsack, 1989). Auf der methodologischen Ebene wird die Methode durch die sogenannte „Praxeologische Wissenssoziologie" (Bohnsack, 2017, S. 12) theoretisch fundiert. Bohnsack (ebd.) bezieht sich bei seinen Grundannahmen auf die Wissenssoziologie des Soziologen und Philosophen Karl Mannheim (1923; 1980), auf die Ethnomethodologie des Soziologen Harold Garfinkel (1973) sowie auf die Ikonologie des Kunsthistorikers Erwin Panofsky (1975). Im Folgenden werden zentrale theoretische Aspekte der praxeologischen Wissenssoziologie ausgeführt, die für die dokumentarische Methode zentral sind.

© Der/die Autor(en) 2025

S. Staub, *Anerkennungsverhältnisse in der Schule*, Kinder, Kindheiten und Kindheitsforschung 33, https://doi.org/10.1007/978-3-658-46176-8_5

5.1.1 Unterscheidung in kommunikatives und konjunktives Wissen

Die Unterscheidung in *kommunikatives* und *konjunktives Wissen* (vgl. Tabelle 5.1) ist eine zentrale theoretische Grundlage der dokumentarischen Methode (vgl. Bohnsack, 2017, S. 63). Sie geht auf Mannheim (1923) und dessen Kategorien des *Theoretischen* und des *Atheoretischen* zurück. Damit gemeint ist die Unterscheidung in Wissen, das reflexiv zugänglich ist – also explizit genannt werden kann –, und Wissen, das nicht reflexiv zugänglich ist – also implizit vorhanden und in der Regel selbstverständlich ist (vgl. Asbrand & Martens, 2018, S. 15). Mannheim rückte das Atheoretische in den Mittelpunkt, denn „solange man Weltanschauungen als etwas Theoretisches auffaßt, bleiben ganz gewaltige Gebiete des Kulturlebens [...] unzugänglich" (Mannheim, 1923, S. 10). Damit erhalten Wissensbestände, die implizit vorhanden sind, eine zentrale Bedeutung. Zusätzlich zur Unterscheidung zwischen dem Theoretischen und dem Atheoretischen bildet Mannheims (1980) Differenzierung zwischen (unmittelbarem) *Verstehen* und *Interpretieren* eine Grundlage für die Kategorien des kommunikativen und konjunktiven Wissens (vgl. Bohnsack, 2014b, S. 61). Verstehen im Sinne Mannheims ereignet sich intuitiv in der Handlungspraxis und ist dann möglich, wenn ein gemeinsamer bzw. *konjunktiver Erfahrungsraum* (vgl. Abschn. 5.1.3) besteht, wenn also existenzielle Erfahrungshintergründe geteilt werden (vgl. Bohnsack, 2014b, S. 61). Das Verstehen erfolgt unmittelbar auf der konjunktiven Ebene, und zwar, ohne dass eine Interpretation notwendig wird. Besteht *kein* konjunktiver Erfahrungsraum, bedarf es der wechselseitigen Interpretation auf der Ebene des *kommunikativen Wissens*. Wenn also nicht ausreichend geteiltes implizites Wissen vorhanden ist, muss implizites Wissen explizit gemacht werden. In einem solchen Fall ist gegenseitiges Verstehen nur auf diese Art möglich. Das kommunikative Wissen zeigt sich auf der sogenannten *immanenten Ebene* und bezeichnet das, was explizit gesagt oder getan wird (vgl. Asbrand & Martens, 2018, S. 16). Das *konjunktive Wissen* hingegen hat einen atheoretischen, impliziten Charakter, liegt dem menschlichen Handeln zugrunde und ist in der Regel nicht reflexiv verfügbar (vgl. ebd., S. 15). Der Begriff des *atheoretischen Wissens*, den Bohnsack von Bourdieu übernimmt, bezieht sich sowohl auf das konjunktive (implizite) Wissen als auch auf inkorporierte körperliche Praktiken (vgl. ebd., S. 12). Das atheoretische bzw. konjunktive oder implizite Wissen liegt demnach den Alltagspraktiken zugrunde (vgl. ebd., S. 15). Für die vorliegende Untersuchung kann dieser Umstand genutzt werden, indem über die sozialen Praktiken der Zugang zu implizitem Wissen gefunden werden kann.

Um die dokumentarische Methode auch für die Bild- und Filminterpretation nutzbar zu machen, stützte sich Bohnsack (z. B. 2011) ab den 2000er-Jahren v. a. auf die Ikonologie Panofskys (1975). Während die sogenannte Ikonografie, die als „dominante Analyseeinstellung der (damaligen) Kunstgeschichte" (Bohnsack, 2017, S. 186) galt, auf die propositionale Logik bzw. die Frage nach dem *Was* Bezug nimmt, richtet sich die Ikonologie auf die performative Logik bzw. auf die Frage nach dem *Wie* (vgl. ebd.). Für diesen Schritt vom *Was* zum *Wie* bei der Analyse von Kunstwerken bezieht sich auch Panofsky auf die Unterscheidung Mannheims zwischen dem immanenten und dem dokumentarischen Sinngehalt (vgl. ebd.). Was dies für das konkrete methodische Vorgehen im Rahmen der vorliegenden Untersuchung bedeutet, wird in Abschnitt 6.4 in Bezug auf die Interpretation der Fotogramme ausgeführt.

Tabelle 5.1 Ebenen des Sinngehalts, ihre empirische Erfassbarkeit und die Interpretationsschritte. (Quelle: In Anlehnung an Nohl, 2017, S. 6, Verwendung mit freundlicher Genehmigung von Springer Nature)

Sinngehalt		Empirische Erfassbarkeit	Interpretationsschritt
– kommunikatives, explizites Wissen	intendierter Ausdruckssinn	nicht erfassbar	–
– Kategorie des Theoretischen – immanenter Sinngehalt	objektiver Sinn	thematisch zu identifizieren: Was wird gesagt oder getan?	formulierende Interpretation
– konjunktives, implizites Wissen (nicht reflexiv zugänglich) – Kategorie des Atheoretischen – dokumentarischer Sinngehalt		anhand des Herstellungsprozesses zu rekonstruieren: Wie wird es gesagt oder getan?	reflektierende Interpretation

5.1.2 Wechsel der Analyseeinstellung

Im Interpretationsprozess der dokumentarischen Methode werden die beiden in Abschnitt 5.1.1 beschriebenen Ebenen berücksichtigt: die kommunikative und die konjunktive. In Anlehnung an diese beiden Ebenen wird zwischen dem *immanenten* und dem *dokumentarischen Sinngehalt* einer Interaktion unterschieden (vgl. Asbrand & Martens, 2018, S. 13) (vgl. Tabelle 5.1). Wenn nur die immanente bzw. kommunikative Ebene fokussiert wird, also „*was* gedacht und getan wird" (Bohnsack, 2017, S. 30, Hervorh. i. O.), kann der dokumentarische Sinngehalt bzw. das Atheoretische oder die konjunktive Ebene nicht erschlossen werden. Um auf die dokumentarische Ebene vorzudringen zu können, muss untersucht werden, „*wie* es gedacht oder allgemeiner: wie es *hergestellt* wird" (ebd., Hervorh. i. O.). Nur so sei es möglich, so Bohnsack weiter, „die wesentlichen existenziellen Grundlagen des Lebens und Handelns" (ebd., S. 29) zu erschließen. Erreicht werden kann dies durch den „Wechsel der Analyseeinstellung von den *Inhalten* hin zur *Form*" (ebd., S. 30, Hervorh. i. O.) bzw. vom *Was* zum *Wie*. Die Ebene des Inhalts – des Was – bezeichnet Bohnsack (ebd.) als das *Propositionale* und die Ebene der Form – des Wie – als das *Performative*. Im Performativen dokumentiert sich der sogenannte „Modus Operandi" (ebd.), also die Art und Weise der „Herstellung von Wissen und Praktiken in der Alltagspraxis" (Asbrand & Martens, 2018, S. 15).

Der Wechsel der Analyseeinstellung ist somit ein zentraler Schritt beim Vorgehen der dokumentarischen Methode. Im Fokus steht demnach nicht eine Bewertung dessen, was gesagt und gesprochen wird, sondern die „Frage, *wie* über bestimmte Themen gesprochen wird, *wie* die Erforschten miteinander interagieren und *wie* sie sich mit den Dingen assoziieren" (ebd., S. 24, Hervorh. i. O.). Um den Wechsel der Analyseeinstellung verstehen zu können, ist auch die Unterscheidung in Konstruktionen ersten und zweiten Grades wichtig (vgl. Abschn. 2.2). *Konstruktionen ersten Grades* sind Konstruktionen der Beforschten, die Letztere in Bezug auf ihre alltägliche Wirklichkeit haben. Es handelt sich um kommunikatives Wissen, das explizit formuliert werden kann. Davon zu unterscheiden sind *Konstruktionen zweiten Grades*, also Rekonstruktionen jener Konstruktionen, die auf konjunktives bzw. implizites Wissen abzielen. Diese Unterscheidung in Konstruktionen ersten und zweiten Grades kann als grundlegendes Merkmal der qualitativ-rekonstruktiven Sozialforschung verstanden werden. In der Forschungspraxis zeigt sich dieser Wechsel der Analyseeinstellung beim methodischen Schritt von der formulierenden hin zur *reflektierenden Interpretation* (vgl. z. B. Bohnsack et al., 2013, S. 75). In der formulierenden Interpretation (vgl. Abschn. 6.3) wird der immanente Sinngehalt einer Interaktion, also das *Was*, reformuliert. Damit wird die „Ebene der Konstruktion der Erforschten" (Asbrand & Martens, 2018, S. 24) beibehalten. Im darauffolgenden Schritt der reflektierenden Interpretation (vgl. Abschn. 6.5) wird „danach gefragt, *wie* in der Erhebungssituation miteinander interagiert wird und welches konjunktive Wissen bzw. welcher Habitus sich in der Art und Weise der Interaktion dokumentiert" (Asbrand & Martens, 2018, S. 24, Hervorh. S. S.). Dadurch erfolgt eine „Rekonstruktion der Konstruktion der Erforschten" (ebd.), also eine Konstruktion zweiten Grades.

Bei beiden Interpretationsschritten, also der formulierenden und der reflektierenden Interpretation, gilt das Prinzip der „Einklammerung des Geltungscharakters" (Bohnsack, 2014b, S. 65). Dies bedeutet, dass die Darstellung der Beforschten nicht nach ihrem Wahrheitsgehalt und ihrer Richtigkeit bewertet wird. In Bezug auf die Untersuchung von unterrichtlichen Interaktionen heißt das, dass mit der dokumentarischen Interpretation keine normativen Aussagen über die Unterrichtsqualität gemacht werden können (Asbrand & Martens, 2018, S. 25).

In der vorliegenden Untersuchung rückt daher die Art und Weise der Herstellung von Alltagspraxis in den Fokus. Im Rahmen der Videointerpretation wird also danach gefragt, was sich in der Interaktion zwischen der Kindergartenlehrperson und den Kindergartenkindern und in den Praktiken der Kindergartenlehrpersonen dokumentiert bzw. welche Ankerkennungsverhältnisse darin zum Ausdruck kommen. Im Rahmen der Interviewinterpretation wird konkret danach gefragt, welche Konstruktionen des Kindergartenkindes sich dokumentieren und als *wer* sich die Kindergartenlehrpersonen selbst positionieren.

Zusätzlich zu den oben genannten immanenten und dokumentarischen Sinngehalten kann als dritte Sinnebene der *intendierte Ausdruckssinn* gezählt werden (vgl. ebd., S. 16, sowie Tabelle 5.1, wo der intendierte Ausdruckssinn jedoch zum immanenten Sinngehalt gezählt wird). Damit ist die Beschreibung einer Intention gemeint, die zu einer Handlung führt. Diese Sinnebene kann mit der dokumentarischen Methode nicht analysiert werden, da dies einer Motivunterstellung gleichkäme (vgl. ebd.). Die Frage, *weshalb* jemand etwas macht oder sagt, bleibt somit unbeantwortet.

5.1.3 Der konjunktive Erfahrungsraum

Eine weitere theoretische Annahme der dokumentarischen Methode geht auf Mannheim (1980) zurück. Sie besagt, dass das konjunktive Wissen bzw. der Habitus in konjunktiven Erfahrungsräumen zum Ausdruck kommt (vgl. ebd., S. 24). Der konjunktive Erfahrungsraum kann als Doppelstruktur verstanden werden: Durch die Relationierung von kommunikativem und konjunktivem Wissen entsteht ein Spannungsfeld zwischen normativen Erwartungshorizonten und einer habitualisierten Praxis (vgl. Bohnsack, 2017). Durch die Bearbeitung dieses Spannungsfeldes wird „Erfahrungswissen" (ebd., S. 103) generiert. Wird dieses Spannungsfeld gemeinsam oder strukturidentisch erlebt, kann von einem konjunktiven Erfahrungsraum gesprochen werden (vgl. ebd., S. 104). Dieser dokumentiert sich sowohl in der gemeinsamen situativen Praxis als auch in der Erzählung darüber (vgl. Bohnsack, 2014b, S. 63). Konjunktive Erfahrungs-räume können auch einen milieuspezifischen Charakter aufweisen. Das bedeutet, dass Erfahrungen zwar nicht gemeinsam gemacht wurden, dass sie aber struk-turell gleichartig gelagert sind (vgl. ebd., S. 114). Schülerinnen und Schüler (aus unterschiedlichen Schulen) können im Kontext Schule einen konjunkti-ven Erfahrungsraum teilen, der beispielsweise aus der Orientierung an der Aufgabenerledigung besteht (vgl. Asbrand & Martens, 2018, S. 21).

Werden nun aber Interaktionen zwischen Kindergartenlehrpersonen und Kin-dergartenkindern sowie deren jeweilige Orientierungen fokussiert, würde das Vorhandensein eines konjunktiven Erfahrungsraums auf identische Orientie-rungsrahmen hinweisen. Dies würde bedeuten, dass die Handlungspraxis der Lehrpersonen und der Kinder auf demselben impliziten Wissen basiert (vgl. ebd., S. 22). Dies widerspricht jedoch der Annahme, dass die „Differenz von Lehrer- und Schüler*habitus* als eine Grundstruktur von Unterricht betrachtet wer-den kann" (Martens & Asbrand, 2017, S. 83, Hervorh. i. O.). Der Grund für die unterschiedlichen Orientierungsrahmen liegt darin, dass Beziehungen zwi-schen Lehrpersonen und Schülerinnen und Schülern qua ihrer Rolle asymmetrisch strukturiert sind und dass ein generationaler Unterschied besteht (vgl. Nentwig-Gesemann & Gerstenberg, 2018), aus dem ein Wissensvorsprung resultiert. Im Rahmen der Unterrichtsforschung mit Fokus auf unterrichtliche Interaktio-nen, an denen Lehrpersonen beteiligt sind, ist es daher erwartbar, dass sich „keine geteilten Orientierungsrahmen aller Beteiligten rekonstruieren lassen" (Asbrand & Martens, 2018, S. 217). Obwohl sich die Orientierungsrahmen der Lehrpersonen und der Schülerinnen und Schüler also unterscheiden, können unterrichtlichen Interaktionen einvernehmlich und reibungslos ablaufen (vgl. ebd., S. 210). Es können mehrere Interaktionsmodi unterschieden werden, innerhalb derer reibungslose Interaktionen stattfinden können. Solche und weitere Modi, bei denen die Orientierungen sich nicht in Passung zueinander befinden, werden nachfolgend beschrieben.

5.1.4 Interaktionsmodi

Um den Modus einer Interaktion bestimmen zu können, wird im Rahmen der reflektierenden Interpretation (vgl. Abschn. 6.5.1) u. a. eine Analyse der formalen Interaktionsorganisation[1] durchgeführt (vgl. Asbrand & Martens, 2018, S. 57). Dazu werden zuerst sogenannte *Interaktionseinheiten* identifiziert. Diese bestehen aus drei Einzeläußerungen, die wiederum als Interaktionsbewegungen bezeichnet werden. Eine Interaktionseinheit beginnt typischerweise mit einer *Proposition*, mit der ein neues Thema eröffnet wird. Die Person, die die Proposition ausspricht, entfaltet damit eine Orientierung. Anschließend folgt über mehrere Interaktionsbewegungen eine *Elaboration*, indem die zu Beginn der Interaktionseinheit gemachte Proposition anschließend von den an der Interaktion Beteiligten elaboriert wird. Bereits in der Proposition lässt sich ein *Orientierungsrahmen* erkennen, der jedoch oftmals erst in der weiteren Arbeit deutlich zum Ausdruck kommt (vgl. ebd., S. 58). Abgeschlossen wird die Interaktionseinheit mit einer *Konklusion*. Oftmals sind mehrere Interaktionseinheiten ineinander verschachtelt und die Konklusion findet erst zu einem späteren Zeitpunkt statt. Durch die Analyse der formalen Interaktionsorganisation kann eruiert werden, in welcher Relation sich die Orientierungsrahmen der an einer Interaktion beteiligten Personen zueinander befinden. Dies kommt v. a. in der Art der Konklusion zum Ausdruck. Wird dort eine Orientierung bestätigt, handelt es sich um eine sogenannte *echte Konklusion* oder *Synthese* und es kann ein *inkludierender Interaktionsmodus* rekonstruiert werden (vgl. Przyborski, 2004, S. 96). Teilen die Sprechenden jedoch keinen Orientierungsrahmen, kommt es zu einer rituellen Konklusion, etwa zu einer Themenverschiebung oder zu einem expliziten Abbruch des Gesprächs (vgl. Asbrand & Martens, 2018, S. 60). Die Interaktionseinheit wird nur scheinbar beendet. Dies geschieht in einem *exkludierenden Interaktionsmodus*.

Zu den inkludierenden Interaktionsmodi zählen der parallele, der antithetische und der univoke Modus (vgl. Przyborski, 2004, S. 96–216). Zu den exkludierenden Interaktionsmodi werden der oppositionelle und der divergente Modus

---

[1] In der sequenziellen Gesprächsanalyse wird üblicherweise der Begriff „Diskursorganisation" verwendet. Es werden Diskurseinheiten identifiziert und Diskursbewegungen untersucht (vgl. z. B. Bohnsack, 2014b, S. 126 f.). Asbrand und Martens (2018, S. 57) schlagen vor, im Bereich der Unterrichtsforschung von Interaktionsorganisation, -einheiten bzw. -bewegungen zu sprechen, weil im Unterricht zur verbalen Kommunikation noch die nonverbale hinzukommt, außerdem sind die Bewegung im Raum und der Umgang mit Dingen von Bedeutung. Um Verwirrung zu vermeiden, benutzen sie den Begriff „Interaktion" auch in Bezug auf die Analyse von verbalen Daten. Dieser Logik schließt sich die vorliegende Untersuchung an.

gezählt (vgl. ebd., S. 216–285). Parallele, univoke und oppositionelle Interaktionsmodi können laut Asbrand und Martens (2018, S. 211) v. a. bei Interaktionen
zwischen Schülerinnen und Schülern rekonstruiert werden, an denen keine Lehrpersonen beteiligt sind. Da diese nicht im Fokus der vorliegenden Untersuchung
stehen, wird auf eine vertiefte Beschreibung dieser Interaktionsmodi verzichtet.
Auf eine Beschreibung des parallelen und univoken Modus wird auch deshalb
verzichtet, weil diese äußerst selten im Rahmen von Interaktionen zwischen
Lehrpersonen und Schülerinnen sowie Schülern rekonstruiert werden können
(vgl. ebd.). Nachfolgend werden daher nur diejenigen Modi beschrieben, die im
Rahmen von pädagogischen Interaktionen erwartbar sind.

Divergenter Interaktionsmodus
Wenn in einer Interaktion zwischen Lehrperson und Schulkindern unterschiedliche Orientierungen aufeinandertreffen, also Rahmeninkongruenz besteht, diese
aber verdeckt bzw. verschleiert bleibt, wird von einem divergenten Interaktionsmodus gesprochen (vgl. Asbrand & Martens, 2018, S. 60). Im Gegensatz zum
oppositionellen Modus knüpfen beim divergenten Interaktionsmodus einzelne Interaktionsbewegungen aneinander an (vgl. Przyborski, 2004, S. 252). Sachverhalte
werden scheinbar bestätigt, aber unterschiedliche Orientierungen bleiben bestehen. Interaktionseinheiten in einem solchen Modus werden typischerweise mit
einer rituellen Konklusion beendet. Die Interaktion wird zwar scheinbar einvernehmlich beendet, aber es kommt keine geteilte Orientierung zum Ausdruck, die
Rahmeninkongruenz bleibt verdeckt. Dies kann anhand einer Themenverschiebung
geschehen. Möglich ist aber auch, dass es zu einer *Fremdrahmung* kommt, was
der Fall ist, wenn die Sprechenden zwar die Argumente und Beispiele voneinander
übernehmen, diese aber nicht in den eigenen Orientierungsrahmen integrieren: Die
Teilnehmenden sprechen aneinander vorbei (vgl. Przyborski, 2004, S. 252). Dieser
Modus ist typisch für machtstrukturierte oder institutionell gerahmten Interaktionen
(vgl. Asbrand & Martens, 2018, S. 60).

Responsiver Interaktionsmodi
Nentwig-Gesemann und Nicolai (2015, S. 67) konnten anhand von videografierten
Interaktionen zwischen pädagogischen Fachkräften und Kindern in Kindertageseinrichtungen weitere inkludierende Interaktionsmodi rekonstruieren. Sie unterscheiden zwischen einem *kindorientiert-responsiven* und einem *erwachsenenorientiert-
responsiven Interaktionsmodus*. Die Autorinnen teilen diese beiden Interaktionsmodi dem antithetischen Interaktionsmodus zu, der zu den inkludierenden Modi
gehört (vgl. Przyborski, 2004, S. 168 f.). Bei Ersterem findet eine Orientierung
der erwachsenen Person am kindlichen Rahmen statt (vgl. Nentwig-Gesemann &

Nicolai, 2015, S. 67). Beim erwachsenenorientiert-responsiven Interaktionsmodus orientiert sich das Kind hingegen an der erwachsenen Person und beispielsweise deren Zeigegesten sowie Erwartungen. Das Kind versucht, den Rahmen der erwachsenen Person zu validieren und zu bestätigen, indem es eine Reaktion einfordert, die ihm „Sicherheit und Orientierung gibt" (ebd., S. 67). Gelingt es, beide Modi ineinander zu verschränken, indem die interagierenden Personen wechselseitig aufeinander responsiv reagieren, wird dies als *„reziproker Interaktionsmodus"* (ebd., S. 63, Hervorh. i. O.) bezeichnet.

Zusätzlich zum kindorientiert-responsiven und dem erwachsenenorientiert-responsiven Interaktionsmodus (vgl. Nentwig-Gesemann & Nicolai, 2015, S. 67) rekonstruiert Alemzadeh (2014) zwei weitere Interaktionsmodi. Beim *variierenden Interaktionsmodus* wird zwischen einer pädagogischen Fremdrahmung und der Orientierung der erwachsenen Person am Kind variiert (vgl. ebd., S. 269). Dabei wird zeitgleich in verschiedenen Orientierungsrahmen agiert (vgl. ebd.). Beim *wechselseitig responsiven Interaktionsmodus* orientieren sich die pädagogische Fachkraft und das Kind symmetrisch aneinander. Es entsteht eine komplementäre Rahmenkongruenz (vgl. ebd. S. 270).

Komplementärer Interaktionsmodus
Wie Martens und Asbrand (2017) aufgrund von empirischen Daten aus der Unterrichtsforschung der Sekundarstufe aufzeigen konnten, reichen die von Przyborski (2004) vorgeschlagenen und oben dargestellten Interaktionsmodi nicht aus, um Interaktionen im Rahmen des Unterrichts zu beschreiben. Zu diesem Zweck führen Asbrand und Martens (2018) den *komplementären Interaktionsmodus* ein. Dieser eignet sich ergänzend zu den etablierten Interaktionsmodi v. a. „für die Analyse der für Unterricht typischen asymmetrischen, institutionell gerahmten Interaktionen" (ebd., S. 210). Komplementarität kann immer dann rekonstruiert werden, wenn sich der Orientierungsrahmen der Lehrpersonen und derjenige der Schülerinnen und Schüler zwar voneinander unterscheidet, die Interaktion aber dennoch „einvernehmlich und reibungslos funktioniert" (Asbrand & Martens, 2018, S. 210). Möglich ist dies, wenn Passung zwischen den Orientierungsrahmen besteht, wenn eine solche durch Rekontextualisierung hergestellt werden kann oder wenn die Interaktionen auf „schulisch gerahmten Normen und Regeln" (ebd.) basieren, die von allen Beteiligten akzeptiert werden. Komplementäre Interaktionen werden mit einer „kommunikative[n] Konklusion" (Asbrand & Martens, 2018, S. 211) beendet. Dass bedeutet, dass der Abschluss der Interaktion(seinheit) – ohne Angleichung der Orientierungen – „einvernehmlich auf der Basis institutionalisierter Regeln" (ebd., S. 213) geschieht. Asbrand und Martens (ebd.) zählen den komplementären Interaktionsmodus zu den

exkludierenden Interaktionsmodi. Anstelle von Rahmeninkongruenz handelt es sich hierbei jedoch um „Rahmenkomplementarität" (ebd., S. 213).

Dialogorientierter und machtstrukturierter Interaktionsmodus
Sich mit derselben Frage bezüglich Interaktionsmodi in Institutionen befassend, stellen Nentwig-Gesemann und Gerstenberg (2018) ebenfalls fest, dass eine Zweiteilung in inkludierende und exkludierende Interaktionsmodi für (früh-)pädagogische Settings zu kurz greift. Sie argumentieren, dass die Interaktion zwischen Erziehenden und Kindern bzw. grundsätzlich zwischen Erwachsenen und Kindern geprägt ist durch den Generationenunterschied, was zu einer intergenerationalen Fremdrahmung führen kann. Weiter stellen sie fest, dass Interaktionen innerhalb von Bildungsinstitutionen zudem von einer organisationalen Rahmungshoheit geprägt seien. Empirisch zeigen sie auf, dass es trotz Rahmeninkongruenz zu Situationen des Verstehens kommen kann und dass Situationen gemeinsam gestaltet werden können (vgl. ebd., S. 139). Dies widerspricht der Annahme Bohnsacks (2014b, S. 61), wonach Verstehen im Sinne von Mannheim (1980) nur dann möglich ist, wenn ein gemeinsamer Erfahrungsraum besteht (vgl. Abschn. 5.1.3). Verstehen kann laut Nentwig-Gesemann und Gerstenberg (2018) jedoch durch Reziprozität ermöglicht werden.

Um dies zu illustrieren, führen die Autorinnen für Interaktionen, die nicht reibungslos verlaufen, den *dialogorientierten Interaktionsmodus* ein (vgl. ebd., S. 140–142). Bei diesem wird Verstehen trotz Rahmeninkongruenz auf der Ebene von Reziprozität möglich. Tritt (situativ) eine Rahmeninkongruenz zwischen Fachkraft und Kind auf, wird dann von einem dialogorientierten Interaktionsmodus gesprochen, wenn die Rahmeninkongruenz oder die Rahmungshoheit der Fachkraft metakommunikativ auf der Grundlage von geteiltem Skriptwissen verhandelt wird und dadurch Reziprozität hergestellt wird (vgl. ebd., S. 140). „Die Interakteure sind gleichermaßen daran beteiligt, ihre Perspektive deutlich zu machen, als auch die Perspektive des Gegenübers zumindest insoweit anzuerkennen, dass ein Missverständnis ausgeräumt bzw. situativ ein geteilter Rahmen […] gesichert werden kann" (ebd.). Dieser Vorgang wird als „(meta-) kommunikative ‚Reparatur'" (ebd.) bezeichnet.

Zusätzlich zum dialogorientierten führen die Autorinnen für nicht störungsfrei verlaufende Interaktionen den *machtstrukturierten Interaktionsmodus* ein und differenzieren diesen in Rahmungsmacht und Willkür (vgl. ebd., S. 142–146). Handelt es sich um Interaktionen, die durch *Rahmungsmacht* strukturiert sind, kommen „habitualisierte Interaktionssysteme" (Bohnsack, 2017, S. 272) zum Einsatz. Dadurch entstehen „Kontinuität und damit Erwartungs- bzw. Handlungssicherheit" (Nentwig-Gesemann & Gerstenberg, 2018, S. 143). Haben sich die Kinder an

die Rolle gewöhnt, die ihnen zugeteilt wird, erfahren sie durch „erwartbare Inter-
aktionsabfolgen mit der Fachkraft" (ebd.) Sicherheit. Demgegenüber besteht bei
Interaktionen, die der *Willkür* zugeordnet werden können, keine solche Erwart-
barkeit in Bezug auf den weiteren Interaktionsverlauf. Die Kinder können kein
Vertrauen in verlässliche Abläufe entwickeln (vgl. ebd., S. 145).

Aus der Beschreibung dieser sich mehr oder weniger unterscheidenden Interaktionsmodi wird deutlich, dass sich diese (noch) nicht in ein kohärentes Modell
einordnen lassen. Mit Ausnahme des divergenten und des auf Willkür beruhenden
Interaktionsmodus steht jedoch jeweils die Herstellung von Passung zwischen den
unterschiedlichen Orientierungen der an einer Interaktion beteiligten Personen im
Vordergrund.

5.1.5   Komparative Analyse und Vergleichshorizonte

Die komparative Analyse stellt einen wichtigen methodischen Aspekt der dokumentarischen Methode dar (vgl. Asbrand & Martens, 2018; Nohl, 2013a; 2013b),
wobei die Praxis des Vergleichens „allen neueren Verfahren der rekonstruktiven
Sozialforschung" (Nohl, 2013a, S. 271) zugewiesen werden kann. Laut Asbrand
und Martens (2018, S. 55) wird die komparative Analyse zur *reflektierenden
Interpretation* gezählt (vgl. Abschn. 6.5). Sie hat sowohl eine *erkenntniskon-
trollierende* als auch eine *erkenntnisgenerierende Funktion* (vgl. Nohl, 2013b,
S. 22 f.). Erstere besteht darin, dass die zu Beginn der Interpretationsarbeit
verwendeten Vergleichshorizonte der Forscherinnen und Forscher im Verlauf
des Forschungsprozesses zunehmend durch „empirische Vergleichshorizonte der
anderen Fälle ersetzt werden" (Asbrand & Martens, 2018, S. 30). Dies ermöglicht eine Kontrolle der Standortgebundenheit der Forscherinnen und Forscher
(vgl. ebd.). Damit kann verhindert werden, dass deren standortgebundenes Wissen – beispielsweise über Unterricht – in die Interpretation einbezogen wird.
Stattdessen ermöglicht es die komparative Analyse, dass die Interpretation auf
Gemeinsamkeiten und Unterschieden basiert, die im empirischen Material deutlich werden (vgl. ebd., S. 31). Da solche Gemeinsamkeiten und Unterschiede
oftmals erst durch den Vergleich maximal kontrastierender Fälle zum Vorschein
kommen (vgl. Nohl, 2013b, S. 23), erhält die komparative Analyse eine erkenntnisgenerierende Funktion. Als Produkt der komparativen Analyse im Rahmen der
erkenntnisgenerierenden Funktion wird eine Typenbildung angestrebt (vgl. z. B.
Asbrand & Martens, 2018, S. 32–43). Da die vorliegende Untersuchung nicht
in eine Typenbildung mündet, sondern eine Beschreibung kontrastierender Fälle

bezweckt wird, wird an dieser Stelle auf die Beschreibung der unterschiedlichen Arten von Typenbildungen und auf das entsprechende Vorgehen verzichtet.

Bei der Interpretation mit der dokumentarischen Methode müssen stets Vergleichshorizonte herangezogen werden (vgl. Nohl, 2017, S. 40). Bei einem ersten Fall, der interpretiert wird, geschieht der Prozess „vor dem Hintergrund ihrer [der forschenden Person, Anm. S. S.] eigenen, durch Erfahrung, Gedankenexperimente, (Alltags-)Theorien und/oder frühere empirische Forschungen zustande gekommenen Normalitätsvorstellungen" (ebd.). Der forschenden Person fällt zunächst nur auf, „was ihren eigenen Normalitätserwartungen entspricht oder widerspricht" (ebd.). Dies führt zu einer Interpretation, die an den Standort der Forscherin bzw. des Forschers gebunden ist. Um diese Standortgebundenheit methodisch zu kontrollieren und zu reflektieren, müssen persönliche Vergleichshorizonte mit empirischen ergänzt und gegebenenfalls ersetzt werden (vgl. Nohl, 2017, S. 40).

5.2 Passungsverhältnis zwischen Forschungsgegenstand und methodischem Vorgehen

Die dokumentarische Methode, die sich dem Paradigma der qualitativ-rekonstruktiven Sozialforschung zuordnen lässt (vgl. Abschn. 2.2), wird in der vorliegenden Untersuchung verwendet, um Anerkennungsverhältnisse zwischen Kindergartenlehrpersonen und Kindergartenkindern empirisch zu beschreiben. Bevor in Kapitel 6 auf das konkrete methodische Vorgehen eingegangen wird, wird zuerst auf theoretischer Ebene geprüft, welche Herausforderungen sich aus den methodologischen und methodischen Grundlagen (vgl. Abschn. 5.1) für die empirische Annäherung an Anerkennungsverhältnisse zwischen Kindergartenlehrpersonen und Kindergartenkindern ergeben.

Es wurden fünf (methodische) Herausforderungen identifiziert, die sowohl bei der Erhebung von empirischen Daten als auch bei deren Interpretation berücksichtigt werden müssen. Anschließend wird auf den Umgang mit diesen Herausforderungen und damit auf die Passung zwischen Erkenntnisinteresse, Gegenstand und Methode eingegangen (vgl. Dörner & Schäffer, 2012, S. 17; Steinke, 2017; Strübing et al., 2018). Dieses Passungsverhältnis entspricht im Bereich der qualitativen Sozialforschung dem Gütekriterium der „Gegenstandsangemessenheit" (Strübing et al., 2018, S. 86) bzw. der Kategorie „Begründung der Methodenwahl mit Bezug auf den Forschungsgegenstande" (vgl. Abschn. 2.2.2.1).

5.2.1 Herausforderung 1: Anerkennungsverhältnisse als Konstruktion zweiten Grades

Mit der Bezeichnung „Anerkennungsverhältnisse" wird eine analytische Kategorie bezeichnet, die verwendet wird, um die Beziehungen zwischen Kindergartenlehrpersonen und Kindergartenkindern zu beschreiben (vgl. Fritzsche, 2013,
S. 194). Da Anerkennungsverhältnisse auf implizitem Wissen basieren und in
sozialen Praktiken zum Ausdruck kommen, können sie nicht direkt von den
involvierten Personen erfragt werden. Stattdessen müssen sie über ein sinn-
rekonstruktives Verfahren ermittelt werden. Anerkennungsverhältnisse können
somit als „Konstruktion zweiten Grades" (Schütz, 1971, S. 7) bezeichnet werden, was sowohl bei der Erhebung von empirischem Material als auch bei dessen
Analyse ein passendes Vorgehen erfordert. Nachfolgend werden die methodischen
Entscheide für beide Schritte im Forschungsprozess – für die Erhebung und die
Analyse – dargelegt und begründet.

Anerkennungsverhältnisse kommen primär in der verbalen und nonverbalen
Interaktion zwischen den im Interessensfokus stehenden Personen zum Ausdruck – also zwischen einer Kindergartenlehrperson und Kindergartenkindern.
Die Anwesenheit anderer Personen ist dabei ebenfalls relevant, weil für die
Art und Weise der Ansprache bedeutend ist, vor wem eine Ansprache erfolgt
(vgl. z. B. Balzer & Ricken, 2010, S. 73). Wie anwesende Personen kann auch
vorhandenes Material zum Bezugspunkt einer Interaktion und damit bedeutsam
für die Rekonstruktion von Anerkennungsverhältnissen werden. Zudem ist die
räumliche Situation zu berücksichtigen, da u. a. die Sicht- und Hörbarkeit der
interagierenden Personen sowie Bewegungsmöglichkeiten davon abhängig sein
können.

Um Interaktionen zwischen Kindergartenlehrpersonen und Kindergartenkindern unter Berücksichtigung der eben genannten relevanten Aspekte erfassen
zu können, wurden videogestützte Unterrichtsbeobachtungen vorgenommen (vgl.
Dinkelaker & Herrle, 2009). Videografie wird bei der vorliegenden Untersuchung verstanden als „Medium der (notwendig selektiven) Aufzeichnung von
Alltagsinteraktionen bestimmter, auf der Basis eines wissenschaftlichen Erkenntnisinteresses ausgewählter Akteurinnen und Akteure" (Asbrand & Martens, 2018,
S. 107). Die Art und Weise der Erstellung solcher Aufnahmen in Bezug auf den
gewählten Ausschnitt und die Perspektive erfolgt in Abhängigkeit vom Verständnis des Untersuchungsgegenstands (vgl. Dinkelaker, 2018; Dinkelaker & Herrle,
2009; Reh, 2012). Um sowohl die Interaktion in direkter Nähe der Kindergartenlehrperson als auch das Geschehen in einer weiteren Entfernung von ihr bzw.

gegebenenfalls in anderen Räumlichkeiten zu erfassen, wurde für die Kindergartenstudie (Edelmann et al., 2018b) eine sogenannte Zwei-Kamera-Strategie (vgl. Beeli-Zimmermann et al., 2020; Dinkelaker & Herrle, 2009; Edelmann et al., 2018b, S. 55) gewählt (vgl. Abschn. 2.1.3.1).

Ergänzend zu den videografierten Unterrichtsbeobachtungen werden in der vorliegenden Untersuchung die aus der Kindergartenstudie als Transkripte vorliegenden leitfadengestützten Interviews mit den videografierten Kindergartenlehrpersonen hinzugezogen. Es wird davon ausgegangen, dass sich auch im Sprechen der Kindergartenlehrpersonen über den Alltag im Kindergarten und über die Kindergartenkinder implizite Wissensbestände in Bezug auf Anerkennungsverhältnisse rekonstruieren lassen. Da dieselben Kindergartenlehrpersonen sowohl im Unterricht gefilmt als auch im Rahmen eines Interviews befragt wurden, lassen sich die Erkenntnisse aus der Analyse der unterschiedlichen Datenarten zusammenführen.

Die vorliegende Untersuchung zielt auf die implizite Ebene der Anerkennungsverhältnisse. Da diese nur durch ein rekonstruktives Vorgehen erreicht werden kann, muss das methodische Vorgehen eine „Konstruktion zweiten Grades" (Schütz, 1971, S. 7) zulassen. Die dokumentarische Methode ermöglicht durch den systematischen Wechsel der Analyseeinstellung vom *Was* zum *Wie* den Zugang zu derart gelagerten Wissensbeständen (vgl. Asbrand & Martens, 2018; Bohnsack, 2014b); zudem ist es auch sinnvoll, sie für die Rekonstruktion von Anerkennungsverhältnissen zu verwenden. Da die dokumentarische Methode sowohl für die Videointerpretation (vgl. Asbrand & Martens, 2018; Fritzsche & Wagner-Willi, 2015) als auch für die Interviewinterpretation (vgl. Nohl, 2017) eingesetzt werden kann, eignet sie sich für die Triangulation von Erhebungsverfahren (vgl. Asbrand & Martens, 2018, S. 155 f.).

5.2.2 Herausforderung 2: Analyse von Adressierung und Re-Adressierung

Um Anerkennungsverhältnisse empirisch beschreiben zu können, wird der Begriff „Anerkennung" in der vorliegenden Untersuchung in Anlehnung an Reh und Ricken (2012) als Adressierung operationalisiert (vgl. Abschn. 3.3.2). Es wird also v. a. anhand der videografierten Interaktionen rekonstruiert, wie die Kindergartenlehrpersonen die Kindergartenkinder adressieren, sich dabei selbst als jemand positionieren und wie die Kinder die Kindergartenlehrperson re-adressieren. Zur Untersuchung von wechselseitiger Adressierung schlagen Rose

und Ricken (2018) die sogenannte Adressierungsanalyse vor. Da diese dem vorliegenden Forschungsgegenstand jedoch nur teilweise gerecht würde, nämlich
lediglich im Bereich der verbalen Ansprache, wird stattdessen die dokumentarische Methode verwendet, bei der im Rahmen der Videointerpretation auch die
nonverbale Ebene systematisch miteinbezogen wird (vgl. Kap. 6). Der Umstand,
dass in der vorliegenden Untersuchung auch leitfadengestützte Interviews vorliegen, die ergänzend herangezogen werden und die sich nicht mit dem von Reh und
Ricken (2012) vorgeschlagenen Vorgehen interpretieren lassen, spricht ebenfalls
für die gewählte Methode.

Das Potenzial der dokumentarischen Methode kommt besonders in der dokumentarischen Videointerpretation (vgl. Asbrand & Martens, 2018, S. 135) zum
Ausdruck, bei der durch den Einbezug der nonverbalen Ebene wichtige Anteile
der Interaktion berücksichtigt werden, die für die Rekonstruktion von gegenseitiger Adressierung und von Praktiken zentral sind. Die dokumentarische
Videointerpretation eignet sich auch deshalb für die Analyse von wechselseitiger Adressierung und Re-Adressierung, weil sie ein hilfreiches Vokabular zur
Verfügung stellt und im Rahmen der formalen Interaktionsanalyse, also der
Analyse des Interaktionsmodus (vgl. Abschn. 5.1.4), das *Wie* der wechselseitigen Adressierung und Re-Adressierung in den Blick rückt. Dabei werden die
jeweiligen Interaktionsbewegungen der an einer Interaktion beteiligten Personen
dahingehend untersucht, *wie* Letztere aufeinander Bezug nehmen (vgl. Asbrand &
Martens, 2018, S. 57).

In der Analyse der vorliegenden Videosequenzen hat sich gezeigt, dass für
die wechselseitige Adressierung die *Positionierung* der an einer Interaktion beteiligten Personen bedeutsam ist. Damit ist gemeint, dass die Frage im Zentrum
steht, als *wer* sich jemand vor *wem* positioniert. Positionierungen werden üblicherweise im Rahmen von dokumentarischen Interpretationen nicht rekonstruiert.
Im Kontext der rekonstruktiven Herangehensweise an das vorliegende empirische
Videomaterial zeigte sich jedoch, dass die Positionierungen im Sinn von sogenannten *Propositionen* und damit im propositionalen Gehalt einer bestimmten
Interaktionsbewegung enthalten sind. Die Proposition stellt – stark vereinfacht
dargestellt – neben der Elaboration und der Konklusion die erste von drei Interaktionsbewegungen einer Interaktionseinheit dar (vgl. Asbrand & Martens, 2018,
S. 50) und bestimmt damit den propositionalen Gehalt einer Interaktion, auf den
im Verlauf des Gesprächs Bezug genommen wird. Wenn also in der Proposition
die Positionierung der interagierenden Person erhalten ist, wird in den nachfolgenden Interaktionsbewegungen auch darauf Bezug genommen. Die Art und
Weise dieser Bezugnahme wird durch die Rekonstruktion des Interaktionsmodus
beschrieben. Da die gegenseitige Bezugnahme im Rahmen der dokumentarischen

Videointerpretation analysiert wird, kann der Anschluss an die Adressierung und Re-Adressierung bzw. an die Positionierungen geleistet werden.

5.2.3   Herausforderung 3: Datentriangulation

Wie in Abschnitt 5.2.1 bereits angedeutet wurde, kann die dokumentarische Methode für die vorliegende Untersuchung deshalb als gewinnbringend eingestuft werden, weil damit auch leitfadengestützte Interviews interpretiert werden können. Dabei handelt es sich um unterschiedliches empirisches Material zu denselben Kindergartenlehrpersonen, das es nicht nur inhaltlich, sondern auch theoretisch und methodisch zu verbinden gilt. Das Vorgehen bei der dokumentarischen Video- und der Interviewinterpretation basiert auf derselben methodologischen Fundierung (vgl. Abschn. 5.1). Durch den Wechsel der Analyseeinstellung kann u. a. auf die dokumentarische Ebene bzw. auf die Ebene des impliziten (atheoretischen) Wissens vorgedrungen werden.

Die Zusammenführung der Interpretation von videobasierten Unterrichtsbeobachtungen *und* leitfadengestützten Interviews kann im Sinne der Triangulation als Qualitätskriterium betrachtet werden (vgl. Denzin, 2017; Mayring, 2016), da so verschiedene Zugänge zu einem Forschungsgegenstand ermöglicht werden (vgl. Denzin, 2017; Flick, 2019, S. 480). Präzisierend muss an dieser Stelle jedoch ergänzt werden, dass „die Videografie an sich bereits einen triangulativen Zugang dar[stellt], da hierbei visuelle und verbale Daten entstehen, die im Forschungsprozess aufeinander bezogen werden müssen" (Asbrand & Martens, 2018, S. 155). Somit kann bei der vorliegenden Studie sogar von einer zweifachen Triangulation gesprochen werden.

5.2.4   Herausforderung 4: Komplexität von unterrichtlichen Interaktionen

Indem unterrichtliche Interaktionen zum Untersuchungsgegenstand gemacht werden, rückt zwangsläufig die Frage nach dem Umgang mit einer hohen Komplexität in den Blick (vgl. ebd.). Das Vorgehen sowohl bei der Erfassung als auch bei der Analyse von unterrichtlichen Interaktionen muss einerseits dieser Komplexität gerecht werden und andererseits einen eingrenzenden Fokus auf die interessierenden Phänomene erlauben. Bevor der Umgang mit Komplexität auf der methodischen Ebene dargestellt wird, wird die Bedeutung von Selektivität für die an einer sozialen Situation beteiligten Personen genauer betrachtet.

Im Rahmen der videogestützten Unterrichtsbeobachtungen werden vorwiegend Interaktionen zwischen Kindergartenlehrpersonen und Kindergartenkindern fokussiert. Die Komplexität des Unterrichts kann aus systemtheoretischer Perspektive (vgl. Luhmann, 2002) anhand der Sozial-, Sach- und Zeitstruktur (vgl. Asbrand & Martens, 2018, S. 90–103) und zusätzlich anhand der Raumstruktur beschrieben werden (vgl. Abschn. 3.2.4). Soziale Interaktionen als zentraler Bestandteil von Unterricht zeichnen sich zudem durch eine Verwobenheit von Sequenzialität und Simultaneität aus (vgl. Fritzsche & Wagner-Willi, 2015, S. 133; Wagner-Willi, 2004b). Soziale Situationen sind also von einer *Überkomplexität* geprägt. Der Umgang mit diesem Merkmal stellt ein „wesentliches Moment der Beteiligung an und der Mitgestaltung von sozialen (und damit auch von pädagogischen) Interaktionen" (Dinkelaker, 2018, S. 154) dar. Dies führt dazu, dass sich die an der Interaktion beteiligten Personen nicht auf das ganze Geschehen beziehen, sondern notwendigerweise auf einen selektiven Anteil, wobei der Vorgang der Selektion in der Regel routiniert und abseits des Bewusstseins vor sich geht (vgl. ebd.). In einer sozialen Situation werden somit nur selektiv Anschlüsse an die vorangehende Interaktionsbewegung generiert und weitere mögliche Anschlüsse nicht weiterverfolgt. Außerdem wird nicht auf jedes Geräusch und jede Äußerung eingegangen. Werden jedoch audio- bzw. videografische Aufnahmen von sozialen Situationen erstellt, werden jegliche verbale – und bei videografischen Aufnahmen auch nonverbale – Interaktionsbewegungen erfasst. Dabei muss bedacht werden, dass „Aufzeichnungen und Transkripte [...] Eigenschaften eines Gesprächs [erzeugen können], die es für die Teilnehmer *nicht* hat" (Hirschauer, 2001, S. 434, Hervorh. i. O.). So können etwa technisch Bestandteile eines Gesprächs aufgezeichnet werden, die für die Gesprächsteilnehmenden „unterhalb der Bewusstseinsschwelle" (ebd.) bleiben und auf die sie nicht darauf reagieren. Für die Interpretation mit der dokumentarischen Methode eröffnet dies die Möglichkeit, sowohl darauf zu achten, worauf die interagierenden Personen reagieren, als auch darauf, worauf sie *nicht* reagieren. Die Frage danach, welche Gründe hinter einer (nicht) gewählten Bezugnahme stehen, kann jedoch nicht beantwortet werden. Dies käme einer „Motivunterstellung" (Bohnsack, 2018a, S. 56) gleich. Vielmehr stellt sich die Frage, was sich in den (nicht) gewählten Interaktionsanschlüssen dokumentiert.

Das im Rahmen der Kindergartenstudie gewählte Vorgehen der Zwei-Kamera-Strategie (vgl. Edelmann et al., 2018b, S. 55 f.) eignet sich für die Aufnahme von unterrichtlichen Interaktionen, da sich die beiden Kameraperspektiven gegenseitig ergänzen (vgl. Abschn. 2.1.3.1). Mit dieser Strategie konnte insbesondere dem spezifischen Merkmal von Kindergartenunterricht entsprochen werden, da dieser im Vergleich zum Unterricht ab der Primarstufe deutlich weniger in geführter Form an einem räumlich eingegrenzten Ort stattfindet. Durch das Funk-mikrofon konnten verbale Interaktionen in der Nähe der Lehrperson in einer guten Qualität aufgenommen werden. Da Anerkennungsverhältnisse über ver-bale und nonverbale Interaktionen sowie über soziale Praktiken rekonstruiert werden können, eignet sich das ursprünglich im Rahmen der Kindergartenstudie gewählte Vorgehen der Zwei-Kamera-Strategie somit auch für die Untersuchung von Anerkennungsverhältnissen. Mehr noch: Durch die Passung zwischen dem Erkenntnisinteresse der vorliegenden Untersuchung und dem in der Kindergarten-studie gewählten Vorgehen für die Generierung von empirischem Material wird die vorliegende Sekundäranalyse (vgl. Abschn. 2.1.4) überhaupt erst möglich.

Im Vergleich zu anderen Verfahren lässt sich mit der videogestützten Unter-richtsbeobachtung eine hohe Komplexität erfassen. Dennoch müssen auch bei der Erstellung von Videoaufnahmen viele Selektionsentscheide gefällt werden, um dem Forschungsgegenstand gerecht zu werden. Es kann nur ein Ausschnitt des Geschehens erfasst werden (vgl. Dinkelaker, 2018, S. 156), entsprechend bringen „Videografien […] kein ‚Abbild' sozialer Wirklichkeit hervor, vielmehr sind sie ausschnitthaft und selektiv" (Fritzsche & Wagner-Willi, 2015, S. 132). Nicht nur bei der videobasierten Unterrichtsbeobachtung an sich, sondern auch im Rahmen der Interpretationsschritte sind Selektionsentscheidungen notwendig: Aus dem umfangreichen Videomaterial müssen Sequenzen ausgewählt werden, die eine Passung mit dem Erkenntnisinteresse aufweisen. Dieser Selektionsschritt zur Aus-wahl von Sequenzen ist bedeutsam, denn dadurch werden die Videoaufnahmen laut Erickson (2006, S. 178) erst zum empirischen Datum.

Indem audiovisuelle Daten wiederholt betrachtet werden können (vgl. Knob-lauch, 2000, S. 169), ermöglicht der Einsatz von videografierten Unterrichts-beobachtungen die Berücksichtigung insbesondere von simultan stattfindenden Aktivitäten. Die Möglichkeit der Reproduzierbarkeit von videografierten Situatio-nen durch „Wiederholung und Zeitlupe" (ebd.) wird häufig als Vorteil genannt, den die Videografie z. B. gegenüber *in situ* schriftlich verfassten Beobachtungs-protokollen hat. Ein weiterer Vorzug besteht darin, dass die Auswahl der genauer beobachteten Situationen und Phänomene im Verlauf des Forschungsprozesses verändert werden kann und die videografierten Situationen unter einer anderen Perspektive wiederholt betrachtet werden können. Damit wird die „Selektivi-tät des Beobachtens am Video […] reversibel" (Dinkelaker, 2018, S. 155). Um der Komplexität von unterrichtlichen Interaktionen im Sinne der bereits erwähnten Verwobenheit von Sequenzialität und Simultaneität (vgl. Wagner-Willi, 2004b) auf der methodischen Ebene zu begegnen, wurden systematisch einzelne Fotogramme bzw. Standbilder oder *Stills* (vgl. z. B. Dinkelaker, 2018) in die Interpretationen einbezogen (vgl. Abschn. 6.4).

5.2.5   Herausforderung 5: Kinder als Beforschte

Da zu den beforschten Personen neben Erwachsenen auch Kinder zählen, erhält die Videografie zur Aufzeichnung der Interaktionen eine weitere zentrale Bedeutung. Kinder im Kindergartenalter (also ungefähr zwischen 4 und 6 bzw. 7 Jahren) haben aufgrund ihres Sprachentwicklungsstandes im Vergleich zu älteren Kindern noch nicht dieselben Möglichkeiten, ihre Bedürfnisse auszudrücken. Sie verfügen jedoch über einen „großen Fundus an implizitem, oder mit Mannheim: ‚atheoretischem' Wissen, das ihnen [...] nicht so ohne weiteres reflexiv zugänglich und sprachlich explizierbar ist" (Nentwig-Gesemann, 2010, S. 26). Erschwerend kommt hinzu, dass einige Kinder, die in der Schweiz den Kindergarten besuchen, Deutsch als Fremdsprache lernen. Diese Kinder sehen sich bei der Artikulation von Bedürfnissen gegenüber der Kindergartenlehrperson mit zusätzlichen Herausforderungen konfrontiert. Die nonverbale Kommunikation gewinnt damit zusätzlich an Bedeutung und muss sowohl in Bezug auf die Möglichkeiten der Erhebung von empirischem Material als auch in Bezug auf dessen Interpretation berücksichtigt werden. Durch die videogestützten Unterrichtsbeobachtungen gelingt es, nonverbale Kommunikation abzubilden. Diese wird mithilfe der dokumentarischen Videointerpretation (vgl. Asbrand & Martens, 2018; Fritzsche & Wagner-Willi, 2015) systematisch miteinbezogen und interpretiert. Um der nonverbalen Ebene mehr Gewicht zu verleihen, wurden die ausgewählten Sequenzen jeweils auch ohne Ton angeschaut. Zudem ermöglichte das auf bestimmten Selektionskriterien basierte Erstellen und Analysieren von Fotogrammen bzw. Standbildern (vgl. Abschn. 6.4) einen „Zugang zur Eigenlogik des Bildlichen bzw. Visuellen und der körperlichen Ausdrucksformen – einschließlich der Positionierung des Körpers im Raum und in Relation zu Objekten" (Bohnsack et al., 2015, S. 13). Im Vergleich zur Videoanalyse, die auf der Konversationsanalyse basiert und in der das Bild lediglich als Ergänzung verstanden wird, wird in der dokumentarischen Methode das Visuelle schwerpunktmäßig für die „Rekonstruktion der Eigenlogik des körperlichen Ausdrucks" (ebd.) eingesetzt.

5.3   Zusammenfassung mit Blick auf die vorliegende Untersuchung

In Kapitel 5 wurden zuerst die theoretische Grundlage der dokumentarischen Methode beschrieben. Es wurden zentrale Merkmale der praxeologischen Wissenssoziologie ausgeführt, die für das methodische Vorgehen relevant sind (vgl. Abschn. 5.1). Dazu zählen die Unterscheidung in kommunikatives und

konjunktives Wissen, der Wechsel der Analyseeinstellung, der konjunktive Erfahrungsraum, unterschiedliche Interaktionsmodi sowie die komparative Analyse und
die Verwendung von Vergleichshorizonten. Während die ersten drei Aspekte eher
auf der Ebene der Methodologie verortet werden können, weisen die letzten zwei
Aspekten eine stärkere Nähe zum methodischen Vorgehen auf. Nichtsdestotrotz
bilden alle fünf Merkmale zentrale theoretische Grundlagen für das Vorgehen
nach der dokumentarischen Methode dar.

Anschließend wurden fünf Herausforderungen identifiziert, die sich unaus-
weichlich aus dem Forschungsgegenstand ergeben und die bei der Wahl des
methodischen Vorgehens berücksichtigt werden müssen (vgl. Abschn. 5.2).
Zusammenfassend lässt sich festhalten, dass sich die dokumentarische Video-
und Interviewinterpretation, die auf den theoretischen Grundannahmen der praxeologischen Wissenssoziologie basieren, gut eignen, um produktiv mit den fünf
genannten Herausforderungen umzugehen.

Methodisches Vorgehen 6

Nachdem in Kapitel 5 die theoretische Fundierung der dokumentarischen Methode und die Passungsverhältnisse zwischen dem Forschungsgegenstand und dem methodischen Vorgehen fokussiert wurden, steht nun die Darstellung des konkreten methodischen Vorgehens im Mittelpunkt. In diesem Kapitel wird dargestellt, wie die dokumentarische Methode in der vorliegenden Untersuchung für die Interpretation von videogestützten Unterrichtsbeobachtungen und leitfadengestützten Interviews angewendet wurde. Das Vorgehen besteht aus einzelnen, sich unterscheidenden Arbeitsschritten. Die gemeinsame Interpretation von empirischem Material in Forschungswerkstätten und die komparative Analyse spielen dabei im Laufe des gesamten Forschungsprozesses eine zentrale Rolle.

Bei der dokumentarischen *Video*interpretation wurde in Anlehnung an die Vorschläge von Fritzsche und Wagner-Willi (2015) sowie von Asbrand und Martens (2018) vorgegangen. Die methodischen Arbeitsschritte werden in den Abschnitten 6.1–6.5 vertieft ausgeführt. Für die dokumentarische *Interview*interpretation wurde das Vorgehen nach Nohl (2017) gewählt. Die Interpretationsschritte ähneln stark denjenigen bei der dokumentarischen Videointerpretation. Daher werden das Vorgehen und die Bedeutung der einzelnen Arbeitsschritte, die im Rahmen der dokumentarischen Interviewinterpretation durchgeführt wurden, in den nachfolgenden Unterkapiteln jeweils im Anschluss an die Ausführungen zur dokumentarischen Videointerpretation beschrieben, also ebenfalls in den Abschnitten 6.1–6.5. Zum besseren Verständnis der Kapitelstruktur und der dort beschriebenen Arbeitsschritte der dokumentarischen Video- und Interviewinterpretation wird in Tabelle 6.1 eine Übersicht dargestellt. Nicht in der Tabelle enthalten ist die komparative Analyse als grundlegendes Prinzip der Interpretationsarbeit (vgl. Abschn. 5.1.5).

© Der/die Autor(en) 2025
S. Staub, *Anerkennungsverhältnisse in der Schule*, Kinder, Kindheiten und Kindheitsforschung 33, https://doi.org/10.1007/978-3-658-46176-8_6

Tabelle 6.1 Übersicht über die Zuordnung der Arbeitsschritte zu den Unterkapiteln. (Quelle: eigene Darstellung)

Unterkapitel	Arbeitsschritt der dokumentarischen Videointerpretation	Arbeitsschritt der dokumentarischen Interviewinterpretation
6.1 Auswahl der Fälle		
6.2 Auswahl und Transkription der Sequenzen und Passagen	1. Erstellen eines Handlungs- und Interaktionsverlaufs	1. Auswahl von transkribierten Passagen zur Interpretation
	2. Auswahl von Sequenzen für eine detaillierte Interpretation	
	3. Transkription des verbalen Anteils der Interaktion	
	4. Auswahl von Fotogrammen bzw. Standbildern als Ergänzung des Transkripts	
6.3 Formulierende Interpretation	5. Formulierende Interpretation der verbalen und nonverbalen Interaktion	2. Formulierende Interpretation
6.4 Interpretation der Fotogramme	6. Interpretation der Fotogramme	–
6.5 Reflektierende Interpretation	7. Reflektierende Interpretation der verbalen und nonverbalen Interaktion	3. Reflektierende Interpretation
	8. Gesamtinterpretation der Sequenz	
6.6 Zirkuläres Vorgehen und Produktion von Texten	*grundlegende Prinzipien*	

Die Transkripte der Interviews, die im Rahmen der Kindergartenstudie (Edelmann et al., 2018b) mit denselben Kindergartenlehrpersonen geführt wurden, die auch videogestützt im Unterricht beobachtet wurden, erhalten in der vorliegenden Untersuchung im Vergleich zur dokumentarischen Videointerpretation eine ergänzende Funktion. Das konkrete Vorgehen bei der dokumentarischen Video- und Interviewtranskription wird nachfolgend anhand von konkreten Beispielen aus der vorliegenden Untersuchung aufgezeigt und begründet. Dies dient der Nachvollziehbarkeit des methodischen Vorgehens.

6.1 Auswahl der Fälle

Für die vorliegende Untersuchung lagen als empirisches Material videogestützte Unterrichtsbeobachtungen und leitfadengestützte Interviews mit Kindergartenlehrpersonen zur Verfügung. Die Auswahl der zwei Fälle, die in Kapitel 7 ausführlich beschrieben werden, erfolgte in einem zirkulären Vorgehen mit engem Bezug zum gesamten empirischen Material aus dem Datenkorpus der Video- und der Interviewstudie. Die videogestützten Unterrichtsbeobachtungen standen im Vordergrund, während die Interviews ergänzend hinzugezogen wurden. Nachfolgend wird aufgeführt, welche Schritte zur Auswahl der beiden Fälle bzw. der Kindergärtnerinnen Sandras Sommer und Dora Dünki führten.

Da in jedem der zwanzig Kindergärten knapp vier Stunden lang gefilmt wurde, war das empirische Material sehr umfassend. Eine erste Selektionsentscheidung bestand daher darin, innerhalb der videografierten Unterrichtsbeobachtungen auf eine spezifische Phase zu fokussieren, die in allen Kindergärten beobachtet werden kann. Die Entscheidung fiel auf die Auffangzeit (vgl. Abschn. 3.2): In dieser Phase werden die Kinder einzeln oder in Kleingruppen begrüßt und adressiert, während andere Kinder bereits in unterschiedliche Aktivitäten involviert sind. Gemäß der dokumentarischen Methode wird hier die Auffangzeit in Anlehnung an Gruppendiskussionen als „Eingangspassage" (Asbrand & Martens, 2018, S. 53) verstanden. Es wird davon ausgegangen, dass das Verhältnis zwischen der Kindergartenlehrperson und dem Kindergartenkind beim Erstkontakt und im Rahmen des Übergangs vom familiären Umfeld in den Kindergarten ausgesprochen deutlich zum Ausdruck kommt (vgl. Abschn. 3.2.1). Aus diesem Grund schien die Auffangzeit besonders geeignet für die Analyse von gegenseitiger Adressierung bzw. von Anerkennungsverhältnissen zwischen Kindergartenlehrpersonen und Kindergartenkindern.

Um einen Überblick über die Auffangzeit der zwanzig Unterrichtsbeobachtungen zu erhalten, wurde für alle videogestützten Unterrichtsbeobachtungen ein grober thematischer Verlauf erstellt. Auf dieser Grundlage konnten erste Fälle bestimmt werden, die weiter analysiert wurden. Es zeigte sich, dass in der Auffangzeit zusätzlich zur individuellen Begrüßung – die in allen untersuchten Kindergärten ähnlich abläuft, nämlich mit Handschlag und Namensnennung – die Einführung der Kinder in die von der Kindergartenlehrperson vorgesehene Tätigkeit sowie die Begleitung der Kinder bei der Ausführung dieser Tätigkeit bedeutsam sind. Durch den Vergleich der Auffangzeiten in den untersuchten Kindergärten zeigte sich, dass sich die Praktiken der Lehrpersonen im Rahmen der Einführung und Begleitung unterscheiden. Als weiterer Schritt wurden Brüche im

Interaktionsverlauf zwischen der Kindergartenlehrerin und einzelnen Kindergar-
tenkindern fokussiert, was sich aus methodischer Perspektive als ergiebig für die
Rekonstruktion des dokumentarischen Gehalts sowie der Praktiken erwies (vgl.
Asbrand & Martens, 2018, S. 177).

Für die vertiefte Untersuchung wurden zuerst vier Fälle ausgewählt, die je
einem der vier konstruierten Typen[1] der Kindergartenstudie zugehören. Da für
deren Konstruktion die Ergebnisse aus der Video- und der Interviewstudie einbezogen wurden, schien es angebracht, die ersten Fälle in Anlehnung an diese
Typenbildung auszuwählen. Für die videografiere Auffangzeit dieser vier Fälle
wurde je ein *Handlungs- und Interaktionsverlauf* (vgl. Fritzsche & Wagner-Willi,
2015, S. 136.) erstellt (vgl. Abbildung 6.1, Abschn. 6.2.1). Anschließend wurden erste Sequenzen dokumentarisch interpretiert. Um einen kontrastierenden
Vergleich zwischen den Fällen zu ermöglichen, wurde stets auf die Vergleichbarkeit der ausgewählten Videosequenzen geachtet. Die Sequenzen aus diesen
vier Kindergärten wurden um solche aus vier weiteren ergänzt. Dazu wurde nach
möglichst vielen unterschiedlichen Arten der Einführung in die Aktivität und die
Aufgabenstellung suchend pro konstruiertem Typus je ein weiterer Fall ausgewählt. Für die gesamte Auffangzeit dieser weiteren vier Fälle wurde ebenfalls
ein Handlungs- und Interaktionsverlauf erstellt. Insgesamt wurden somit acht
Fälle bzw. Kindergärten anhand von ausgewählten Videosequenzen und Interviewpassagen genauer untersucht und davon schlussendlich zwei ausgewählt (vgl.
Kap. 7).

Für die Auswahl der beiden Fälle war das Kriterium der Vergleichbarkeit
in Bezug auf die Anwesenheit von Erwachsenen zentral. Es wurden zwei Kindergärten ausgewählt, in denen nur *eine* Kindergartenlehrperson anwesend war.
Dieser Entscheid basierte auf einer forschungspragmatischen Argumentation: Die
Komplexität der Interaktionen zwischen der Lehrperson und den Kindern in unterrichtlichen Situationen (vgl. Abschn. 3.2.4) ist u. a. aufgrund der Verwobenheit
von Sequenzialität und Simultanität per se schon sehr hoch (vgl. Asbrand & Martens, 2018, S. 84–88). Daher bedeutete der Ausschluss von Settings mit mehr als

---

[1] Aus dem Datenkorpus der Kindergartenstudie konnten vier Typen konstruiert werden,
denen alle zwanzig Kindergartenlehrpersonen zugeordnet werden konnten (Edelmann et al.,
2018b, S. 167–174). Dabei handelt es sich um folgende vier Typen: konstruktiv-reagierend,
konstruktiv-agierend, adaptiv-reagierend und resignativ. Diese vier Typen konnten durch die
Identifikation von zwei Vergleichsdimensionen bestimmt werden: 1. Innensicht der Kindergartenlehrpersonen: subjektive Wahrnehmung der Klassensituation (unterschieden wurden
eine konstruktive, eine adaptive und eine resignative Wahrnehmung). 2. Aussensicht durch
die videobasierte Beobachtung: Unterrichtsgestaltung (hier wurden die reagierende und die
agierende Spiel- und Lernbegleitung unterschieden).

einer anwesenden Lehrperson eine Komplexitätsreduktion. Des Weiteren waren die beiden Fälle vergleichbar in Bezug auf die Art der Ausbildung zur Kindergartenlehrperson, dem Alter und dem Dienstalter. Hingegen zeigte sich ein Kontrast bei der Art und Weise, wie die Kinder zur vorgesehenen Aufgabe hingeführt wurden. Ein letzter Grund für die Wahl der beiden Fälle bestand darin, dass die Autorin die Verantwortung für die videografierten Unterrichtsbeobachtungen in beiden Kindergärten trug und die Lehrpersonenkamera bediente. Die persönliche Mitarbeit und Anwesenheit bei der Datenerhebung erlaubt ein gewisses Wissen über den Kontext der Aufnahme.

Für die komparative Analyse im Rahmen der dokumentarischen Methode (vgl. Abschn. 5.1.5) ist die Bestimmung von Vergleichsdimensionen wichtig (vgl. ebd., S. 188). Da das Erkenntnisinteresse auf Anerkennungsverhältnissen bzw. Normen der Anerkennung lag (vgl. Abschn. 4.1), wurden Letztere zur Vergleichsdimension. Demnach wurden Fälle ausgewählt, die sich im Hinblick auf Normen der Anerkennung unterscheiden. In erster Linie wurde auf einen Kontrast bei der dokumentarischen Videointerpretation geachtet und geprüft, ob sich in der dokumentarischen Interviewinterpretation bezüglich dieser Vergleichsdimension ein Unterschied zeigte.

Da in der vorliegenden Untersuchung auf das Erstellen einer Typologie verzichtet wurde, bestand nicht der Anspruch, bei der Auswahl der Fälle „Eckfälle" (Dörner et al., 2019, S. 34) zu begünstigen, die einen bestimmten Typ besonders deutlich vertreten. Die Fälle mussten dem Anspruch gerecht werden, dass in Bezug auf die Vergleichsdimension der Normen der Anerkennung ein Kontrast vorhanden sein muss. Die Entscheidung, die Erkenntnisse der Studie auf der Basis von zwei Fällen darzustellen, fiel im Verlauf des Forschungsprozesses. Da durch das Design der Studie durch die Kombination von videobasierten Unterrichtsbeobachtungen und leitfadengestützten Interviews schnell eine gewisse Komplexitätsstufe erreicht war, wurde zugunsten einer vertieften Analyse und Darstellung der beiden Fälle auf eine Ausweitung auf mehr als zwei Fälle verzichtet.

6.2 Auswahl und Transkription der zu interpretierenden Sequenzen und Passagen

Da davon ausgegangen werden kann, dass sich dokumentarische Sinngehalte homolog – d. h. übereinstimmend – im gesamten Material dokumentieren bzw. dass dies anhand von mehreren ausgewählten Stellen auch überprüft wird, kann auf eine vollständige Interpretation des gesamten Materials verzichtet werden (vgl. Asbrand & Martens, 2018, S. 53). Nachfolgend wird daher beschrieben, wie zuerst ein Überblick über das umfassende Material erstellt wurde, nach welchem Vorgehen anschließend Sequenzen und Passagen ausgewählt und wie diese schließlich transkribiert wurden. Zuerst wird hierzu das Vorgehen der dokumentarischen Videointerpretation und anschließend dasjenige der dokumentarischen Interviewinterpretation beschrieben.

Die Bezeichnungen „Sequenz", „Passage" und bisweilen auch „Szene" werden in der einschlägigen Literatur nicht ganz trennscharf verwendet. In der vorliegenden Untersuchung steht die Bezeichnung „Sequenz" für einen „Abschnitt einer Video- oder Audioaufnahme" (ebd., S. 176), der auf der Ebene der abgebildeten Bildproduzentinnen und -produzenten, also der Kindergartenlehrerinnen und der Kindergartenkinder, eine „Handlungseinheit" (Bohnsack, 2011, S. 160) darstellt. Bei der Festlegung des Beginns und des Endes einer Sequenz wurde darauf geachtet, dass eine „abgeschlossene Interaktionseinheit" (Asbrand & Martens, 2018, S. 177) vorlag, die aus den Interaktionsbewegungen *Proposition, Elaboration* und *(Zwischen-)Konklusion* bestand (vgl. Przyborski, 2004, S. 59–61). Im Rahmen von videografierten Interaktionen können auch Dinge einen propositionalen Gehalt aufweisen (vgl. Asbrand & Martens, 2018, S. 222). Das Vorhandensein der drei Interaktionsbewegungen ist sowohl notwendig für die Rekonstruktion von Orientierungen (vgl. Przyborski, 2004, S. 51) als auch des Interaktionsmodus (vgl. Asbrand & Martens, 2018, S. 58–60). Die Bezeichnung „Passage" steht für einen Ausschnitt aus einem Interview, in dem ein Thema behandelt und abgeschlossen wird (vgl. Przyborski, 2004, S. 51). Diese Eingrenzung wurde auch in der vorliegenden Untersuchung verwendet. Da die Unterscheidung in „Sequenz" und „Passage" für die vorliegende Untersuchung ausreichten, wurde auf die Verwendung der Bezeichnung „Szene" verzichtet.

Nachfolgend wird zuerst dargestellt, wie für die videografiere Auffangzeit der acht Fälle Handlungs- und Interaktionsverläufe erstellt wurden (Abschn. 6.2.1). Dann wird erläutert, nach welchen Kriterien Sequenzen und Passagen für die dokumentarische Interpretation ausgewählt wurden (Abschn. 6.2.2). Der Prozess des Transkribierens wird separat für die Sequenzen der videografierten Unterrichtsbeobachtung (Abschn. 6.2.3) – und für Passagen der Interviews (Abschn. 6.2.4) – beschrieben.

6.2.1 Erstellen eines Handlungs- und Interaktionsverlaufs

Bevor einzelne Sequenzen bzw. Passagen ausgewählt werden konnten, musste ein Überblick über das umfassende Datenmaterial erstellt werden. Für alle Aufnahmen lag ein mit der Software Transana erstelltes Verlaufsprotokoll vor (vgl. Edelmann et al., 2018b, S. 57 f.). Wie bereits erwähnt, wurden für acht videografierte Kindergartenvormittage für die ersten ungefähr dreißig Minuten ein Handlungs- und Interaktionsverlauf auf der Ebene der „operativen Handlungen" (Bohnsack, 2011, S. 145) erstellt (vgl. Abbildung 6.1). Dabei wurden die Perspektiven beider Kameras miteinbezogen (vgl. Abschn. 2.1.4), indem die beiden in die Software Transana importierten und darin synchronisierten Videos parallel abgespielt wurden. Dadurch war zu jedem Zeitpunkt ersichtlich, ob die Kameras dieselbe Situation aus zwei Blickwinkeln filmten oder ob die Aufnahmen von zwei unterschiedlichen Situationen stammten und daher auch getrennt im Interaktions- und Handlungsverlauf erwähnt wurden. Mit Transana können die beiden Tonspuren separat abgespielt werden, was besonders für Sequenzen hilfreich war, in denen in unterschiedlichen Räumen gefilmt wurde. Die separate Tonspur war jedoch auch dann vorteilhaft, wenn Anteile einer verbalen Interaktion nur auf einer der beiden Tonspur verständlich waren.

Bei der Interpretation der Interviews wurde auf das Erstellen einer zusätzlichen thematischen Übersicht verzichtet, da alle Interviews anhand desselben Leitfadens geführt wurden und die Fragen nach einer thematischen Struktur gegliedert waren. Zudem lagen die Feintranskribierungen der zwanzig leitfadengestützten Interviews vor. Die transkribierten Interviews mit den für die Fallbeschreibung ausgewählten zwei Fällen wurden auf solche Themen überprüft, die von der vorgegebenen thematischen Fragestruktur abwichen.

6.2.2 Auswahl von Sequenzen und Passagen

Die Auswahl von Sequenzen aus den videografierten Unterrichtsbeobachtungen und von Passagen aus den Interviewtranskripten wurde nach formalen und inhaltlichen Kriterien vorgenommen (vgl. Asbrand & Martens, 2018, S. 177; Przyborski, 2004, S. 52). Für die Auswahl von Sequenzen wurden konsequent die Aufnahmen beider Kameras betrachtet (vgl. Beeli-Zimmermann et al., 2020) und dabei folgende vier Kriterien herangezogen (vgl. Asbrand & Martens, 2018, S. 177; Przyborski, 2004, S. 52):

Beispielhafter Ausschnitt aus einem Handlungs- und Interaktionsverlauf (Quelle: Eigene Darstellung)

Handlungs- und Interaktionsverlauf
(mit Fokus auf die Kindergartenlehrperson Dora Dünki)

Zeitraum: 00:06:05 bis 00:36:24
Erstellungsdatum: 14.11.2019

00:06:43 – Dora Dünki begrüßt das erste Kind, bittet den Jungen, die Hände mit Seife zu waschen und zeigt ihm, welche Aufgabe ihm zugewiesen wurde und wie er diese zu erledigen habe.
- Die Kindergartenlehrerin geht zur Garderobe und begrüßt das erste Kind in der Garderobe mit Handschlag und Namen.
- Sie spricht mit dem Jungen in der Garderobe. Sie fragt ihn, was er gemacht habe. Er sagt, er sei mit einem neuen Fahrrad umgefallen.
- Dora Dünki geht in den Kindergartenraum zurück und zündet das Oberlicht an. Sie geht zu einem Arbeitstisch und zeichnet etwas auf einem Arbeitsblatt ein (es ist noch kein Kind im Zimmer).
- Die Kindergartenlehrerin geht wieder zur Garderobe und bittet das Kind, hereinzukommen und mit dem Arbeitsblatt zu beginnen. Sie bittet den Jungen, seine Hände mit Seife zu waschen. Er geht zum Waschbecken und wäscht sich die Hände.
- Der Junge sucht seinen Arbeitsplatz. Dora Dünki sagt, dieser sei immer am selben Ort.
- Sie erklärt dem Jungen die Aufgabe und weist ihn auf die Lösung hin, die im Kreis auf dem Boden liegt.
- Sie geht kurz zum Eingang und kommt wieder ins Zimmer zurück. Sie gibt dem Jungen Hinweise, wie er beim Ausschneiden vorgehen könnte, und schaut ihm zu, wie er es macht. Sie bringt ihm einen Klebstift und sagt, er solle zuerst alle Clowns ausschneiden und sortieren und erst dann aufkleben.

00:13:26 – Dora Dünki gibt einer Mutter Telefonnummern und begrüßt ein Mädchen, dem sie danach die Aufgabe erklärt.
- Es sind Stimmen in der Garderobe hörbar. Dora Dünki geht hin und begrüßt die Mutter eines Kindergartenkindes in die Garderobe.
- Die Mutter erklärt, dass sie das Mädchen am Vortag nicht abgemeldet habe, weil sie keine Nummer gehabt habe. Dora Dünki geht zu ihrem Pult und notiert etwas auf einem Papier.
- Sie geht zur Zimmertür und richtet den Blick auf ein Papier, das an der Wand hängt. Dann geht sie zum Pult zurück und schaut auf ihr Handy.
- Sie geht zur Garderobe zurück und spricht mit dem Kind über ein mitgebrachtes Heft (nur hörbar). Sie gibt der Mutter ihre Handynummer und die Nummer des Kindergartens.
- Dann begrüßt sie das Kind mit Namen (nur hörbar). Sie bittet das Mädchen, seine Hände zu waschen zu gehen und sich von der Mutter zu verabschieden (nur hörbar).
- Das Mädchen betritt den Raum und Dora Dünki wiederholt die Aufforderung, die Hände zu waschen.
- Der Junge ruft, dass er schon drei Clowns ausgeschnitten habe.
- Die Kindergartenlehrerin geht hin und bestätigt seine Aussage.
- Sie nimmt die Papierabfälle mit.
- Dora Dünki nimmt das Mädchen an der Hand, führt es in den Kreis und erklärt ihm die Clown-Aufgabe anhand der Lösung im Kreis.
- Zurück am Arbeitsplatz des Mädchens, schneidet Dora Dünki das bereits auf dem Tisch liegende Papier in einzelne Stücke.

00:17:35 – Weitere Kinder treffen ein.
- Ein Junge trifft im Kindergartenraum ein. Dora Dünki gibt ihm die Hand und sagt, er solle die Hände waschen.
- ….

Abbildung 6.1 Beispielhafter Ausschnitt aus einem Handlungs- und Interaktionsverlauf. (Quelle: Eigene Darstellung)

6.2.2.1 Interaktive Dichte

Für die dokumentarische Interpretation sind Stellen, die eine *interaktive Dichte* aufweisen, besonders aussagekräftig (vgl. Bohnsack, 2014b, S. 125; Przyborski, 2004, S. 51). Sequenzen mit einer hohen interaktiven und metaphorischen Dichte werden auch als „Fokussierungsmetaphern" (Bohnsack, 2014b, S. 125) bezeichnet.[2] Aus den vorliegenden Videoaufnahmen wurden Sequenzen ausgewählt, in denen die Kindergartenlehrpersonen sprachlich sowie körperlich sehr aktiv mit einem oder mehreren Kindern interagierten. Zudem wurden Sequenzen ausgewählt, in denen Dinge im Fokus standen (vgl. Asbrand & Martens, 2018, S. 177), etwa Gegenstände, die die Kinder in den Kindergarten mitbrachten, und Materialien, die die Lehrerin vorbereitet hatte.

Bei den Interviewtranskripten wurden nach dem Kriterium der interaktiven Dichte Passagen ausgewählt, in „denen sich die befragten Personen besonders ausführlich, engagiert und metaphorisch geäußert haben" (Nohl, 2017, S. 30). Auch in Bezug auf Interviews wird in der Literatur die Bezeichnung „Fokussierungsmetapher" (Bohnsack, 2018b, S. 84 f.) verwendet (vgl. Nohl, 2017, S. 30). In solchen Passagen können die Befragten unter Umständen andere Themen fokussieren als die Forscherinnen und Forscher, was korrektiv wirken kann (vgl. ebd.).

6.2.2.2 Thematisch-inhaltliche Relevanz

Ein zweites Auswahlkriterium stellt die *thematisch-inhaltliche Relevanz* in Bezug auf das Erkenntnisinteresse und die Forschungsfragen dar. Im Rahmen der videogestützten Unterrichtsbeobachtungen wurden Begrüßungssequenzen sowie die in der Regel daran anschließende Thematisierung der Aktivität ausgewählt. Beim Beginn eines Gesprächs erfolgt eine Themeninitiierung und/oder eine Proposition, die anschließend von der Gruppe bearbeitet wird (vgl. Asbrand & Martens, 2018, S. 53). Somit erfüllen die Sequenzen mit der Begrüßung in inhaltlicher *und* formaler Hinsicht die Auswahlkriterien.

Im Rahmen der dokumentarischen Interviewinterpretation wurden Passagen herausgegriffen, in denen die Kindergartenlehrperson den Kindergartenalltag und die aktuelle Kindergartenklasse sowie damit einhergehende Chancen und Herausforderungen beschrieb. Hierbei handelt es sich um Themen, die für das Erkenntnisinteresse relevant sind, aber auch um solche, die sich für eine komparative Analyse eigneten (vgl. Nohl, 2017, S. 30). Diese Passagen zeigten sich

---

[2] In Bezug auf Videografien spricht Nentwig-Gesemann (2010) dann von „Fokussierungsakten" (ebd., S. 28), wenn es sich um „besonders selbstläufige, interaktiv dichte und körperlich-performative Handlungspassagen handelt" (ebd.). Nachfolgend wird in diesem Zusammenhang die Bezeichnung „interaktiven Dichte" verwendet.

zudem als ergiebig in Bezug auf die Frage nach der Konstruktion des Kindergartenkindes. Diesbezüglich muss beachtet werden, dass auch Sequenzen relevant sein können, die nicht dem Erkenntnisinteresse der Forscherinnen und Forscher entsprechen. Darin kommen „die Relevanzen der Akteurinnen und Akteure des Unterrichts zum Ausdruck" (Asbrand & Martens, 2018, S. 177).

6.2.2.3 Diskontinuitäten

Ein drittes Auswahlkriterium stellen *Diskontinuitäten* im Unterrichtsverlauf dar. Während Asbrand und Martens (2018) von „abrupte[n] Wechsel[n] von Unterrichtsepisoden oder -perioden" (ebd., S. 177) sprechen, handelt es sich bei der vorliegenden Untersuchung um subtilere Diskontinuitäten, die sich auf das Verhalten einzelner Kinder beziehen. Aus den vorliegenden videografierten Unterrichtsbeobachtungen wurden Sequenzen ausgewählt, in denen ein Kind nicht nach der explizit von der Lehrperson formulierten Anleitung vorgeht, in denen es im Vergleich zu anderen Kindern ein abweichendes Verhalten aufzeigt oder sich etwas anderem widmet als dem vorbereiteten Spiel- und Lernangebot, oder aber Sequenzen, in denen die Lehrperson interveniert. Der Wechsel kann sowohl von der Kindergartenlehrperson als auch von den Kindern initiiert werden (vgl. ebd.). Dieses Auswahlkriterium war vor allem im Rahmen der dokumentarischen Videointerpretation relevant. Entsprechende Sequenzen wurden als „bruchhaft" bezeichnet. So konnte auf den weniger subtilen Begriff der „Diskontinuität" verzichtet werden.

6.2.2.4 Vergleichsdimensionen

Ein letztes Auswahlkriterium stellen die sogenannten *Vergleichsdimensionen* dar. Für die vorliegende Untersuchung wurden Normen der Anerkennung zur Vergleichsdimension. Aufgrund dieser wurden Sequenzen und Passagen ausgewählt, die eine Homologie – d. h. eine Übereinstimmung – aufzeigten. Es wurden so lange Sequenzen und Passagen ausgewählt und interpretiert, bis innerhalb eines Falls homolog dieselben Normen der Anerkennung rekonstruiert werden konnten und die Hinzunahme weiterer Sequenzen und Passagen keine weiteren Erkenntnisse lieferten (vgl. Asbrand & Martens, 2018, S. 53). Zudem wurden Sequenzen selektiert, in denen andere als die bis zu dem Zeitpunkt rekonstruierten Normen der Anerkennung bedeutsam waren. So gelang es, ein Set an verschiedenen Normen der Anerkennung zu rekonstruieren.

Zu einem fortgeschrittenen Zeitpunkt im Forschungsprozess können sich durch die komparative Analyse (vgl. Abschn. 5.1.5) weitere Kriterien für die Auswahl von Sequenzen ergeben (vgl. z. B. Fritzsche & Wagner-Willi, 2015, S. 137). Bei der Videointerpretation wurden so zusätzlich zu den Normen der Anerkennung soziale Praktiken der Kindergartenlehrpersonen zu einer Vergleichsdimension. Bei der Interviewinterpretation kamen im fortschreitenden Interpretationsprozess die Selbstpositionierungen der Kindergartenlehrpersonen sowie die Art und Weise, wie das Kindergartenkind von der befragten Kindergartenlehrperson im Interview als solches konstruiert wird, als Vergleichsdimensionen hinzu. Dabei zeigte sich deutlich, dass das methodische Vorgehen der dokumentarischen Interpretation nicht linear ist und immer wieder das vorliegende empirische Material konsultiert werden musste.

6.2.3   Transkription von verbalen Interaktionen in den videografierten Unterrichtsbeobachtungen

Obwohl die ausgewählten Sequenzen der videografierten Unterrichtsbeobachtungen an sich eine wichtige Interpretationsgrundlage darstellen[3] (vgl. Asbrand & Martens, 2018, S. 184), ist es wichtig, die verbale und die nonverbale Interaktion sowie den Umgang mit Dingen innerhalb einer Sequenz zu verschriftlichen. Transkripte „fördern […] durch die gedruckte Repräsentation und Datensicherung des empirischen Fallmaterials die wissenschaftliche Verständigung *über* das Fallmaterial" (Hampl, 2010, S. 54, Hervorh. i. O.). Mit einem Verbaltranskript lassen sich die Simultaneität und die Sequenzialität der verbalen Interaktion genauer wiedergeben. Zusammenhängende verbale Aussagen können damit besser nachvollzogen werden, weil sie nicht durch die Darstellung von gleichzeitig stattfindenden nonverbalen Aktionen[4] auseinandergerissen dargestellt werden.

Für die Transkription der Audiodateien wurde das Notationssystem „TiQ: Talk in Qualitative Social Research" (Bohnsack, 2014b, S. 253–255; Przyborski & Wohlrab-Sahr, 2014, S. 167–170) verwendet, das in der dokumentarischen Interpretation üblicherweise zum Einsatz kommt (vgl. Anhang A1). Im Gegensatz zu TiQ wurde in der vorliegenden Untersuchung auf die Verwendung von anonymisierenden Kürzeln verzichtet; stattdessen wurden allen beteiligten Personen andere Namen zugeteilt. Beim Transkribieren der verbalen Interaktionen, die in Schweizer Mundart stattfanden, wurde auf eine Übersetzung ins Hochdeutsche verzichtet (vgl. z. B. Abbildung 7.1). Dies ermöglichte es, näher am Gesprochenen zu bleiben. Um mit wissenschaftlichem Personal aus Deutschland

---

[3] Hier zeigt sich ein Gegensatz im Vergleich zur dokumentarischen Interviewinterpretation, bei der das (Verbal-)Transkript und nicht die Audioaufnahme die Interpretationsgrundlage ist (vgl. Asbrand & Martens, 2018, S. 51).

[4] Für eine kombinierte Art und Weise der Darstellung des Handlungs- und Interaktionsverlaufs vgl. Fritzsche und Wagner-Willi (2015).

im Rahmen von Forschungswerkstätten gemeinsam mit den Transkripten arbeiten zu können, wurden diese jeweils zusätzlich ins Hochdeutsche übertragen (vgl.
Anhang B1 – B3).

Für die Erstellung der Verbaltranskripte wurde in erster Linie die Aufnahme
der Lehrpersonenkamera verwendet, die mit einem Funkmikrofon verbunden war.
Mit ihr konnten in guter Qualität Interaktionen aufgenommen werden, die in
der Nähe der gefilmten Kindergartenlehrpersonen stattfanden. Dadurch könnte
jedoch der Eindruck entstehen, dass die Lehrpersonen im Unterrichtsgeschehen
eine sehr dominante Rolle einnehmen. Diese Dominanz wird durch das zeitweilige Ausschalten der Audiospur der Lehrpersonenkamera und die Fokussierung
auf die Audiospur der Klassenkamera deutlich abgeschwächt. Dieses Vorgehen
konnte jedoch nur eingesetzt werden, wenn beide Kameras – und damit auch
die zugehörigen Mikrofone – auf ungefähr denselben Ausschnitt gerichtet waren.
Eine weitere Möglichkeit zur Relativierung der vermeintlichen Dominanz der
Lehrperson war das zeitweilige Ausschalten der Audiospur und die Fokussierung
auf die Interaktion auf der nonverbalen, körperlichen, materiellen und räumlichen Ebene. Gerade in Bezug auf die vorliegende Forschungsfrage nach dem
Anerkennungsverhältnis zwischen den Kindergartenlehrpersonen und den Kindergartenkindern muss diese aufnahmetechnische Entscheidung bzw. die damit
möglicherweise entstehende Dominanz der Kindergartenlehrperson berücksichtigt
werden.

Für jede ausgewählte Sequenz wurde das Verbaltranskript in eine Excel-
Tabelle eingetragen. Oberhalb des Transkripts wurde zur besseren Nachvollziehbarkeit ein Fotogramm bzw. ein Standbild oder *Still* (vgl. z. B. Dinkelaker, 2018)
eingefügt, das mit den anonymisierten Namen der an der Interaktion beteiligten Personen beschriftet wurde. Auf demselben Tabellenblatt wurden rechts
neben dem Verbaltranskript jeweils mehrere Fotogramme von beiden Kameraperspektiven eingefügt (vgl. Asbrand & Martens, 2018, S. 178). Sie wurden
als Screenshots aus der Darstellung in der Software „Transana" erstellt, in der
die beiden Kameraperspektiven synchronisiert abgespielt werden können, sodass
derselbe Moment abgebildet wird. Auf den Fotogrammen wurden die Gesichter
zur Anonymisierung in Photoshop verpixelt. Die Fotogramme ergänzen das Verbaltranskript um visuelle Daten (vgl. ebd., S. 193) und stellen in ihrer Abfolge
„wesentliche Interaktionskonstellationen, nonverbale Aktionen und Positionierungen im Raum sowie Wechsel und Diskontinuitäten der Interaktionskonstellation
und -verläufe" (ebd., S. 198 f.) dar. Bei der Auswahl der Fotogramme stand
das Kriterium im Vordergrund, Konstellationen abzubilden, die für die jeweilige
Sequenz als typisch gelten können (vgl. ebd., S. 183). Durch die Aneinanderreihung solcher Fotogramme konnte der Verlauf der Interaktion dargestellt werden.

Außerdem ermöglichte die Reihung einen Einblick in die „Kontinuität und den Wandel der Unterrichtsinteraktion" (ebd.). Die Auswahl der Fotogramme hat sich im Verlauf des Interpretationsprozesses noch verändert.

Abbildung 6.2 Zusammenstellung von Verbaltranskript und Fotogrammen
Bemerkung: Verbaltranskript mit Timecodes (links unten) inklusive der Übersicht über die in die Interaktion involvierten Personen mit anonymisierten Namen (links oben) sowie Fotogramme mit Timecodes (rechts). (Quelle: Eigene Darstellung)

Diese Zusammenstellung von Verbaltranskript und Fotogrammen ist exemplarisch in Abbildung 6.2 ersichtlich. Die formulierende Interpretation der Sequenz wurde unterhalb des Verbaltranskripts aufgeführt (in Abbildung 6.2 nicht zu sehen). Die um die formulierende Interpretation erweiterten Transkripte wurden in Forschungswerkstätten als „vorrangige Arbeits- und Kommunikationsgrundlage" (Hampl, 2015, S. 441) verschickt und dann gemeinsam interpretiert. Der Verschriftlichungsprozess erforderte ein wiederholtes und exaktes Beobachten der videografierten Interaktionen, was zu einem vertieften Verständnis bezüglich Simultaneität und Sequenzialität führte. Das Vorgehen bei der formulierenden Interpretation von Videosequenzen wird in Abschnitt 6.3.1 beschrieben.

Um das Transkript, die formulierende – und später auch die reflektierende – Interpretation, die Fotogramme sowie das Video aufeinander beziehen zu können, wurden sogenannte Timecodes – auf Sekunden genaue Zeitangaben aus den

Videoaufnahmen – verwendet (vgl. Asbrand & Martens, 2018, S. 181). Diese weisen gegenüber der bei der dokumentarischen Interviewinterpretationen üblicherweise verwendeten Zeilennummerierung drei Vorteile auf: Zusätzlich zur, erstens, eindeutigen Zuordnung von Interpretation und Video ermöglichen sie, zweitens, eine Aussage über den zeitlichen Verlauf. Dies ist v. a. dann hilfreich, wenn für eine gewisse Zeit nichts gesprochen wird und durch die Timecodes ersichtlich wird, wie lange diese Sprechpause tatsächlich ist. Drittens wird es möglich, „der Simultaneität des Unterrichts gerecht zu werden" (ebd., S. 181; vgl. auch Dinkelaker, 2010).

6.2.4 Transkription der leitfadengestützten Interviews

Die Interviews mit den zwanzig Kindergartenlehrpersonen wurden im Rahmen der Kindergartenstudie komplett transkribiert. Für die in Mundart geführten Interviews wurde für die „Übertragung in normales Schriftdeutsch" (Mayring, 2002, S. 89) die „literarische Umschrift" (ebd.) gewählt. Satzbaufehler können damit behoben und der Stil kann ausgeglichen werden (vgl. ebd., S. 91). Das Transkript sollte jedoch so nahe wie möglich an der gesprochenen Sprache bleiben (vgl. Edelmann et al., 2018b, S. 53 f.). Des Weiteren wurden Transkriptionsregeln[5] in Anlehnung an Kuckartz et al. (2007, S. 27 f.) und Niederhäuser (2009) definiert (vgl. Edelmann et al., 2018a, S. 50–52).

Die vorhandenen Interviewtranskripte wurden teilweise entlang der Transkriptionsregeln für die dokumentarischen (Video-)Interpretation überarbeitet (vgl. Anhang A2). Zudem wurden Zeilennummern eingefügt. Die sprechenden Personen sowie die im Interview genannten Personen und Orte wurden bereits bei der Erstellung der Transkripte anonymisiert. Ein Ausschnitt aus einem Interviewtranskript ist in Abschnitt 6.3.2 abgebildet, gefolgt von der formulierenden Interpretation desselben Ausschnittes (vgl. Abbildungen 6.4 und 6.5).

6.3 Formulierende Interpretation

Im Zuge der formulierenden Interpretation wird untersucht, *was* in einer Sequenz oder Passage gesagt wird, also welche Themen explizit besprochen werden (vgl. Asbrand & Martens, 2018, S. 54). Was die videografierten Sequenzen betrifft,

---

[5] Die detaillierte Darstellung der Transkriptionsregeln findet sich in Edelmann et. al (2018b, S. 50–52).

wird zusätzlich die Ebene des Tuns erforscht. Die formulierende Interpretation befasst sich also mit dem immanenten Sinn (vgl. Mannheim, 1923) des Gesprächs und mit der Handlung (vgl. Asbrand & Martens, 2018, S. 54) – mit Wissensbeständen, die der sprechenden Person als kommunikatives Wissen verfügbar sind und im Gespräch expliziert werden (vgl. Hampl, 2010, S. 54). Es wird ausschließlich der immanente Sinngehalt fokussiert, jedoch ohne jegliche Geltungsansprüche zu berücksichtigen. Somit wird nicht geprüft, ob das, was gesagt wird, richtig oder wahr ist (vgl. Bohnsack, 2014b, S. 136). Um die thematische Struktur herausarbeiten zu können, werden Ober- und Unterthemen sowie eingeschobene Themen definiert (vgl. Asbrand & Martens, 2018, S. 54). Bei diesem Schritt wird der thematische Gehalt des Gesprochenen paraphrasiert. Dabei besteht die Herausforderung darin, einerseits sprachlich möglichst nahe am Gesprochenen zu bleiben, dieses andererseits aber so zu formulieren, dass als wissenschaftliche Fachperson nachvollzogen werden kann, was gesagt wird. Es muss also eine eigentliche Übersetzung des Gesprochenen in das Geschriebene vollzogen werden. Wenn die Sprache der Beforschten nahe bei der Wissenschaftssprache liegt, ist weniger Übersetzungsarbeit nötig (vgl. ebd.). Dies ist beispielsweise bei den Interviews mit den Kindergartenlehrpersonen der Fall. Ausdrücke, die für den untersuchten Kontext ungewöhnlich sind, und solche, die „einen besonders metaphorischen Charakter haben" (ebd., S. 55), können als Zitate übernommen werden. Nachfolgend wird zuerst das in der vorliegenden Untersuchung angewendete Vorgehen bei der formulierenden Interpretation von videografierten Sequenzen (Abschn. 6.3.1) und anschließend jenes bei der Interpretation von Interviewpassagen beschrieben (Abschn. 6.3.2).

6.3.1 Formulierende Interpretation von videografierten Sequenzen

Nach der gezielten Auswahl einer Sequenz und der Erstellung des Verbaltranskripts in Kombination mit Fotogrammen (vgl. Abschn. 6.2.3 und Abbildung 6.2) erfolgte die formulierende Interpretation. Bei der dokumentarischen Videointerpretation enthält dieser Schritt sowohl die Beschreibung der verbalen als auch der nonverbalen Interaktion (vgl. Asbrand & Martens, 2018, S. 193). Auf der verbalen Ebene werden auf der Grundlage der Videografien Interaktionskonstellationen und -verläufe beschrieben (vgl. ebd., S. 195). Dies beinhaltet „die Beschreibung, was die Akteure tun, welche Gesten sie zeigen, wie sie sich im Raum bewegen und welche Dinge an welchen Interaktionen beteiligt sind, sowie eine Beschreibung der Veränderung der Interaktionskonstellationen und -bedingungen" (ebd.).

Um den Handlungsablauf besser nachvollziehen und das „Zusammenwirken der körperlichen, materiellen und sprachlichen Ebene sowohl als simultanes als auch als sequenzielles Geschehen" (Fritzsche & Wagner-Willi, 2015, S. 145) erfassen zu können, wurde eine Form der formulierenden Interpretation gewählt, die die verbale und die nonverbale Ebene integriert. Um Gleichzeitigkeit darzustellen, wurden sprachliche Mittel eingesetzt, etwa die Verwendung der Konjunktion „währenddessen". In Abbildung 6.3 ist exemplarisch ein Ausschnitt aus einer formulierenden Interpretation abgebildet. Das dazugehörige Verbaltranskript ist in Abbildung 7.12 abgebildet.

Die verbale Interaktion wurde in der formulierenden Interpretation nicht paraphrasiert, sondern geglättet. Interaktionen auf Schweizerdeutsch wurden ins Hochdeutsche übertragen. Bei der formulierenden Interpretation von nonverbalen Interaktionen wurden überwiegend operative Handlungen fokussiert, was die Gefahr einer Intentions- und Motivunterstellung in sich birgt (vgl. Asbrand & Martens, 2018, S. 195). Bei Unterrichtsvideografien handelt es sich jedoch hauptsächlich um institutionell gerahmte Handlungen. Laut Bohnsack (2011) sind Motivunterstellungen in solchen Situationen mit „kommunikativ-generalisierten" (ebd., S. 56) Bedeutungen „unproblematisch" (ebd.). Operative Handlungen, die nicht als institutionell gerahmte Handlungen interpretiert werden können, müssen als Abfolge einzelner Gebärden dargestellt werden (vgl. Asbrand & Martens, 2018, S. 196).

Wie in Abbildung 6.3 ersichtlich, wurde für die formulierende Interpretation der ausgewählten Sequenzen nur eine Spalte verwendet und darin die verbale und die nonverbale Interaktion integriert dargestellt. In der vorliegenden Untersuchung wurden aufgrund des Erkenntnisinteresses Interaktionen fokussiert, bei denen die Kindergartenlehrperson eine zentrale Rolle einnahm. Um den Fokus der Interpretation auf diese Interaktionen zu legen, wurden parallel stattfindende Interaktionskonstellationen in einem ersten Schritt bewusst ausgeblendet (vgl. ebd., S. 208). Nichtsdestotrotz durften Geschehnisse ohne direkten Bezug zur Kindergartenlehrperson nicht kategorisch ausgeschlossen werden.

Bei „*simultan miteinander verflochtenen Interaktionen*" (ebd., S. 209, Hervorh. i. O.) wurde im fortlaufenden Interpretationsprozess die Notwendigkeit des nachträglichen Einbezugs von vorerst ausgeblendeten Interaktionen geprüft. Bei parallelen Interaktionskonstellationen ohne direkten Bezug zur fokussierten Interaktion wurde hingegen eine zusammenfassende Darstellung gewählt. In Bezug auf den in Abbildung 6.2 dargestellten Ausschnitt aus der Sequenz „Tasche und Streifen" lautete die formulierende Interpretation der auf der Klassenkamera

00:16:45-00:16:58 Das Blatt mit den Clowns zeigen und das Mädchen in den Kreis führen
Dora Dünki steht mit über den Tisch gebücktem Oberkörper links vom Tisch und berührt mit den Händen das beige Papier auf dem Tisch. Laura steht rechts vom Tisch. Dora Dünki hat den Blick zu Laura gerichtet, die ihren Blick wiederum zur Hand von Dora Dünki richtet. Die Kindergartenlehrerin sagt: „Schau mal, du kannst nachher auch diese Clowns ausschneiden, gell?" Sie berührt währenddessen mit der Handfläche das Papier, das auf dem Tisch liegt. Laura hat erneut das Heft in der Hand und bewegt sich zu Dora Dünki hin, die äußert: „Ich zeige dir mal. Komm!" Dabei richtet sich die Kindergartenlehrerin auf, nimmt dem Mädchen das Heft aus der Hand und legt es auf den Tisch. Gleichzeitig nimmt sie mit der anderen Hand die Hand von Laura und schiebt das Mädchen etwas zur Seite. Laura dreht sich nach rechts. Dora Dünki geht zügig mit Laura an der Hand durch die Öffnung im Stuhlkreis. Auf dem Boden innerhalb des Stuhlkreises liegt gelbes, grünes und rotes Papier; darauf liegen je zwei weiße Papiere. Dora Dünki geht mit Laura an der Hand zum gelben Papier.
00:16:58-00:17:18 Im Kreis erklären: zuerst ausschneiden, dann kleben
...
00:17:19-00:17:34 Das Blatt in Stücke schneiden, damit es einfacher wird
...
00:17:34-00:17:37 Aufrichten und die Hand geben
Dora Dünki richtet sich auf und geht zu Enzo, der beim Eingang steht. Die Kindergartenlehrerin und Enzo geben sich die Hand.

Abbildung 6.3 Ausschnitt aus der formulierenden Interpretation der Videosequenz „Händewaschen und Clowns ausschneiden" aus dem Kindergarten von Dora Dünki. (Quelle: Eigene Darstellung)

abgebildeten Situation lediglich wie folgt: „*Aus der Perspektive der Klassenkamera sind währenddessen mehrere Kinder zu sehen, die auf dem Vorplatz der Kindergartens mit unterschiedlichen Geräten interagieren.*" Indem bei der Fotogramminterpretation (vgl. Abschn. 6.4) konsequent beide Kameraperspektiven einbezogen wurden, konnte die Interpretation v. a. auf der nonverbalen Ebene der Situation – in einiger Entfernung von der Lehrperson – durchaus ausreichend gerecht werden. Die Interaktionen unter den Kindergartenkindern standen weder im Fokus der vorliegenden Untersuchung noch waren Audiodaten dazu in ausreichender Qualität verfügbar.

Um die Verbindung von Videografie, Verbaltranskript und Fotogrammen sowie dann anschließend jene zur reflektierenden Interpretation (vgl. Abschn. 6.5.1) eindeutig darstellen zu können, wurden auch in der formulierenden Interpretation Timecodes verwendet. Die formulierende Interpretation und das Verbaltranskript wurden jeweils in derselben Excel-Tabelle abgebildet und in dieser Form v. a. für die Interpretation in der Forschungswerkstatt verwendet. Die für das Transkript ausgewählten Fotogramme wurden nochmals kritisch geprüft. Erst zu diesem Zeitpunkt und durch das wiederholte Anschauen der Videoaufnahmen konnte verstanden werden, was in der Sequenz getan wurde. Die Fotogramme wurden anschließend rechts neben dem Verbaltranskript eingefügt und mit einem Timecode versehen (vgl. Asbrand & Martens, 2018, S. 178) (vgl. Abschn. 6.2.3 und Abbildung 6.2).

Durch die Zusammenstellung von Verbaltranskript, Fotogrammen sowie der formulierenden Interpretation in einem Dokument wurde es möglich, das „Zusammenwirken der körperlichen, materiellen und sprachlichen Ebene sowohl als simultanes als auch als sequenzielles Geschehen" (Fritzsche & Wagner-Willi, 2015, S. 145) zu erfassen. Dies hat sich v. a. für die Arbeit in Forschungswerkstätten bewährt, da so die Nachvollziehbarkeit der Interaktionen deutlich verbessert werden konnte.

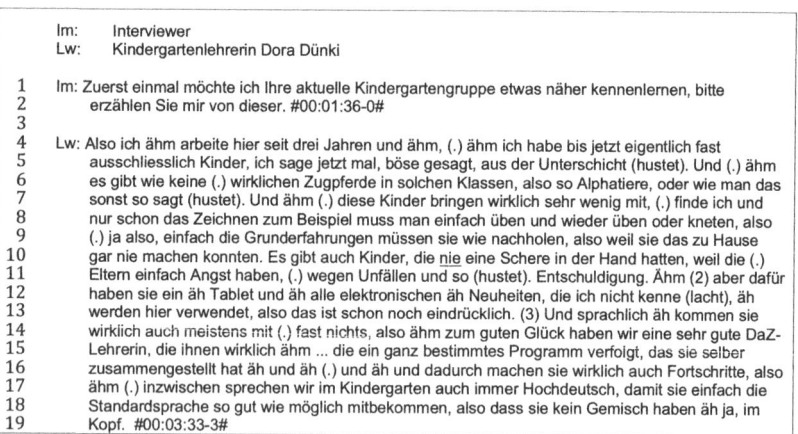

Im: Interviewer
Lw: Kindergartenlehrerin Dora Dünki

1   Im: Zuerst einmal möchte ich Ihre aktuelle Kindergartengruppe etwas näher kennenlernen, bitte
2   erzählen Sie mir von dieser. #00:01:36-0#
3
4   Lw: Also ich ähm arbeite hier seit drei Jahren und ähm, (.) ähm ich habe bis jetzt eigentlich fast
5   ausschliesslich Kinder, ich sage jetzt mal, böse gesagt, aus der Unterschicht (hustet). Und (.) ähm
6   es gibt wie keine (.) wirklichen Zugpferde in solchen Klassen, also so Alphatiere, oder wie man das
7   sonst so sagt (hustet). Und ähm (.) diese Kinder bringen wirklich sehr wenig mit, (.) finde ich und
8   nur schon das Zeichnen zum Beispiel muss man einfach üben und wieder üben oder kneten, also
9   (.) ja also, einfach die Grunderfahrungen müssen sie wie nachholen, also weil sie das zu Hause
10   gar nie machen konnten. Es gibt auch Kinder, die nie eine Schere in der Hand hatten, weil die (.)
11   Eltern einfach Angst haben, (.) wegen Unfällen und so (hustet). Entschuldigung. Ähm (2) aber dafür
12   haben sie ein äh Tablet und äh alle elektronischen äh Neuheiten, die ich nicht kenne (lacht), äh
13   werden hier verwendet, also das ist schon noch eindrücklich. (3) Und sprachlich äh kommen sie
14   wirklich meistens mit (.) fast nichts, also ähm zum guten Glück haben wir eine sehr gute DaZ-
15   Lehrerin, die ihnen wirklich ähm ... die ein ganz bestimmtes Programm verfolgt, das sie selber
16   zusammengestellt hat äh und äh (.) und äh und dadurch machen sie wirklich auch Fortschritte, also
17   ähm (.) inzwischen sprechen wir im Kindergarten auch immer Hochdeutsch, damit sie einfach die
18   Standardsprache so gut wie möglich mitbekommen, also dass sie kein Gemisch haben äh ja, im
19   Kopf. #00:03:33-3#

Abbildung 6.4 Ausschnitt aus dem Transkript des Interviews mit Dora Dünki. (Quelle: Eigene Darstellung)

6.3.2 Formulierende Interpretation von Interviewpassagen

Bei der Interviewinterpretation wurden Passagen der Interviewtranskripte formulierend interpretiert. Dazu wurden in einem sequenziellen Vorgehen Ober- und Unterthemen bestimmt. Pro Unterthema wurde das im Interview Gesagte in eigenen Worten zusammengefasst (vgl. Nohl, 2017, S. 31), damit das Gespräch im wissenschaftlichen Kontext nachvollzogen werden kann (vgl. Asbrand & Martens, 2018, S. 54). Nachfolgend wird das Vorgehen anhand einer transkribierten Passage aus dem Interview mit Dora Dünki (vgl. Abbildung 6.4) und der dazugehörigen formulierenden Interpretation (vgl. Abbildung 6.5) exemplarisch dargestellt. Das Transkript wurde Satz für Satz formulierend interpretiert und durch die Bestimmung von Oberthemen (OT) sowie Unterthemen (UT) strukturiert.

OT*	Die Arbeit mit der aktuellen Kindergartengruppe
1-2	Themeninitiierung durch *Im* mit der Frage nach der aktuellen Kindergartengruppe und der Bitte, von der Gruppe zu erzählen.
UT**	*Kinder aus der „Unterschicht" müssen im Kindergarten „Grunderfahrungen" nachholen und können mit einem „Programm" die Sprache lernen.*
4-19	Sie arbeitet seit drei Jahren in diesem Kindergarten. Bis jetzt hat sie „eigentlich fast ausschließlich" Kinder, „böse gesagt", aus der „Unterschicht". Es gibt keine „Zugpferde" in solchen Klassen, keine „Alphatiere". Diese Kinder bringen sehr wenig mit. Das Zeichnen und das Kneten müssen sie immer wieder üben. Die Kinder müssen die „Grunderfahrungen" nachholen, weil sie diese zu Hause nicht machen können. Es gibt Kinder, die noch nie eine Schere in der Hand hielten, weil die Eltern Angst haben vor Unfällen. Dafür haben sie ein Tablet und „elektronische Neuheiten", die sie selbst nicht kennt. Das ist eindrücklich. Sprachlich kommen die Kinder mit fast nichts. Zum Glück haben sie eine sehr gute DaZ-Lehrerin, die selbst ein Programm zusammengestellt hat und dieses verfolgt. Die Kinder machen dadurch Fortschritte. Im Kindergarten sprechen sie immer Hochdeutsch, damit die Kinder die Standardsprache „so gut wie möglich mitbekommen". Damit sie kein „Gemisch im Kopf" haben.

* OT = Oberthema

** UT = Unterthema

Abbildung 6.5 Ausschnitt aus der formulierenden Interpretation des Interviews mit Dora Dünki. (Quelle: Eigene Darstellung)

Im Verlauf des Forschungsprozesses hat sich gezeigt, dass es hilfreich ist, die Texte der formulierenden Interpretation für die reflektierende Interpretation (vgl. Abschn. 6.5) heranzuziehen, um die dort im Vordergrund stehende Frage nach dem *Wie* von der *Was*-Ebene abzugrenzen.

6.4   Interpretation der Fotogramme

Die dokumentarische Interpretation von Fotogrammen bzw. Standbildern oder
Stills (vgl. z. B. Dinkelaker, 2018) basiert als Teil der dokumentarischen Videointerpretation auf der dokumentarischen Bildinterpretation von Bohnsack (2006;
2011; 2014b), die Letzterer im Anschluss an die kunstgeschichtlichen Arbeiten von Max Imdahl (1979) und an die kunsthistorischen Arbeiten von Erwin
Panofsky (1975) entwickelt hat. Im Gegensatz zu Bohnsack (2011), der Bil-
der und Filme als künstlerische Produkte versteht und sich für den Habitus der
abbildenden Bildproduzierenden interessiert – also die Personen, die ein Bild
generieren –, handelt es sich bei Unterrichtsvideos und daraus gewonnenen Fotogrammen um eine „technische Aufzeichnung der Alltagsinteraktion" (Asbrand &
Martens, 2018, S. 199). Sie rücken die habituelle Handlungspraxis der *abgebildeten Bildproduzierenden* – also die Personen, die vor der Kamera agieren
(vgl. Bohnsack et al., 2015, S. 14) – sowie die Artefakte in den Vordergrund
(vgl. Asbrand & Martens, 2018, S. 199 f.). Obwohl die Gestaltungsleistung der
abbildenden Bildproduzierenden nicht zum eigentlichen Forschungsgegenstand
der vorliegenden Untersuchung zählt, sollte diese methodisch kontrolliert werden (vgl. Fritzsche & Wagner-Willi, 2015). Dies wird im Zusammenhang mit der
Analyse der *Perspektive* im vorliegenden Unterkapitel genauer ausgeführt.

Im Vorgehen der dokumentarischen Interpretation von Unterrichtsvideografien
stellt die Analyse von Fotogrammen einen festen Bestandteil dar. Sie wird eingesetzt, um die körperliche Ausdrucksweise, die Positionierung zueinander und
zum Raum sowie den Umgang mit den vorhandenen Dingen systematisch in die
Interpretation einzubeziehen (vgl. Asbrand & Martens, 2018, S. 199–206). Fotogramme erlauben es, zusätzlich zur sequenziellen Abfolge der Interaktionen auch
deren Simultanstruktur zu analysieren, was für die Rekonstruktion der Bedeutung von inkorporierten Praktiken notwendig ist. Bevor eine Fotogrammanalyse
gemacht werden kann, wird ein Fotogramm aus der zu interpretierenden Sequenz
ausgewählt.

Zur Auswahl standen in erster Linie diejenigen Fotogramme, die für das
Transkript erstellt wurden (vgl. ebd., S. 183). Kriterien für die Auswahl von
Fotogrammen waren die thematische Relevanz, die interaktive Dichte sowie die
Repräsentanz der Sequenz und die Interpretationsbedürftigkeit einer bestimmten
Szene oder Gebärde (vgl. ebd., S. 200; Fritzsche & Wagner-Willi, 2015, S. 140).
Um auch bei der Interpretation der Fotogramme der Sequenzialität der Interaktion
gerecht zu werden, wurden mindestens zwei Fotogramme aus einer Videosequenz
ausgewählt (vgl. Asbrand & Martens, 2018, S. 201). Analog zur Begründung für
die Auswahl der Sequenzen und Passagen kann auch hier davon ausgegangen

werden, dass sich die dokumentarische Sinnstruktur in der Fotogrammanalyse homolog in allen aufgenommenen Situationen zeigt (vgl. Martens et al., 2015, S. 193).

Bei der Arbeit mit den Fotogrammen wurden beide Kameraperspektiven miteinbezogen, was einer konsequenten Fortsetzung der Zwei-Kamera-Strategie (vgl. Abschn. 2.1.3.1) vom Moment der Videoaufnahme bis zur Auswertung der Daten entspricht (vgl. Beeli-Zimmermann et al., 2020). Dieses Vorgehen erlaubt es, zusätzlich zum Einbezug der Simultanstruktur innerhalb der Eigenlogik eines Bildes die Simultaneität um eine zweite Perspektive – nämlich derjenigen der zweiten Kamera – zu erweitern.

Bei der Interpretation eines Fotogramms wurde zuerst eine *formulierende Interpretation* erstellt (vgl. Abschn. 6.3), in der die „operativen Handlungen und die Dinge, die auf dem Bildern zu sehen sind" (Asbrand & Martens, 2018, S. 201), beschrieben werden. Zudem wurde die Anordnung der Körper und Dinge im Raum sowie zueinander beschrieben (vgl. ebd.). Im zweiten Schritt, der *reflektierenden Interpretation* (vgl. Abschn. 6.5), erfolgte der Wechsel hin zur dokumentarischen Ebene. Der Vollständigkeit halber wird an dieser Stelle die reflektierende Interpretation der Fotogramme, in der zuerst die formale Komposition rekonstruiert wurde, ohne weitere Einführung bereits dargestellt (vgl. Bohnsack, 2014b, S. 168 f.). Dazu werden drei Dimensionen unterschieden, die nachfolgend genauer beschrieben werden: (1) *Perspektive*, (2) *szenische Choreografie* und (3) *Planimetrie* (vgl. ebd., S. 168).

Die Wahl der (1) Perspektive gehört zur Gestaltungsleistung der abbildenden Bildproduzierenden. Bei der sozialwissenschaftlichen Fotointerpretation ermöglicht die Rekonstruktion der Perspektivität die Bestimmung, welche „Personen und sozialen Szenerien" (ebd.) in Verbindung mit Fluchtpunkten und Horizontlinien ins Zentrum der Aufmerksamkeit gerückt werden. In Bezug auf die abgebildeten Bildproduzierenden bedeutet diese Gestaltungsleistung allenfalls eine zu starke bzw. zu wenig starke Betonung von einzelnen Aspekten des sozialen Geschehens. Die Rekonstruktion der „formalen Komposition des Kamerabildes" (Fritzsche & Wagner-Willi, 2015, S. 141) erlaubt eine Reflexion der „Standortgebundenheit der Forschenden" (ebd.). So kann beispielsweise die „massive Dominanz des abgebildeten Lehrers" (ebd., S. 142) durch die „Konstruktionsleistung der Forscherin" (ebd.) verstärkt werden. In der vorliegenden Untersuchung erwies es sich im Zusammenhang mit dem Forschungsgegenstand als sinnvoll, die ausgewählten Fotogramme auf die Perspektive hin zu untersuchen. Es wurden videografierte Sequenzen interpretiert, die im Rahmen der Auffangzeit erstellt wurden und sich durch viel Bewegung der abgebildeten

Bildproduzierenden auszeichnen. Dies verlangte bei der videogestützten Unterrichtsbeobachtung eine ständige Anpassung der Kameraeinstellung an die sich darbietende Situation. Dadurch änderte sich die Perspektive der zu reflektierenden Aufnahme stetig. Die (2) szenische Choreografie beinhaltet die „soziale Bezogenheit" (Bohnsack, 2014b, S. 168) der abgebildeten Bildproduzierenden. Diese kommt einerseits in der räumlichen Positionierung zueinander sowie in den Gesten und den aufeinander gerichteten Blicken zum Ausdruck (vgl. ebd.). Die szenische Choreografie wurde in der vorliegenden Untersuchung jeweils stichwortartig und nach Kameraperspektive getrennt notiert (vgl. Abbildung 6.6). Durch die Erfassung der (3) Planimetrie eines Bildes wird dessen Struktur beschrieben. Dies findet in Abgrenzung zur Identifikation von Gegenständen und Personen statt (vgl. ebd.). In der vorliegenden Untersuchung wurde auf die Beschreibung der Planimetrie verzichtet, da sich herausstellte, dass dieses Vorgehen für die Rekonstruktion der Gestaltungsleistung der abgebildeten Bildproduzierenden nicht gewinnbringend war.

Nach der Rekonstruktion der formalen Komposition wurde der *ikonologische Sinngehalt* rekonstruiert, was ebenfalls zur reflektierenden Interpretation gehört. Der Fokus war auf die Rekonstruktion des Modus Operandi der „*Herstellung* bzw. *Entstehung* einer Gebärde" (Bohnsack, 2011, S. 30, Hervorh. i. O.) gerichtet. Es wurde danach gefragt, was sich in den sichtbaren Körpern und in deren Relationen zueinander dokumentiert (vgl. Asbrand & Martens, 2018, S. 201).

Anhand des Fotogramms 1 aus dem Kindergarten von Dora Dünki (Sequenz „Händewaschen und Clowns ausschneiden") wird im Folgenden exemplarisch dargestellt, wie bei der Fotogrammanalyse vorgegangen wurde (vgl. Abbildung 6.6). Dieses Fotogramm wurde ausgewählt, weil (1) eine Interaktion zwischen Dora Dünki und Laura abgebildet ist, (2) das Produkt der Aufgabenstellung zu sehen ist, (3) durch die körperliche Nähe eine Dichte entsteht, (4) die Körperhaltung von Dora Dünki und Laura, ihre körperliche Bezogenheit aufeinander und ihr Ausgerichtetsein zum Papier auf dem Boden zu erkennen ist und (5) die Verteilung der drei anwesenden Personen im Raum ersichtlich wird (Klassenkamera). Der Text zur Fotogrammanalyse enthält fettgedruckte Wörter, die es erleichterten, während der Interpretationsarbeit und der komparativen Analyse die Übersicht zu behalten.

Um die Analyse eines Fotogramms – bzw. zweier Fotogramme aufgrund des Einbezugs der zweiten Kameraperspektive – differenzieren zu können, wurden weitere Fotogramme hinzugezogen und einer komparativen Analyse unterzogen (vgl. Fritzsche & Wagner-Willi, 2015, S. 142 f.) (vgl. Abschn. 5.1.5). Da in der

Fotogramm 7, 00:17:06
Lehrpersonenkamera: Klassenkamera:

Formulierende Interpretation (ikonografische Beschreibung)
Lehrpersonenkamera:
In der Mitte des Stuhlkreises liegen drei längliche Papiere oder Stoffe in den Farben Gelb, Rot und
Grün auf dem Boden. Auf jeder der drei Unterlagen liegen zwei weiße Papiere. Es sind zwei Personen im Bild, die sich in einem Kindergartenraum befinden: Eine erwachsene Person – es handelt
sich um die Kindergartenlehrerin Dora Dünki – und ein Mädchen – es handelt sich um das Kindergartenkind Laura –, kniend hinter der gelben Unterlage auf dem Boden. Beide stützen sich je mit
einem Knie auf dem Boden ab. Dora Dünki hält den Zeigefinger auf eine Stelle des einen weißen
Papiers, das auf der gelben Unterlage liegt. Dora Dünki und Laura haben den Blick auf das Papier
gerichtet.
   Im Hintergrund sind zwei Fenster zu sehen. Links und rechts neben den Fenstern sowie dazwischen sind Regale und Schränke an der Wand zu sehen. Im Vordergrund des Bildes ist ein Teil
eines Tisches im Bild, auf dem mehrere Stapel mit farbigem Papier liegen.

Klassenkamera:
Auf dem Bild ist ein großer Teil des Kindergartenraums ersichtlich: Im Vordergrund ist ein Pult zu
sehen. Es handelt sich um das Pult von Dora Dünki. Auf dem Pult liegen mehrere Papiere, ein
Ringbuch, ein Handy sowie Schreibmaterial und Scheren in einem Stifthalter. In der Mitte des Bildes
ist ein Stuhlkreis zu sehen, der sich von der einen Ecke des Raumes in den Raum hinein ausdehnt.
Im Stuhlkreis gibt es eine kleine Lücke auf der linken Seite und eine große Öffnung (Lücke) hin zur
Raummitte. Der Stuhlkreis besteht aus etwas kleineren Kinderstühlen und einem höheren Stuhl.
Letzterer steht mit der Lehne zur Ecke des Raumes; wer auf diesem Stuhl sitzt, blickt in den Kinder-
gartenraum. Links vom Stuhlkreis sind zwei Tische zu sehen. Darunter stehen Kinderstühle. Rechts
vom Stuhlkreis sind vier niedrige Tische sowie weitere Kinderstühle zu sehen. Auf den niedrigen
Tischen liegen gelbe und weiße Papiere sowie vereinzelt weiteres Material wie Klebstifte und Scheren. An einem der Tische rechts des Stuhlkreises sitzt ein Junge mit dem Rücken zur Kamera. Es
handelt sich um das Kindergartenkind Besir. Er hält eine Schere in der Hand und schneidet ein
Papier. In der Mitte des Stuhlkreises sind eine erwachsene Person und ein Mädchen abgebildet
(vgl. Beschreibung des Bildes der Lehrpersonenkamera).
   An der Wand links hinter dem Stuhlkreis hängen Kinderzeichnungen. An der Wand rechts hinter
dem Stuhlkreis sind mehrere Schränke angebracht. Von der Decke hängen farbige Tücher sowie
Wimpel-Girlanden.

Abbildung 6.6   Beispiel einer Fotogrammanalyse aus dem Kindergarten von Dora Dünki.
(Timecode: 00:17:06) (Quelle: Eigene Darstellung)

Reflektierende Interpretation
Formale Komposition: szenische Choreografie
Lehrpersonenkamera:
- Dora Dünki und Laura knien in derselben Position (jedoch spiegelverkehrt) mit einem Knie auf dem Boden, das andere Bein ist angewinkelt.
- Beide richten ihren Blick auf eine Stelle auf dem Papier, auf die Dora Dünki den Zeigefinger hält.
- Dora Dünki ist leicht nach vorn gebeugt, Lauras Oberkörper ist aufgerichtet.
- Die beiden sind umgeben von einem Stuhlkreis.

Klassenkamera:
- Dora Dünki und Laura sind auch auf dem Bild der Klassenkamera zu sehen (körperliche Position: s. o.).
- Besir sitzt am Tisch mit dem Rücken zur Kamera und dem Blick auf das Papier, das er in der einen Hand hält; mit der Schere in der anderen Hand schneidet er das Papier in Stücke.
- Besir hat seinen Oberkörper leicht zu Dora Dünki gerichtet.
- Zusätzlich zum Stuhlkreis, in deren Mitte sich Dora Dünki und Laura befinden, sind im Vordergrund sowie links und rechts mehrere Tische zu sehen. Auf den Tischen liegt neben Papier weiteres Material wie Schreibzeug, eine Brille, ein Handy, ein Klebstift.

Perspektive
Mit der Lehrpersonenkamera wurde in einer leichten *Aufsicht* gefilmt. Dies führt dazu, dass Dora Dünki und Laura stärker in den Fokus der Aufmerksamkeit gelangen. Beim Fotogramm aus der Klassenkamera kann eine *Normalperspektive* rekonstruiert werden. Dies ermöglicht einen Überblick über den Raum und das Geschehen in unmittelbarer Nähe von Dora Dünki, wodurch Laura im Vergleich zur Lehrpersonenkamera in den Hintergrund gerät.

Rekonstruktion des ikonologischen Sinngehalts
Es dokumentiert sich eine Situation der körperlichen Nähe und einen von Dora Dünki bestimmten, von Laura und ihr geteilten Fokus auf das Produkt. Im Umstand, dass Dora Dünki mit dem Zeigefinger auf das Papier am Boden zeigt, kommt zum Ausdruck, dass Dora Dünki die Befugnis hat, Laura auf etwas hinzuweisen. Laura richtet den Blick auf die von Dora Dünki mit dem Finger markierte Stelle und bestätigt dadurch die Befugnis von Dora Dünki. Dora Dünki nimmt eine **aktive Rolle** ein (Zeigegeste), während Laura die **passive Rolle** zukommt (zuschauend, leicht zurückgebeugt). Dadurch zeigt sich eine **Asymmetrie** zwischen Dora Dünki und Laura. Laura positioniert sich komplementär zu Dora Dünki als **der Zeigegeste folgend**. Laura orientiert sich an Dora Dünki. Darin kommt ein **komplementär-asymmetrisches Verhältnis** zum Ausdruck. Es deutet sich eine **Praktik des Einsetzens von Gesten zur Lenkung der Aufmerksamkeit** an.

Die eng geführte Einführung von Laura in die vorbereitete Aufgabe bei körperlicher Nähe zwischen den beiden geht einher mit einer anderen, gleichzeitig stattfindenden Handlung: Besir erledigt in Abwesenheit von Dora Dünki eine Aufgabe. In der Gleichzeitigkeit der Handlungen von Laura und Besir kommt eine vorgegebene Reihenfolge der Aufgabenbearbeitung zum Ausdruck: Auf die eng begleitete Einführung in den Auftrag folgt das Ausführen des Auftrags in Einzelarbeit und in Abwesenheit der Kindergartenlehrerin. Laura wird nonverbal adressiert als **zeigebedürftig in Bezug auf das Produkt**, während Besir nonverbal als **selbstständig** adressiert wird.

Abbildung 6.6   (Fortsetzung)

Das mittig auf den beiden Fotogrammen und mittig im Stuhlkreis auf dem Boden liegende Papier erhält durch diese Position sowie durch die gegenseitige körperliche Zugewandtheit von Dora Dünki und Laura und durch die Geste von Dora Dünki (v. a. auf der Lehrpersonenkamera) eine besondere Bedeutung. Es gerät einerseits in den Fokus des Interesses. Andererseits wird das Papier durch die beiden Lücken im Stuhlkreis (vgl. Perspektive der Klassenkamera) zugänglich und damit verfügbar. Indem Besir seinen Oberkörper zu Dora Dünki bzw. zum Produkt auf dem Boden im Kreis richtet, kommt auch von ihm eine leichte **Orientierung am Produkt** zum Ausdruck. Durch die Anwesenheit des Produkts in Sichtweite sowie aufgrund des Umstands, dass Dora Dünki Laura in Sicht- und Hörweite von Besir eine Aufgabe erklärt, kommt eine **Orientierung an einer potenziellen Hilfestellung** zum Ausdruck. Die Orientierung am Produkt wird damit um die **Orientierung an einer erfolgreichen Bewältigung der Aufgabenstellung** ergänzt.

In der Position von Dora Dünki – ihr Rücken ist der Wand zugewandt, während ihr Kopf in die Richtung des Kindergartenraums und des Eingangs (auf dem Bild nicht ersichtlich, befindet sich links hinter dem Pult von Dora Dünki) gerichtet ist –, kommt eine **Wahrnehmungsbereitschaft für neu ankommende Kinder** zum Ausdruck.

Abbildung 6.6 (Fortsetzung)

vorliegenden Untersuchung konsequent mit beiden Kameraperspektiven gearbeitet wurde, kann der Einbezug der zweiten Kameraperspektive bereits als Schritt der komparativen Analyse verstanden werden.

Bei der Fotogrammanalyse werden somit im Groben dieselben Schritte angewendet wie bei der Analyse der verbalen und nonverbalen Interaktion: die formulierende und anschließend die reflektierende Interpretation, wobei die komparative Analyse wichtige Vergleichshorizonte liefert. In der vorliegenden Untersuchung wurden die Fotogramme parallel zur sequenziellen Interpretation der für die Feininterpretation ausgewählten videografierten Sequenzen analysiert. Dies ermöglichte ein gegenseitiges Aufeinanderbeziehen der Interpretationsergebnisse und eine Schärfung des Blickes auf relevante Phänomene.

6.5 Reflektierende Interpretation

Der Schritt von der formulierenden zur reflektierenden Interpretation entspricht dem bereits in Abschnitt 5.1.2 auf theoretischer Ebene beschriebenen Wechsel der Analyseeinstellung. An dieser Stelle wird nun das forschungspraktische Vorgehen beschrieben. Wurde in der formulierenden Interpretation die kommunikative Ebene fokussiert – bzw. das, *was* gesagt oder getan wird –, wird in der reflektierenden Interpretation der Frage nachgegangen, *wie* etwas gesagt oder getan wird;

damit wird auf die Ebene des konjunktiven Wissens sowie der sozialen Prakti-
ken Bezug genommen. Dieser Interpretationsschritt bezieht sich in Anlehnung an
Mannheim (1923, S. 16) auf den Dokumentsinn. Der Fokus auf die Art und Weise
einer Interaktion ist relevant, um auf die Ebene des konjunktiven bzw. impliziten
Wissens zu gelangen, das den interagierenden Personen nicht reflexiv zugänglich
ist, obwohl ihre Handlungspraxis darauf basiert (vgl. Asbrand & Martens, 2018,
S. 22; Bohnsack, 2014a, S. 35–38). Nachfolgend wird zuerst die reflektierende
Interpretation von Videosequenzen beschrieben (Abschn. 6.5.1) und anschließend
diejenige von Interviewpassagen (Abschn. 6.5.2).

6.5.1 Reflektierende Interpretation der ausgewählten Videosequenzen

Im Rahmen der reflektierenden Interpretation erfolgt eine formale Analyse
von videografierten Interaktionseinheiten. Das Vorgehen orientiert sich an der
sequenziellen Gesprächsanalyse, die etwa in der dokumentarischen Interpretation
von Gruppendiskussionen und Gesprächen Anwendung findet (vgl. Bohnsack,
2014b, S. 137–141; Przyborski, 2004). Die sequenzielle Analyse von Gesprächen muss für die Interpretation von Unterrichtsvideografien jedoch erweitert
und modifiziert werden (vgl. Asbrand & Martens, 2018, S. 206–226; Wagner-
Willi, 2004a), um folgenden Charakteristika von Unterrichtsinteraktionen gerecht
zu werden: Multimodalität, Verschränkung von Simultaneität und Sequenzialität sowie Asymmetrie (vgl. Asbrand & Martens, 2018, S. 206–211; Fritzsche &
Wagner-Willi, 2015). Diese drei Charakteristika werden nun mit Bezugnahme auf
die notwendige Modifizierung beschrieben.

Unterrichtsinteraktionen zeichnen sich durch *Multimodalität* aus, was sich auf
die simultane Verschränkung von verbaler und nonverbaler Kommunikation sowie
den Einbezug von Artefakten und der räumlichen Positionierung bezieht. Um der
Multimodalität (vgl. z. B. Kress, 2010) von Unterrichtsinteraktionen gerecht zu
werden, wurde bei der reflektierenden Interpretation der ausgewählten Videosequenzen systematisch die Art und Weise der Interaktion fokussiert, die „verbal,
körperlich und in Assoziation mit Dingen" (Asbrand & Martens, 2018, S. 206)
vollzogen wurde. In diesem Interpretationsschritt wurden die verbale und die
nonverbale Ebene gekoppelt in die Analyse einbezogen. Dazu wurden die Interpretationen nicht nur auf der Grundlage der Transkripte erstellt, sondern auch
auf Basis der Unterrichtsvideos, die immer wieder angeschaut wurden (vgl. ebd.,
S. 226).

Ein weiteres Charakteristikum von Unterrichtsinteraktionen ist die *Verschrän-kung von Simultaneität und Sequenzialität*. In unterrichtlichen Interaktionen existieren häufig mehrere Interaktionssysteme parallel. Aus ihnen werden einzelnen Interaktionseinheiten ausgewählt, die zu einem späteren Zeitpunkt der Interpretationsarbeit ggf. wieder zusammengeführt werden müssen (vgl. ebd., S. 208). In der vorliegenden Untersuchung wurden systematisch beide Kameraperspektiven und auch Fotogramme in den Interpretationsprozess einbezogen, und – falls parallele Interaktionen miteinander verschränkt waren – in die dokumentarische Feininterpretation einbezogen. Durch den Fokus auf die Auffangzeit und die damit einhergehende gestaffelte Ankunft der Kinder standen ohnehin Sequenzen im Vordergrund, die keine maximal mögliche Anzahl an simultan stattfindenden Interaktionen aufwiesen.

Bei der Rekonstruktion des Interaktionsmodus erfährt die *Asymmetrie* – als typisches Merkmal für unterrichtliche Interaktionen (vgl. ebd., S. 210) – im Vergleich zur dokumentarischen Gesprächsanalyse eine zentrale Bedeutung. Für die Beschreibung der Modi unterrichtlicher oder institutioneller Interaktionen müssen die gängigen Interaktionsmodi der Gesprächsanalyse erweitert werden (vgl. Abschn. 5.1.4).

In der vorliegenden Untersuchung wurde die Rekonstruktion der Interaktionsmodi nutzbar gemacht, um das Verhältnis zwischen der Kindergartenlehrperson und den Kindergartenkindern zu beschreiben. Zudem standen stets Fragen nach der Art und Weise der Handlungspraxis im Vordergrund, mit denen auf die dokumentarische Sinnebene zugegriffen werden konnte. Konkret ausgedrückt ging es darum, *wie* sich die Kindergartenlehrperson und die Kindergartenkinder gegenseitig adressieren, welche Praktiken darin zum Ausdruck kommen und im Rahmen welcher Normen der Anerkennung dies geschieht. Um die dokumentarische Videointerpretation für die Bearbeitung der Fragestellungen über die Bestimmung der Verhältnisse hinaus nutzbar zu machen, bedurfte es einiger Anpassungen des methodischen Vorgehens. Diese betrafen v. a. die reflektierende Interpretation. Im Laufe der Interpretation der ausgewählten Videosequenzen hat sich gezeigt, dass für die Frage nach der Art und Weise der gegenseitigen Adressierung – verstanden als gegenseitige verbale und nonverbale Ansprache – das Konzept der „Positionierungen" (Rose, 2019, S. 79; Wrana, 2015) hilfreich ist. Damit gerät die „Entstehung von aufeinander bezogenen Subjektpositionierungen" (Rose, 2019, S. 79) in den Fokus der Interpretation. Dieser *erste* Schritt wird hier als *Selbstpositionierung* bezeichnet und von der *Positionierung* – also dem gegenseitigen Zuschreiben von Positionierungen – abgegrenzt (vgl. ebd.). Im fortschreitenden Interpretationsprozess stellte sich heraus, dass jeweils die Proposition, die an erster Stelle einer Interaktionseinheit steht (vgl. Asbrand & Martens,

2018, S. 50), solche Selbstpositionierungen enthält, und dass im weiteren Verlauf der Interaktion darauf Bezug genommen wird. Im Sinne des propositionalen Gehalts, der von einer Proposition ausgeht (vgl. ebd.), rahmt somit die in der Proposition erfolgte Selbstpositionierung die nachfolgenden Interaktionsbewegungen. In einem *zweiten Schritt* wurde untersucht, welche Subjektposition der adressierten Person zugewiesen wird. Die Positionierung der adressierten Person kann bereits aus der Selbstpositionierung der adressierenden Person hervorgehen und in der Ansprache der adressierten Person fortgesetzt werden. Letzterer wird somit von der adressierenden Person eine bestimmte Position zugewiesen. Schließlich erfolgte als *dritter* Schritt eine Reaktion auf die in der Adressierung eingelagerte Positionierung in Form einer *Re-Adressierung.* Da Adressierung als „mehrfach rekursives soziales Phänomen" (Rose & Ricken, 2018, S. 167) verstanden wird, rückt im Anschluss daran zwingend die zugehörige Antwort bzw. die Re-Adressierung ebenfalls in den analytischen Fokus. Die Adressierten werden durch die Re-Adressierung ihrerseits selbst wieder zu Adressierenden (vgl. ebd.).

An dieser Stelle erhält das methodische Vorgehen eine Nähe zur stark diskursanalytisch geprägten Adressierungsanalyse (vgl. Rose & Ricken, 2018), in der u. a. nach Positionierungen und der Relation zwischen Adressierenden und Adressierten gefragt wird (vgl. Rose, 2019, S. 79). Durch die Nutzbarmachung des der Adressierungsanalyse entnommenen Konzeptes der Positionierung wird somit in der vorliegenden Untersuchung die dokumentarische Videointerpretation für die Analyse von Adressierungsgeschehen anschlussfähig gemacht.

Nachfolgend wird anhand eines kurzen Ausschnittes aus einer Videosequenz illustriert, wie bei der reflektierenden Interpretation vorgegangen wurde. Dazu werden in Abbildung 6.7 (1) ein Transkriptausschnitt, (2) ein dazugehöriges Fotogramm sowie (3) die zum Transkript gehörige formulierende Interpretation aufgeführt. Anschließend wird (4) die reflektierende Interpretation mit Fokus auf (4a) Positionierung und Adressierung sowie, weiter unten in Abbildung 6.8, auf (4b) soziale Praktiken und, in Abbildung 6.9, auf (4c) Normen der Anerkennung dargestellt. Die Verwendung von fetter Schriftart diente der Orientierung und Übersichtlichkeit bei der weiteren Verarbeitung der Arbeitstexte.

Wie oben theoretisch beschrieben, besteht das Adressierungsgeschehen aus einer sich aufeinander beziehenden Abfolge von Adressierung und Re-Adressierung, die sowohl auf der expliziten als auch auf der impliziten sowie auf der verbalen als auch auf der nonverbalen Ansprache bzw. Hinwendung beruht. Dieses soziale Geschehen findet im Rahmen von Unterricht statt. Da in der vorliegenden Untersuchung Unterricht als „Konglomerat sozialer Praktiken" (Reckwitz, 2003, S. 295) bzw. als „Produkt alltäglicher Praktiken" (Göbel,

---

1) Transkriptausschnitt (Interaktion zwischen Dora Dünki und Laura)

Fr. Dünki: [zu Laura] So (2) Laura du kannst jetzt deine <u>Hände</u> waschen; so wie <u>immer</u>; hä?   00:16:06

Fr. Dünki: Wart (.) °so;°   00:16:12

2) Fotogramm 6 00:16:12 (links: Lehrpersonenkamera, rechts: Klassenkamera)

3) Formulierende Interpretation

Laura bleibt nach dem Betreten des Kindergartenraums in der Nähe des Waschbeckens stehen. Laura hat ein blaues Heft unter den Arm geklemmt und schaut kurz zu Besir und dann zu Dora Dünki. Nachdem Dora Dünki den Kindergartenraum betreten hat, bückt sie sich leicht zu Laura hinunter und sagt: „Laura, du kannst jetzt deine Hände waschen, so wie immer, hä?" Laura steht vor dem Waschbecken, streckt eine Hand aus in Richtung Wasserhahn und richtet den Blick auf Dora Dünki. Dora Dünki nickt. Sie sagt: „Wart, so" und geht einen Schritt auf Laura zu, nimmt ihr das Heft aus der Hand und legt es auf den Tisch hinter Laura. Laura wäscht sich die Hände am Waschbecken.

4) Reflektierende Interpretation

4a) … mit dem Fokus auf Positionierung und Adressierung

Indem sich Dora Dünki zu Laura bückt und ihr zugewandt einen Auftrag erteilt („Laura, du kannst jetzt deine Hände waschen"), positioniert sich Dora Dünki als **berechtigt, Handlungsaufträge zu erteilen**. Bereits in der Proposition deutet sich durch die Selbstpositionierung von Dora Dünki als **auftragserteilende Person** und die Adressierung von Laura als **auftragsempfangende Person** ein **asymmetrisches und komplementäres Verhältnis** an.

Dora Dünkis Zusatz „So wie immer, hä?" verweist darauf, dass es sich um eine wiederkehrende Handlungsaufforderung handelt. Dora Dünki erteilt diesen Auftrag trotz Verweis auf eine Routine explizit. Zudem handelt es sich um eine wiederholte Nennung desselben Auftrags (00:15:42, nicht Bestandteil des hier aufgeführten Transkripts). Darin zeigt sich, dass Dora Dünki die Aktivität bestimmt und dass es nicht möglich ist, davon abzuweichen. Laura wird in Bezug auf das Ausführen dieser Routinehandlung als **unselbstständig und unterstützungsbedürftig** adressiert. Dieser Adressierung steht somit eine **selbstständig ausführbare Routinehandlung** gegenüber. Darin wird deutlich, dass das Ausführen des Auftrags im Vordergrund steht. Dora Dünki positioniert sich als **auftraggebende und die Ausführung überwachende Instanz**. Durch das (erneute) Einfordern der Auftragsausführung wird **Asymmetrie** hergestellt.

Darin, dass Laura zuerst versucht, mit dem zwischen Arm und Oberkörper geklemmten Heft die Hände zu waschen, zeigt sich, dass die Auftragserfüllung für Laura auch bei suboptimalen Rahmenbedingungen im Vordergrund steht. Laura positioniert sich dadurch als **auftragserfüllende Person**. Indem Dora Dünki Laura zunickt, bestätigt sie die Adressierung von Laura als **auftragsempfangendes Kind**. Darin, dass Dora Dünki Laura das Heft wegnimmt und es auf den Tisch legt („Wart, so"), kommt erneut eine Adressierung von Laura als **unterstützungsbedürftig und unselbstständig** zum Ausdruck.

Abbildung 6.7   Interpretationsbeispiel anhand eines Ausschnittes aus der Videosequenz „Händewaschen und Clowns ausschneiden" aus dem Kindergarten von Dora Dünki – Teil 1. (Quelle: Eigene Darstellung)

Dora Dünki positioniert sich durch das Wegnehmen des Heftes als **berechtigt, über persönliche Gegenstände* der Kinder zu verfügen.** Indem Laura Dora Dünki gewähren lässt und den Auftrag des Händewaschens ausführt, re-adressiert sie Dora Dünki als **berechtigt, Aufträge zu erteilen und deren Ausführung zu überwachen,** sowie als berechtigt, **über einen persönlichen Gegenstand zu verfügen.** Es zeigt sich ein einvernehmlicher und reibungsloser Ablauf, der von einem komplementären und asymmetrischen Verhältnis zwischen der Kindergartenlehrerin und dem Kindergartenkind gerahmt wird.

* Dass es sich um ein von zu Hause mitgebrachtes Heft handelt, wird zum Beginn der Sequenz „Händewaschen und Clowns ausschneiden" deutlich (vgl. dazu Kap. 7.3.1.2).

Abbildung 6.7 (Fortsetzung)

2018, S. 18) verstanden wird, können „Adressierungen [...] als zentrale Dimension und durchgängiges Moment von sozialen Praktiken" (Rose & Ricken, 2018, S. 167) begriffen und analysiert werden. Soziale Praktiken werden jeweils einer Person zugeschrieben, die sich gegenüber einer anderen Person verhält. Die Rekonstruktion von Praktiken ergibt sich demnach aus der Analyse des Adressierungsgeschehens, indem konsequent verbale und nonverbale Bestandteile der Interaktion in die Interpretation einbezogen werden. In Abbildung 6.8 wird die reflektierende Interpretation mit Fokus auf soziale Praktiken anhand der Fortsetzung des konkreten Interpretationsbeispiels dargestellt.

Zusätzlich zur isolierten Interpretation von einzelnen Videosequenzen erhielt auch die *komparative Analyse* (vgl. Abschn. 5.1.5) eine zentrale Bedeutung bei der reflektierenden Interpretation des Materials. Durch den Vergleich unterschiedlicher Videosequenzen und Interpretationstexte – sowohl fallimmanent als auch fallvergleichend – erfolgte die Rekonstruktion von Normen der Anerkennung. Diese ließen sich erst im fortschreitenden Stadium der Interpretationsarbeit rekonstruieren, indem die vorliegenden Sequenzen immer wieder danach befragt wurden, von welchen Normen die Interaktionen und die darin zum Ausdruck kommenden Adressierungen und sozialen Praktiken gerahmt sind. Um die notwendigen Schritte zur Rekonstruktion von Normen der Anerkennung zu beschreiben, kann auf den Dreischritt verwiesen werden, wie ihn Schäffer (2020, S. 71–74) in Bezug auf das Vorgehen bei der dokumentarischen Typenbildung beschreibt: (1) Im Rahmen der *Abduktion* entsteht aufgrund einer ersten Ahnung eine Hypothese, die anschließend (2) als sogenannte „*Als-ob-Deduktion*" (ebd., S. 73, Hervorh. durch S. S.) in der Auseinandersetzung mit dem Material und mittels komparativer Vergleiche geprüft und weiterentwickelt wird und (3) durch

---

4b) Reflektierende Interpretation mit Fokus auf soziale Praktiken

Im vorliegenden Ausschnitt aus einer Videosequenz lassen sich bei Dora Dünki insbesondere zwei Praktiken erkennen: Erstens lässt sich in der Anweisung, die Hände zu waschen, eine **Praktik der Erteilung von konkreten Handlungsaufträgen** rekonstruieren. Zweitens kommt bei der Wegnahme des Heftes eine **Praktik des Eliminierens von Störfaktoren** zum Ausdruck. Laura hat ihr Heft unter den Arm geklemmt, wodurch es zum Störfaktor beim Händewaschen wird. In der Wegnahme des Heftes durch Dora Dünki zeigt sich die hohe Bedeutung der Auftragserfüllung.

Beide Praktiken rahmen die Adressierung von Laura. Die Praktiken und die Adressierung befinden sich in Passung zueinander: Der als unselbstständig und unterstützungsbedürftig adressierten Laura wird der Handlungsauftrag zum Händewaschen ein zweites Mal explizit erteilt, und durch die Wegnahme des Heftes wird das Kindergartenkind unterstützt. Die Erfüllung des Auftrags steht an oberster Stelle. Die beiden Praktiken dienen der Gewährleistung der Auftragserfüllung.

Dora Dünkis und Lauras Orientierungsrahmen lassen sich an der ordnungsgemäßen Ausführung des vorgegebenen Handlungsauftrag festmachen. Auf der einen Seite orientiert sich Dora Dünki an der Gewährleistung der Auftragsausführung. Auf der anderen Seite orientiert sich Laura an der Erfüllung dieses Handlungsauftrags, der somit das Verhältnis von Dora Dünki und Laura strukturiert und bestimmt: Die Orientierungsrahmen der beiden verhalten sich asymmetrisch und komplementär zueinander.

Abbildung 6.8 Fortsetzung des Interpretationsbeispiels mit Fokus auf soziale Praktiken (vgl. Abbildung 6.7). (Quelle: Eigene Darstellung)

eine *Induktion* weiter überprüft wird. Dieser Dreischritt stellte sich im Verlauf der Interpretationsarbeit als sinnvoll und nutzbar für die Rekonstruktion von Normen der Anerkennung heraus und wurde demnach so angewendet. In Abbildung 6.9 wird die reflektierende Interpretation des Interpretationsbeispiels (vgl. Abbildung 6.7) mit Fokus auf die Rekonstruktion von Normen der Anerkennung fortgesetzt.

Beim Interpretationsbeispiel, das in den Abbildungen 6.7, 6.8 und 6.9 dargestellt ist, wurde die reflektierende Interpretation bewusst dreigeteilt, um dadurch die Bezüge zum Erkenntnisinteresse besser zu illustrieren. In den Arbeitstexten, die im Rahmen der sequenziellen dokumentarischen Videointerpretation entstanden sind, wurden diese drei inhaltlichen Ebenen jedoch verschränkt verschriftlicht.

4c) Reflektierende Interpretation mit Fokus auf Normen der Anerkennung

In der Interaktion zwischen Dora Dünki und Laura wird das **ordnungsgemäße Ausführen des vorgegebenen Auftrags** zur rahmenden Norm. Laura wird innerhalb dieser Norm als **unselbstständig und unterstützungsbedürftig** adressiert. Die von Dora Dünki zugeschriebene (Un-)Fähigkeit, einen Auftrag auszuführen, rückt in den Mittelpunkt. Diese Norm rahmt auch die beiden oben rekonstruierten Praktiken: Während die **Praktik der Erteilung von konkreten Handlungsaufträgen** auf einer proaktiven Ebene zum ordnungsgemäßen Ausführen des vorgegebenen Auftrags beiträgt, handelt es sich beim **Eliminieren von Störfaktoren** um eine reaktive Praktik.

Indem sich Laura komplementär zu Dora Dünki als Auftragsausführende positioniert, „unterwirft" sie sich der Norm des ordnungsgemäßen Ausführens des vorgegebenen Auftrags und wird in diesem Moment als unselbstständig und unterstützungsbedürftig anerkennbar. Die möglichen Subjektpositionen, die Laura einnehmen könnte, werden dadurch eingeschränkt.

Abbildung 6.9 Fortsetzung des Interpretationsbeispiels mit Fokus auf Normen der Anerkennung (vgl. Abbildung 6.7). (Quelle: Eigene Darstellung)

6.5.2 Reflektierende Interpretation der Interviewpassagen

Bei der reflektierenden Interpretation der Interviews erfolgte zuerst eine formale und eine semantische Interpretation, um der Frage nachzugehen, *wie* ein Thema bearbeitet wurde, (vgl. Nohl, 2017, S. 31). Im Rahmen der *formalen Interpretation* wurden die Transkripte einer Textsortentrennung unterzogen. Dazu wurden die vier Textsorten *Erzählung, Beschreibung, Argumentation* und *Bewertung* farblich markiert. Es wird davon ausgegangen, dass das konjunktive Wissen v. a. anhand von Erzählungen und Beschreibungen rekonstruiert werden kann. Argumentationen und Bewertungen hingegen weisen auf das kommunikative Wissen hin (vgl. Kallmeyer & Schütze, 1977; Nohl, 2017, S. 34). In den vorliegenden Transkripten gab es viele Beschreibungen und Argumentationen, jedoch konnten nur wenige und v. a. nur kurze Erzählpassagen gefunden werde. Dies lag einerseits daran, dass die Interviews entlang eines strukturierten Leitfadens mit konkreten Fragen durchgeführt wurden (vgl. Edelmann et al., 2018b). Andererseits kann davon ausgegangen werden, dass es sich bei unterrichtlichen Tätigkeiten um „alltägliche Verrichtungen, gleichförmige und immer wiederkehrende Routinen" (Küsters, 2009, S. 30) handelt. Solche Handlungsformen können eher weniger narrativ bearbeitet werden (vgl. ebd.), was tendenziell dazu führt, dass es in entsprechenden Interviews nur wenige Erzählpassagen gibt.

Für die Interpretation von Interviews, in denen nicht Erzählungen, sondern hauptsächlich Argumentationen und Bewertungen vorkommen, schlägt Nohl

(2017) vor, zu rekonstruieren, „*wie* jemand seine Handlungsweisen rechtfertigt bzw. bewertet" (ebd., S. 35). Dies kann aufschlussreich sein bezüglich der Frage, innerhalb welchen Orientierungsrahmens Themen und Probleme bearbeitet werden (vgl. ebd.). Die Erzählpassagen, die in den Interviews mit den Kindergartenlehrpersonen identifiziert werden konnten, erhielten dadurch folgende Funktion: Sie bildeten in der Regel nicht den Ausgangspunkt der Interpretationen, sondern wurden in einem zweiten Schritt zur Überprüfung der Interpretation herangezogen. Stattdessen standen die beschreibenden Passagen im Vordergrund.

Bei der *semantischen Interpretation* der Interviewsequenzen wurde sequenziell vorgegangen. Das bedeutet, dass jeder thematisch zusammengehörige Abschnitt einzeln interpretiert wurde. Um das Erkenntnisinteresse in die reflektierende Interpretation der Interviewtranskripte einfließen zu lassen, wurden an die ausgewählten Passagen folgende inhaltliche Fragen gestellt: (1) Wie werden die Kindergartenkinder von der Kindergartenlehrerin konstruiert und welches Bild des Kindergartenkindes dokumentiert sich? (2) Wie positioniert sich die Kindergartenlehrerin im Interview? (3) Von welchen Normen der Anerkennung sind diese Konstruktionen und Positionierungen gerahmt?

Die Frage nach der Konstruktion des Kindergartenkindes erhält mit Blick auf das Vorgehen bei der dokumentarischen Videointerpretation eine Nähe zur Adressierung der Kindergartenkinder. Und auch die Frage nach der Selbstpositionierung der Kindergartenlehrerinnen stellt eine Nähe zur Ausrichtung der Videointerpretation dar. Der Entscheid, den Fokus auf die Konstruktion der Kindergartenkinder und die Selbstpositionierung der Kindergartenlehrerinnen zu richten, wurde erst im Verlauf der Interpretationsarbeit gefällt. Dieses Vorgehen ist sinnvoll bzw. überzeugt, weil dadurch eine Verbindung mit den Ergebnissen aus der Videointerpretation ermöglicht wird.

Bei der reflektierenden Interpretation der Interviewpassagen wurden positive und negative (Gegen-)Horizonte eruiert. Ein positiver (Gegen-)Horizont weist auf einen konjunktiven Erfahrungsraum hin, an den sich eine sprechende Person anlehnt. Ein negativer (Gegen-)Horizont hingegen zeichnet sich durch eine abgrenzende Positionierung aus (vgl. Kleemann et al., 2013, S. 161). Inwieweit es für die interviewte Person möglich zu sein scheint, die eigenen Orientierungen im Alltag umzusetzen, wird mit dem Begriff des „Enaktierungspotenzials" gefasst (vgl. Bohnsack, 2014b, S. 138; Kleemann et al., 2013, S. 161), der hauptsächlich bei Gruppendiskussionen verwendet wird.

In Abbildung 6.10 wird ein Teil der reflektierenden Interpretation dargestellt, die zu der in Abschnitt 6.3.2 als Transkript (vgl. Abbildung 6.4) abgebildeten und anschließend formulierend interpretierten Interviewpassage gehört (vgl. Abbildung 6.5). Es handelt sich hierbei um einen Arbeitstext, was u. a. an der

---

4–21   Beschreibung mit bewertenden und argumentierenden Elementen

Dora Dünki beschreibt ihre Kindergartengruppe auf eine **pauschalisierende** Art und Weise, wobei sie sich **an den Defiziten der Kinder orientiert**. Die vorhandenen Defizite werden damit begründet, dass die Kinder zu Hause zu wenig („Grunderfahrungen") lernen oder das Gelernte nicht kompatibel ist mit ihren Vorstellungen davon, was die Kinder lernen sollten („elektronische Neuheiten"). Lernen im Kindergarten ist jedoch möglich, wobei der Lernerfolg der DaZ-Lehrerin und dem von ihr entwickelten Programm zugeschrieben wird. Durch den bewussten Einsatz des Hochdeutschen als Sprache im **Kindergarten** hebt sich dieser als **Bildungsinstitution** von familiären und alltäglichen Situationen ab, in denen in der jeweiligen Herkunftssprache oder in Schweizer Mundart gesprochen wird. Es kommt eine **Unterscheidung zwischen dem Kindergarten und dem Zuhause** zum Ausdruck, wobei der Kindergarten dem Zuhause in Bezug auf die Gestaltung einer lernförderlichen Umgebung überlegen ist. Der Kindergarten erhält die Funktion, Defizite der kindlichen Entwicklung auszugleichen. Das Wissen darüber, was die Kinder lernen sollten, wird bei den Kindergartenlehrerinnen verortet.

Die Kindergartenkinder werden pauschal konstruiert als **motorisch und sprachlich defizitär entwickelt**. Es deutet sich hier ein **normativer Horizont** in Abhängigkeit des **motorischen und sprachlichen Entwicklungsstands** der Kindergartenkinder an.

Es deutet sich an, dass das familiäre Umfeld, in dem die Entwicklung der Kinder verunmöglicht wird, zum negativen Horizont wird. Demgegenüber bildet der Kindergarten als defizitausgleichender Lernort den positiven Gegenhorizont. Das Enaktierungspotenzial besteht in der Wahrnehmung von Entwicklungsdefiziten und in der Selbstpositionierung der Kindergartenlehrerin als Schlüsselfigur beim Ermöglichen von Entwicklung.

Hinweis: Hier ist nur der erste Teil der reflektierenden Interpretation der Zeilen 4–21 aufgeführt.

Abbildung 6.10 Beispiel einer reflektierenden Interpretation aus dem Interview mit Dora Dünki.
Bemerkung: Formulierende Interpretation in Abbildung 6.5 ersichtlich. (Quelle: Eigene Darstellung)

Verwendung von fetter Schriftart zu erkennen ist, die der Orientierung und Übersichtlichkeit bei der weiteren Verarbeitung der Interpretationstexte diente. Die überarbeitete Version dieser Interpretation ist in Abschnitt 7.3.2 aufgeführt.

Zusammenfassend kann festgehalten werden, dass es bei der reflektierenden Interpretation der Videosequenzen und der Interviewpassagen darum geht, auf die Ebene der Art und Weise – des Modus Operandi – der Interaktion vorzudringen, um implizite Wissensbestände der gefilmten Kindergartenlehrpersonen und Kindergartenkinder bzw. der befragen Kindergartenlehrpersonen abzubilden. Dabei galt es stets zu beachten, die Standortgebundenheit der Forscherin zu kontrollieren und zu reflektieren. Bei der vorliegenden Untersuchung bildeten zu Beginn des Forschungsprozesses normativ geprägte theorie- und praxisbasierte Vorstellungen eines guten (Kindergarten-)Unterrichts und eines guten Umgangs mit Heterogenität den persönlichen, standortgebundenen Vergleichshorizont. Um diese

Standortgebundenheit methodisch zu kontrollieren und zu reflektieren, mussten „die impliziten und in der jeweiligen empirischen Forschung empirisch nicht abgesicherten Vergleichshorizonte durch empirische Vergleichshorizonte (d. h. durch andere empirische Fälle) ergänzt und unter Umständen teilweise ersetzt" (Nohl, 2017, S. 40) werden. Dies gelang, indem zu Beginn der komparativen Analyse konsequent darauf geachtet wurde, *wie* die Teilnehmenden mit einem bestimmten Thema oder einer bestimmten Situation umgehen; und es musste ständig analysiert werden, was sich darin dokumentiert. Durch die fallimmanente und fallvergleichende Kontrastierung wurde nach Homologien gesucht, die die gemachten Rekonstruktionen bestätigen. Vor allem fallübergreifende Vergleiche trugen dazu bei, dass die Rekonstruktionen durch Kontraste differenziert werden konnten. Dabei wurden zusätzlich zu den zwei in Kapitel 7 ausführlich beschriebenen Fällen weitere Fälle aus der Stichprobe der Kindergartenstudie hinzugezogen. Erst die komparative Analyse (vgl. Abschn. 5.1.5) erlaubte es, die typischen Merkmale der beiden ausgewählten Fälle herauszuarbeiten. Sie gilt als wichtiges Merkmal von qualitativ-rekonstruktiver Forschung und wird zum Arbeitsschritt der reflektierenden Interpretation gezählt (vgl. Asbrand & Martens, 2018, S. 55). Es handelt sich somit *nicht* um einen separaten Arbeitsschritt.

6.6   Zirkuläres Vorgehen und Produktion von Texten

Zur besseren Nachvollziehbarkeit wurde in Kapitel 6 das konkrete Vorgehen entlang von einzelnen Interpretationsschritten gegliedert. Dies suggeriert ein lineares Vorgehen im Sinne der Durchführung von aufeinanderfolgenden methodischen Schritten. Diese Darstellung widerspiegelt den tatsächlichen Forschungsprozess jedoch nicht korrekt, denn das tatsächliche Vorgehen kann keinesfalls als linear bezeichnet werden. Ein nicht idealtypisch verlaufender methodischer Vorgang kann vielmehr als Merkmal rekonstruktiver Forschung verstanden werden, was – vor allem im Hinblick auf eine Typenbildung – als „Ausprägungen des klassischen hermeneutischen Zirkels" (Bohnsack et al., 2018, S. 22) oder gar als „Dilemma" (Schäffer, 2020, S. 74) bezeichnet wird. Die zirkulären (Such-) Bewegungen zwischen den einzelnen Interpretationsschritten kommen in einer Fülle von Arbeitstexten zum Ausdruck, die bei der dokumentarischen Interpretation produziert werden. Diese Texte werden jedoch in der Regel nicht veröffentlicht. Bei den Transkripten, den formulierenden und reflektierenden Interpretationen der interpretierten Sequenzen handelt es sich um „Arbeitspapiere" (Asbrand & Martens, 2018, S. 237), die im Forschungsprozess schriftlich erstellt werden. Diese werden auch für den Austausch in Forschungswerkstätten und Interpretationsgruppen verwendet. Diese Texte werden in mehreren zirkulär angelegten Schritten mit zeitlichem Abstand verfasst und jeweils nach der Besprechung in Forschungswerkstätten, Interpretationstandems und Methodenworkshops weiterentwickelt. Für die Publikation von Forschungsergebnissen werden auf der Grundlage dieser Interpretationen gut lesbare Fließtexte erstellt, in denen die zentralen Erkenntnisse der formulierenden und der reflektierenden Interpretation zusammengefasst werden (vgl. ebd.). Die Verständlichkeit dieser Texte wird erhöht, indem möglichst auf methodisches Vokabular verzichtet wird. Zur Nachvollziehbarkeit der Rekonstruktionsergebnisse werden den Interpretationsbeschreibungen relevante Transkriptausschnitte sowie einzelne Fotogramme aus dem empirischen Material vorangestellt (vgl. Hackbarth, 2017, S. 79).

Erkenntnisse aus der Studie 7

In diesem Kapitel werden die Erkenntnisse aus der vorliegenden Untersuchung als Fallbeschreibungen dargestellt. Dazu wird zuerst auf die Auswahl der beiden Fälle der Kindergartenlehrerinnen Sandra Sommer und Dora Dünki eingegangen (Abschn. 7.1). Zudem werden soziodemografische und statistische Informationen zu den Kindergartenlehrerinnen und ihren Klassen geteilt. Anschließend folgen nacheinander die Fallbeschreibungen zu den Kindergartenlehrerinnen Sandra Sommer (Abschn. 7.2) und Dora Dünki (Abschn. 7.3). Die erste der beiden Fallbeschreibungen ist so strukturiert, dass einleitend ein Kurzporträt der Kindergartenlehrerin und ihrer Kindergartenklasse im Schuljahr 2016/17 dargestellt wird. Es folgt eine Herleitung der geleisteten Rekonstruktionen anhand einer Hauptsequenz aus den videogestützten Unterrichtsbeobachtungen und aus zwei weiteren ergänzenden Sequenzen (Abschn. 7.2.1). Im Anschluss wird anhand von Passagen aus dem Interview mit Sandra Sommer die entsprechende Rekonstruktionsarbeit geleistet. Dazu wird zuerst die Eingangspassage des Interviews mit Sandra Sommer – gegliedert in mehrere Abschnitte – präsentiert und interpretiert (Abschn. 7.2.2). Anschließend wird die Interviewinterpretation anhand von weiteren Passagen aus dem Interview im Sinne eines fallimmanenten Vergleichs angereichert und zusammengefasst. Die Erkenntnisse aus der Video- und der Interviewinterpretation zu Sandra Sommer werden abschließend zusammengeführt (Abschn. 7.2.3). In Abschnitt 7.3 folgt die Darstellung des Falls von Dora Dünki in derselben Struktur: Nach einem Kurzportrait folgen die Videointerpretation (Abschn. 7.3.1), die Interviewinterpretation (Abschn. 7.3.2) und die Zusammenführung der fallbasierten Erkenntnisse (Abschn. 7.3.3). Die Struktur dieser Falldarstellung und des in Kapitel 8 folgenden Fallvergleichs ist der besseren Übersichtlichkeit halber in Tabelle 7.1 abgebildet.

© Der/die Autor(en) 2025   145
S. Staub, *Anerkennungsverhältnisse in der Schule*, Kinder, Kindheiten und
Kindheitsforschung 33, https://doi.org/10.1007/978-3-658-46176-8_7

Tabelle 7.1 Struktur der Fallbeschreibungen (Kap. 7) und des Fallvergleichs (Kap. 8) (Quelle: Eigene Darstellung)

Kapitel	Sandra Sommer		Dora Dünki	
	Video-interpretation	Interview-interpretation	Video-interpretation	Interview-interpretation
7.2.1	x			
7.2.2		x		
7.2.3	x ◄——*——► x			
7.3.1			x	
7.3.2				x
7.3.3			x ◄——*——► x	
8.1	x ◄————**————► x			
8.2		x ◄————**————► x		
8.3	x ◄——***——► x ◄——***——► x ◄——***——► x			

Legende: * fallinterne Gegenüberstellung, ** fallübergreifende vergleichende Analyse, *** fallinterne und fallübergreifende Zusammenführung

7.1   Überblick über die beiden Fälle

Aus dem Datenkorpus der Kindergartenstudie (Edelmann et al., 2018b) wurden zwei Fälle ausgewählt und analysiert und jeweils zu einer Fallbeschreibung zusammengefügt. Als „Fall" wird eine Kindergartenlehrperson bezeichnet, die während unterrichtlicher Interaktionen mit Kindergartenkindern gefilmt wurde und in einem Interview u. a. über die Kindergartenkinder und den Alltag im Kindergarten berichtete. Ausgewählt wurden die Kindergartenlehrerinnen Sandra Sommer und Dora Dünki, und zwar, wie bereits in Abschnitt 6.1 beschrieben, in einem zirkulären Vorgehen. Im Verlauf des Auswahlprozesses wurden acht der insgesamt zwanzig Fälle aus dem Datenkorpus untersucht, indem einzelne Sequenzen und Passagen dokumentarisch interpretiert wurden. Auch wenn in diesem Kapitel nur die Interpretationen der beiden ausgewählten Fälle dargelegt werden, waren die restlichen Interpretationen für das komparative Vorgehen wichtig. Dadurch gelang es, die Fallbeschreibungen zuzuspitzen und diejenigen Elemente, die für die beiden Fälle typisch sind, herauszuarbeiten.

Bei Sandra Sommer und Dora Dünki handelt es sich um zwei sehr erfahrene Kindergartenlehrerinnen mit 28 bzw. 20 Jahren Berufserfahrung. Beide haben ein seminaristisches Lehrdiplom erworben. Deshalb kann angenommen werden, dass die beiden Kindergartenlehrerinnen einen ähnlichen beruflichen Hintergrund haben und somit gut miteinander vergleichbar sind. Weitere soziodemografische und statistische Informationen zu den beiden Fällen und zu den Kindergartenklassen im Schuljahr 2016/17 können Tabelle 7.2 entnommen werden. Statistische Angaben wie z. B. die Altersstruktur der Kindergartenklassen oder Angaben über Fremdsprachen, die in den Familien der Kinder gesprochen werden, sind im Bericht zur Kindergartenstudie aufgeführt (vgl. Edelmann et al., 2018b, S. 38–51).

Tabelle 7.2 Soziodemografische Informationen zu den beiden Kindergartenlehrerinnen Sandra Sommer und Dora Dünki sowie zu deren Klassen im Schuljahr 2016/17. (Quelle: In Anlehung an Edelmann et al., 2018b, S. 35–51)

Kindergar-tenlehrerin	Alter der Lehrerin	Art und Erwerbsjahr des Abschlusses	Berufserfah-rung (in Jahren)	Gemeinde-typ	Misch-index	Anzahl Kinder Total	Anzahl Kinder 2. Kindergar-ten
Sandra Sommer*	49	Diplom, 1989	28	Ländliche Gemeinde	0.32	24	11
Dora Dünki**	55	Diplom, 1992	20	Zentrums-gemeinde	0.5	17	7

Legende: * entspricht dem Kindergarten KG19 aus der Kindergartenstudie, ** entspricht dem Kindergarten KG04

Zu Beginn der beiden Fallbeschreibungen (vgl. Abschn. 7.2 und 7.3) wird in einem Kurzporträt nochmals auf spezifische Informationen zu den beiden Kindergartenlehrerinnen und ihren Kindergärten eingegangen.

7.2 Fallbeschreibung der Kindergartenlehrerin Sandra Sommer

Beim Kindergarten von Sandra Sommer handelt es sich um einen Doppelkindergarten, der sich abseits von den übrigen Schulgebäuden in einer ländlichen Gemeinde befindet (vgl. Tabelle 7.2). Die Kindergartenlehrerin Sandra Sommer hat im Jahr 1989 ein Diplom als Kindergartenlehrerin erworben und unterrichtet zum Zeitpunkt der Erhebung seit 28 Jahren. Sie ist 49 Jahre alt und hat eine Zusatzausbildung auf der Stufe CAS[1] zum Thema „Unterrichten in heterogenen Gruppen" absolviert. Im Schuljahr 2016/17 unterrichtet Sandra Sommer in einem Pensum vom 89 Prozent[2]. Die Kindergartenklasse besteht aus 24 Kindern, 11

---

[1] Bei einem Certificate of Advance Studies (CAS) handelt es sich um einen berufsbegleitenden Weiterbildungsabschluss im Umfang von mindestens 10 ECTS, für den ein Zertifikat ausgestellt wird.

[2] Im Kanton Zürich war es bis Ende Schuljahr 2016/17 für Kindergartenlehrpersonen möglich, in einem Vollpensum (100 %) angestellt zu sein. Dies änderte sich mit der Einführung des neue Berufsauftrags per Schuljahr 2017/18 (vgl. Abschn. 3.2.2).

von ihnen sind im zweiten Kindergartenjahr. Der Anteil der Kinder mit einer anderen Erstsprache als Deutsch und/oder einer ausländischen Nationalität (ohne Deutschland, Österreich und Liechtenstein) liegt bei ungefähr 32 Prozent (vgl. Edelmann et al., 2018b, S. 38–48).

7.2.1 Videointerpretation

7.2.1.1 Beschreibung der Auffangzeit als Teil des Kindergartenvormittags bei Sandra Sommer

Bevor das erste Kind im Kindergarten eintrifft, hat die Kindergartenlehrerin Sandra Sommer bereits verschiedene Turngeräte und andere Materialien auf einem gepflasterten Vorplatz bereitgestellt, der direkt an den Kindergarten angrenzt (vgl. Abbildung 7.3, Klassenkamera): einen Holzbalken, der rund 20 cm über dem Boden auf zwei Schemeln aufliegt, Holzstücke hintereinander auf dem Boden liegend, eine Holzbank, darüber einen Sonnenschirm, vier dünne Matten, ein Minitrampolin, sechs mit einem Seil verbundene Plastikeimer, die mit der Öffnung nach unten im Zickzack aufgereiht sind, eine Schubkarre, Hula-Hoop-Reifen sowie einen roten, rund 50 cm hohen Kegel. Darüber ist quer über den Platz eine bunte Wimpelgirlande gespannt. Die Kinder gelangen über eine Treppe zwischen Bäumen und Büschen hindurch zum Vorplatz des Kindergartens, der sich an leicht erhöhter Lage befindet. Die Tür, die zur Garderobe von Sandra Sommers Kindergarten führt, befindet sich auf der anderen Seite des Vorplatzes.

Zu Beginn der Auffangzeit steht Sandra Sommer draußen auf dem Vorplatz des Kindergartens, wo sie die ankommenden Kinder in Empfang nimmt. Alle werden einzeln per Handschlag und Namen begrüßt und unmittelbar danach angewiesen, Tasche[3], Streifen[4], Schuhe und Socken in der Garderobe zu deponieren und barfuß wieder herauszukommen. Die ersten Kinder werden zudem darauf hingewiesen, dass Kameras das Geschehen aufzeichnen. Die Kinder gehen nach der Begrüßung in die Garderobe, ziehen sich um und kommen wieder heraus.

---

[3] In der persönlichen (Kindergarten-)Tasche bringen die Kinder jeweils den „Znüni" (Zwischenverpflegung für die Pause am Vormittag) von zu Hause mit in den Kindergarten.

[4] Beim (orangefarbenen und reflektierenden) Streifen handelt es sich um ein V-förmiges Sicherheitsband, das im Straßenverkehr bzw. für den Weg von zu Hause in den Kindergarten wird. Die Kinder legen diesen Weg üblicherweise allein oder in kleinen Gruppen zurück und tragen dabei diesen Leuchtstreifen. Er ist ein Erkennungsmerkmal für Kindergartenkinder.

Die Aktivitäten der Auffangzeit finden mehrheitlich draußen auf dem gepflasterten Vorplatz statt. Sandra Sommer schaut zwischenzeitlich mehrmals in der Garderobe vorbei, bleibt aber meistens an der Tür stehen. Während bereits mehrere Kinder anwesend sind, baut Sandra Sommer den Bewegungsparcours weiter aus. Einzelne Kinder bringen nach Anweisung der Kindergartenlehrerin zusätzliches Material heraus. Die Kinder nutzen die verschiedenen Geräte und bewegen sich mehrheitlich von Posten zu Posten.

7.2.1.2 Sequenz „Tasche und Streifen"

Die nachfolgend interpretierte Sequenz „Tasche und Streifen" wurde in der Auffangzeit aufgenommen. Zu Beginn der Sequenz (00:13:38) sind bereits sechs Kinder im Kindergarten angekommen. Vier Jungen befinden sich auf dem Parcours, ein Mädchen steht unter dem Vordach des Kindergartens. Während drei weitere Kinder, nämlich Pepe, Sanja und Luca, über den Vorplatz in die Richtung von Sandra Sommer gehen, ist Letztere noch mit Louisa im Gespräch. Während Sandra Sommer noch Louisa zugewendet ist, ruft Pepe etwas Unverständliches und geht zu Sandra Sommer hin, die ihn daraufhin begrüßt. Das Transkript beginnt mit dem unverständlichen Ruf von Pepe.

Die vorliegende Sequenz „Tasche und Streifen" wurde für die Feininterpretation ausgewählt, weil die darin erfolgte Begrüßung von Pepe, Sanja und Luca sowie der Hinweis auf den Parcours und die Erteilung der Anweisungen zum Umziehen exemplarisch sind für die videografierten Interaktionen zwischen Sandra Sommer und den ankommenden Kindergartenkindern. Die verbal und nonverbal sehr dichte Situation stellt den Beginn einer neuen Interaktion zwischen Sandra Sommer und drei Kindern dar. Abbildung 7.1 enthält das Transkript zu dieser Sequenz, wohingegen in den Abbildungen 7.2, 7.3 und 7.4 die Hauptpersonen aus der vorliegenden Sequenz abgebildet und beschriftet sind. Die hochdeutsche Version des Transkripts ist im Anhang B1 einsehbar. Aus welchem Winkel mit der Lehrpersonen- und der Klassenkamera zum Zeitpunkt 00:13:55 des Fotogramms 2 (vgl. Abbildung 7.3) gefilmt wurde, ist in Abbildung 7.5 zu sehen.

Beschreibung der Sequenz „Tasche und Streifen"

Während Sandra Sommer noch Louisa zugewendet ist, gehen Pepe, Sanja und Luca hintereinander am Bewegungsparcours vorbei auf Sandra Sommer zu. Pepe ruft dabei etwas mit lauter Stimme (in der Aufnahme unverständlich). Pepe geht zu Sandra Sommer und streckt die Hand aus. Louisa macht einen Schritt zurück. Sandra Sommer richtet den Blick zu Pepe, fasst dessen Hand mit ihrer rechten Hand und sagt mit hoher Stimme: „Hooi Pepe, guten Morgen." Sandra Sommer

Fr. Sommer: Kindergartenlehrerin Sandra Sommer
Pepe, Sanja und Luca: Kindergartenkinder

Pepe	( )	00:13:38
Fr. Sommer	⌊[zu Pepe] hooi Pepe; **guete Morge**. hoi Sanja; hoi Luca, (.)	00:13:39
	luged emal? (.) mir händ de Parcours wieder ufgstellt?	
Pepe	jupi	00:13:48
Fr. Sommer	e chli en anderä? (.) ihr chönd d Täsche inetue, de Streife inetue, lueg mi	00:13:49
	nomal a, und? nachher?	
Luca	⌊de Socke	00:13:56
Fr. Sommer	**ja genau** Luca; du häsch usegfunde; d Söcke und d Schueh lömer au	00:13:58
	grad dine; (.) barfuess chömed mir wieder use; ohni Täsche ohni Streife;	

Abbildung 7.1   Transkript der Sequenz „Tasche und Streifen" (KG 19, 00:13:38–00:14:07, Mundart). (Quelle: Eigene Darstellung)

kniet sich vor Pepe auf den Boden und hält dabei weiterhin seine Hand in ihrer. Sanja nähert sich neben Pepe ebenfalls Sandra Sommer und streckt ihre Hand der Kindergartenlehrerin entgegen. Sandra Sommer richtet den Blick auf Sanja und greift mit ihrer linken Hand nach deren Handgelenk und hält es fest. Sandra Sommer sagt: „Hoi Sanja." Luca kommt ebenfalls näher. Sandra Sommer lässt die Hand von Pepe los und streckt ihre Hand zu Luca aus, wodurch sich die Arme von Sandra Sommer überkreuzen. Sandra Sommer sagt: „Hoi Luca" (vgl. Abbildung 7.2, Fotogramm 1).

Sandra Sommer richtet den Blick zum Bewegungsparcours, streckt die rechte Hand aus und sagt: „Schaut mal." Luca geht hinter Sandra Sommer vorbei und bleibt mit Blick zum Bewegungsparcours neben ihr stehen. Pepe dreht sich um und richtet den Blick ebenfalls in Richtung des Bewegungsparcours. Sandra Sommer sagt: „Wir haben den Parcours wieder aufgestellt." Pepe macht einen kleinen

Lehrpersonenkamera: Klassenkamera:

Abbildung 7.2   Fotogramm 1 (KG19, 00:13:44)

Schritt weg von Sandra Sommer, die das Handgelenk von Sanja loslässt, mit beiden Händen Pepe am Oberarm fasst und ihn ein bisschen zurückzieht. Pepe sagt:
„Jupi[5]." Sandra Sommer sagt: „Ein bisschen ein anderer."

Sandra Sommer berührt mit der Hand Pepes Tasche und sagt: „Ihr könnt die Tasche
reintun …" Dann greift Sandra Sommer mit der linken Hand an Sanjas Leuchtstreifen
und fährt fort: „… und den Streifen reintun." Pepe fasst mit der Hand den Riemen
der Tasche, die er schräg über dem Oberkörper trägt, und streift diesen nach oben.
Dabei hat er den Blick zum Bewegungsparcours gerichtet. Sandra Sommer hält mit
der Hand Pepes Tasche fest. Sie sagt: „Schau mich nochmals an." Sandra Sommer
lässt Sanjas Leuchtbändel los und greift stattdessen nach der Hand von Pepe, mit der
er den Riemen nach oben streift (vgl. Abbildung 7.3, Fotogramm 2).

Lehrpersonenkamera: Klassenkamera:

Abbildung 7.3   Fotogramm 2 (KG19, 00:13:55)

Sie löst Pepes Hand vom Riemen. Pepe dreht sich währenddessen zurück zu Sandra Sommer. Sandra Sommer und Pepe richten den Blick nun aufeinander. Sandra
Sommer sagt: „Und …" Luca lenkt den Blick vom Parcours weg, richtet ihn auf Sandra Sommer und sagt: „Die Socken." Sandra Sommer fährt fort: „… nachher …"
Sandra Sommer zeigt mit dem Finger zunächst auf Pepes und dann auf Lucas Füße
und sagt: „Ja, genau, Luca" (vgl. Abbildung 7.4, Fotogramm 3).

Sandra Sommer fasst mit der rechten Hand nach Lucas linker Hand, richtet
den Blick auf den Buben und sagt: „Du hast es herausgefunden." Luca dreht sich
weg und macht einen Schritt weg von Sandra Sommer. Diese lässt Lucas und
Pepes Hände los und sagt: „Die Socken und die Schuhe lassen wir auch gerade
drin." Pepe zieht seine rechte Hand unter dem Bändel seiner Tasche hindurch,
zieht die Tasche anschließend über seinen Kopf und geht weg. Während Pepe die

---

[5] „Jupi" ist ein schweizerdeutscher Ausdruck und entspricht am ehesten dem deutschen
Ausdruck „Juhu".

Lehrpersonenkamera: Klassenkamera:

Abbildung 7.4 Fotogramm 3 (KG19, 00:13:58)

Tasche über den Kopf zieht, dreht sich Sandra Sommer zu Sanja und fasst mit der linken Hand an deren rechten Unterarm. Sandra Sommer sagt mit Blick auf Sanja: „Barfuß kommen wir wieder heraus." Sanja nickt. Sandra Sommer sagt kopfschüttelnd: „Ohne Tasche, ohne Streifen." Sanja nickt erneut. Sie geht vor Sandra Sommer vorbei, woraufhin diese die Hand des Mädchens loslässt. Sanja geht nach Pepe aus dem Bild.

Auf der Klassenkamera ist derweil zu sehen, wie Louisa nach dem Eintreffen von Pepe, Sanja und Luca zum Holzbalken geht und darüber balanciert (vgl. z. B. Abbildung 7.3, Fotogramm 2, Klassenkamera). Sie richtet den Blick dabei mehrmals zu Sandra Sommer. Ein anderer Junge kommt in die Nähe der Kindergartenlehrerin und nimmt sich ebenfalls mit Blick zu Sandra Sommer einen Hula-Hoop-Reifen. Ein Mädchen steht in der Nähe der Tür zur Garderobe und zupft an ihren Kleidern. Zwei Jungen rollen über eine gepolsterte Rolle, währenddessen ein Junge danebensteht (Abbildung 7.6).

Videorekonstruktionen der Sequenz „Tasche und Streifen"
Bei der Sequenz „Tasche und Streifen" handelt es sich um einen Ausschnitt aus dem Übergang von der Familie in den Kindergarten, in dem eine kurze Interaktion zwischen den Kindergartenkindern Pepe, Sanja, Luca und der Kindergartenlehrerin Sandra Sommer im Zentrum steht. Es zeigt sich eine eng geführte Sequenz, die – im übertragenen Sinne – an ein Nadelöhr erinnert: Sie hat einerseits die Funktion der Begrüßung, andererseits dient sie dazu, Anweisungen zu geben zum Umziehen vor der Begehung des bereitgestellten Spiel- und Lernangebots „Parcours". Die Interaktion verläuft im Modus der durch die Kindergartenlehrerin bestimmten körperlichen Nähe.

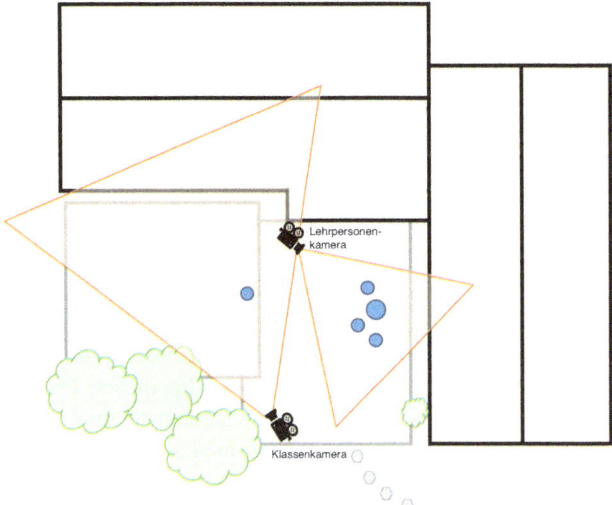

Abbildung 7.5 Kamerawinkel Fotogramm 2 (KG19, 00:13:55). (Quelle: Eigene Darstellung, Legende: schwarze Rechtecke: Gebäude des Doppelkindergartens; graue Rechtecke: geteerter bzw. gepflasterter Vorplatz der Gebäude, blaue Kreise: Kindergartenlehrerin (großer Kreis) und Kindergartenkinder (kleinere Kreise))

Die drei Kinder treffen wenige Sekunden nacheinander auf dem Vorplatz des Kindergartens ein, gehen direkt auf Sandra Sommer zu und halten ihr die Hand hin. Sie werden nacheinander per Handschlag und mit ihrem Namen begrüßt. Darin dokumentiert sich ein nonverbal von den Kindern initiiertes routiniertes Handeln, das für die Kinder die Funktion der Anmeldung erhält und für Sandra Sommer die Funktion des Empfangens. Die Kinder positionieren sich durch das direkte Ansteuern von Sandra Sommer sowie durch die Aufnahme des Blickkontakts mit der Kindergartenlehrerin und das Hinhalten der Hand einerseits als kompetent in der Initiierung dieser routinierten Begrüßung sowie andererseits als anmeldepflichtig. Darin steckt der propositionale Gehalt der Kontaktaufnahme. Indem Sandra Sommer die Kinder verbal und nonverbal begrüßt, kommt es zu einer komplementären Proposition. Mit der Namensnennung werden die Kinder von der Kindergartenlehrerin verbal jeweils individuell adressiert. Sie begrüßen Sandra Sommer nur auf der nonverbalen Ebene; den verbalen Teil der Begrüßung erwidern sie nicht. Indem Sandra Sommer Pepe und Luca per Handschlag begrüßt und Sanjas Hand bzw. Handgelenk etwas länger festhält, kommt es zu einem

Verbindungsaufbau über eine körperliche Berührung. Indem Sandra Sommer
zu Sanjas Begrüßung die linke anstelle der rechten Hand einsetzt (vgl. Abbildung 7.2, Fotogramm 1) und weil die Kinder die Kindergartenlehrerin nicht
verbal begrüßen, rückt die korrekte formale Ausführung der Begrüßung – die
üblicherweise durch einen Handschlag mit der rechten Hand, eine Begrüßungs-
floskel und die Namensnennung erfolgen würde – in den Hintergrund (vgl. Jäger
et al., 2006, S. 58). Im Vordergrund steht stattdessen – im Sinne einer Elaboration – die Kontaktaufnahme mit jedem einzelnen Kind durch eine körperliche
Berührung.

Sandra Sommer kniet sich zur Begrüßung der drei Kinder hin, was sie jedoch
in ihrer Mobilität einschränkt. Darin kommt ein temporäres Einlassen auf die
Interaktion mit den drei Kindern zum Ausdruck, die auf physischer Augenhöhe
stattfindet. Zumindest darin deutet sich auf der körperlichen Ebene eine Ver-
minderung der Asymmetrie zwischen der Kindergartenlehrerin und den Kindern
sowie ein kindorientiert-responsiver Interaktionsmodus an.

Nach der individuellen Adressierung während der Begrüßung werden die drei
Kinder als Gruppe adressiert. Sandra Sommer weist direkt nach der Begrüßung
verbal und nonverbal auf den vorbereiteten Parcours hin. Sie positioniert sich
damit als zuständig für das vorbereitete Spiel- und Lernangebot. Das auf dem
Vorplatz zur Verfügung stehende Material und indirekt auch die Aktivitäten, die
dadurch assoziiert werden können, rücken in den Vordergrund. Sandra Sommer verweist auf ein ähnliches, bereits bekanntes Spiel- und Lernangebot. Die
Reaktion von Pepe („Jupi") kann als Bestätigung aufgefasst werden, dass das
Angebot eines Parcours bekannt ist. Es kommt eine Praktik des Verweisens auf
ein bekanntes Spiel- und Lernangebot zum Ausdruck. Da keine weiteren Handlungsaufträge in Bezug auf den Parcours folgen, werden die Kinder indirekt als
kompetent im Umgang mit dem vorbereiteten Spiel- und Lernangebot adressiert. Dies ermöglicht ihnen verschiedene Handlungsoptionen im Zusammenhang
mit dem vorbereiteten Material. Als normativer Horizont wird ein eigenaktiver
Umgang mit dem vorbereiteten Angebot eingeführt.

Nach der Benennung des Spiel- und Lernangebots erteilt Sandra Sommer einen konkreten Handlungsauftrag zum Umziehen in der Garderobe. Die
Handlungsanweisungen unterstützt sie auf der nonverbalen Ebene, indem sie
beim Wort „Tasche" Pepes Tasche berührt und beim Wort „Streifen" Sanjas
Leuchtstreifen. Da angenommen werden kann, dass die Kinder jeden Tag mit
Tasche und Streifen im Kindergarten eintreffen, handelt es sich hierbei um
eine sich wiederholende Handlung beim Ankommen im Kindergarten, deren
ordnungsgemäße Ausführung durch die explizite Nennung des Handlungsauftrags eine hohe Relevanz erhält. Sandra Sommer positioniert sich als berechtigt,

konkrete Handlungsaufträge zu formulieren. Sie adressiert die drei Kinder in Bezug auf das Ausführen dieser Routinehandlung als unterstützungsbedürftig und unselbstständig.

Während insbesondere der Streifen auf dem Weg zum Kindergarten als äußeres Erkennungsmerkmal von Kindergartenkindern die Funktion hat, im Straßenverkehr für mehr Sicherheit zu sorgen, wird dieser nach deren Ankunft im Kindergarten abgelegt. Sowohl die Identifikation als Kindergartenkind aufgrund dieses getragenen Accessoires als auch der Sicherheitsaspekt werden damit nach der Ankunft im Kindergarten hinfällig. Durch die Aufforderung, den Streifen abzulegen, werden die Kinder als nicht mehr in besonderem Maße schutzbedürftig adressiert. Mit anderen Worten: Das Ablegen des Streifens markiert im übertragenen Sinne das Betreten eines sicheren Raumes.

Indem Pepe sofort versucht, die Tasche abzustreifen, positioniert er sich komplementär zu Sandra Sommer als derjenige, der den Auftrag unmittelbar ausführt. Sandra Sommer hindert Pepe durch das Festhalten der Tasche jedoch daran, diese abzustreifen, und damit auch an der Positionierung als derjenige, der den Auftrag ausführt. Durch Sandra Sommers Aufforderung, Pepe solle sie nochmals anschauen, und indem sie Pepes Hand vom Riemen wegzieht, kommt eine Orientierung an einer impliziten Norm zum Ausdruck: zuerst zuhören, dann den Auftrag ausführen. Die Kindergartenlehrerin positioniert sich damit als berechtigt, das Einhalten von Normen verbal und nonverbal einzufordern.

Sandra Sommer verhindert, dass Pepe unmittelbar eine komplementäre Position einnimmt und dass damit eine komplementäre Passung zwischen der Positionierung Sandra hinsichtlich der Auftragserteilung und die Positionierung Pepes in Bezug auf die Auftragsausführung hergestellt wird. An dieser Stelle zeigt sich ein Widerspruch: Der komplementären Positionierung durch Pepe steht die Norm gegenüber, zuerst zuzuhören und dann den Auftrag auszuführen. Indem Sandra Sommer diese Norm höher gewichtet, entsteht zwischen der Kindergartenlehrerin und Pepe eine Asymmetrie. Die Orientierungen der beiden stehen in einem divergenten Verhältnis zueinander.

Indem Sandra Sommer Pepes Tasche und Sanjas Streifen berührt und indem sie Pepe bei der Aufforderung, sie nochmals anzuschauen, erneut an der Hand berührt, lenkt sie die Aufmerksamkeit der Kinder wieder auf die Gegenstände bzw. auf sich. Es lässt sich eine Praktik der Lenkung von Aufmerksamkeit auf Gegenstände und Personen durch Berührung rekonstruieren. Sandra Sommer positioniert sich als berechtigt, die Kinder und deren Accessoires zu berühren. Sie erschließt sich über die Berührung eine Kommunikationsebene, über die sie bei Bedarf verfügen kann.

Sandra Sommer fährt mit der Formulierung „und nachher" weiter und kündigt damit einen weiteren Handlungsauftrag an. Sie adressiert damit wieder alle drei Kinder als Auftragsempfangende. Bereits bei „und" setzt Luca ein und sagt „die Socken". Er positioniert sich damit als berechtigt, den Auftrag unaufgefordert zu erraten. Sandra Sommer wiederum re-adressiert Luca als kompetent, Aufträge zu erraten. Bei Luca kommt die Orientierung zum Ausdruck, sich an den anderen Kindern und an den Handlungen der anderen Kinder auszurichten.

Wie das Ablegen von Tasche und Streifen kann auch das Ausziehen der Schuhe als wiederholende Handlung beim Ankommen im Kindergarten verstanden werden (vgl. Jäger et al., 2006, S. 59–64). Bei der Aufforderung, auch die Socken auszuziehen, zeigt sich, dass dies offenbar *keine* Routinehandlung ist. Diese steht anstelle des sonst üblichen Wechsels der Straßenschuhe mit persönlichen Hausschuhen (vgl. ebd., S. 56) und in einem Zusammenhang mit der Teilnahme am Parcours. Dieser Zusammenhang wird auf der kommunikativen Ebene zwar nicht benannt, kommt aber darin zum Ausdruck, dass Lucas Bemerkung bestätigt wird. Sandra Sommer gestaltet somit den Übergang von der Familie in den Kindergarten im Modus der konkreten Auftragserteilung und der impliziten Herstellung eines Zusammenhangs mit dem vorbereiteten Spiel- und Lernangebot. Im Sicherstellen der korrekten Bekleidung kommt eine Orientierung an der Befähigung, am vorbereiteten Spiel- und Lernangebot teilzunehmen, zum Ausdruck.

Sandra Sommer wiederholt den konkreten Handlungsauftrag in leicht geänderter Form, wodurch sie die ordnungsgemäße Ausführung in den Vordergrund rückt. Es zeigt sich eine Praktik der Wiederholung von konkreten Handlungsaufträgen. Durch die Wiederholung wird die vorliegende Interaktionseinheit mit einer kommunikativen Konklusion geschlossen (vgl. Abschn. 5.1.4). Es kommt somit ein asymmetrisches und komplementäres Verhältnis zwischen Sandra Sommer und den Kindern zum Ausdruck. Sandra Sommer positioniert sich im Zusammenhang mit der Einforderung der Routine und mit der Handlungsanweisung, die in Bezug auf das vorbereitete Spiel- und Lernangebot erteilt wird, als berechtigt, Aufträge zu erteilen und über die Kleidung der Kinder zu verfügen. Sie besitzt diesbezüglich die „Rahmungsmacht" (Nentwig-Gesemann & Gerstenberg, 2018, S. 142), denn die geforderten Handlungen sind nicht verhandelbar. Die Kinder werden adressiert als Auftragsempfangende – die den Auftrag aber nicht unmittelbar ausführen – und als unterstützungsbedürftig im Rahmen des Übergangs. Indem die Kinder nach der Sequenz „Tasche und Streifen" in die Garderobe gehen und sich umziehen, positionieren sie sich komplementär als Auftragsausführende.

Während die Interaktionen in der unmittelbaren Umgebung von Sandra Sommer verbal und nonverbal von der Kindergartenlehrerin gesteuert werden und von der Norm des Befolgens von konkreten Handlungsaufträgen geprägt sind, öffnet sich für die Kinder auf dem Parcours ein Handlungsspielraum abseits von konkreten Handlungsaufträgen. Die Aktivitäten der Kinder auf dem Parcours entstehen aus der Auseinandersetzung mit dem vorbereiteten Material bzw. den Geräten. Sie scheinen keinen konkreten Handlungsaufträgen unterworfen zu sein. Während also die Autonomie der drei Kinder, die sich rund um Sandra Sommer versammelt haben, eingeschränkt ist, ist diejenige der vier Kinder auf dem Parcours größer. Es zeigt sich eine Engführung beim Übergang von der Familie zum Kindergarten mit anschließender Ermöglichung von autonomen, vom vorbereiteten Material gesteuerten Aktivitäten im Rahmen des Parcours. Die Kinder werden somit adressiert als begleitbedürftig im Übergang bzw. in der Vorbereitung und gleichzeitig als kompetent im Umgang mit dem vorbereiteten Spiel- und Lernangebot des Parcours. Es dokumentiert sich ein Wechsel von der „lehrpersonenzentrierten" (Beeli-Zimmermann & Staub, 2020, S. 56–61) Begrüßung und Erteilung von konkreten Handlungsaufträgen beim Umziehen zum „kindzentrierten" (ebd.) Umgang mit dem vorbereiteten Spiel- und Lernangebot.

Die Kindergartenlehrerin führt Pepe, Sanja und Luca nach deren Ankunft verbal als auch nonverbal. Dies steht im Kontrast zum Verhalten auf dem Parcours, auf dem sich die Kinder bewegen, ohne dass die Kindergartenlehrerin unmittelbar anwesend ist. Auf der Aufnahme der Lehrpersonenkamera in den Fotogrammen 1 und 3 kommt ein Modus der Verbindung zwischen der Kindergartenlehrerin und den Kindern durch körperliche Berührungen zum Ausdruck. Im Vergleich dazu dokumentiert sich in den Aufnahmen der Klassenkamera ein Modus der Involviertheit der Kinder mit vorhandenem Material. In der Abfolge der Aufnahmen mit der Lehrpersonenkamera der Fotogramme 1 bis 3 zeigt sich ein Wechsel des Aufeinanderbezogenseins: Während auf dem ersten Fotogramm Sandra Sommer im Mittelpunkt des Geschehens steht, wechselt der Fokus auf dem zweiten Fotogramm zum Parcours. Anschließend liegt er wieder bei der Kindergartenlehrerin. Im Festhalten von Pepes Tasche auf dem zweiten Fotogramm dokumentiert sich ein Einfordern von erneuter Aufmerksamkeit.

Indem Sandra Sommer hinkniet, lässt sie sich nicht nur darauf ein, temporär auf die Interaktion mit den drei Kindern einzugehen, sie nimmt auch deren Perspektive auf den Parcours ein (vgl. Abbildung 7.3, Fotogramm 2). Es deutet sich ein normativer Horizont der Einnahme eines kindlichen Blickes auf das Spiel- und Lernangebot an.

Abbildung 7.6   Vergrößerte Ausschnitte aus den Fotogrammen 2 und 3 Bemerkung: links: Fotogramm 2 (KG19, 00:13:55), Klassenkamera; rechts Fotogramm 3 (KG19,00:13:58), Klassenkamera

Auf den Fotogrammen 2 und 3 wird ersichtlich, wie diese kindliche Perspektive auf das Angebot von drei Kindern ausgestaltet wird: Die Aufnahme der Klassenkamera zeigt, wie zwei Kinder nebeneinander auf dünnen Matten stehen und ein Kind mit dem Rücken auf einer Rolle liegt (vgl. Abbildung 7.6). In den Blickrichtungen der zwei stehenden Kinder, die auf das dritte Kind schauen, dokumentiert sich eine Orientierung an der Involviertheit in das vorliegende Material. Es deutet bei den drei Kindern ein normativer Horizont des aktiven und gestaltenden Umgangs mit dem Material an.

Im Anschluss an diese erste Sequenz „Tasche und Streifen" aus dem Kindergarten von Sandra Sommer stellt sich nun die Frage, wie sich die bereits angedeutete Adressierung der Kindergartenkinder als kompetent in Bezug auf die Nutzung des Spiel- und Lernangebots und im Rahmen des normativen Horizonts des eigenaktiven Umgangs mit dem Material genau gestaltet. Dazu wird nachfolgend die Sequenz „Schubkarre" hinzugezogen und interpretiert.

7.2.1.3 Sequenz „Schubkarre"

Bei der Sequenz „Schubkarre" befinden sich sieben Kinder auf dem Vorplatz, ein Kind ist in der Garderobe. Von den sieben Kindern spielen vier mit dem Hula-Hoop-Reifen, ein Junge gießt die Pflanzen und zwei Jungen gehen neben dem erhöhten Holzbalken her. Sandra Sommer initiiert eine Interaktion mit mehreren Kindern. In der Sequenz zeigt sich, wie sie die Kinder bei deren Aktivitäten auf dem Parcours begleitet, wobei die Interaktion zu Beginn v. a. auf die beiden Jungen Luca und John konzentriert zu sein scheint.

Die Sequenz „Schubkarre" wird vergleichend hinzugezogen, weil sich daraus Adressierungen und Praktiken während der Nutzung des Spiel- und Lernangebots rekonstruieren lassen. Es handelt sich um eine dichte Sequenz, in der abwechslungsweise entweder nur einzelne oder gleich mehrere Kinder auf einmal adressiert werden.

Abbildung 7.7 enthält das Transkript zu dieser Sequenz, wohingegen in der Abbildung 7.8 die Hauptpersonen aus der vorliegenden Sequenz abgebildet und beschriftet sind. Die hochdeutsche Version des Transkripts ist im Anhang B2 einsehbar.

Fr. Sommer: Kindergartenlehrerin Sandra Sommer
Luca, Peter, Vincent und Louisa: Kindergartenkinder

Fr. Sommer	lueg ich han mir überleit womer chönnted d Bälleli ineschüsse; und da	00:16:14
Luca	⌊( )	00:16:18
Fr. Sommer	hani tänkt mer chönds ja mal mit de Garette probiere. villicht chömer sogar da ufe stah, und probiere da ine ziele; (.) woa. gschafft.	00:16:19
Peter	⌊weisch was han ich probiert; ich chan ez scho z drähe uf em Ding mit eim Bei.	00:16:27
Fr. Sommer	[zu Peter] echt? zeig emal? (.) ich luege? (4) woa. (5) villicht immer nur öpper Vincent. ussert mer hät en Idee wie mer ide Mitte chan wächsle und anenand verbi. (.) wämer en Idee hät gaht das villicht.	00:16:31
Louisa	⌊( )	00:16:51
Fr. Sommer	[zu Louisa] hm? mit em Bei; (.) muemer aber di chline Jonglierringli? näh. wetsch die säbe? no go hole.	00:16:53
Louisa	ja	00:16:59
Fr. Sommer	wo hämer die?	00:16:59
?	°oh ja°	00:17:01
Louisa	°weiss nöd?°	00:17:02
Fr. Sommer	wart emal? wo hämer die? (.) die sind glaubi au ide Garderobe. (.) d Jonglierring.	00:17:03

Abbildung 7.7 Transkript der Sequenz „Schubkarre" (KG19, 00:16:14–00:17:09, Mundart). (Quelle: Eigene Darstellung)

Beschreibung der Sequenz „Schubkarre"

Sandra Sommer geht zu vier Kindern hin, die sich nahe beieinander auf dem Parcours befinden. Louisa und Peter halten je einen Hula-Hoop-Reifen um den Oberkörper und Luca und John gehen neben dem Holzbalken her auf Sandra Sommer zu. Diese richtet den Blick auf Luca und John und sagt: „Schau, ich habe mir überlegt, wo man die Bälle hineinwerfen könnte." Sandra Sommer geht dabei um die Schubkarre herum und dreht diese ein wenig. Luca und John drehen sich zu Sandra Sommer um, Louisa und Peter ebenfalls. Luca sagt etwas Unverständliches, während die Kindergartenlehrerin spricht. Sandra Sommer bückt sich, nimmt mit der Hand einen Ball, der neben Lucas Füßen liegt, und sagt: „Dann habe ich gedacht, wir können es ja mal mit der Schubkarre versuchen." Die Kinder richten den Blick auf Sandra Sommer, die nun auf den Balken tritt, der sich rund 1,5 Metern von der Schubkarre entfernt befindet. Die Klassenkamera zeigt, dass hinter dem Balken zwei weitere Jungen mit Hula-Hoop-Reifen stehen und ihren Blick auf Sandra Sommer richten. Die Kindergartenlehrerin sagt: „Vielleicht können wir sogar hier draufstehen und versuchen, da hineinzuzielen." Sandra Sommer wirft den Ball in die Schubkarre (vgl. Abbildung 7.8, Fotogramm 4).

Die Kinder schauen zur Schubkarre. Sandra Sommer klatscht in die Hände und sagt: „Woa, geschafft." Währenddessen spricht Peter Sandra Sommer an, die vom Balken hinuntersteigt. Peter sagt: „Weißt du, was ich probiert habe? Ich kann jetzt schon drehen auf dem Ding mit einem Bein." Der Junge hält einen Hula-Hoop-Reifen parallel zum Boden auf Bauchhöhe fest und zeigt mit der Hand auf den Balken. Sandra Sommer geht zur Schubkarre und sagt: „Echt? Zeig mal! Ich schaue." Luca und John nehmen einen der Bälle in die Hand, die neben dem Balken auf dem Boden liegen. Sandra Sommer richtet den Blick auf Peter. Sandra Sommer berührt währenddessen mit der Hand die Schubkarre. Peter steigt auf den Balken und richtet den Blick kurz zur Kamera. Luca, John und Louisa schauen in die Richtung von Peter. Dieser lässt den Reifen kreisen und macht zwei Hüpfer auf dem Balken. Dann fällt der Reifen herunter und Peter springt vom Balken. Sandra Sommer lächelt und sagt: „Woa." Peter steigt mit dem Reifen in der Hand zurück auf den Balken. Sandra Sommer verschiebt währenddessen die Schubkarre um wenige Zentimeter. In der Zwischenzeit ist Luca zur zweistufigen Treppe gegangen, die sich links des Schwebebalkens befindet, und John zur Treppe, die rechts den Aufstieg zum Balken erleichtert. Peter steigt vor John direkt auf den Balken. Auf der anderen Seite, wo Luca in der Nähe der Treppe steht, besteigt Vincent mit einem Hula-Hoop-Reifen die Treppe. Sandra Sommer richtet den Blick auf ihn und sagt: „Vielleicht immer nur jemand, Vincent." Peter hüpft erneut über den Balken, wobei der Reifen erneut zu Boden fällt. Peter steigt

Lehrpersonenkamera: Klassenkamera:

Abbildung 7.8 Fotogramm 4 (KG19, 00:16:26)

vom Balken. Sandra Sommer fährt währenddessen fort: „Außer man hat eine Idee, wie man in der Mitte wechseln kann und aneinander vorbeikann." Sandra Sommer markiert mit den Armen ein Kreuz und fährt fort: „Wenn man eine Idee hat, geht das vielleicht." Nun steigen John von der einen und Vincent von der anderen Seite auf den Balken. John hat einen Ball in der Hand, Vincent einen Hula-Hoop-Reifen.

Neben Sandra Sommer steht währenddessen Louisa, die mit einem Bein in einem Hula-Hoop-Reifen steht, den sie festhält. Während die Kindergartenlehrerin noch spricht, sagte Louisa etwas Unverständliches zu ihr. Sandra Sommer fragt: „Hm? Mit dem Bein? Muss man aber die kleinen Jonglier-Ringe nehmen." Sandra Sommer macht mit der Hand eine kreisende Bewegung und fragt: „Willst du diese noch holen?" Louisa sagt: „Ja." Sandra Sommer stützt die Hände in die Hüfte und sagt: „Wo haben wir diese?" Louisa antwortet: „Ich weiß es nicht." Sandra Sommer geht zum Fenster und schaut in den Kindergartenraum. Sie sagt: „Warte mal. Wo haben wir diese? Die sind, glaube ich, auch in der Garderobe, die Jonglier-Ringe." Sandra Sommer geht in Richtung Garderobe. Die anderen Kinder widmen sich ihren Aktivitäten, während drei weitere Kinder über den Vorplatz gehen.

Videorekonstruktionen der Sequenz „Schubkarre"
Die Initiierung der Interaktion mit den Kindern auf dem Parcours erfolgt auf einer metakommunikativen Ebene mit Bezug zum vorhandenen Material und wird als Reaktion Sandra Sommers auf John und Luca verstanden. Die beiden Jungen gehen zu Beginn der vorliegenden Sequenz neben dem Holzbalken her und nutzen das vorhandene Material somit nicht direkt. Im Vergleich zu den Kindern, die aktiv mit dem vorhandenen Material interagieren, kommt es bei John

und Luca – zumindest für einen Moment – zu einer Abweichung. Der Auslöser der vorliegenden Interaktion wird somit als Bruch bezeichnet und kann dem Auswahlkriterium der Diskontinuität zugeordnet werden (vgl. Abschn. 6.2.2.3).

Die Interaktion beginnt, indem Sandra Sommer die Frage verbalisiert, die sie an das vorhandene Material gestellt hat. Sie expliziert anschließend ihre Überlegungen zu möglichen Handlungsoptionen. Sie gibt den Kindern dadurch Hinweise auf ihren eigenen Orientierungsrahmen. Es deutet sich eine Norm des aktiven und gestaltenden Umgangs mit dem vorhandenen Material an. Die verwendeten Wörter „vielleicht" und „versuchen" deuten darauf hin, dass es sich hierbei um eine Handlungsmöglichkeit handelt, die nicht zwingend umgesetzt werden muss. Es zeigen sich zwei Praktiken: Das Modellieren von möglichen Fragestellungen an das vorhandene Material und das Formulieren von Handlungsmöglichkeiten. Es deutet sich ein kindorientiert-responsiver Interaktionsmodus an. Indem Sandra Sommer auf den Holzbalken steigt und von dort einen Ball in die Schubkarre wirft, positioniert sie sich selbst als aktiv und gestaltend im Umgang mit dem vorhandenen Material. Dadurch wird sie zum Modell in Bezug auf das Entwickeln von Fragen an das Material und das Finden von Handlungsmöglichkeiten, aber auch in Bezug auf die konkrete Umsetzung der Handlungen. Sandra Sommer positioniert sich als berechtigt, Aktivitäten in Verbindung mit dem bereitliegenden Material vorzuschlagen und vorzuzeigen. Es zeigt sich eine Praktik des Vorzeigens von Aktivitäten. Die vier Kinder werden als unterstützungsbedürftig im Umgang mit dem Material adressiert. Indem sie Sandra Sommer beim Werfen zuschauen, re-adressieren sie die Kindergartenlehrerin komplementär als vorzeigeberechtigt. In der Handlung und im Ausruf der Kindergartenlehrerin – nach dem Treffen der Schubkarre klatscht sie in die Hände und ruft „Woa, geschafft" – kommt eine Leistungsorientierung zum Ausdruck. Die Handlungsoption „Bälle vom Holzbalken in die Schubkarre werfen" wird zu einem selbst gesetzten Ziel, das Sandra Sommer erfüllt und mit ihrem Ausruf positiv würdigt. Die Kinder werden dabei als Publikum adressiert. Es kommt jedoch eine Diskrepanz zwischen der modellhaft formulierten Handlungsmöglichkeit bzw. dem selbstgesteckten Ziel und Sandra Sommers motorischen Fähigkeiten zum Ausdruck. Die Aufgabe scheint für die Kindergartenlehrerin zu einfach zu sein. Dadurch gerät der Aspekt des Übens von herausfordernden Aufgabenstellungen, verbunden mit einer Leistungsorientierung, in den Hintergrund – zumindest für sie. Stattdessen tritt eine Ausrichtung an motorischen Fähigkeiten in den Vordergrund, die die Kinder erwerben sollen. Sandra Sommer zeigt eine Praktik des „Zeigen[s], was zu lernen ist" (Sieber Egger & Unterweger, 2020, S. 285). Darin dokumentiert sich eine Leistungsnorm.

Peter greift diese Praktik und die damit verbundene Orientierung von Sandra Sommer auf, indem er ihr verbal mitteilt, was er schon kann. Es deutet sich ein erwachsenenorientiert-responsiver Interaktionsmodus an. Er positioniert sich damit verbal als motorisch kompetent. Sandra Sommer bestätigt die Orientierung an vorhandenen motorischen Fähigkeiten, indem sie sich für das, was Peter kann, interessiert. Sandra Sommer adressiert Peter als berechtigt, etwas vorzuzeigen. Zudem zeigt sich, dass nicht nur die von Sandra Sommer vorgeschlagene Handlungsoption des Werfens von Bällen in die Schubkarre in diesem Moment vorzeigbar ist, sondern auch andere Aktivitäten. Darin bestätigt sich die Norm des gestaltenden Umgangs mit dem Material. Indem Peter auf den Balken steigt, adressiert er Sandra Sommer als Zuschauerin und damit auch als berechtigt, seine motorischen Fähigkeiten zu beobachten und darauf zu reagieren. Indem Peter auf dem Holzbalken steht, den Hula-Hoop-Reifen kreisen lässt und auf einem Bein über den Balken zu hüpfen beginnt, kopiert er die Praktik des Vorzeigens von Aktivitäten. Durch Peters Blick zur Kamera vor Beginn des Hüpfens über den Balken wird die Aktivität als Vorzeigen eines Kunststückes gerahmt. Obwohl der Hula-Hoop-Reifen bereits nach zwei Schritten herunterfällt und Peter vom Balken springt, reagiert Sandra Sommer auf beeindruckte Art und Weise mit „Woa". Dadurch rücken der Mut, etwas zu zeigen, sowie die bereits vorhandenen Fähigkeiten Peters in den Vordergrund. Die Fokussierung auf motorische Fähigkeiten wird bestätigt. Es handelt sich hierbei um Peters Versuch, zu zeigen, was er bereits gelernt hat. Diese Praktik steht in einem komplementären Verhältnis zur Praktik des Zeigens, was zu lernen ist (vgl. ebd.). Es zeigt sich ein reziprokes Verhältnis zwischen Peter und Sandra Sommer.

John und Luca haben in der Zwischenzeit je einen Ball in die Hand genommen und gehen dorthin, wo der Balken auf den Treppen aufliegt, einer nach links, der andere nach rechts. Darin dokumentiert sich eine Orientierung an dem, was zu lernen ist und was die Kindergartenlehrerin vorgezeigt hat, nämlich die Bälle in die Schubkarre zu werfen. Vincent, der beim Vorzeigen Sandra Sommers auch zugeschaut hat, geht mit dem Hula-Hoop-Reifen ebenfalls zum Holzbalken und betritt vor Luca, der zurückweicht, auf die Stufen. Gleichzeitig steigt Peter in der Mitte auf den Balken, ohne hintenanzustehen. Er versucht das Kunststück ein zweites Mal und kann nun dreimal auf einem Bein hüpfen, bevor der Hula-Hoop-Reifen runterfällt. Peter positioniert sich damit selbst erneut als vorzeigeberechtigt und bestätigt damit die Orientierung am Zeigen seines motorischen Könnens. Indem Sandra Sommer auf eine intervenierende Art und Weise auf Vincent reagiert, der ebenfalls auf dem Balken steht, positioniert sie sich einerseits als diejenige, die die Nutzung des Materials reguliert („immer nur jemand"), und andererseits als Initiantin von Handlungsoptionen. Es kommt eine Praktik des situativen Relativierens von Regulationen durch das Anregen der Entwicklung von kreativen Lösungen zum Ausdruck. Auch darin zeigt sich eine Orientierung an den motorischen Fähigkeiten der Kinder. Sandra Sommer macht mit den Armen eine Bewegung, mit der sie ein Kreuz andeutet. Darin kommt eine Praktik des Einsetzens von visualisierenden Gesten zum Ausdruck.

Vor Beginn der Sequenz „Schubkarre" erhält der Balken wenig Aufmerksamkeit von den Kindern. Dies ändert sich durch die Interaktion mit Sandra Sommer, die einerseits modellhaft eine Aktivität darauf vorzeigt und andererseits allgemein dem Vorzeigen von Aktivitäten eine gewisse Bedeutung einräumt. Es dokumentiert sich eine Orientierung an einem aktiven und gestaltenden Umgang mit dem vorhandenen Material und an motorischen Fähigkeiten. Sandra Sommers Fokus auf das vorhandene Material bringt eine Asymmetrie zwischen ihr und den Kindergartenkindern zum Ausdruck. Diese basiert auf der Rahmungshoheit der Kindergartenlehrerin.

Während Sandra Sommer noch am Sprechen ist, initiiert Louisa eine Interaktion mit ihr, die verbal nicht verständlich ist. Auf der körperlichen Ebene zeigt sich aber, dass das Mädchen das rechte Bein in den Hula-Hoop-Reifen gestellt hat und eine kreisende Bewegung andeutet. Louisa validiert damit die Norm des aktiven und gestaltenden Umgangs mit dem vorhandenen Material. Indem Sandra Sommer komplementär vorschlägt, hierfür die kleinen Jonglierringe zu holen, kommt eine Praktik des situativen Erweiterns des Materialangebots zum Ausdruck, wodurch punktuell weitere Aktivitäten ermöglicht werden. Es handelt sich um eine komplementäre Proposition, in der sich ein kindorientiert-responsiver Interaktionsmodus andeutet. Sandra Sommer positioniert sich als berechtigt, weiteres Material vorzuschlagen und hervorzuholen. Sie adressiert Louisa als unterstützungsbedürftig in der Umsetzung ihrer eigenen Idee und positioniert sich selbst als diejenige, die weitere Handlungsoptionen ermöglicht. Indem die Kindergartenlehrerin weggeht und die Jonglierringe suchen geht, wird die Interaktion mit Louisa abgeschlossen. Es handelt sich um eine sogenannte kommunikative Konklusion, wodurch der komplementären Interaktionsmodus bestätigt wird.

In der vorliegenden Sequenz „Schubkarre" ist die Norm des aktiven und gestaltenden Umgangs mit dem vorhandenen Material gültig. Für John und Luca, die diese Norm zu Beginn der Sequenz nicht erfüllen, modelliert Sandra Sommer einen möglichen Umgang mit dem Material. Dabei kommen verschiedene Praktiken zum Einsatz, die einen Bezug zu einem aktiven und gestaltenden Umgang mit dem Material aufweisen. Im Gegensatz zur Sequenz „Tasche und Streifen" (vgl. Abschn. 7.2.1.2,) in der Sandra Sommer über körperliche Nähe eine Verbindung zu den drei Kindern herstellt, erfolgt in der Sequenz „Schubkarre" über das Vorzeigen eine Herstellung von Verbindung zum Material. Die Kindergartenlehrerin stellt über die metakommunikative Ebene eine Verbindung zu ihren Orientierungen her, indem sie Einblicke in ihre Denkprozesse gibt. Insgesamt dokumentiert sich ein Modus des Ermöglichens eines aktiven und gestaltenden Umgangs mit dem Material. Dieser kommt darin zum Ausdruck, dass die Kindergartenlehrerin zeigt, was zu lernen ist (nämlich Bälle in die Schubkarre zu werfen), dass sie das Kreuzen auf dem Holzbalken für Kinder mit entsprechenden Ideen zulässt und vorhandenes Material um weiteres ergänzt. Blickt man auf die Sequenz „Tasche und Streifen" zurück, kann durch den fallinternen Vergleich festgehalten werden, dass die konkreten Handlungsaufträge in Bezug auf das Umziehen in der Garderobe bereits im Dienste der Ermöglichung eines aktiven und gestaltenden Umgangs mit dem Material standen.

Zum Ende dieser Sequenz stellt sich die Frage, wie Sandra Sommer reagiert, wenn ein Kind sich noch deutlicher als John und Luca nicht aktiv mit dem bereitliegenden Material des Bewegungsparcours beschäftigen. Dazu wurde die Sequenz „Sonnenblumen" ausgewählt, in der sich Pepe mit den an der Hausfassade wachsenden Pflanzen auseinandersetzt und dabei von Sandra Sommer begleitet wird.

7.2.1.4 Sequenz „Sonnenblumen"

Die Sequenz „Sonnenblumen" spielt sich zeitlich direkt vor der Sequenz „Schubkarre" ab. Sie wurde ausgewählt, weil es sich bei ihr zwar, wie bei der Sequenz „Schubkarre", um die Begleitung einer Auseinandersetzung mit vorhandenem Material handelt, doch gibt es einen Unterschied: Pepe (vgl. Sequenz „Tasche und Streifen", Abschn. 7.2.1.2) befasst sich stattdessen mit den Pflanzen, die neben dem gepflasterten Platz wachsen, auf dem der Parcours aufgestellt ist. Bei den Blumen handelt es sich im weitesten Sinne also um vorhandenes Material, das aber nicht dem von Sandra Sommer als Parcours bezeichneten vorbereiteten Spiel- und Lernangebot zugeordnet werden kann. Der Bruch besteht somit darin, dass sich Pepe ein anderes Beschäftigungsfeld sucht als dasjenige, das angekündigt wurde.

Abbildung 7.9 enthält das Transkript zu dieser Sequenz, wohingegen in der Abbildung 7.10 die Hauptpersonen aus der vorliegenden Sequenz abgebildet und beschriftet sind. Die hochdeutsche Version des Transkripts ist im Anhang B3 einsehbar.

Fr. Sommer: Kindergartenlehrerin Sandra Sommer
Louisa, Peter und Pepe: Kindergartenkinder

Peter	(lueg Pepe)	00:15:22
Louisa	(ez muesch bi mir luege im Fall (.) chasch das Pepe?)	00:15:26
Pepe	**d Sunneblueme**;	00:15:35
Fr. Sommer	ja die sind <u>meega</u> gwachse; gäll? (.) die bruched ez dänn en andere Platz. die mömer ez dänn- ja chasch no chli güsse; sie händ nämmli troche; (.) häsch scho mit em Finger glueget, tue zerscht mit em Finger luege öbs no füecht isch ide Ärde; oder öbs troche isch; (.) lueg da? bide Sunneblueme; (.) tue mal schnäll d Sunneblueme in Topf inelange; öbs troche oder füecht isch; (.) isch chli troche? ja gsehsch dänn brucheds Wasser; (.) und <u>überall</u> wos troche isch; chasch Wasser inetue.	00:15:37

Abbildung 7.9 Transkript der Sequenz „Sonnenblumen" (KG19, 00:15:22–00:16:09, Mundart). (Quelle: Eigene Darstellung)

Beschreibung der Sequenz „Sonnenblumen"

Nach dem Umziehen in der Garderobe verlässt Pepe diese wieder und tritt auf den Vorplatz. Er bleibt am Rand des Parcours stehen und richtet den Blick zu den Kindern, die sich auf dem Parcours bewegen. Peter richtet den Blick auf Pepe und sagt: „Schau, Pepe." Dabei schwingt er einen Hula-Hoop-Reifen um seinen Hals. Louisa macht dasselbe und sagt: „Jetzt musst du bei mir schauen, im Fall. Kannst du das, Pepe?" Pepe richtet den Blick auf sie. Dann richtet Pepe den Blick auf das Gärtchen hinter Louisa und ruft laut: „Die Sonnenblumen!" Im selben Moment tritt Sandra Sommer auf den Vorplatz, worauf Pepe ihr zuwinkt. Die Kindergartenlehrerin geht in Pepes Richtung und sagt: „Ja, die sind mega gewachsen, gell? Die brauchen jetzt dann einen anderen Platz." Während Pepe die Gießkanne anfasst, stützt sich Sandra Sommer auf dem Rand des Hochbeets ab und sagt: „Die müssen wir jetzt dann ... ja kannst noch ein bisschen gießen, sie haben nämlich trocken." Pepe hebt die Gießkanne an und Sandra Sommer fragt: „Hast du schon mit dem Finger geschaut?" Sandra Sommer hält die Hand vor die Gießkanne und fährt fort: „Schau zuerst mit dem Finger, ob's noch feucht ist in der Erde oder ob es trocken ist." Pepe stellt die Gießkanne wieder ab und richtet den Blick auf einen bepflanzten Blumentopf, der auf dem Boden steht. Sandra Sommer sagt: „Schau hier bei den Sonnenblumen." Pepe richtet sich auf und geht zu Sandra Sommer. Sie sagt: „Fasse nochmals schnell [in den] Sonnenblumentopf hinein, [um zu sehen,] ob es trocken oder feucht ist." Pepe fasst mit der Hand zur Erde neben den Sonnenblumen. Sandra Sommer fragt: „Ist ein bisschen trocken? Ja? Siehst du, dann brauchen sie Wasser" (vgl. Abbildung 7.10, Fotogramm 5).

Lehrpersonenkamera: Klassenkamera:

Abbildung 7.10   Fotogramm 5 (KG19, 00:16:02)

Pepe zieht die Hand wieder zurück, richtet sich auf und geht zur Gießkanne. Sandra Sommer sagt: „Und überall, wo es trocken ist, kannst du Wasser reintun." Sandra Sommer dreht sich um und richtet den Blick auf zwei Jungen, die neben dem Holzbalken entlanggehen. Pepe fasst mit der Hand noch in einen weiteren Blumentopf und gießt anschließend die Pflanzen. Knapp vier Minuten später wendet sich Pepe dem Parcours zu.

Die Klassenkamera zeigt in dieser Zeit vier Kinder, die Hula-Hoop-Reifen kreisen lassen. John geht auf Luca zu, der aus der Garderobe kommt und zum Vorplatz geht. Sie lachen und bleiben neben Vincent stehen, der einen Hula-Hoop-Reifen kreisen lässt. Luca geht barfuß auf den Zehenspitzen zu einem umgedrehten Eimer und stellt sich darauf. John geht zu ihm, zeigt auf etwas in Sandra Sommers Nähe und zieht Luca vom Eimer herunter.

Videorekonstruktion der Sequenz „Sonnenblumen"
Da sich Pepe nicht auf den vorbereiteten Parcours begibt und sich somit nicht mit dem Spiel- und Lernangebot auseinandersetzt, auf das Sandra Sommer beim Ankommen hingewiesen hat, kommt es im Vergleich zum angekündigten Spiel- und Lernangebot und im Vergleich zu den anderen Kindern zu einer Abweichung. Diese Sequenz wir daher als bruchhaft interpretiert und kann dem Auswahlkriterium der Diskontinuität zugeordnet werden (vgl. Abschn. 6.2.2.3).

Während bei Peter und Louisa in der Praktik des Vorzeigens von Aktivitäten eine Orientierung an motorischen Fähigkeiten und an dem, was sie gelernt haben, zum Ausdruck kommt, zeigt sich bei Pepe dass er auf einen visuellen Reiz reagiert („Die Sonnenblumen!"). Dadurch positioniert er sich vor Peter, Louisa und Sandra Sommer, die in dem Moment dazukommt, als aufmerksam auf eine Sache gerichtet, die sich abseits des Spiel- und Lernangebots befindet, sowie als kompetent in der Bestimmung und Benennung einer Pflanze. Pepe positioniert sich damit als berechtigt, auf wahrgenommene Auffälligkeiten auch abseits des vorbereiteten Spiel- und Lernangebot hinzuweisen. Indem Sandra Sommer mit dem Hinweis, dass die Blumen „mega" gewachsen sind, auf Pepes Interesse an den Sonnenblumen eingeht, kommt eine situative Orientierung an seinem explizit geäußerten Interesse zum Ausdruck. Es zeigt sich ein kindorientiert-responsiver Modus. Der Junge wird adressiert als berechtigt, sich mit anderen Inhalten zu befassen als die anderen Kinder. Es kommt zu einem zeitlichen und räumlichen Nebeneinander von Kindern, die sich mit dem vorbereiteten Spiel- und Lernangebot beschäftigen, und von Pepe, der sich für die Sonnenblumen interessiert.

Sandra Sommer setzt den Gedanken fort, indem sie zuerst formuliert, dass die Pflanze einen anderen Platz brauche, und beginnt mit der Benennung eines nächsten anstehenden Schrittes – vermutlich das Umtopfen. Ohne den Gedanken fertig zu formulieren, reagiert Sandra Sommer auf Pepe, der die Gießkanne anfasst. In seiner Handlung kommt eine Orientierung an einem aktiven Umgang mit dem vorhandenen Material zum Ausdruck. Diese konnte bei Sandra Sommer bereits in der Sequenz „Schubkarre" rekonstruiert werden, wie auch bei den Kindern in Bezug auf das vorbereitete Spiel- und Lernangebot. Sandra Sommer reagiert situativ auf Pepe und lässt damit ihren eigenen Gedanken beiseite. Es zeigt sich eine Praktik des Eingehens auf ein situativ hervorgebrachtes und vom vorbereiteten Spiel- und Lernangebot abweichendes Interesse eines Kindes.

Obwohl Sandra Sommer zuerst sagt, dass Pepe die Pflanzen gießen könne, wird nun ein Zwischenschritt eingefordert. Nonverbal wird dies darin deutlich, dass sie Pepe mit der Hand daran hindert, die Gießkanne anzuheben. Die unmittelbare Ausführung des Auftrags durch Pepe wird durch die Intervention von Sandra Sommer verhindert. Die Kindergartenlehrerin bestimmt erneut darüber, wann der richtige Zeitpunkt zum Ausführen eines Auftrags ist (vgl. Sequenz „Tasche und Streifen", Abschn. 7.2.1.2). Im Einfordern eines Zwischenschrittes dokumentiert sich die Norm der Einhaltung einer bestimmten Reihenfolge von Handlungen, worin eine Herstellung von Asymmetrie zum Ausdruck kommt. Im Vergleich zur Sequenz „Schubkarre" handelt es sich hier nicht um eine Handlungsmöglichkeit, sondern um einen erforderlichen und somit unverhandelbaren konkreten Handlungsauftrag. Die Aktivität des Feuchtigkeitsmessens wird zwar eng gesteuert von Sandra Sommer, doch handelt es sich gleichzeitig im Vergleich zum Spielen und Lernen im Parcours auch darum, alternative Aktivitäten zu ermöglichen. Pepe wird adressiert als berechtigt, sich anderen Bereichen zuzuwenden, sowie als unterstützungsbedürftig hinsichtlich der Pflege der Sonnenblumen.

Als Pepe zu einem bepflanzten Blumentopf schaut, lenkt Sandra Sommer seine Aufmerksamkeit auf die Sonnenblumen. Es lässt sich eine Praktik der Aufmerksamkeitslenkung rekonstruieren, indem ein Gegenstand benannt und mit der Hand darauf hingewiesen wird. Sandra Sommer positioniert sich als berechtigt, konkrete Handlungsaufträge zu erteilen, und adressiert Pepe als Auftragsempfänger. Indem der Junge mit der Hand die Erde im Gefäß der Sonnenblume berührt, positioniert er sich komplementär zu Sandra Sommer als Auftragsausführender. Es kommt ein erwachsenenorientiert-responsiver Modus zum Ausdruck. Sandra Sommer erkundigt sich nach dem Ergebnis der Feuchtigkeitsmessung. Indem sie Pepe nun erlaubt, die Pflanzen zu gießen, positioniert sie sich als berechtigt, eine Handlungserlaubnis zu erteilen. Es folgt somit ein weiterer konkreter Handlungsauftrag, der sich eng an Pepes Interesse orientiert.

Anschließend wendet sich Sandra Sommer den anderen Kindern zu. Es kommt zu einer kommunikativen Konklusion. Da sich Pepe vier Minuten später dem Parcours annähert, lässt sich die Sequenz „Sonnenblumen" mit Blick auf Pepe als Übergangsphase verstehen, die abseits des vorbereiteten Spiel- und Lernangebots der Kindergartenlehrerin durch konkrete Handlungsaufträge in Bezug auf das situativ entstehende Interesse des Buben strukturiert wird. Obwohl sich Pepe zunächst nicht dem vorbereiteten Spiel- und Lernangebot zuwendet, ermöglich ihm Sandra Sommer alternative Handlungen, die aber ebenfalls auf die Norm des aktiven Umgangs mit vorhandenem Material ausgerichtet sind.

Anhand dieser bruchhaften Sequenz kann aufgezeigt werden, inwiefern Sandra Sommer ihre Praktiken situativ anpasst: Ausgehend vom Interesse eines Kindes ermöglicht sie parallel zum vorbereiteten Spiel- und Lernangebot eine alternative Aktivität. Diese wird jedoch im Vergleich zur Sequenz „Schubkarre" stark von Sandra Sommer und ihrer Praktik des Erteilens von konkreten Handlungsanweisungen gesteuert. In der gleichen Zeit zeigt die Klassenkamera bei den anderen Kindern einen aktiven Umgang mit dem vorhandenen Material – hauptsächlich mit Hula-Hoop-Reifen. Im wiederholten Kreisenlassen des Reifens dokumentiert sich eine Orientierung am Einüben von motorischen Fähigkeiten in Abwesenheit von Sandra Sommer.

7.2.1.5 Zusammenfassung der Videorekonstruktionen

Insgesamt dokumentiert sich in den oben aufgeführten Interaktionen zwischen Sandra Sommer und den Kindergartenkindern ein asymmetrisches und komplementäres Verhältnis. Die komplementäre Passung kommt in Bezug auf die Orientierung an der Auftragserteilung einerseits und an der Auftragsausführung andererseits zum Ausdruck. Durch die Vorgabe von konkreten und verbindlichen Handlungsaufträgen wird in bestimmten Sequenzen eine Asymmetrie hergestellt.

Diese wird jedoch reduziert durch die Praktik des Hinkniens zu den Kindern und Praktiken, die einen gestaltenden Umgang mit dem vorhandenen Material ermöglichen. Darüber hinaus dokumentiert sich an mehreren Stellen ein responsiver Interaktionsmodus: Die Lehrerin und die Kindergartenkinder richten sich im Wechsel an den Orientierungen des Gegenübers aus.

In der Auffangzeit kommen in Sandra Sommers Kindergarten vorwiegend zwei Normen zum Ausdruck, die in Abhängigkeit von der jeweiligen Situation Gültigkeit erhalten: Einerseits gilt die Norm der ordnungsgemäßen Ausführung von konkreten Handlungsaufträgen. Die Aufträge der Kindergartenlehrerin haben einen nicht verhandelbaren Charakter. Diese Norm lässt sich aus der Praktik des Erteilens von konkreten Handlungsaufträgen rekonstruieren, die im Übergang von der Familie zum Kindergarten und zudem in bruchhaften Sequenzen eingesetzt wird. Die Handlungen der Kinder werden durch konkrete Vorgaben der verlangten Tätigkeiten und von deren Reihenfolge gesteuert. Die Kindergartenkinder werden dabei als unterstützungsbedürftig adressiert. Diese Norm dient der Herstellung von Asymmetrie. In der Sequenz „Schubkarre", die teilweise ebenfalls bruchhafte Aspekte aufweist, kommt die Praktik des Erteilens von konkreten Handlungsaufträgen in veränderter Form vor: Es zeigt sich eine Praktik des Formulierens und des Vorzeigens von Handlungs*möglichkeiten*. Diese werden von den Kindern unterschiedlich umgesetzt. John und Luca, die nicht aktiv mit dem Material umgehen, was als bruchhaft im Vergleich zum vorbereiteten Spiel- und Lernangebot bezeichnet wurde, befolgen Sandra Sommers Anweisung eng: Sie nehmen anschließend ebenfalls Bälle in die Hand und versuchen, diese in die Schubkarre zu werfen. Peter hingegen greift die Praktik von Frau Sommer bezüglich des Vorzeigens komplementär auf und zeigt selbst etwas vor, was er kann. Die Handlungsaufträge bzw. -möglichkeiten können somit im Rahmen von bruchhaften Sequenzen einen unterstützenden und ermöglichenden Charakter erhalten. Auch in der bruchhaften Sequenz „Sonnenblumen" lässt sich trotz konkreter und verbindlicher Handlungsaufträge ein ermöglichender Modus rekonstruieren. Sandra Sommer erteilt Anweisungen, die situativ und am Interesse des Kindes orientierte Aktivitäten ermöglichen, auch wenn diese außerhalb des vorbereiteten Spiel- und Lernangebots stattfinden.

Andererseits gilt in der Auffangzeit die Norm des aktiven und gestaltenden Umgangs mit vorhandenem Material. Diese Norm erhält Gültigkeit im Kontext des vorbereiteten Spiel- und Lernangebots. Die Kindergartenkinder werden als kompetent im Umgang mit diesem Angebot adressiert. Sandra Sommer interveniert situativ bei Kindern, die keine aktive Auseinandersetzung mit dem vorhandenen Material erkennen lassen, in einem Modus, der es den Kindern ermöglicht, das Angebot zu nutzen. Im Rahmen des vorbereiteten Spiel- und

Lernangebots kommen drei Praktiken zum Ausdruck, die einen die Nutzung des Spiel- und Lernangebots ermöglichenden und die Asymmetrie reduzierenden Modus aufweisen: (1) Die Praktik des Vorzeigens von Aktivitäten, (2) die Praktik des Anregens der Entwicklung kreativer Lösungen und (3) die Praktik des situativen Erweiterns des Materialangebots. Die Steuerung der Aktivitäten der Kinder erfolgt auf eine Art und Weise, die die Befolgung dieser Norm ermöglicht. Indem Sandra Sommer Letztere im Vorzeigen von Handlungsmöglichkeiten selbst performativ umsetzt und damit aufzeigt, dass diese gewissermaßen auch für sie selbst gilt, kommt im Vergleich zur oben genannten Norm der ordnungsgemäßen Ausführung von konkreten Handlungsaufträgen eine reduzierte Asymmetrie zum Ausdruck. Es dokumentiert sich einerseits ein Vertrauen in das Material bzw. in den Umstand, dass dieses das Interesse der Kinder weckt, und ein Vertrauen in die Kinder bzw. in den Umstand, dass diese das Spiel- und Lernangebot eigenaktiv nutzen.

Im Anschluss an die oben genannten zwei Normen stellt sich nun die Frage, wie die Kindergartenkinder unterscheiden können, ob in einer Situation das ordnungsgemäße Ausführen eines Handlungsauftrags im Vordergrund steht oder ob eine Handlungsmöglichkeit formuliert wird, die *nicht* verbindlich ist. Bei Sandra Sommer kann der Einsatz von sprachlichen Elementen beobachtet werden. Dadurch wird es möglich, zu unterscheiden, welche Norm in einer Situation Gültigkeit hat. Am Beispiel der Sequenz „Tasche und Streifen" lässt sich auf der verbalen Ebene die Verbindlichkeit des Handlungsauftrags aufzeigen: „Die Socken und die Schuhe lassen wir auch gerade drin. Barfuß kommen wir wieder raus. Ohne Tasche und ohne Streifen." Diese Formulierung lässt keine alternativen Handlungen zu. Die Verwendung des Pronomens „wir" weist zudem darauf hin, dass alle – auch die Kindergartenlehrerin – eingeschlossen sind und der Auftrag für alle verbindlich ist[6]. Zur Formulierung von Handlungsmöglichkeiten verwendet Sandra Sommer folgende Formulierungen: „Schau, ich habe mir überlegt, …", „Dann habe ich gedacht, …" und „Vielleicht können wir sogar …" Durch die Verwendung des Pronomens „ich" in Kombination mit den Verben „überlegen" und „denken" kommt deutlich zum Ausdruck, dass es sich um Sandra Sommers Gedanken handelt, die sie mit den Kindern teilt, und nicht um einen konkreten Handlungsauftrag. Durch die Verwendung von „vielleicht" wird deutlich, dass es sich um eine Handlungs*möglichkeit* handelt.

Sandra Sommer bezieht sich in den Sequenzen „Tasche und Streifen" und „Sonnenblumen" auf die Norm der ordnungsgemäßen Ausführung von konkreten Handlungsaufträgen. Dort, wo die Kindergartenlehrerin die Kinder bei der

---

[6] Sandra Sommer zieht die Schuhe zu einem späteren Zeitpunkt ebenfalls aus.

Nutzung des Spiel- und Lernangebots begleitet, steht jedoch die Norm des aktiven und gestaltenden Umgangs mit dem vorhandenen Material im Vordergrund. Dass sich diese Sequenzen kurz hintereinander zutragen, zeigt auf, dass die Kindergartenlehrerin situativ auf die eine oder andere Norm Bezug nehmen kann. Im Anschluss an die Interpretation ausgewählter Videosequenzen aus Sandra Sommers Kindergarten wird nun das Interview mit ihr interpretiert.

7.2.2   Interviewinterpretation

Das Interview mit Sandra Sommer beginnt mit folgender Frage des Interviewers: *„Erzählen Sie mir etwas über Ihre Kindergartengruppe."* Darauf antwortet Sandra Sommer:

> *Ich begann im letzten Sommer an dieser Schule mit zweiundzwanzig Kindern, habe dann schon gedacht, ja, große Klasse, gut gefüllt. Einige sehr junge Kinder, die erst demnächst dann mal noch vier Jahre alt werden, nämlich im Juni. Ähm, inzwischen sind es vierundzwanzig Kinder. Es sind noch zwei dazugekommen, nach den Weihnachtsferien, und eines, ein Junge noch, jetzt nach den Sportferien, auch schon wieder eine Zeit her. Ich finde die Gruppe sehr groß, ich finde die Gruppe extrem groß, ich finde die Gruppe zu groß. Ich kann damit umgehen, behaupte ich. Ich bin mir bewusst, was ich schaffe, was ich nicht schaffe. Ich kann das irgendwo auch einordnen oder zusammen mit meiner Kollegin, die hier DaZ[7] und IF[8], also als Heilpädagogin angestellt ist, kann ich das auch, äh, mich austauschen. Aber ich denke, ideal ist das nicht für ganz ganz junge Kinder oder Kinder, die sich gewohnt sind, im Mittelpunkt zu stehen, die sich gewohnt sind, als Einzelkind aufzuwachsen, die in die Gesellschaft noch nicht so integriert sind oder außerhalb der Familie noch nicht so fest Fuß gefasst haben, für die ist die Gruppe zu groß. Und die fallen manchmal auf, obwohl sie eigentlich total im Rahmen von einer normalen Entwicklung stehen. Das stört mich. Oder das finde ich schade. Solche Kinder tun mir leid. Ich finde das nicht ganz ideal, so in die Schule zu starten. Wir versuchen natürlich, aufzufangen. Wir wollen, dass es jedem Kind gut geht. Was man sich halt so wünscht und versucht, und, ja, möglich zu machen versucht. Ja. Es sind elf Große, im zweiten Kindergarten, und dreizehn, also im ersten Kindergarten. Viele brauchen auch bis jetzt noch Begleitung fürs WC, oder zumindest die Erinnerung daran. Dass ich sage, hei, x y, wie siehts aus, warst du schon auf dem WC? Ich muss nicht, aber ich schicke dich jetzt, ist dann meine Antwort, weil ich das mit den Eltern so vereinbart habe. Weil sonst eigentlich täglich ein Geschäft in die Hose geht, beide Geschäfte, also das größere sowie das kleinere, schafft das Kind noch nicht*

---

[7] DaZ = Deutsch als Zweitsprache.

[8] IF = Integrative Förderung: Lehrpersonen der Schulischen Heilpädagogik unterstützen Kinder mit besonderen pädagogischen Bedürfnissen u. a. im Unterricht in der Regelklasse (vgl. Bildungsdirektion Kanton Zürich, 2011).

alleine, ja. Und ich merke, an den Tagen, an denen ich allein arbeite, bin ich dann manchmal bis zu zehn Minuten mit diesem Kind beschäftigt, ganz irgendwo anders, und muss die Klasse dann hinter mir lassen oder stehe dann so zwischen Hin und Her, springe mal in den Klassenraum, mal aufs WC und schaue, dass ich an beiden Orten irgendwie, ähm, dabei sein kann. Und das ist, logischerweise, nicht wirklich bewältigbar. Und für beide, für die Gruppe nicht ideal als auch für das Kind, das da mit diesem Geschäft noch nicht klarkommt. Trotzdem finde ich aber, das Kind ist ein Kindergartenkind und hat jetzt halt einfach, äh, da noch ein Problem. Und ich finde nicht, dass das ein Grund sein soll, nicht in den Kindergarten gehen zu dürfen, weil man das mit der Toilette noch nicht so gut regeln kann.

Sandra Sommer beschreibt die aktuelle Kindergartengruppe auf eine quantifizierende Art und Weise, wobei sie das junge Alter einiger Kinder hervorhebt und die Gruppengröße durch die Verwendung einer Steigerungsform als besondere Herausforderung bewertet. Obwohl sie die Gruppengröße problematisiert, akzeptiert Sandra Sommer die Situation und arrangiert sich damit: *„Ich kann damit umgehen, behaupte ich."* Die Kindergartenlehrerin nutzt das Wissen über ihre eigenen Grenzen. Der Austausch mit ihrer Kollegin wird zur Ressource. Sandra Sommer bleibt dadurch handlungsfähig. Während sie für sich einen Umgang mit der Gruppengröße findet, ist diese *für „ganz ganz junge Kinder oder Kinder, die sich gewohnt sind, im Mittelpunkt zu stehen, die sich gewohnt sind, als Einzelkind aufzuwachsen",* nicht *„ideal".* Kinder, die sich in eine Gruppe einfügen können und somit einen gewissen Entwicklungsstand auf der sozial-emotionalen[9] Ebene erreicht haben, werden zum positiven Gegenhorizont. Durch die strukturelle Bedingung der Gruppengröße fallen einzelne Kinder auf, die *„eigentlich total im Rahmen von einer normalen Entwicklung stehen".* Es besteht eine als unzureichend bezeichnete Passung zwischen den strukturellen Bedingungen und den individuellen entwicklungsbedingten Bedürfnissen einzelner Kinder. Durch die Gruppengröße wird der Entwicklungsstand einzelner Kinder aufgrund dieser Nicht-Passung zum Problem.

Sandra Sommers Leidensdruck (*„Das stört mich. Oder das finde ich schade. Solche Kinder tun mir leid"*) enthält andeutungsweise ein resignatives Moment, das aber bearbeitbar ist (*„Wir versuchen natürlich aufzufangen"*). Im Umgang mit dieser Problematik kommt – wie bereits im vorangehenden Abschnitt angedeutet – ein Modus des Akzeptierens und Arrangierens zum Ausdruck. Sandra Sommer positioniert sich als verantwortlich für das Wohlbefinden der Kinder im Kindergarten. Die unzureichende Passung zwischen der Gruppengröße und dem Entwicklungsstand einzelner Kinder wird wie folgt bewertet: Es ist *„nicht ganz ideal, so in die Schule zu starten."* Eine Gruppengröße, die es

---

[9] Zur „sozial-emotionalen Entwicklung" vgl. Wiedebusch und Petermann (2017, S. 64–85).

erlaubt, auf den individuellen Entwicklungsstand der Kinder Rücksicht zu neh-
men und so bemessen ist, dass „*es jedem Kind gut geht*", wird zum positiven
Gegenhorizont. Es dokumentiert sich eine Abhängigkeit von nicht veränderbaren
Rahmenbedingungen.

Als Einschub erfolgt eine Differenzierung der quantifizierenden Beschreibung
der Kindergartengruppe: „*Es sind elf Große, im zweiten Kindergarten, und drei-
zehn, also im ersten Kindergarten.*" In der Unterscheidung von Kindern des
ersten und des zweiten Kindergartens kommt eine Orientierung an der kindlichen
Entwicklung zum Ausdruck.

Im Umgang mit der teilweise noch notwendigen Unterstützung beim Toilettengang zeigt sich erneut der Modus des Akzeptierens und Arrangierens. In einem
solchen Fall besteht das Arrangieren darin, das Kind an den Toilettengang zu
erinnern, was in Absprache mit den Eltern geschieht. Es handelt sich um ein
freiwilliges Engagement, das für Sandra Sommer die Aufgaben einer Kindergartenlehrerin übersteigt. Während im Interview zuerst noch die Rede von vielen
Kindern ist, die Unterstützung benötigen, reduziert sich die Anzahl Kinder in
den darauffolgenden Zeilen auf ein einziges Kind: „*Beide Geschäfte [...] schafft
das Kind noch nicht alleine.*" Der defizitäre Entwicklungsstand eines einzelnen
Kindes wird in Verbindung mit einem überproportionalen Aufwand thematisiert.
In Bezug auf den Entwicklungsstand der Kinder kommt in der Nennung der notwendigen Unterstützung beim Toilettengang zusätzlich zur sozial-emotionalen die
körperliche Ebene dazu. Auch der körperliche Entwicklungsstand wird in Bezug
zur unzureichenden Passung mit der Gruppengröße problematisiert: „*Bin ich dann
manchmal bis zu zehn Minuten mit diesem Kind beschäftigt, ganz irgendwo anders,
und muss die Klasse dann hinter mir lassen.*" Der überproportionale Aufwand
für ein einzelnes Kind geht einher mit einer Reduktion der Betreuungsverant-
wortung für die ganze Gruppe. Dies führt jedoch zu einem nicht auflösbaren
Dilemma bezüglich der Notwendigkeit, an zwei unterschiedlichen Orten präsent
zu sein, im „*Klassenraum*" und auf dem „*WC*". Auch diese Situation erfordert
ein Akzeptieren und Arrangieren, wobei in der Bewältigung solcher Situationen auch Resignation zum Ausdruck kommt: „*Und das ist, logischerweise, nicht
wirklich bewältigbar.*" Die Kindergartenkinder werden als unterstützungsbedürftig konstruiert – sowohl das Kind auf der Toilette als auch die restlichen Kinder.
Obwohl Sandra Sommer den Entwicklungsstand des einen Kindes als unzureichend bewertet, bezeichnet sie es explizit als „*ein Kindergartenkind*". Der Modus
des Akzeptierens und Arrangierens kommt auch in Bezug auf den Entwicklungsstand dieses einen Kindes zum Ausdruck: „*Und ich finde nicht, dass das ein
Grund sein soll, nicht in den Kindergarten gehen zu dürfen, weil man das mit
der Toilette noch nicht so gut regeln kann.*" Das Kindergartenkind wird in dieser

Interviewpassage konstruiert als ein sich in der Entwicklung befindliches Individuum mit individuellen Bedürfnissen, das Teil einer (großen) Gruppe ist. Kinder, für die aufgrund ihrer Entwicklung die Gruppe zu groß ist, werden als bemitleidenswert konstruiert: *„Solche Kinder tun mir leid".* Gleichzeitig kommt aber auch eine Akzeptanz bezüglich des aktuellen Entwicklungsstandes der einzelnen Kindergartenkinder zum Ausdruck, nämlich hinsichtlich der Fähigkeit, sich in die Gruppe einzufügen (sozial-emotionaler Entwicklungsstand) und selbstständig die Toilette aufzusuchen (körperlicher Entwicklungsstand). Im Kontext der Gruppengröße wird der Entwicklungsstand der Kindergartenkinder zum normativen Horizont.

Der Interviewer setzt das Gespräch mit folgender Frage fort: *„Gibt es besondere Stärken, die Ihre aktuelle Gruppe hat?"* Sandra Sommer antwortet:

Ähm. Ich denke, sie können sich sehr gut wehren, für sich einstehen. Sie sagen ganz bestimmt, wenn sie nicht dran waren (lacht), ja, ich denke sie … Das ist einerseits eine Stärke, dass sie für sich einstehen können, auch äh, gut so, mit, äh, Plänen, die wir mit Fotos organisieren, oder heute bin ich dran mit dem Tageskind, oder heute darf ich das und das managen … Sie haben den Tagesablauf gut durchschaut, sie können das gut, ähm, händeln, und die Großen übernehmen gerne Verantwortung. Aber ähm, müssen auch, äh, lernen, zurückzustehen und halt zu verstehen, heute bin ich nicht im Mittelpunkt, heute muss ich warten, es sind da ja auch noch dreiundzwanzig andere Kinder. Auch wenn es ganz dringend wäre für mich, trotzdem, aufstrecken [die Hand heben; Ergänzung S. S.], ruhig sein, da sind sie noch nicht so stark. Aber für sich einstehen können die Kinder eigentlich gut (lacht). Habe ich, glaube ich, auch ein bisschen so, ähm, ja (lacht), wie soll ich sagen? Habe ich … Sie wissen, dass ich das auch schätze und finde, ja, es ist wichtig, dass man das auch mitteilt, wenn für einen etwas nicht stimmt. Das muss ich im Moment etwas zurückbinden (lacht), ja.

Auf die Frage nach den besonderen Stärken der aktuellen Gruppe zählt Sandra Sommer mehrere Fähigkeiten der Kinder auf: *„Sie können sich sehr gut wehren, für sich einstehen."* Auch der Umgang mit Plänen und die Übernahme von Verantwortung als Tageskind oder als Kind des zweiten Kindergartenjahres *(„und die Großen übernehmen gerne Verantwortung")* sowie das Verständnis für den Tagesablauf gelten als vorhandene Stärken. Darin kommt eine Orientierung am kognitiven Entwicklungsstand der Kindergartenkinder zum Ausdruck.

Als noch nicht vorhandene Stärke wird das Unterordnen in der Gruppe genannt. Anschließend nennt Sandra Sommer jedoch erneut die Stärke der Kinder, für sich einstehen zu können, und relativiert damit die Bedeutung der Unterordnung in der Gruppe. Die Fähigkeit, für sich einzustehen, wird explizit als förderungswürdig bewertet und damit als wichtiger dargestellt als die Fähigkeit, sich der Gruppe unterzuordnen. Diese Priorisierung führt jedoch dazu,

dass Sandra Sommer Kinder, die für sich einstehen, „*im Moment etwas zurückbinden [muss] (lacht), ja.*" Es dokumentiert sich ein Spannungsfeld zwischen
Stärken und Herausforderungen bzw. zwischen den Interessen einzelner Kinder
und jenen der Gruppe. Die Kinder sollen einerseits für sich einstehen und sich
andererseits in die Gruppe integrieren und sich unterordnen können. Die Stärkung
der Individualität der einzelnen Kinder wird zur Gefahr für die Gruppe, wobei
Sandra Sommer diese relativiert. Die Erwartung an den sozial-emotionalen Entwicklungstand beinhaltet somit die Fähigkeit der Kinder, situativ abwägen zu
können, ob die individuellen Interessen oder diejenigen der Gruppe im Vordergrund stehen, und sich entsprechend zu verhalten. Die Kindergartenkinder werden
konstruiert als kompetent in Bezug auf das Einstehen für sich und als lernend in
Bezug auf das Einordnen in die Gruppe. Die Kindergartenkinder befinden sich
also in einem bestimmten Entwicklungsstadium in Bezug auf diese Fähigkeit. Bei
Sandra Sommer dokumentiert sich im Umgang mit den Herausforderungen ein
Modus des Relativierens von Herausforderungen durch das Betonen von Stärken
der Kinder.

Auf die Frage des Interviewers „Welche Herausforderungen […] es sonst noch
[gibt]", antwortet Sandra Sommer:

*Also, also jetzt sind wir bei den Herausforderungen, bei den Stärken. Ja, das stimmt, die
Stärken und die Herausforderungen, die treffen sich ja oft (lacht) irgendwo in der Mitte.
Also, es gibt ja so eine Schwäche oder eine Herausforderung, die sowohl einerseits
eine Stärke ist oder eben nicht, so wie ich das vorhin auch erklärt habe. Ich denke,
begeisterungsfähig sind sie, noch etwas zu den Stärken. Und ja, es sind Kinder von vier
bis sechs, die gerne, glaube ich, gerne auch in den Kindergarten kommen, mehrheitlich,
glaube ich auch begeisterungsfähig sind und mit dabei sind. Ja, Herausforderungen?
Ja, jedem gerecht zu werden, jedem einen Moment des Tages, ähm, kurz schenken zu
können. Bei der Begrüßung, bei der Verabschiedung ein Kompliment zu machen. Ich
denke, das ist so ein Ziel, das ich versuche zu erreichen. Trotzdem ist es schon eine
kleine Herausforderung, jedem Kind gerecht zu werden. Ein, nur auf einer kleinen
Ebene, damit das Kind weiß, heute hat sie einen kleinen kleinen Moment, vielleicht
beim „Znüni", als sie mir die Schnitze geschnitten hat, einfach kurz irgendwo, hatte
ich einen persönlichen Kontakt. Und das ist mir wichtig. Ich glaube, das ist einerseits
eine Herausforderung. Aber das richtige Maß zu finden, und dass es einem gelingt,
das ist, äh, ja, eine Knacknuss, die man aber erreichen kann.*

Auf die Frage des Interviewers antwortet Sandra Sommer auf der Metaebene.
Dies zeigt sich darin, dass sie noch bei der Aufzählung von Stärken und noch
nicht bei den Herausforderungen angelangt ist, während der Interviewer bereits
nach weiteren Herausforderungen fragt. Indem sie sagt, dass sich Stärken und
Herausforderungen oft „*irgendwo in der Mitte*" treffen, weist sie auf das bereits

rekonstruierte Spannungsfeld zwischen Stärken und Herausforderungen hin. Es zeigt sich ein Modus des Akzeptierens und Arrangierens – nun auf der Ebene der Beantwortung einer Interviewfrage.

Sandra Sommer zählt als weitere Stärke der Kinder deren Begeisterungsfähigkeit auf. Es kommt erneut eine Orientierung am sozial-emotionalen Entwicklungsstand der Kindergartenkinder zum Ausdruck, wobei diese auf die Stärken ausgerichtet ist. Anschließend beschreibt Sandra Sommer die Kindergartengruppe wieder anhand von quantitativen Merkmalen, diesmal in Bezug auf das Alter. Die Konstruktion des Kindergartenkindes erfolgt somit anhand einer bestimmten Altersspanne (*„es sind Kinder von vier bis sechs"*) sowie hinsichtlich des Ortes Kindergarten, also anhand von klar definierten Kriterien.

Bei der Beschreibung von Herausforderungen wechselt Sandra Sommer den Fokus, der zuerst auf den Kindern liegt, und richtet ihn anschließend auf ihre Arbeit im Kindergarten. Sie nennt den Anspruch, *„jedem Kind gerecht zu werden"* bzw. jedem Kind *„einen Moment des Tages, ähm, kurz schenken zu können"*. Es kommt eine Orientierung an der Wahrnehmung von individuellen Bedürfnissen und der aktiven Beziehungspflege zum Ausdruck. Das Kindergartenkind wird konstruiert als angewiesen auf den persönlichen Kontakt zur Kindergartenlehrerin. Sandra Sommer bezeichnet diesen Anspruch als *„Knacknuss, die man aber erreichen kann"*. Es kommt erneut ein Modus des Akzeptierens und Arrangierens zum Ausdruck.

In dieser Passage zeigt sich eine Passung zwischen den Bedürfnissen der Kindergartenkinder und dem Kindergartenalltag, da die Kinder *„gerne, glaube ich, gerne auch in den Kindergarten kommen"*. Die Herstellung dieser Passung scheint Sandra Sommer über das Eingehen auf individuelle Bedürfnisse und über die Beziehungspflege zu erlangen. Dadurch wird das Kindergartenkind als abhängig von der Kindergartenlehrerin konstruiert. Sandra Sommer positioniert sich als verantwortlich für die Herstellung dieser Passung.

Der Interviewer stellt anschließend folgende Frage: *„Was ist für Sie ein typisches Kindergartenkind und wie fließt diese Vorstellung in Ihre Unterrichtsgestaltung ein?"* Sandra Sommer antwortet:

Ein typisches Kindergartenkind ... Das ist sind vier- bis sechs- bis siebenjähriges Kind, das es schafft, schon einen Morgen lang weg von der Familie, vom „Mami", vom „Papi" zu sein, das es schafft, sich in eine Gruppe einigermaßen zu integrieren, oder bereit ist, sich auf diese Art von Unterricht, von zu Hause weg sein, einlassen kann. Ein Kind, dass gewisse Vorerfahrungen gemacht hat. Also sich in seinen ersten vier Lebensjahren kennenlernen und entdecken durfte, typisches Kindergartenkind, oder? Also eigentlich auch so die, den eigenen, inneren Antrieb hat, ich will, ich kann, sich viel zutraut, ein bisschen egozentrisch noch, ein bisschen, äh, sich gerne auch ein bisschen überschätzt, weiß und einfach weiß, die Welt, die steht mir offen und ich bin gut und stark und, ja, ich will, ich will, ich will ... Das ist für mich das ideale, typische Kindergartenkind (lacht). Ja, ähm. Und so, denke ich, kann ich den Unterricht auch zusammen mit den Kindern gestalten. Ich kann Vorgaben geben, ich kann ein bisschen schauen, wo stehen denn die Kinder? Und natürlich schauen, das Angebot, das Freispiel so gestalten, dass hier, ähm, Fördermöglichkeiten im Spiel verpackt sind oder auch, da wo die Kinder halt einfach auch Interessen haben, dort ansetzen und dann auch die Angebote danach richten. Was aber meine Voraussetzung tatsächlich ist, dass dieser, der innere Antrieb, die Lust für das eigenständige Lernen, die Lust, sich als eigenständiges Wesen zu erkennen, das ist für mich eine wichtige Voraussetzung, die ich jetzt je länger je mehr beobachte, dass diese Voraussetzung nicht so gegeben ist bei allen Kindern. Also, viele Kinder dürfen nicht selber die Hände waschen, können nicht selber sich an- und ausziehen, wenn sie in den Kindergarten kommen, weil sie das auch nicht durften. Weil ihnen die Zeit nicht geschenkt wurde, das Zutrauen, du schaffst das, du könntest das, nicht, ähm, das wurde ihnen nicht ermöglicht, diese Erfahrung zu machen. Oder ganz elementare Sachen, diverse Sinneseindrücke, die sie einfach nicht gemacht haben. Die jetzt, bis jetzt zum Teil im „Buggy" herumgeschoben werden. Und, äh, Sand macht schmutzig, du hast so schöne Kleider an, oder ... Einfach all so diese Bemerkungen, ich glaube, die sind den Eltern nicht so bewusst, dass sie durch das alltägliche Leben mit dem Kind vieles auch verbauen oder blockieren können, was für eine gesunde Entwicklung elementar wäre. Also ... Und das beobachte ich jetzt je länger je mehr. Das müssen wir jetzt wie wachklopfen oder bestätigen, und das ist enorm intensiv. Einfach so das, hei, du kannst es super, bravo, schau, du kannst es allein! Und einfach so das Gefühl aufzubauen mit dem Kind. Stolz zu sein, etwas selber zu können und nicht zu bequem. „Ou, aber suscht macht's z'Mami". Sondern hei, du kannst es jetzt allein, das musst du dem „Mami" zeigen, schau mal! Und einfach so, stolz zu sein und nach oben zu streben und zu beobachten, was können andere, ich will das auch! Offen zu sein, mit allen Sinnen und wach zu sein zum Lernen, zum die Welt entdecken, da finde ich, da gibt es leider immer mehr Kinder, die da ein bisschen verbaut sind. Da denke ich, das hat schon mit der Erziehung zu tun. Vielleicht auch, weil sie noch etwas jünger sind oder in der großen Gruppe dann manchmal etwas untergehen oder noch ein bisschen mehr Betreuung und Ermunterung, Unterstützung und Rückhalt bräuchten.

Die Frage nach dem typischen Kindergartenkind und nach dem Einfließen dieser Vorstellung in die Unterrichtsgestaltung wird durch die Eingrenzung des Alters auf vier- bis siebenjährige Kinder sowie die Beschreibung von Erwartungen an deren sozial-emotionalen Entwicklungsstand beantwortet. Dabei kommt zum Ausdruck, dass ein soziales Umfeld wichtig ist, das es erst möglich macht, diesen Entwicklungsstand im Zeitraum vor dem Kindergarteneintritt zu erlangen. Ein Umfeld, das keinen Raum für Entwicklung zulässt, wird zum negativen Gegenhorizont. Es kommt eine Orientierung an Ermöglichung von Entwicklung zum Ausdruck. Das Kindergartenkind wird konstruiert als sich in Entwicklung befindlich. Es zeigt sich eine Orientierung am altersbedingten Entwicklungsstand und erneut ein Modus des Akzeptierens und Arrangierens. Die Kindergartenkinder werden als potenziell stark und leistungsfähig konstruiert: „[...] *und ich bin gut und stark und, ja, ich will, ich will, ich will.*" Sandra Sommer beschreibt die Gestaltung des Unterrichts als Eingehen auf den Entwicklungsstand der Kinder und auf deren „*Interessen*" sowie darin, „*Fördermöglichkeiten*" zur Verfügung zu stellen. Damit positioniert sich Sandra Sommer erneut als verantwortlich für die Herstellung einer Passung zwischen dem Entwicklungsstand der Kindergartenkinder und dem Unterricht, wodurch eine Entwicklung der Kinder ermöglicht wird. Was Letztere betrifft, identifiziert Sandra Sommer als Voraussetzung für Entwicklung einen „*innere[n] Antrieb, die Lust für das eigenständige Lernen*"; damit deutet sie auf eine geteilte Verantwortung für das Ermöglichen von Entwicklung.

Der tatsächliche Entwicklungsstand der Kinder in der Kindergartengruppe weicht jedoch „*je länger je mehr*" von dieser Erwartung ab. Die Verantwortung dafür wird dem familiären Umfeld zugeschrieben, wo die Kinder selten ermutigt werden und ihnen wenig zugetraut wird. Dies hat einen Einfluss auf ihren sozial-emotionalen und motorischen Entwicklungsstand und auf ihre weitere Entwicklung. Die Defizite können jedoch durch die Anstrengungen der Kindergartenlehrerin(nen) kompensiert werden: „*Das müssen wir jetzt wie wachklopfen oder bestätigen, und das ist enorm intensiv.*" Der Entwicklungsstand der Kindergartenkinder wird damit im Kindergarten bearbeitbar. Zur Förderung der Entwicklung macht die Kindergartenlehrerin „*Angebote*", die sich am Entwicklungsstand der Kinder orientieren. Darin kommt ein Unterrichtsverständnis als Relation von Angebot und Nutzung zum Ausdruck (vgl. z. B. Helmke, 2007). Sandra Sommer positioniert sich als verantwortlich und fähig, die Nutzung der Angebote durch die Kinder zu fördern, und zwar durch Bestätigung, Ermutigung und Zutrauen: „*Hei, du kannst es super, bravo, schau, du kannst es allein!*" Sandra Sommer positioniert sich als verantwortlich in Bezug auf die Entwicklung der Kinder. Die Förderung der kindlichen Entwicklung wird dadurch erschwert, dass „*leider immer mehr Kinder*" nicht „*mit allen Sinnen*" offen sind und sich entsprechend nicht auf die Angebote einlassen. Die Verantwortung für die als Defizit bewertete fehlende Offenheit wird in der „*Erziehung*" sowie im Alter einzelner Kinder, die „noch etwas jünger sind", verortet. Sandra Sommer skizziert einen möglichen Umgang damit, nämlich „*ein bisschen mehr Betreuung und Ermunterung, Unterstützung und Rückhalt*", wobei offenbleibt, ob sie dies als Kindergartenlehrerin leisten kann oder nicht. Darin dokumentiert sich jedoch erneut eine Abhängigkeit der Kinder von Erwachsenen in Bezug auf die eigene Entwicklung. Das Kindergartenkind wird konstruiert als Familienkind, das noch in der Entwicklung steckt und dessen Förderungsbedürftigkeit im Kindergarten zum Ausdruck kommt. Zudem zeigt sich eine Abhängigkeit von Erwachsenen, beispielsweise im Rahmen einer kompensierenden Förderung durch die Kindergartenlehrerin(nen). Der Entwicklungsstand der Kinder in Abhängigkeit von der Qualität der Förderung durch das familiäre Umfeld sowie von der Bereitschaft, sich auf die Förderung durch die Kindergartenlehrperson(en) einzulassen, wird zum normativen Horizont. Das Kind wird konstruiert als jemand, der förderungs- und stärkungsbedürftig sowie lernfähig ist.

Im weiteren Verlauf des Interviews kommt zusätzlich zur Orientierung am Entwicklungsstand der Kinder eine Orientierung an deren Leistung zum Ausdruck. Sandra Sommer gibt den Kindern im Kindergarten *„eine Plattform"* (Z. 129), um zu zeigen, was sie können: *„Hei du kannst viel, du bist wer und wir interessieren uns für dich"* (Z. 120 f.). Des Weiteren kommt eine Orientierung am Kompetenzerleben und an sozialer Eingebundenheit (vgl. Deci & Ryan, 1993) zum Ausdruck: *„Aber, ja, einfach Möglichkeiten geben, wo jeder zeigen kann, wer er ist und was er kann und sich so auch als Teil der Gruppe wahrnimmt"* (Z. 125 f.). Das Kindergartenkind wird als leistungsfähig und vorzeigewillig konstruiert. Das Vorzeigen wird positiv konnotiert und u. a. als Möglichkeit beschrieben, sich als Teil der Gruppe wahrzunehmen. Eher negative Aspekte des Vorzeigens wie der Druck, unter dem ein sich exponierendes Kind steht, oder die daraus resultierenden Vergleiche zwischen den Kindern werden nicht thematisiert und damit implizit zum negativen Gegenhorizont. Es kommt eine Leistungsnorm zum Ausdruck, die sich zugespitzt im Vorzeigen des Könnens als Möglichkeit der Darstellung von Stärke darstellt. Diese Norm zeigt sich auch darin, dass die Schule als Ort dargestellt wird, wo den Kindern geholfen wird, ihre Ziele zu erreichen. Die Verantwortung für die Bildung der Kinder wird der Schule bzw. dem Kindergarten zugeschrieben.

In der Antwort auf die Frage nach dem persönlichen Verständnis von Bildung (Z. 133–152) dokumentiert sich der positive Horizont des Erwachsenseins. Dieses umfasst Eigenschaften wie die Selbstständigkeit, (berufliche) Zufriedenheit, Unabhängigkeit, das Erfüllen der Erwartungen der Umwelt, das Finden eines Platzes in der Gesellschaft, gute Selbstkenntnis und die Fähigkeit, sich Ziele zu stecken. Zum negativen Gegenhorizont werden demgemäß Unselbstständigkeit, (berufliche) Unzufriedenheit, Abhängigkeit, Unfähigkeit, die Notwendigkeit, die Erwartungen der Umwelt zu erfüllen, das erfolglose Suchen eines Platzes in der Gesellschaft, schlechte Selbstkenntnis und die Unfähigkeit, sich selbst Ziele zu stecken. Im positiven Horizont, dem erstrebenswerten Bild des Erwachsenseins, dokumentiert sich ein erfolgreicher Umgang mit dem Spannungsfeld von Individualität und Unterordnung in einer Gruppe. Somit werden die Kinder bereits im Kindergarten darauf vorbereitet, einen Umgang mit diesem Spannungsfeld zu erlernen. Die Funktion des Kindergartens besteht damit in der Vorbereitung auf ein erfolgreiches Erwachsensein. Das Kindergartenkind wird konstruiert als entwicklungsfähiges Kind und als zukünftige erwachsene Person. Zugleich erfolgt jedoch auch eine Konstruktion als unterstützungsbedürftiges Kind in Bezug auf die Erbringung bestimmter Leistungen, wobei die Lehrpersonen als zuständig für diese Unterstützung dargestellt werden. Der erfolgreiche Umgang mit dem Spannungsfeld von Individualität und Unterordnung in einer Gruppe (Gesellschaft) und das potenzielle Bestehen in einer erwachsenen (Leistungs-) Gesellschaft werden zur Norm.

Zusammenfassend kann festgestellt werden, dass sich Sandra Sommer im Interview als Person beschreibt, die sich in einem Spannungsfeld befindet. Einerseits ist sie mit strukturellen Bedingungen (v. a. Gruppengröße und Eintrittsalter der Kinder) konfrontiert, die sie als nicht optimal empfindet. Andererseits erhebt sie den Anspruch an ihre Arbeit im Kindergarten, jedem Kind gerecht zu werden, was unter diesen strukturellen Bedingungen besonders schwierig ist. Die Kindergartenlehrerin akzeptiert jedoch die strukturellen Bedingungen und arrangiert sich damit. Sandra Sommer bleibt dadurch handlungsfähig.

Von den Kindergartenkindern erwartet Sandra Sommer, dass sie lernen, mit einem Spannungsfeld umzugehen. In Bezug auf die Kinder besteht dieses zwischen zwei Fähigkeiten: für sich selbst einzustehen und sich in der Gruppe unterzuordnen. Als implizites Entwicklungsziel zeigt sich hier die Fähigkeit, situativ individuelle Interessen mit denjenigen der Gruppe zu relationieren und sich entsprechend zu verhalten. Das Bild des Umgangs mit einem Spannungsfeld kommt auch in der Beschreibung des erfolgreichen Erwachsenseins als Zieldimension der (schulischen) Bildung zum Ausdruck. Die Kinder sollen lernen, sich in die Gesellschaft einzuordnen und gleichzeitig selbstständig, unabhängig und zufrieden zu bleiben. Damit erhält die Arbeit im Kindergarten die Funktion, auf das Erwachsensein vorzubereiten, das ebenfalls einen Umgang mit dem Spannungsfeld Individualität vs. Gruppe verlangt. Die Kindergartenkinder werden konstruiert in Abhängigkeit von ihrem Entwicklungsstand in Bezug auf die sozial-emotionale, körperliche und kognitive Ebene.

7.2.3 Gegenüberstellung der Video- und Interviewinterpretation (Sandra Sommer)

Die normativen Horizonte, die in der Video- und in der Interviewinterpretation für den Fall Sandra Sommer herausgearbeitet werden konnten, werden einander nun gegenübergestellt. Während die normativen Horizonte aus der Videointerpretation[10] vorwiegend die *Handlungen* der Kindergartenkinder rahmen, beziehen sich diejenigen aus der Interviewinterpretation[11] auf den *Entwicklungsstand* der Kinder und auf das angestrebte *Entwicklungsziel,* in einer erwachsenen (Leistungs-) Gesellschaft zu bestehen. Bei Sandra Sommer dokumentiert sich sowohl in den unterrichtlichen Interaktionen als auch im Interview eine Leistungsnorm. Im Unterricht dokumentiert sich diese Norm in der von ihr ausgeführten Praktik des Zeigens, was es zu lernen gilt, und in der von den Kindergartenkindern ausgeführten Praktik des Vorzeigens dessen, was schon gelernt wurde. Im Interview dokumentiert sich die Leistungsnorm im Kontext der Konstruktion der Kindergartenkinder als zukünftige Erwachsene. Es gilt, die Kinder auf ein Bestehen in einer erwachsenen (Leistungs-)Gesellschaft vorzubereiten. Ihr aktueller Entwicklungsstand beschreibt den Fortschritt, der auf dem Weg dahin erzielt wird. Die erwachsene (Leistungs-)Gesellschaft wird als Spannungsfeld zwischen der Unterordnung in der Gesellschaft und dem Bestehen als Individuum beschrieben. Dieses kommt im Interview auch in Bezug auf das Verhalten der Kinder im Kindergartenunterricht zum Ausdruck: Die Kinder sollen sowohl lernen, sich der Gruppe unterzuordnen, als auch für sich selbst einzustehen. Dabei handelt es sich um zwei Ziele, die in einem Widerspruch zueinander stehen und dadurch ein Spannungsverhältnis aufzeigen. Diese Diskrepanz kommt auch in den Normen zum Ausdruck, die die unterrichtlichen Interaktionen rahmen. Während in bestimmten Situationen die ordnungsgemäße Ausführung von konkreten Handlungsaufträgen den normativen Horizont bildet, steht in einem anderen Kontext der aktive und gestaltende Umgang mit dem vorhandenen Material als Norm im Vordergrund. Die Verbindung zu den normativen Horizonten aus der Interviewinterpretation besteht darin, dass das Ausführen von konkreten Handlungsaufträgen der Unterordnung dient und der aktive und gestaltende Umgang mit dem vorhandenen Material die Ausgestaltung von Individualität fördert. Wie in der

---

[10] Dabei handelt es sich um die Norm der ordnungsgemäßen Ausführung von konkreten Handlungsaufträgen, um die Norm des aktiven und gestaltenden Umgangs mit vorhandenem Material und um die Leistungsnorm.

[11] Dabei handelt es sich um die Norm der Entwicklung auf der sozial-emotionalen, körperlichen und kognitiven Ebene sowie um die Leistungsnorm bzw. das potenzielle Bestehen in einer erwachsenen (Leistungs-)Gesellschaft.

Videointerpretation dargestellt werden konnte, setzt Sandra Sommer sprachliche Mittel ein, um auf die eine oder andere Norm zu verweisen und damit gegenüber den Kindern Klarheit bezüglich der situativ gültigen Norm zu schaffen. Damit verhindert sie, dass es in unterrichtlichen Interaktionen zur Gleichzeitigkeit von sich widersprechenden Normen kommt. In Bezug auf die Förderung der Entwicklung der Kinder als zukünftige Erwachsene zeigt sich im Fall von Sandra Sommer auf der Ebene der normativen Horizonte eine Übereinstimmung zwischen der Video- und der Interviewinterpretation. Während im Interview jedoch die Konstruktion des Kindes als „Entwicklungswesen" (Honig, 2018, S. 195) dominiert, kommen in den ausgewählten und interpretierten Videosequenzen Facetten des Konzeptes von Kindern als sich in ihrer Gegenwart befindend und als Mitgestaltende zum Vorschein (vgl. ebd.). Sandra Sommer bietet den Kindern die Möglichkeit, das materielle Umfeld und die Auseinandersetzung mit diesem Material mitzugestalten. Es zeigt sich hierin, dass die Videointerpretation Aspekte ans Licht befördert, die in der Interviewinterpretation nicht zum Ausdruck kamen.

7.3 Fallbeschreibung der Kindergartenlehrerin Dora Dünki

Beim Kindergarten von Dora Dünki handelt es sich um einen Doppelkindergarten in einem Wohnquartier ohne Anschluss an ein Schulhausareal in einer Zentrumsgemeinde (vgl. Tabelle 7.2). Dora Dünki hat im Jahr 1992 ein Diplom als Kindergartenlehrerin erworben und unterrichtet zum Zeitpunkt der Erhebung seit 20 Jahren im Kindergarten. Sie ist 55 Jahre alt und hat keine Zusatzausbildung auf der Stufe eines CAS oder MAS absolviert. Im Schuljahr 2016/17 unterrichtet Dora Dünki in einem Pensum vom 66 Prozent[12]. Die Kindergartenklasse besteht aus 17 Kindergartenkindern, sieben Kinder sind im zweiten Kindergartenjahr. Ungefähr 50 Prozent der Kinder haben eine andere Sprache als Deutsch als Erstsprache und/oder haben eine ausländische Nationalität, wobei Deutschland, Österreich und Liechtenstein nicht mitgezählt wurden (vgl. Edelmann et al., 2018b, S. 38–48).

---

[12] Im Kanton Zürich war es war bis Ende Schuljahr 2016/2017 für Kindergartenlehrpersonen möglich, eine Anstellung mit einem 100 %-Pensum im Kindergarten zu haben. Dies änderte sich mit der Einführung des neue Berufsauftrags per Schuljahr 2017/18 (vgl. Abschn. 3.2.2).

7.3.1 Videointerpretation

7.3.1.1 Beschreibung der Auffangzeit als Teil des Kindergartenvormittags bei Dora Dünki

Die ersten Kindergartenkinder treffen nacheinander im Kindergarten ein. Sie werden in der Garderobe oder im Kindergartenraum von Dora Dünki mit Handschlag begrüßt. Einzelne Kinder werden von erwachsenen Personen – vermutlich von einem Elternteil – begleitet, wobei Dora Dünki in der Garderobe mit einigen von ihnen spricht. Während die ersten sieben Kinder von der Kindergartenlehrerin mit Handschlag und Namen begrüßt werden, kommen danach weitere Kinder im Kindergarten an, wovon bei einzelnen keine Begrüßung aufgezeichnet wurde. Bei den meisten Kindern erteilt Dora Dünki den Auftrag, sich die Hände zu waschen, oder sie stellt die Frage, ob das ankommende Kind die Hände schon gewaschen habe. Anschließend werden die Kinder in eine vorbereitete Aufgabe eingeführt, die in Einzelarbeit bearbeitet werden soll. Für alle Kinder ist eine Aufgabe vorbereitet, aber nicht für alle dieselbe. Für die sogenannte Clown-Aufgabe liegt eine Musterlösung im Kreis auf dem Boden. Für jedes Kind ist ein Platz an einem Tisch vorgesehen. Kinder, die einen Arbeitsschritt abgeschlossen haben, zeigen diesen der Lehrerin, die anschließend die nächsten Schritte nennt oder wiederholt. Wenn ein Schritt nicht ordnungsgemäß ausgeführt wird, interveniert die Lehrerin und erklärt die Aufgabe nochmals. Einige Kinder werden bei der Bearbeitung der Aufgabe unterstützt, beispielsweise indem Dora Dünki ein Papier grob in Stücke schneidet (vgl. Sequenz „Händewaschen und Clowns ausschneiden", Abschn. 7.3.1.2). Einzelne Kinder müssen bei der Erfüllung der Aufgabe mehrfach nachbessern. Ist eine Aufgabe abgeschlossen, schlägt die Lehrerin die nächste Aktivität vor oder das Kind wird aufgefordert, selbst eine Aktivität zu nennen, der es gerne nachgehen möchte.

7.3.1.2 Sequenz „Händewaschen und Clowns ausschneiden"

Die Sequenz „Händewaschen und Clowns ausschneiden" findet während der Auffangzeit statt. Zu Beginn der Sequenz befindet sich erst ein Junge, Besir, im Kindergartenraum. Die Kindergartenlehrerin Dora Dünki hat ihn zuvor in der Garderobe begrüßt und ihm nach dem Betreten des Kindergartenraums die Aufgabe „Clowns ausschneiden" erklärt. Besir setzt sich an einen Tisch und beginnt mit dem Ausschneiden der Figuren. Etwas später reagiert Dora Dünki auf die Begrüßungsworte einer erwachsenen Person, Lauras Mutter, deren Stimme aus der Garderobe zu hören ist. Dora Dünki geht in die Garderobe und spricht mit ihr über die Frage, wie sie Laura korrekt abmelden kann. Die Kindergartenlehrerin kommt zurück in den Kindergartenraum, notiert zwei Telefonnummern auf ein Papier und geht wieder in die Garderobe. Die nachfolgend transkribierte und interpretierte Sequenz „Händewaschen und Clowns ausschneiden" beginnt, als Dora Dünki der Mutter die Telefonnummern geben möchte („Also"). Im selben Moment beginnt Laura zu sprechen und weist auf einen mitgebrachten Gegenstand hin, ein Heft („Guck mal").

Die Sequenz „Händewaschen und Clowns ausschneiden" wurde zur Feininterpretation ausgewählt, weil sie die Begrüßung eines Kindergartenkindes (Laura) und die Einführung in das vorbereitete Spiel- und Lernangebot zeigt. Dadurch lässt sich die Sequenz mit der Sequenz „Tasche und Streifen" aus dem Kindergarten Sandra Sommers vergleichen (vgl. Abschn. 7.2.1.2). Es handelt sich um die erste verbale Interaktion zwischen Dora Dünki und Laura an diesem Vormittag; sie kann somit – im Sinne der dokumentarischen Methode – als „Einstiegssequenz" (Asbrand & Martens, 2018, S. 53) gelesen werden. Die Sequenz zeichnet sich zudem durch eine interaktive Dichte aus.

Das Transkript der vorliegenden Sequenz ist in zwei Teile gegliedert. Dies liegt daran, dass der erste Teil die Interaktion in der Garderobe in Anwesenheit von Lauras Mutter betrifft, wofür keine Videoaufnahme existiert. Es liegen jedoch die Audioaufnahmen des mit der Lehrpersonenkamera verbundenen Funkmikrofons vor (vgl. Abbildung 7.11). Der zweite Teil der vorliegenden Sequenz zeigt, was im Anschluss an den ersten Teil im Kindergartenraum stattfindet. Für diesen Teil gibt es Video- *und* Audioaufnahmen (vgl. Abbildung 7.12).

Während sich Lauras Mutter von ihrer Tochter und von Dora Dünki verabschiedet, betritt Laura den Kindergartenraum (00:16:02) und ist ab dann auf der Videoaufnahme zu sehen. Dora Dünki betritt kurz darauf den Kindergartenraum (00:16:06). Der zweite Teil der Sequenz „Händewaschen und Clowns ausschneiden" (00:16:06–00:17:35) findet im Kindergartenraum statt (vgl. Abbildung 7.12). Aus welchem Winkel mit der Lehrpersonen- und der Klassenkamera zum Zeitpunkt 00:17:06 des Fotogramms 7 (vgl. Abbildung 7.14) gefilmt wurde, ist in Abbildung 7.16 ist zu sehen.

Fr. Dünki: Kindergartenlehrerin Dora Dünki

Laura: Kindergartenkind

Mutter: Lauras Mutter

?: kann nicht zugeordnet werden

Fr. Dünki	Also;	00:15:19
Laura	⌊Guck mal,	00:15:19
Fr. Dünki	**Aaah** hast du ein Heft bekommen,	00:15:20
Laura	Ja	00:15:22
Fr. Dünki	⌊Hää? Zum Zeichnen;	00:15:22
Laura	⌊( )	00:15:24
Fr. Dünki	⌊Aaah ein Zeichnungsheft; (.) sehr gut. @(.)@	00:15:26
Fr. Dünki	Also; (.) das ist meine Nummer? (.) und der Kindergarten. hä?	00:15:30
Mutter	⌊Ok; ⌊Ok; danke vielmal;	00:15:32
Fr. Dünki	Dann können Sie das aufs Natel speichern hä? @genau@ gut	00:15:34
Mutter	⌊Ja	00:15:36
Fr. Dünki	Guten Morgen? (.) ääh Laura? du kannst zuerst die Hände waschen? und dann	00:15:40
Laura	⌊Grüezi	00:15:40
Mutter	⌊ja ( ) dini Tasche	00:15:44
Fr. Dünki	und der Mama Adieu sagen; hä? (2) @(.)@ °so° @(.)@	00:15:47
?	( )	00:15:54
Fr. Dünki	⌊[zur Mutter] Also Sie Sie dürfen schon auch (.) schnell reink- also wie sie wollen; gäll; @(.)@	00:15:54
Mutter	⌊ Ja ⌊Bis spääter;	00:15:56
Laura	**Bis spääter;**	00:16:00
Fr. Dünki	@(.)@	00:16:01
Mutter	⌊Also bis später;	00:16:02
Fr. Dünki	⌊Adieu;	00:16:03

Abbildung 7.11 Transkript der Sequenz „Händewaschen und Clowns ausschneiden – Teil 1" (KG04, 00:15:19–00:16:03). (Quelle: Eigene Darstellung)

Fr. Dünki: Kindergartenlehrerin Dora Dünki
Laura und Besir: Kindergartenkinder

Fr. Dünki	[zu Laura] So (2) Laura du kannst jetzt deine Hände waschen; so wie immer; hä?	00:16:06
Fr. Dünki	Wart (.) °so;°	00:16:12
Fr. Dünki	°Hm°	00:16:19
Besir	**Scho drü gschnittä;**	00:16:21
Fr. Dünki	[zu Besir] **Schon drei;** (.) super.	00:16:22
Fr. Dünki	Wart das kann man wegnehmen, das stört nur, **hä?**	00:16:27
Fr. Dünki	°Gut°	00:16:40
Fr. Dünki	[zu Laura] Ähm ja dein Heft ist hier;	00:16:42
Fr. Dünki	Schau mal; du kannst nachher auch diese Clowns ausschneiden? gäll? Ich	00:16:45
	zeige dir mal; **komm,** (.) ( ) (3) siehst du; (2) diese diese Clowns habt	00:16:49
	ihr? und die dürft ihr ausschneiden? mit der Schere? und dann dürft ihr sie	00:17:01
	den Grössten bis zum Kleinsten aufkleben. nachher. aber zuerst muss	00:17:07
	man schneiden; gäll? °gut°; (4) genau; kannst du warte ich mache das	00:17:11
	vielleicht noch so dass es einfacher ist, (4) sonst musst du immer das	00:17:20
	ganze Blatt halten (3) so; jetzt ist es einfacher; hm? °gut°	00:17:28

Abbildung 7.12 Transkript der Sequenz „Händewaschen und Clowns ausschneiden – Teil 2" (KG04, 00:16:06–00:17:32). (Quelle: Eigene Darstellung)

Beschreibung der Sequenz „Händewaschen und Clowns ausschneiden"

Die Sequenz „Händewaschen und Clowns ausschneiden" beginnt in der Garderobe.[13] Dora Dünki geht mit einem Stück Papier, auf dem sie zwei Telefonnummern notiert hat, vom Kindergartenraum zurück in die Garderobe, wohin ihr die Kamera nicht folgt, und richtet sich mit „Also" vermutlich an Lauras Mutter. Fast gleichzeitig weist Laura vermutlich Dora Dünki auf einen mitgebrachten Gegenstand (Heft) hin: „Guck mal." Dora Dünki reagiert: „Ah, hast du ein Heft bekommen." Während Laura dies mit „ja" bestätigt, fährt Dora Dünki fort und sagt: „Hä? Zum Zeichnen." Laura sagt etwas Unverständliches, worauf Dora Dünki spricht: „Ah, ein Zeichnungsheft, sehr gut", und anschließend lacht. Dora Dünki richtet sich vermutlich erneut an Lauras Mutter und übergibt ihr die Telefonnummer: „Also, das ist meine Nummer, und der Kindergarten, hä?" Lauras Mutter sagt zweimal „OK" und „Danke vielmals." Dora Dünki ergänzt: „Dann können Sie das aufs Natel[14] speichern, hä?" Lauras Mutter bejaht und Dora Dünki sagt lachend „genau"; daraufhin ergänzt sie „gut". Nachdem sich Dora Dünki („Guten Morgen") und Laura („Grüezi") begrüßt haben,[15] sagt die Kindergartenlehrerin: „Äh Laura, du kannst zuerst die Hände waschen und dann …". Gleichzeitig mit dem Wort „Hände" sagt Lauras Mutter: „Ja (   ) dini Tasche." Dora Dünki fährt fort: „Und der Mama Adieu sagen, hä?" Dora Dünki lacht und sagt: „Also, Sie Sie dürfen schon auch schnell reink-, also wie sie wollen, gell?" Lauras Mutter sagt „ja" beim Wort „auch", und beim Wort „wollen" verabschiedet sich Lauras Mutter mit den Worten „bis später". Laura reagiert mit „bis später" und betritt anschließend den Kindergartenraum. Lauras Mutter verabschiedet sich mit den Worten „Also, bis später" von der Kindergartenlehrerin, diese antwortet „Adieu". Dora Dünki sagt „so" und kommt wieder in den Kindergartenraum.

Besir sitzt während dieser Zeit mit dem Rücken zur Klassenkamera an einem Tisch und schneidet mit einer Schere ein Papier in Stücke. Laura bleibt nach dem Betreten des Kindergartenraums in der Nähe des Waschbeckens stehen. Sie hat ein blaues Heft unter dem Arm geklemmt und schaut kurz zu Besir und dann zu

---

[13] Die Kamera ist bis 00:16:05 auf den Türrahmen der Tür zwischen Garderobe und Kindergartenraum gerichtet, da in der Garderobe eine weitere erwachsene Person anwesend ist (die Mutter von Laura). Es ist auf der Aufnahme nicht ersichtlich, was sich in der Garderobe auf der nonverbalen und materiellen Ebene genau abspielt.

[14] „Natel" ist in der Schweiz eine verbreitete Bezeichnung für Mobiltelefone.

[15] Da hierzu nur Audiodaten vorliegen, kann nicht verifiziert werden, ob sich Dora Dünki und Laura mit einem Handschlag begrüßen. Da aber die meisten Kinder, deren Begrüßung visuell festgehalten wurde, mit Handschlag begrüßt werden, kann davon aus gegangen werden, dass auch Laura so begrüßt wird.

Dora Dünki. Nachdem die Kindergartenlehrerin den Raum wieder betreten hat,
bückt sie sich leicht zu Laura hinunter und wiederholt den Auftrag: „Laura, du
kannst jetzt deine Hände waschen, so wie immer, hä?" (vgl. Abbildung 7.13,
Fotogramm 6). Laura steht vor dem Waschbecken, streckt eine Hand aus in die
Richtung des Wasserhahns und richtet den Blick in die Richtung von Dora Dünki.
Diese nickt. Sie sagt: „Wart, so" und geht einen Schritt auf Laura zu, nimmt ihr
das Heft aus der Hand und legt es auf den Tisch hinter Laura. Laura wäscht
sich die Hände am Waschbecken. Dora Dünki richtet den Blick auf das Papier
auf dem Tisch und gibt ein „Hm" von sich. Sie richtet den Blick dabei kurz auf
Laura.

Lehrpersonenkamera: Klassenkamera:

Abbildung 7.13   Fotogramm 6 (KG04, 00:16:12)

  Besir sitzt in einiger Distanz an einem Tisch und ruft quer durch den Raum,
dass er schon drei (Clowns) ausgeschnitten habe: „Scho drü gschnittä." Dora
Dünki dreht sich in seine Richtung, geht zu ihm hin und sagt: „Schon drei?
Super." Sie bleibt neben ihm stehen, beugt sich zu ihm hinunter und nimmt die
weggeschnittenen Papierstücke. Sie sagt: „Wart, das kann man wegnehmen, das
stört nur, hä?" Dora Dünki entfernt sich wieder von Besir und geht mit dem
Papier in der Hand zum Waschbecken, wo sie das Papier in den Abfalleimer
wirft. Laura hat unterdessen die Hände mit Seife gewaschen und anschließend
abgetrocknet. „Gut", sagt die Kindergartenlehrerin leise. Laura geht zum Tisch.
Dora Dünki richtet den Blick kurz auf das Pult und gibt ein „Ähm" von sich.
Dann richtet sie den Blick auf Laura, die zum Heft geht. Dora Dünki zeigt zum
blauen Heft, das sie davor auf den Tisch hinter Laura gelegt hat, und äußert: „Ja,
dein Heft ist hier."
  Dora Dünki steht links des Tisches und beugt sich darüber, Laura befindet sich
rechts des Tisches. Das Mädchen hat das Heft wieder in die Hand genommen.
Dora Dünki hat den Blick auf Laura gerichtet, die ihren Blick wiederum auf die

Hand der Kindergartenlehrerin richtet. Diese sagt: „Schau mal, du kannst nachher auch diese Clowns ausschneiden, gell?" Während sie spricht, berührt sie mit der Handfläche das Papier, das auf dem Tisch liegt. Laura bewegt sich hin zu Dora Dünki, die zu Laura sagt: „Ich zeige dir mal. Komm!" Dabei richtet sich die Kindergartenlehrerin auf, nimmt dem Mädchen das Heft aus der Hand und legt es auf den Tisch. Gleichzeitig nimmt sie mit der anderen Hand Lauras Hand und schiebt sie etwas zur Seite. Das Mädchen dreht sich nach rechts. Dora Dünki geht mit Laura an der Hand zügig durch die Öffnung im Stuhlkreis. Auf dem Boden im Stuhlkreis liegen ein gelbes, ein grünes und ein rotes Papier, darauf je zwei weiße Blätter. Dora Dünki geht mit Laura an der Hand zum gelben Papier.

Die Kindergartenlehrerin bückt sich leicht nach unten und sagt: „Siehst du." Sie kniet sich auf den Boden, lässt Lauras Hand los, zeigt mit ihrer Hand auf den Papierbogen am Boden und sagt: „Diese, diese Clowns habt ihr." Laura kniet sich währenddessen neben Dora Dünki auf den Boden. Beide richten ihre Blicke auf diejenige Stelle auf dem Papier, auf die Dora Dünki zeigt. Die Kindergarten-lehrerin macht kreisende Bewegungen mit dem Finger auf dem Papier und sagt: „Und die dürft ihr ausschneiden. Mit der Schere." Dora Dünki richtet den Blick kurz auf Laura, worauf diese nickt. Dann hebt Dora Dünki die Hand, zeigt auf das andere Papier, macht eine Zickzack-Bewegung und meint: „Und dann dürft ihr sie, den Größten bis zum Kleinsten, aufkleben. Nachher. Aber zuerst muss man schneiden, gell?" (vgl. Abbildung 7.14). Dora Dünki richtet den Blick auf Laura und imitiert mit der Hand das Schneiden mit einer Schere. Dora Dünkis Hand befindet sich zwischen dem Kopf des Mädchens und dem Papier. Laura nickt, woraufhin die Kindergartenlehrerin sagt: „gut." Beide stehen gleichzeitig auf. Laura geht durch eine andere Öffnung im Stuhlkreis zurück zu ihrem Platz. Dora Dünki folgt ihr.

Laura geht an den Tisch zurück, auf dem das Papier liegt und auf den Dora Dünki zuvor das blaue Heft gelegt hat. Das Mädchen zieht am Hocker, der an diesem Tisch steht, und Dora Dünki sagt: „genau." Laura setzt sich auf den Hocker und greift nach der Schere. Die Kindergartenlehrerin bückt sich seitlich zu Laura hinunter und greift gleichzeitig nach der Schere. Sie nimmt diese in die Hand und fährt fort: „Kannst du, warte, ich mach das vielleicht noch so, dass es einfacher ist." Sie nimmt das weiße Papier in die Hand und schneidet mit gebücktem Oberkörper das Papier, das davor auf dem Tisch lag, in drei Stücke. Laura richtet den Blick auf das Papier in der Hand der Kindergartenlehrerin (vgl. Abbildung 7.15, Fotogramm 8).

Lehrpersonenkamera: Klassenkamera:

Abbildung 7.14 Fotogramm 7 (KG04, 00:17:06)

Lehrpersonenkamera: Klassenkamera:

Abbildung 7.15 Fotogramm 8 (KG04, 00:17:23)

Im Vordergrund betritt währenddessen Enzo den Raum. Der Junge macht ein
Handzeichen in Besirs Richtung und blickt kurz in die Kamera. Während Dora
Dünki schneidet, sagt sie: „Sonst musst du immer das ganze Blatt halten." Sie
schneidet das letzte Stück ab und legt die Schere auf den Tisch. Dabei spricht
sie: „So, jetzt ist es einfacher, hm? Gut." Dora Dünki richtet sich auf und geht zu
einem neu ankommenden Kind, das beim Eingang steht. Mit dieser Verlagerung
von Dora Dünkis Aufmerksamkeit auf das eintretende Kind wird die vorliegende
Hauptsequenz „Händewaschen und Clowns ausschneiden" beendet.

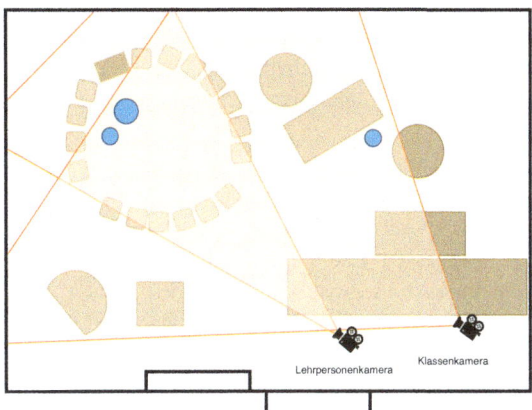

Abbildung 7.16   Kamerawinkel Fotogramm 7 (KG04, 00:17:06). (Quelle: Eigene Darstellung, Legende: schwarzes Rechteck: Kindergartenraum; braune Flächen: Möbel; blaue
Kreise: Kindergartenlehrerin (großer Kreis) und Kindergartenkinder (kleinere Kreise))

**Video-Rekonstruktionen der Sequenz „Händewaschen und Clowns ausschnei-
den"**

Bei der vorliegenden Sequenz handelt es sich um Lauras Übergang von der Familie in den Kindergarten. Dessen erster Teil findet in der Garderobe im Beisein von
Lauras Mutter statt, der zweite Teil im Kindergartenraum in Abwesenheit der
Mutter. In diesen Übergang eingeflochten findet eine Interaktion zwischen Dora
Dünki und Besir statt. Der Junge ist einige Minuten vor Laura im Kindergarten
angekommen und führt während der Interaktion zwischen Dora Dünki und Laura
im Kindergartenraum einen Auftrag aus.

Zu Beginn der Sequenz initiiert Laura aktiv eine Interaktion mit Dora Dünki
und positioniert sich damit als berechtigt, eine Interaktion mit ihrer Kinderger-
tenlehrerin zu beginnen. Sie deutet damit darauf hin, dass über Gegenstände
Interaktionen initiiert werden können. Die Kindergartenlehrerin wird adressiert
als potenziell interessiert an Lauras Gegenstand. Die Art und Weise, wie Laura
die Interaktion initiiert – durch verbales und möglicherweise auch nonverbales
Hinweisen auf einen mitgebrachten Gegenstand – lässt verschiedene Anschlüsse
zu. Dora Dünki geht auf die von Laura initiierte Interaktion ein, indem sie
den Gegenstand benennt sowie eine mögliche Art der Nutzung vorschlägt. Dora
Dünki positioniert sich als sprachkompetent und bestimmungsberechtigt in Bezug
auf die Bezeichnung des Gegenstandes sowie auf die damit verbundene Aktivität.

Laura wird als zeigeberechtigt adressiert. Es deutet sich ein kindorientiert-responsiver Interaktionsmodus an. Dora Dünki fordert durch die Art und Weise ihrer Reaktion ein asymmetrisches Verhältnis ein. Die Kindergartenlehrerin been-det die Interaktion floskelhaft („sehr gut") und wendet sich wieder Lauras Mutter zu.

Die beiden Frauen führen anschließend eine Interaktion fort, die bereits vor der transkribierten Sequenz begonnen hat. Vor Lauras Initiierung einer Interak-tion wird das Gespräch zwischen den Frauen von Dora Dünki mit „Also" wieder aufgenommen bzw. fortgesetzt. Laura unterbricht mit ihrem Hinweis auf das mit-gebrachte Heft die Interaktion zwischen den beiden Frauen. Dora Dünki setzt diese dennoch fort: Die Kindergartenlehrerin gibt der Mutter zwei Telefonnum-mern, verbunden mit dem Vorschlag, diese auf dem Mobiltelefon („Natel") zu speichern. Dora Dünki erteilt Lauras Mutter somit auf eine vorschlagende Art und Weise einen konkreten Handlungsauftrag. Die Mutter wird als unterstüt-zungsbedürftig adressiert. Darin dokumentiert sich ein asymmetrisches Verhältnis zwischen der Kindergartenlehrerin und der Mutter in Bezug auf das Organisie-ren von schulischen Informationen. Die in dieser kurzen Interaktion zwischen Dora Dünki und Lauras Mutter zum Ausdruck kommende Praktik des Erteilens von konkreten Handlungsaufträgen sowie das asymmetrische Verhältnis zwischen den beiden stellen eine Homologie – also eine Übereinstimmung – dar mit der Interaktion zwischen Dora Dünki und Laura. Aus diesem Grund wurde dieser Abschnitt aus dem Transkript in die Interpretation einbezogen.

Nach dieser kurzen Interaktion zwischen Dora Dünki und Laura sowie Lauras Mutter begrüßt die Kindergartenlehrerin das Mädchen mit den Worten „Guten Morgen" und mit einer verzögerten Nennung von Lauras Namen. Das Mäd-chen reagiert unmittelbar mit „Grüezi", während Dora Dünki noch spricht. Die Begrüßung wird somit, zumindest verbal, von der Kindergartenlehrerin initiiert. Indem sie die formale Begrüßung nach einer bereits stattgefundenen kurzen Inter-aktion mit Laura nun nachgelagert einfordert, dokumentiert sich, dass dieses formale rituelle Element eine hohe Bedeutung hat. Lauras unmittelbare Reak-tion – sie nennt eine passende Begrüßungsformel – weist auf ein eingespieltes Vorgehen hin. Laura positioniert sich damit als kompetent im Umgang mit formalen Begrüßungspraktiken.

Nach der Begrüßung erteilt die Kindergartenlehrerin den Auftrag, die Hände zu waschen,[16] also einen ersten konkreten Handlungsauftrag an Laura. Dora

---

[16] In zwei der insgesamt zwanzig Kindergärten, in denen im Rahmen der Kindergartenstudie videogestützte Unterrichtsbeobachtungen stattfanden, wurde das Händewaschen eingefor-dert. Die Unterrichtsbeobachtungen wurden im Frühsommer 2017 durchgeführt, also noch bevor im Rahmen der Corona-Pandemie das Händewaschen obligatorisch wurde.

Dünki positioniert sich als berechtigt, konkrete Handlungsaufträge zu formulieren. Dadurch wird Laura als Auftragsempfängerin adressiert. Der Übergang von der Familie in den Kindergarten erfolgt somit u. a. auf körperlicher Ebene in Bezug auf die Körperhygiene. Laura wird adressiert als unterstützungsbedürftig bezüglich des Übergangs von der Familie in den Kindergarten. Während Dora Dünki spricht, weist Lauras Mutter auf die Tasche hin, in der sich vermutlich die von zu Hause mitgebrachte Zwischenmahlzeit, der „Znüni"[17], befindet. Dadurch erhält neben dem Heft ein weiterer mitgebrachter persönlicher Gegenstand Lauras eine Bedeutung für den Übergang von der Familie in den Kindergarten. Während Dora Dünki auf das Heft von Laura eingegangen ist, thematisiert sie zumindest auf der verbalen Ebene die Tasche nicht. Mit der Aufforderung, dass sich Laura von der Mutter verabschieden solle, erfolgt ein weiterer konkreter Handlungsauftrag im Rahmen des Übergangs. Dora Dünki nimmt beim Übergang eine moderierende Funktion ein und stellt damit ein asymmetrisches Verhältnis zwischen ihr und Laura sowie zwischen ihr und Lauras Mutter her.

Indem die Kindergartenlehrerin es Lauras Mutter erlaubt, den Kindergartenraum zu betreten, positioniert sie sich als berechtigt, über den Zugang zu diesem Raum zu bestimmen. Vordergründig kommt dadurch zum Ausdruck, dass eine Verbindung zwischen Familie (bzw. Mutter) und Kindergarten ermöglicht wird. Da Dora Dünki bestimmt, was mit den Telefonnummern zu tun ist, stellt sie jedoch eine Asymmetrie her. Während die Mutter in der Garderobe noch zugelassen ist, stellt die Türschwelle zum Kindergartenraum eine räumliche Trennung zwischen Familie und Kindergarten dar. Die Mutter macht von ihrem Recht, den Kindergartenraum zu betreten, nicht Gebrauch und verabschiedet sich in der Garderobe von Laura. Indem die Mutter „bis später" sagt, verweist sie auf das spätere Wiedersehen. Die Mutter kommt damit Dora Dünkis Handlungsauftrag, sich zu verabschieden – der eigentlich an Laura gerichtet ist –, auf eine Art und Weise nach, die auf eine später wiederaufzunehmende Verbindung zu Laura hinweist. Laura verabschiedet sich anschließend in derselben Weise von ihrer Mutter.

Bis hierhin dokumentiert sich ein mehrschrittiger, von Dora Dünki moderierter Übergang von der Familie zum Kindergarten. Dieser besteht aus dem Empfang in der Garderobe, der Begrüßung, dem Auftrag zum Händewaschen und zur Verabschiedung von der Mutter sowie aus dem Betreten des Kindergartenraums. Danach wiederholt Dora Dünki den Auftrag, dass Laura sich die Hände waschen

---

[17] Die Kinder bringen ihren „Znüni", der jeweils ungefähr um 10 Uhr gemeinsam in einem Kreis nach vorangehenden Ritualen verspeist wird, in der Regel selbst mit. Die Verantwortung für das leibliche Wohl liegt somit nur insofern beim Kindergarten, als dass ein geeigneter Rahmen für das Essen des „Znünis" geschaffen wird.

solle.[18] Der von ihr genannte Zusatz „So wie immer, hä?" verweist darauf, dass es sich um eine wiederkehrende Handlung handelt. Indem Dora Dünki diesen Auftrag trotz Verweis auf eine Routine explizit erteilt und wiederholt, zeigt sich, dass die Aktivität stark von ihr gesteuert wird und dass kein Abweichen davon möglich ist. Dadurch rückt eine Norm des ordnungsgemäßen Ausführens des Auftrags in den Vordergrund. Die Relevanz dieses Auftrags lässt sich auch aus Fotogramm 6 (vgl. Abbildung 7.13) rekonstruieren. Dora Dünki bückt sich zu Laura herunter, worin sich ein überwachender Modus zeigt. Laura wird in Bezug auf das Ausführen dieser Routinehandlung als unterstützungsbedürftig und unselbstständig adressiert. Der Adressierung als unselbstständiges Kindergartenkind steht somit eine selbstständig ausführbare Routinehandlung gegenüber. Darin wird deutlich, dass das ordnungsgemäße Ausführen des Auftrags im Vordergrund steht. Dora Dünki positioniert sich als auftraggebende und die Ausführung überwachende Instanz. Durch das (erneute) Einfordern der Auftragsausführung wird Asymmetrie hergestellt.

Laura versucht zuerst, die Hände zu waschen, während das Heft zwischen Arm und Oberkörper eingeklemmt ist. Dies zeigt, dass für Laura die Auftragserfüllung auch bei suboptimalen Rahmenbedingungen im Vordergrund steht. Indem Dora Dünki Laura das Heft wegnimmt, dieses auf den Tisch legt und Laura bittet zu warten, erhält die Erfüllung des Auftrags eine höhere Relevanz als das Heft. Laura wird adressiert als unterstützungsbedürftig und unselbstständig. Das Heft wird zu einem als störend bewerteten Gegenstand, den es zur Sicherstellung der Auftragserfüllung wegzunehmen gilt. Daraus lässt sich eine Praktik des Eliminierens von Störfaktoren rekonstruieren. Die Wegnahme des Heftes wird verbal nicht begründet. Dora Dünki positioniert sich damit als berechtigt, über persönliche Gegenstände der Kinder zu verfügen. Indem Laura ihre Kindergartenlehrerin gewähren lässt und dem Auftrag des Händewaschens nachkommt, re-adressiert sie Dora Dünki sowohl als berechtigt, Aufträge zu erteilen, als auch als berechtigt, über einen von Lauras persönlichen Gegenständen zu verfügen.

Während Laura die Hände wäscht, initiiert Besir eine Interaktion mit Dora Dünki. Er positioniert sich dadurch als Auftragsausführender und erfolgreicher Bearbeiter der Teilaufgabe und adressiert Dora Dünki als kontrollberechtigt. Es deutet sich ein erwachsenenorientiert-responsiver Interaktionsmodus an. Sie richtet ihre Aufmerksamkeit auf Besir – nachdem dieser auf seinen Fortschritt hingewiesen hat – und sagt zu ihm: „Schon drei, super." Damit adressiert sie

---

[18] Hier wird nochmals dieselbe Stelle interpretiert, wie sie exemplarisch bereits in Abschnitt 6.5.1 (vgl. Tabellen 6.5, 6.6 und 6.7) aufgeführt wurde. Der Unterschied besteht darin, dass hier die inhaltlichen Fokusse ineinander verwebt dargestellt werden, während a. a. O. die Interpretation aufgeteilt in drei Bereiche dargestellt wurde.

Besir als bestätigungsbedürftig. Dora Dünki nimmt die ihr von Besir zugewiesene Position als Überprüferin der Teilaufgaben ein. Indem sie anschließend die abgeschnittenen Papierstücke vom Tisch nimmt und danach im Abfalleimer entsorgt, eliminiert sie auch bei Besir mögliche Störfaktoren, die ihn an der erfolgreichen Aufgabenerfüllung hindern könnten. Dora Dünki begründet an dieser Stelle ihre Handlung mit einem expliziten Verweis auf den störenden Aspekt der Papierschnipsel. Sie positioniert sich durch das Eliminieren von Störfaktoren als Unterstützerin und als diejenige, die für Ordnung sorgt; sie adressiert Besir als unterstützungsbedürftig. Daraus lässt sich erneut die Praktik des Eliminierens von Störfaktoren rekonstruieren. Obwohl Besir den ersten Teilschritt (Clowns ausschneiden) selbstständig bzw. in Abwesenheit der Kindergartenlehrerin erledigt hat, kommt eine Illusion von Selbstständigkeit zum Ausdruck: Besir befolgt die für die Ausführung des Auftrags kleinschrittig vorgegebenen Teilaufgaben und holt sich dazwischen die Bestätigung der Lehrerin ein, indem er seinen Fortschritt laut kommentiert. Dies erfordert von Besir keine selbstständigen Entscheidungen bezüglich der Bearbeitung seines Auftrags. Dora Dünki beendet die Interaktion in Form einer Zwischenkonklusion, also eines Zwischenfazits. Diese besteht darin, dass Besir in seiner Tätigkeit bestätigt wird und die Kindergartenlehrerin das weitere erfolgreiche Bearbeiten des Auftrags durch das Eliminieren des Störfaktors (Papierstücke) gewährleistet.

Nachdem Laura die Hände gewaschen und das Heft wieder in die Hand genommen hat, fordert Dora Dünki das Mädchen auf, in den Kreis mitzukommen. Die Kindergartenlehrerin nimmt Laura das Heft erneut aus der Hand, ohne dies zu begründen. Das Heft scheint zwar als persönlicher Gegenstand im Kindergartenraum eine Daseinsberechtigung zu haben, wird in Bezug auf die Erfüllung des Auftrags jedoch wiederholt zum Störfaktor. Indem Dora Dünki mit Laura an der Hand in den Stuhlkreis geht und ihr die Aufgabe anhand des vorgegebenen Produktes erklärt, wird zudem deutlich, dass das vorbereitete Spiel- und Lernangebot im Vordergrund steht. Laura wird adressiert als einführungsbedürftig. Im Stuhlkreis weist die Kindergartenlehrerin Laura auf das Produkt der Aufgabe hin, das auf dem Boden liegt. Damit und mithilfe von Gesten (Zickzack- und Schneidebewegung) erklärt sie, was Laura anschließend tun soll. Darin zeigt sich die Praktik des Einsetzens von visualisierenden Gesten mit Bezug zu einem vorliegenden Produkt, um die ordnungsgemäße Ausführung der Aufgabe zu gewährleisten. Während Dora Dünki sich aktiv verhält, nimmt Laura eine passive Rolle ein. Indem die Kindergartenlehrerin nach der Rückkehr zu Lauras Tisch die Schere in die Hand nimmt und das vorbereitete Papier in einer vornübergebeugten Haltung auf Lauras Augenhöhe in grobe Stücke schneidet, eliminiert sie erneut einen Störfaktor, der bei der Erfüllung der Aufgabe hinderlich sein könnte. Die

Praktik des Eliminierens von Störfaktoren wird um den Aspekt des situativen vorbeugenden Vereinfachens einer Aufgabe erweitert. Laura wird adressiert als unterstützungsbedürftig.

Die Praktik des Eliminierens von Störfaktoren steht in einem engen Zusammenhang mit Gegenständen, die eine örtliche Nähe zu den Kindern aufweisen: sei es das Heft, das Laura in den Kindergarten mitgebracht hat, das Papier, das Besir abgeschnitten hat, oder die Schere, die vor Laura liegt und die sie gerade ergreifen will. Darin dokumentiert sich, dass die Kindergartenlehrerin ein Zugriffsrecht auf alle sich im Kindergarten befindenden Gegenstände hat. Diese Praktik des Eliminierens von Störfaktoren hat einen gewährleistenden Charakter in Bezug auf das erfolgreiche Ausführen der Handlungsaufträge und stellt somit gewissermaßen die Fortsetzung der Praktik der Erteilung von konkreten Handlungsaufträgen dar. Diese Praktik wird von Dora Dünki mehrfach begleitet von der Aufforderung „wart[e]". Damit werden die Kinder als passive Abwartende adressiert: Für das Eliminieren von Störfaktoren ist Dora Dünki zuständig; die Kinder sollen währenddessen kurz innehalten. Dora Dünki positioniert sich selbst als zuständig für das Identifizieren und Eliminieren von Störfaktoren. Darin dokumentiert sich, dass sie die Verantwortung für einen reibungslosen Ablauf übernimmt bzw. gewährleistet, dass die Kinder – bildlich gesprochen – auf einem vorgegebenen „Weg" bleiben. Dieses Bild des Weges, der vorbestimmt ist, kommt in der Interaktion zwischen Dora Dünki und Laura bereits im Erteilen der Aufträge und in Bezug auf das vorbereitete Material zum Ausdruck: Die Kindergartenlehrerin verweist damit nämlich auf einen bereits im Detail geplanten Verlauf. Das für die Aufgabenstellung notwendige Arbeitsblatt liegt an dem für Laura vorbereiteten Arbeitsplatz[19] bereit, ebenso das damit verbundene Produkt, das Dora Dünki Laura im Stuhlkreis zeigt. Die Kindergartenlehrerin stellt mit der Einführung in die Aufgabe – der Nennung der Teilschritte sowie dem Hinweisen auf das Produkt – sicher, dass Laura diesen Weg gehen kann. Im Verlauf der vorliegenden Sequenz zeigt sich, dass Dora Dünki durch das Eliminieren von Störfaktoren sicherstellt, dass Laura nicht von diesem Weg abkommt.

Auch in der Interaktion zwischen Dora Dünki und Besir lässt sich das Bild des „Gehens auf dem vorgegebenen Weg" rekonstruieren. Indem Besir die Kindergartenlehrerin auf die erfolgreiche Bearbeitung der Aufgabe hinweist, zeigt er, dass er auf Kurs ist. Dora Dünki bestätigt daraufhin, dass der Junge den Teilschritt richtig ausgeführt hat und somit die richtige Richtung eingeschlagen hat.

---

[19] Dass für jedes Kind ein Arbeitsplatz bestimmt ist, an dem eines oder mehrere Arbeitsblätter liegen, kommt im fallimmanenten Vergleich von ähnlichen Situationen deutlich zum Ausdruck.

Besirs Hinweis zum aktuellen Arbeitsstand erhält diesbezüglich auch die Funktion des Rückversicherns. Wäre er in der Zwischenzeit vom Weg abgekommen, könnte Dora Dünki intervenieren und ihn wieder zurückführen. Das Eliminieren der Papierschnipsel kann als Unterstützung verstanden werden, die dabei hilft, dem von der Lehrperson anvisierten Plan zu folgen.

Wie den Fotogrammen 7 und 8 (vgl. Abbildungen 7.14 und 7.15) entnommen werden kann, geht Lauras eng geführte Einführung in die vorbereitete Aufgabe einher mit einer körperlichen Nähe zwischen ihr und Dora Dünki, während Besir in dieser Zeit selbstständig seinen Auftrag ausführt. In der Gleichzeitigkeit der Handlungen der beiden Kinder kommt eine vorgegebene Reihenfolge der Aufgabenbearbeitung zum Ausdruck: Auf die eng begleitete Einführung folgt das Ausführen des Auftrags in Einzelarbeit, ohne unmittelbare Anwesenheit der Kindergartenlehrerin. Während Laura in Bezug auf die Aufgabenstellung als einführungsbedürftig adressiert wird, positioniert sich Besir als fähig, den Auftrag[20] umzusetzen.

Durch die Verteilung der Papiere (und damit der Aufgabenstellung) auf mehrere Tische sowie die Positionierung der Musterlösung auf dem Boden im Stuhlkreis (vgl. Fotogramme 6 und 7, Abbildungen 7.14 und 7.15) gewinnt die vorgegebene Aufgabenstellung an Bedeutung und wird zum dominierenden Element in dieser Sequenz. Dora Dünki weist Laura und Besir je einen anderen Tisch zu, was der Sozialform der Einzelarbeit entspricht. Durch die räumliche Distanz zwischen den beiden Arbeitsplätzen wird eine Zusammenarbeit oder gegenseitige Unterstützung verhindert. Dora Dünki erhält dadurch eine koordinierende und überwachende Funktion, und zwar in Bezug auf das Einführen der Kinder in ihre Aufgaben und hinsichtlich der Prüfung, ob die Teilschritte korrekt ausgeführt werden. Es entsteht eine lehrpersonenzentrierte Situation (vgl. Beeli-Zimmermann & Staub, 2020, S. 59 f.). Mit der oben hergeleiteten Metapher ausgedrückt: Dora Dünkis Anwesenheit ist unabdingbar, sowohl bei der Vorgabe des Weges als auch bei der Kontrolle, dass die Kinder diesen nicht verlassen. Um Letzteres zu gewährleisten, eliminiert Dora Dünki potenzielle Störfaktoren. Insofern kann die Sozialform der Einzelarbeit ebenfalls als proaktives Eliminieren von Störfaktoren eingeordnet werden. Die Wahrscheinlichkeit, dass die Kinder sich gegenseitig von der Aufgabenstellung ablenken könnten, wird durch die organisatorischen Vorgaben minimiert. Das soziale Verhalten der Kinder wird somit zusätzlich zu den oben genannten Gegenständen zum potenziellen Störfaktor. Die Kinder werden dadurch indirekt als potenzielle Störfaktoren adressiert.

---

[20] Besir wurde von Dora Dünki zuvor in den Auftrag eingeführt (00:10:44, nicht Teil der vorliegenden Sequenz „Hände waschen und Clowns ausschneiden").

Die Interaktionen zwischen Dora Dünki und Laura, deren Mutter sowie Besir sind insgesamt geprägt von floskelhaften Ausdrücken der Kindergartenlehrerin. So setzt sie beispielsweise bewertende Wörter wie „sehr gut" und „gut" zum Abschluss von Interaktionen ein. Dasselbe gilt auch für die mehrfache Verwendung von „so", das die Funktion hat, eine Interaktion abzuschließen. Dies kann als rituelle Zwischenkonklusion interpretiert werden, wodurch das Vorhandensein von unterschiedlichen Orientierungen verdeckt wird. Dies weist auf einen divergenten Interaktionsmodus mit Rahmeninkongruenz hin: Bei Dora Dünki kommt eine Orientierung am ordnungsgemäßen Ausführen des Auftrags zum Ausdruck, der sich im Bild des vorgegebenen Weges zeigt. Besir hingegen orientiert sich am selbstständigen Ausführen des Auftrags (Laura später ebenfalls). Diese beiden Orientierungen passen jedoch nicht zusammen, was die Divergenz bestätigt.

Die vorhin beschriebene Verwendung von Floskeln zeigt sich auch darin, dass Dora Dünki die Aufträge stets in einer Möglichkeitsform formuliert, beispielsweise durch folgende Ausdrucksweisen: „Du kannst zuerst die Hände waschen", „Schau mal, du kannst nachher auch diese Clowns ausschneiden, gell?" sowie „Diese Clowns habt ihr und die dürft ihr ausschneiden". Durch die Verwendung der Möglichkeitsform („können", „dürfen") entsteht die Illusion einer Wahlmöglichkeit, die aber für die Kinder so nicht besteht. Laura und Besir werden dadurch als Akteure mit einer eingeschränkten Handlungsmöglichkeit adressiert, wobei gleichzeitig die Illusion von vorhandenen Wahlmöglichkeiten vorgegeben wird. Die auf der sprachlichen Ebene offerierte Wahlmöglichkeit steht einem nicht verhandelbaren Auftrag gegenüber. Dora Dünkis Sprache und ihr Verhalten divergieren somit.

Das Verhältnis zwischen Dora Dünki und Laura bzw. Besir kann im Rahmen der videografierten Interaktionen der vorliegenden Sequenz als asymmetrisch, teilweise komplementär sowie divergent charakterisiert werden. Das asymmetrische Verhältnis fordert Dora Dünki in der vorliegenden Sequenz durch das Erteilen von konkreten Handlungsaufträgen im Modus der Aneinanderreihung von einzelnen (Teil-)Aufträgen aktiv ein. Damit lässt sie den Kindern keinen Spielraum für eine aktive Mitgestaltung der Aktivität. Sie positioniert sich als berechtigt, (kleinschrittige) Aufträge zu erteilen, deren Ausführung zu kontrollieren und dadurch über die Art und Weise der Aktivitäten der Kinder zu bestimmen. Die Komplementarität besteht beispielsweise darin, dass Dora Dünki sich als auftragserteilende Person positioniert und Laura als Auftragsempfängerin adressiert. Laura wiederum re-adressiert Dora Dünki als auftragserteilende Person, indem sie die ihr zugewiesene Position als passive Auftragsempfängerin einnimmt. Die Selbstpositionierung als aktiv auftragsausführende Person gelingt Laura jedoch erst, nachdem Dora Dünki sich entfernt hat.

In den Fotogrammen dokumentiert sich ein asymmetrisches und komplementäres Verhältnis zwischen Dora Dünki und Laura. Dieses kommt in den auf den Fotogrammen 7 und 8 (vgl. Abbildungen 7.14 und 7.15) sichtbaren Praktiken zum Ausdruck, in denen die Kindergartenlehrerin mit Bezug auf das Aufgabenblatt eine aktive Rolle einnimmt: Einerseits im Legen des Zeigefingers auf das Produkt der Aufgabenstellung (vgl. Abbildung 7.14, Fotogramm 7, Lehrpersonenkamera), andererseits im Zerschneiden des Papiers vor Lauras Augen (vgl. Abbildung 7.15, Fotogramm 8, Lehrpersonenkamera). Während Dora Dünki bei beiden Praktiken eine aktive und dynamische Körperposition einnimmt und dabei ihren Oberkörper Laura zuneigt, nimmt Laura eine passive Körperposition ein. Lauras passive Rolle zeigt sich in der Positionierung der Hände am Körper (vgl. Abbildung 7.14, Fotogramm 7) bzw. an der Tischkante (vgl. Abbildung 7.15, Fotogramm 8) sowie am leicht zurückgebeugten Oberkörper (vgl. Abbildung 7.14, Fotogramm 7), aber auch darin, dass das Mädchen seinen Blick auf das richtet, was Dora Dünki macht (beide Fotogramme). Laura positioniert sich dabei komplementär zu Dora Dünki als der Handlung der erwachsenen Person folgend. Es deutet sich ein erwachsenenorientiert-responsiver Interaktionsmodus an.

Die von Dora Dünki formulierten Handlungsaufträge erfordern vom Kindergartenkind, dass es selbstständig einen Auftrag ausführt. Damit die Kinder ihre Aufgaben bearbeiten können und weder eine ständige Begleitung noch eine Unterstützung oder eine Kontrolle durch Dora Dünki benötigen, braucht es eine gewisse Selbstständigkeit. Das Vorhandensein einer Musterlösung weist darauf hin, dass die Kinder auch ohne direkte Interaktion mit Dora Dünki Unterstützung finden können. In der mehrfach wiederholten Adressierung der Kinder als unselbstständig und unterstützungsbedürftig sowie auch im Eliminieren von potenziellen Störfaktoren wird jedoch die Unselbstständigkeit der Kinder immer wieder aktualisiert. Auf der einen Seite gibt es eine Norm, die die Unselbstständigkeit fördert, und auf der anderen Seite handelt es sich um ein Setting, das nach Selbstständigkeit verlangt. Dora Dünki rückt sich dadurch als auftraggebende und kontrollierende Instanz in den Mittelpunkt. Sie wird in Bezug auf die Tätigkeiten der Kindergartenkinder zur unumgehbaren Kontroll- und Koordinationsstelle.

Die im Rahmen der vorliegenden Sequenz „Hände waschen und Clowns ausschneiden" rekonstruierten Praktiken sowie die Adressierungen und Re-Adressierungen werden gerahmt von einer Norm des Befolgens von vorgegebenen und nicht verhandelbaren Aktivitäten. Das Einhalten dieser Norm bedingt eine individuelle Einführung der Kindergartenkinder in die vorbereiteten Aufgabenstellungen. Auch müssen die einzelnen Schritte von der Kindergartenlehrerin kontrolliert werden. Um die erfolgreiche Bearbeitung der Aufgabenstellungen zu ermöglichen, werden Praktiken des Eliminierens von Störfaktoren eingesetzt. Bildlich gesprochen handelt es sich um eine Norm des Befolgens eines von der Kindergartenlehrerin vorgegebenen und nicht verhandelbaren Weges. Die Rahmungsmacht liegt bei der Kindergartenlehrerin, die den Weg bestimmt. Sie hilft den Kindern zurück auf den Weg, wenn die Gefahr besteht, dass sie nicht mehr auf Kurs sind. Durch diese Norm wird der Handlungsspielraum der Kindergartenkinder stark eingeschränkt. Befolgen sie die Vorgabe, führt dies zu einem reibungslosen Ablauf des Unterrichtsgeschehens. Letzteres ist jedoch nur möglich, wenn die Kinder den Weg tatsächlich selbstständig gehen können. In der vorliegenden Sequenz kann jedoch lediglich eine Illusion von Selbstständigkeit rekonstruiert werden. Obwohl Stellen identifiziert werden konnten, in denen sich die Lehrerin und die Kinder aneinander orientieren, stellt sich keine Reziprozität ein. Dies liegt daran, dass der kindorientiert-responsive Interaktionsmodus nur in der Interaktion mit Laura vor ihrer offiziellen Begrüßung rekonstruiert werden konnte.

An dieser Stelle stellt sich die Frage, wie sich die Praktiken allenfalls verändern, wenn ein Kindergartenkind die vorgegebene Aktivität nicht wie vorgesehen befolgt. Die nachfolgende Sequenz stellt eine solche Situation dar.

7.3.1.3 Sequenz „Tschuldigung"

Die Sequenz „Tschuldigung" wurde für einen fallimmanenten Vergleich ausgewählt, weil Laura von Dora Dünki in der selbstständigen Bearbeitung der Aufgabe energisch unterbrochen wird, was einen Bruch bzw. eine Diskontinuität markiert. Bei dieser Sequenz handelt es sich zudem um die Fortsetzung der Interaktion zwischen Dora Dünki und Laura im Rahmen der oben interpretierten Sequenz „Hände waschen und Clowns ausschneiden". Abbildung 7.17 enthält das Transkript zu dieser Sequenz.

Fr. Dünki: Kindergartenlehrerin Dora Dünki

Laura: Kindergartenkind

Fr. Dünki	Wo isch ez dä chübel? (.) ah (.) (g) (.) **nänänwlwlw.** (.) **nänänänänä.** zuerst machst du die reihe? (.) gäll? (.) richtig? (.) moment tschuldigung (3) so (.) ist das richtig so,	00:20:50
Laura	nein	00:21:08
Fr. Dünki	dann machst du sie zuerst richtig hä? und **dann** (.) erst **dann** darfst du kleben;	00:21:09

Abbildung 7.17 Transkript der Sequenz „Tschuldigung" (KG04, 00:20:50–00:21:13) (Quelle: Eigene Darstellung)

Beschreibung der Sequenz „Tschuldigung"

Dora Dünki bewegt sich auf der Suche nach dem Abfalleimer von Besir in Lauras Richtung und sagt: „Wo ist jetzt der Eimer?" Laura streicht Kleber auf das beige Papier, das vor ihr auf dem Tisch liegt. Neben dem Papier liegt ein Stapel mit ausgeschnittenen Clowns. Hinter Laura wäscht sich währenddessen Tanja die Hände. Dora Dünki richtet den Blick auf Laura, bleibt neben ihr stehen und sagt laut: „Nänänwlwlw, nänänänä." Währenddessen wirft Dora Dünki etwas in den Eimer. Laura löst den Klebestift vom Papier und stellt ihn auf den Tisch. Dora Dünki bückt sich seitlich über den Tisch und schiebt die Schere sowie das beige Papier etwas zur Seite. Sie fährt fort: „Zuerst machst du die Reihe. (.) Gell? (.) Richtig." Dora Dünki nimmt einen ausgeschnittenen Clown vom Stapel und legt diesen vor Laura auf den Tisch. Laura zieht ihn zu sich heran, woraufhin Dora Dünki den Clown wieder wegzieht und sagt: „Moment. Tschuldigung." Die Lehrerin legt die weiteren ausgeschnittenen Clowns vor dem Mädchen in eine Reihe. Lauras Hände ruhen nun auf der Tischkante und sie richtet den Blick auf die Clowns vor sich (vgl. Abbildung 7.18, Fotogramm 9).

Lehrpersonenkamera: Klassenkamera:

Abbildung 7.18 Fotogramm 9 (KG04, 00:21:01)

Als alle ausgeschnittenen Clowns nebeneinander liegen, sagt Dora Dünki: „So. Ist das richtig so?", und rückt die Clowns mit dem Finger einzeln noch etwas näher zu Laura. Mit der anderen Hand greift sie nach dem Klebestift. Laura schüttelt den Kopf und antwortet: „Nein." Dora Dünki stellt den Klebestift neben den Clowns wieder auf den Tisch. Sie sagt: „Dann machst du sie zuerst richtig." Dora Dünki beugt sich unterdessen mit dem Oberkörper wieder über den Tisch und nähert sich Laura; sie stützt sich mit den Armen ab und sagt: „Und dann, erst dann darfst du kleben." Laura nimmt währenddessen zwei ausgeschnittene Clowns in die Hand.

Video-Rekonstruktionen der Sequenz „Tschuldigung"

In der Sequenz „Tschuldigung" zeigt sich, wie Dora Dünki laut interveniert, als sie bemerkt, dass Laura einen Arbeitsschritt nicht „richtig" ausführt. Das Befolgen des vorgegebenen produktorientierten Vorgehens erhält eine hohe Priorität; die Lehrerin positioniert sich diesbezüglich als kontroll- und interventionsberechtigt. Laura wird adressiert als überwachungsbedürftig und inkompetent in Bezug auf die Ausführung der vorgegebenen Arbeitsschritte. Es dokumentiert sich eine Orientierung an der ordnungsgemäßen Ausführung des Auftrags, was zum gültigen normativen Horizont wird.

Dora Dünki fordert von Laura einen Zwischenschritt ein. Dieser besteht darin, dass das Kind zuerst die Clowns auf dem Tisch in die richtige Reihenfolge nebeneinanderlegen soll. Laura wird dadurch als Auftragsempfängerin adressiert. Indem Laura den ersten ausgeschnittenen Clown, den Dora Dünki vor sie hinlegt, zu sich zieht, positioniert sie sich als jemand, der den Auftrag unmittelbar ausführt. Da Dora Dünki den Clown jedoch wegzieht, kann Laura den Auftrag nicht unmittelbar ausführen. Dora Dünkis Entschuldigung scheint sich auf die materielle Ebene des Wegziehens zu beziehen, also konkret auf den Clown, den sie weggezogen hat. Sie erhält aber auch eine Bedeutung auf der Ebene der Adressierung und somit für den Umstand, dass Laura die eingenommene Position als unmittelbar den Auftrag ausführendes Kind nicht einnehmen kann und weiterhin in der Position der passiven Auftragsempfängerin verharren muss. Indem Laura einen Clown zu sich zieht, stört sie Dora Dünki dabei, die ausgeschnittenen Clowns in eine Reihe zu legen. Laura wird zum Störfaktor für die Kindergartenlehrerin. Diese zieht den einen Clown zu sich und eliminiert dadurch den Störfaktor. Sie macht deutlich, dass sie die Praktik der Eliminierung von Störfaktoren auch in Bezug auf Faktoren einsetzt, die das eigene Handeln stören. Indem sie die Clowns selbst in eine Reihe legt, wird Laura erneut als unterstützungsbedürftig adressiert sowie als unfähig, den Auftrag allein auszuführen.

Dora Dünki legt die ausgeschnittenen Clowns nicht in der richtigen Reihenfolge aus und baut damit künstlich einen Fehler ein. Laura erhält die Aufgabe, den Fehler zu finden. Damit wird sie erneut als Auftragsempfängerin adressiert. Dora Dünki fordert von Laura eine Praktik der Identifikation und Eliminierung von Fehlern ein. Laura wird als berechtigt adressiert, absichtliche Fehler von Dora Dünki zu identifizieren und zu eliminieren. Da Dora Dünki beim Vorbeigehen kurz vorher bei Laura einen Fehler identifiziert hat und diesen durch das Einfordern des Zwischenschrittes eliminiert, weist sie Laura die Rolle zu, die sie vorher selbst innehatte. Sie hat den Fehler jedoch mit Absicht eingebaut, was bedeutet, dass es sich nur um die Illusion einer Rollenübergabe handelt. Indem Laura berechtigt wird, die Praktik auszuführen, die in ähnlicher Form davor Dora

Dünki zugeschrieben wurde, entsteht eine Legitimationsgrundlage für das Handeln der Kindergartenlehrerin. Eine vordergründige Minimierung der Asymmetrie zwischen der Kindergartenlehrerin und dem Mädchen – im Sinne von: Laura erhält dieselben Rechte wie Dora Dünki – wird hintergründig sogar verstärkt: Dora Dünki bestimmt, wann Laura das Recht erhält, einen – notabene absichtlich gemachten – Fehler der Kindergartenlehrerin zu identifizieren.

Laura erkennt, dass die Reihenfolge noch nicht richtig ist, was sie verbal und nonverbal zum Ausdruck bringt. Sie positioniert sich als fähig, einen von Dora Dünki eingebauten Fehler zu identifizieren. Letztere wiederholt den Auftrag, die Clowns in der richtigen Reihenfolge nebeneinander hinzulegen. In der Wiederholung dokumentiert sich erneut eine Orientierung an der richtigen Ausführung.

Indem Dora Dünki nun aufs Aufkleben zu sprechen kommt, wird deutlich, dass es sich bei der Aufforderung, zuerst die richtige Reihenfolge zu bestimmen, um einen Zwischenschritt handelt. Da das Aufkleben einen definitiven Charakter hat, zumal die Reihenfolge der Clowns anschließend nicht mehr verändert werden kann, erhält der Zwischenschritt die Funktion, ein unterstelltes aufgabenbezogenes Scheitern vorzubeugen. Es kommt eine Orientierung an einem korrekten Bearbeiten der Aufgabenstellung zum Ausdruck. Indem die nicht korrekte Bearbeitung identifiziert und einem unterstellten aufgabenbezogenen Scheitern vorgebeugt wird, kommt die Praktik der Identifikation und Eliminierung von Störfaktoren mit Bezug auf das produktorientierte Bearbeiten der Aufgabenstellung zum Ausdruck. Laura wird adressiert als unterstützungsbedürftig und wird durch die Intervention vor Misserfolg geschützt.

Die Bewertung „richtig" äußert Dora Dünki in dieser Teilsequenz dreimal. Darin dokumentiert sich eine Unterscheidung in eine richtige und eine falsche Bearbeitung der Aufgabenstellung. Dora Dünki positioniert sich als berechtigt, darüber zu bestimmen, was richtig und was falsch ist, sowie als berechtigt, das ordnungsgemäße Ausführen einzufordern. Kombiniert mit dem vorgegebenen Produkt (vgl. Sequenz „Händewaschen und Clowns ausschneiden", Abschn. 7.3.1.2) handelt es sich somit um eine Aufgabe, bei der sowohl der Prozess als auch das Produkt vorgegeben sind, also eine „definierte und konvergente Aufgabe" (Maier et al., 2010, S. 88). Zwischen dieser Art der Aufgabenstellung und dem oben gezeichneten Bild des „Wegweisens" und des „nicht vom Weg abkommen Lassens" lässt sich eine hohe Passung erkennen. Indem Laura beginnt, einen Clown aufzukleben, ohne zuerst die richtige Reihenfolge bestimmt zu haben, kommt sie bildlich gesprochen vom Weg ab. Die Kindergartenlehrerin, die dies bemerkt, sorgt dafür, dass das Mädchen wieder auf Kurs kommt, und weist ihr (erneut) den Weg, indem sie die Reihenfolge der Arbeitsschritte nennt. Die richtige Reihenfolge hat in der vorliegenden Sequenz gleich doppelt eine hohe Relevanz: sowohl formal durch das Befolgen der Arbeitsschritte in der richtigen Reihenfolge als auch inhaltlich durch das Legen der Clowns in der richtigen Reihenfolge. Das Bild des Weges wird also auf zweifacher Ebene bestätigt und verstärkt. Es handelt sich um denselben (produktorientierten) Weg, den Dora Dünki Laura bereits in der Sequenz „Händewaschen und Clowns ausschneiden" gewiesen hat. Der Weg ist somit bestimmt und erhält in der Sequenz „Tschuldigung" einen nicht verhandelbaren Charakter. Indem Dora Dünki darauf beharrt und Laura dabei unterstützt, wieder auf den Weg zu gelangen, fordert sie ihre Rahmungsmacht ein. Es kommt ein machtstrukturierter Interaktionsmodus (vgl. Nentwig-Gesemann & Gerstenberg, 2018, S. 143) zum Ausdruck, innerhalb dessen es gilt, die Vorgaben von Dora Dünki zu befolgen.

Nun stellt sich die Frage, inwiefern diese Praktiken, Orientierungen und Adressierungen an das Kindergartenkind Laura gebunden sind oder ob sie sich auch in der Interaktion mit anderen Kindergartenkindern rekonstruieren lassen. Daher wird nachfolgend eine weitere vergleichende Sequenz hinzugezogen, in der Dora Dünki mit anderen Kindern interagiert.

7.3.1.4 Sequenz „Zauberschrift"

Die Sequenz „Zauberschrift" wird als weitere vergleichende Sequenz hinzugenommen. Darin werden zwei weitere Kindergartenkinder in eine weitere Aufgabe eingeführt. Zum Zeitpunkt der Sequenz „Zauberschrift" sind bereits sieben Kinder im Kindergarten angekommen. Dora Dünki kümmert sich um mehrere Kinder gleichzeitig. Abbildung 7.19 enthält das Transkript zu dieser Sequenz.

Fr. Dünki: Kindergartenlehrerin Dora Dünki

Elena, Emil und Tom: Kindergartenkinder

Elena	Frau Dünki, was kann ich machen;	00:28:22
Fr. Dünki	ja, du kannst bei deinem- [zu Emil] überleg mal. irgendwo ist ein Fehler? ich komme dann wieder. (3) [zu Tom] Tom du bist auch hier?	00:28:23
Elena	(was zu kann ich zu machen)	00:28:36
Fr. Dünki	[zu Tom] du kannst mal damit beginnen. einfach so <u>gut</u> es geht. ich weiss dass dass dir das Mühe macht. gäll? du kannst noch einen Bleistift holen? und einfach so gut es geht. gäll? (.) so wie Tom das macht. hä? [zu Elena] Elena. du kannst (.) auch mal hier so schreiben? gäll? so eine	00:28:39
Elena	⌊ok	00:28:56
Fr. Dünki	Zauberschrift machen? das ist der Zauberer? hokus pokus simsalabim? Gäll? und hier so schreiben wie der Zauberer. gäll. und hier das? einfach	00:28:57
Elena	⌊hm ⌊ok	00:29:01
Fr. Dünki	so <u>gut</u> es geht. das ist eine <u>Übung.</u> hä?	00:29:06
Elena	⌊hm	00:29:07

Abbildung 7.19 Transkript der Sequenz „Zauberschrift" (KG04, 00:28:22–00:29:09). (Quelle: Eigene Darstellung)

Beschreibung der Sequenz „Zauberschrift"

Vor Beginn der Sequenz „Zauberschrift" begrüßt Dora Dünki die beiden Kinder Elena und Tom mit Handschlag (00:27:27) und fordert sie auf, die Hände zu waschen, was das Mädchen daraufhin tun. Die Sequenz „Zauberschrift" beginnt eine knappe Minute später damit, dass Elena zu Dora Dünki geht, die gerade mit gebeugtem Oberkörper mit Emil spricht, der wiederum am Fenstersims arbeitet. Zwischen Elena und Dora Dünki steht Besir. Elena sagt: „Frau Dünki, was kann ich machen?" (vgl. Abbildung 7.20, Fotogramm 10). Dora Dünki dreht sich zu Elena um und antwortet: „Ja, du kannst bei deinem …" Dann dreht sich die Kindergartenlehrerin wieder zu Emil und sagt: „Überleg mal. Irgendwo ist ein Fehler. Ich komme dann wieder." Dora Dünki läuft quer durch das Kindergartenzimmer in Richtung des Tisches, an dem bereits Laura sitzt, Tanja steht danebe. Auf halbem Weg steht Tom, der den Blick auf Dora Dünki richtet. Diese sagt zu ihm: „Tom, du bist auch hier." Sie zeigt dabei zum Tisch, an dem auch Laura arbeitet. Neben Laura steht Tanja dem Tisch zugewendet und schneidet Papier. Wie Tom geht auch Elena hinter Dora Dünki her, zu der Elena leise sagt: „Was zu kann ich zu machen?"

Währenddessen greift Dora Dünki zum Mäppchen, das auf dem Tisch liegt, und nimmt ein Papier heraus. Zu Tom sagt sie: „Du kannst mal damit beginnen. Einfach so gut es geht. Ich weiß, dass dir das Mühe macht, gell? Du kannst noch einen Bleistift holen und einfach so gut es geht, gell? (.) So wie Tom das macht, hä?" (vgl. Abbildung 7.21, Fotogramm 11).

Lehrpersonenkamera: Klassenkamera:

Abbildung 7.20 Fotogramm 10 (KG04, 00:28:22)

Lehrpersonenkamera: Klassenkamera:

Abbildung 7.21   Fotogramm 11 (KG04, 00:28:41)

In der Zwischenzeit ist Besir zum Tisch gekommen und bleibt neben Tom
stehen. Sein Blick ist auf Laura gerichtet. Tom dreht sich um und entfernt sich
vom Tisch. Dora Dünki geht um den Tisch herum, greift zum Mäppchen auf
dem Tisch und sagt: „Elena, du kannst auch mal hier so schreiben, gell? So eine
Zauberschrift machen." Elena ist in der Zwischenzeit einige Schritte nachgerückt
und steht nun neben der Kindergartenlehrerin; dabei richtet sie ihren Blick auf
das Papier. Dora Dünki hält den Finger auf das Papier und sagt: „Das ist der
Zauberer." Dora Dünki hält die Hand in die Luft, macht kreisende Bewegungen,
richtet den Blick auf Elena und sagt: „Hokuspokus Simsalabim, gell?" Elena
richtet den Blick weiterhin auf das Papier und sagt: „Hm." Dora Dünki schaut
wieder auf das Papier, Laura und Besir blicken ebenfalls darauf. Dora Dünki hält
den Finger auf das Papier und sagt: „Und hier so schreiben, wie der Zauberer,
gell? Und hier das. Einfach, so gut es geht. Das ist eine Übung, hä?"

Der Vollständigkeit halber wird nun noch grob beschrieben, was nach der
Sequenz passiert und vor allem, wann und wie die Interaktion mit Emil fortgesetzt
wird: Dora Dünki richtet den Blick auf Laura und geht um den Tisch herum zu
ihr. Sie interagiert mit mehreren Kindern und kehrt etwa zwei Minuten nach der
Unterbrechung der Interaktion mit Emil wieder zu diesem zurück und fragt: „Hast
du den Fehler gefunden?" Mit dieser Frage nimmt Dora Dünki die Interaktion
mit Emil wieder auf und setzt wie fort.

Video-Rekonstruktionen der Sequenz „Zauberschrift"
Indem Elena direkt auf die mit Emil sprechende Dora Dünki zugeht und sie
nach einer Tätigkeit fragt, positioniert sich Elena als berechtigt, eine Interaktion
mit Dora Dünki zu initiieren, und gleichzeitig als Auftragsempfängerin. Es deutet sich ein erwachsenenorientiert-responsiver Interaktionsmodus an. Dora Dünki
wiederum wird adressiert als berechtigt, Aufträge zu erteilen. Sie richtet sich auf,

dreht sich zu Elena um und beginnt, Elenas Frage zu beantworten. Die Kindergartenlehrerin lässt sich durch den verbalen Impuls von Elena in der Interaktion mit Emil unterbrechen. Sie nimmt die von Elena zugewiesene Rolle derjenigen ein, die einen Auftrag erteilen darf. Darin kommt ein asymmetrisches und komplementäres Verhältnis zwischen der auftragseinfordernden Elena und der auftragserteilenden Dora Dünki zum Ausdruck, wobei die Kindergartenlehrerin den Auftrag bis hierhin noch nicht formuliert hat.

Bevor Dora Dünki Elena den Auftrag tatsächlich erteilt, setzt sie die Interaktion mit Emil fort. Sie weist diesen explizit auf einen noch vorhandenen Fehler hin. Damit fordert sie vom Buben die Praktik der Identifikation und Eliminierung von Fehlern ein, wie sie es in der Sequenz „Tschuldigung" (vgl. Abschn. 7.3.1.3) in der Interaktion mit Laura bereits gemacht hat, wobei sie bei Laura selbst einen Fehler eingebaut hat. Dora Dünki positioniert sich dabei als Wissende, die die richtige Lösung kennt. Die fehlerfreie Bearbeitung der Aufgabenstellung wird zum normativen Horizont. Emil wird adressiert als unterstützungsbedürftiges und auftragsausführendes Kind. Dora Dünki kündigt implizit bereits die Kontrolle des Fehlerfindens an, positioniert sich damit als kontrollberechtigt und adressiert Emil als überwachungsbedürftig. Es dokumentiert sich eine Orientierung an Kontrolle und Überwachung bezüglich der ordnungsgemäßen Ausführung eines Auftrags, wodurch Dora Dünki – bildlich ausgedrückt – das Abkommen vom vorgegebenen Weg verhindert. Zudem zeigt sich darin auf der kommunikativen Ebene, dass die Interaktion mit Emil lediglich unterbrochen und noch nicht abgeschlossen ist. Dora Dünki lässt somit Elenas Anfrage, was sie machen könne, zum Störfaktor hinsichtlich der Interaktion mit Emil werden. Bevor sie Elena jedoch einen Auftrag erteilt, spricht Dora Dünki auf halbem Weg zwischen Emils Arbeitsplatz und demjenigen von Elena[21] noch Tom an, der den Blick auf Dora Dünki richtet. Indem diese eine Interaktion mit Tom initiiert, kann die Interaktion zwischen ihr und Elena bzw. die Erteilung des Auftrags an das Mädchen nicht unmittelbar fortgesetzt werden. Das Beginnen einer Interaktion mit Tom ist in Bezug auf diese Auftragserteilung ein Störfaktor; zudem wird dadurch die Interaktion mit Elena unterbrochen. Da die Initiierung der Interaktion zwischen Dora Dünki und Tom von der Kindergartenlehrerin ausgeht, nimmt sie sich das Recht zu bestimmen, wer oder was wann zu einem Störfaktor für eine andere Interaktion werden darf.

---

[21] In der videografierten Auffangzeit im Kindergarten Dora Dünkis wird ersichtlich, dass für jedes Kind ein Platz an einem Tisch vorgesehen ist. Auf dem Tisch liegt eine Aufgabe oder ein Mäppchen mit Arbeitsblättern bereit. Mit diesem Kontextwissen lässt sich hier feststellen, welcher Platz für Elena vorgesehen ist.

Indem Dora Dünki beim Wort „hier" auf den Tisch zeigt, an dem bereits Laura sitzt, zeigt sie Tom physisch den Weg auf, an welchen für ihn bestimmten Arbeitsplatz er sich begeben soll. Dora Dünki positioniert sich als berechtigt, Tom eine räumliche Position zuzuweisen. Dieser bestätigt die Positionierung, indem er hinter Dora Dünki hergeht und den ihm zugewiesenen Platz einnimmt. Elena folgt der Kindergartenlehrerin ebenfalls und fragt nochmals nach einem Auftrag. Damit positioniert sie sich erneut auf eine einfordernde Art und Weise als Auftragsempfängerin, wobei Dora Dünki im Vergleich zur vorangehenden Anfrage nun nicht auf das Mädchen reagiert. Dass Elena sich nochmals erkundigt, was sie machen könne, weist auf eine Unsicherheit bezüglich der Frage hin, was zu tun ist. Es zeigt sich, dass sie das Empfangen von Aufträgen, die Dora Dünki vorgibt – wie den zuvor erfolgten Auftrag zum Händewaschen – bereits habitualisiert hat (vgl. Nentwig-Gesemann & Gerstenberg, 2018, S. 144).

Dora Dünki nimmt Elenas Frage jedoch indirekt auf, indem sie Tom ein Arbeitsblatt zeigt. In dieser Handlung kommt eine von Dora Dünki und Elena geteilte Orientierung an Aufgabenstellungen zum Ausdruck. Anhand dieses Arbeitsblattes, das sie aus einem auf dem Tisch liegenden Mäppchen zieht, und anhand des verbalen Hinweises auf die Bearbeitung dieses Blattes wird Tom als Auftragsempfänger adressiert. Im Vergleich zur Sequenz „Händewaschen und Clowns ausschneiden" erfolgt jedoch kein konkreter Handlungsauftrag.

Dora Dünki reduziert ihre Ansprüche an Tom bezüglich der Bearbeitung der Aufgabe, was sie explizit mit ihrer Erwartung begründet, dass die Aufgabe ihm Mühe machen wird. Dadurch wird Tom als potenziell überfordert adressiert. Ein zu hoher Schwierigkeitsgrad wird zur antizipierten Gefahr für die korrekte Auftragserfüllung und damit zum Störfaktor bei der erfolgreichen Bearbeitung des Auftrags. Während sie bei Laura die Aufgabe vereinfacht hat (vgl. Sequenz „Händewaschen und Clowns ausschneiden", Abschn. 7.3.1.2), bleibt diese hier unverändert, wobei jedoch die Erwartung an die Qualität der Aufgabenbearbeitung gesenkt wird. Dora Dünki beseitigt damit einen potenziellen Störfaktor. Somit zeigt sich erneut die Praktik des Eliminierens von Störfaktoren. In Kombination mit dem fehlenden konkreten Handlungsauftrag wird deutlich, dass für Tom die Aufgabe, die er zu erfüllen hat, darin besteht, das Arbeitsblatt zu bearbeiten oder dies wenigstens zu versuchen. Die Gefahr, dass Tom vom Weg abkommen könnte, wird somit bereits bei der Einführung in die Aufgabe antizipiert und durch den Verzicht auf die Vorgabe eines genauen Weges vermieden. Weil Letzterer nicht genau bestimmt ist, muss die Kindergartenlehrerin nicht kontrollieren, ob Tom möglicherweise vom Weg abkommen könnte. Indem Dora Dünki Tom beauftragt, einen Bleistift zu holen, wird die bereits in anderen

Sequenzen rekonstruierte Praktik der Erteilung von konkreten Handlungsaufträgen eingesetzt. Es wird jedoch zumindest auf der verbalen Ebene nicht deutlich, was mit dem Bleistift anschließend gemacht werden soll.

Die Aufgabenerteilung an Tom schließt Dora Dünki ab, indem sie die Erwartung an den Buben erneut reduziert. Sie spricht zwar *zu* Tom, wechselt aber in die dritte Person Singular bzw. spricht *über* ihn („So wie Tom das macht, hä?"). Darin kommt eine Distanzierung zum Ausdruck mit der Andeutung einer Erwartungshaltung. Diese orientiert sich an der mit Tom assoziierten geringen Leistungsfähigkeit. Durch den Wechsel der Ansprache wird die zuerst genannte Erwartungshaltung „so gut es geht" nach einem individuellen Leistungsstandard genormt. Dieser wird aber nicht weiter ausgeführt und bleibt somit diffus. Es spielt keine wesentliche Rolle, wie Tom die Aufgabe ausführt. Es wird erneut deutlich, dass der Weg nicht so eindeutig vorgegeben ist wie für andere Kinder bzw. dass dieser in Toms Fall sogar gar nicht vorgegeben ist. Dadurch wird das Risiko minimiert, dass Tom vom Weg abkommen könnte. Er wird damit adressiert als Kind, der seine Aufgabe möglicherweise nicht erfolgreich bearbeiten kann.

Dora Dünki nimmt nun die Interaktion mit Elena wieder auf, indem sie um den Tisch herumgeht und zum Mäppchen auf dem Tisch greift. Sie zieht ein Arbeitsblatt heraus (dasselbe, das sie Tom gegeben hat). Elena erhält aber eine genauere Anweisung, was zu tun ist. Sie wird adressiert als Auftragsempfängerin. Elena, die zu Dora Dünki rückt und den Blick auf das Papier richtet, nimmt die ihr zugewiesene Position der Auftragsempfängerin ein. Im Gegensatz zur Auftragserteilung an Tom verweist Dora Dünki auf eine Zauberschrift, als sie Elena ihre Aufgabe erklärt. Dieser Hinweis dient als Hilfestellung bei der Bearbeitung der Aufgabe. Dora Dünkis Handbewegung, die auf einen imaginären Zauberstock hinweist, visualisiert die Verbindung zwischen der (Schreib-)Aufgabe und einem Zauberer. Wie bereits in der Sequenz „Händewaschen und Clowns ausschneiden" kommt eine Praktik des Einsetzens von visualisierenden Gesten zum Ausdruck. Dora Dünki reduziert auch gegenüber Elena die Erwartung an die Aufgabenerfüllung. Der Hinweis auf den Übungsmodus zeigt, dass sie sich an der potenziellen Lernfähigkeit ausrichtet, wobei das Herabsetzen der Erwartungen im Vordergrund zu sein scheint.

Während für Tom kein eindeutiger Weg vorgegeben ist, kommt in der Auftragserteilung an Elena der vorgegebene Weg durch die Erklärung der Schreibübung zum Ausdruck. Genaue Kriterien der korrekten Ausführung des Auftrags fehlen jedoch. Dadurch reduziert sich der Kontrollbedarf Dora Dünkis, und solange sich Elena mit der Aufgabe befasst, kann ein reibungsloser Ablauf gewährleistet werden. Die Orientierung an einer kontinuierlichen Beschäftigung

wird in der Interaktion mit Elena und Tom stärker als jene an der ordnungsgemäßen Ausführung einer Aufgabenstellung. Die Orientierung an Beschäftigung
kommt auch im schnellen Wechsel der Interaktionen (zuerst mit Emil, dann
mit Elena, dazwischen mit Tom, dann wieder mit Elena) und im Kontext der
Erteilung von Handlungsaufträgen zum Ausdruck. In der Interaktion mit Emil,
Tom und Elena lässt sich erneut die Praktik des Erteilens von Handlungsaufträgen rekonstruieren, wobei Letztere nicht gegenüber allen Kindern konkret
formuliert sind. Die Kindergartenlehrerin positioniert sich als aktive, auftragserteilende Person, wohingegen sich die Kindergartenkinder komplementär als
passive, auftragsempfangende Personen positionieren. Es kommt ein asymmetrisches und komplementäres Verhältnis zum Ausdruck, wobei Dora Dünki die
Rahmungshoheit über die Bestimmung der Aufgabe einnimmt.

Die für Tom und Elena vorbereitete Aufgabe ist eine andere als die Clown-
Aufgabe, die Laura, Besir und Emil erhalten haben. Da die Kinder gestaffelt im
Kindergarten ankommen und Dora Dünki ihnen einzeln aufzeigt, welche Aufgabe sie bearbeiten sollen, erhält die Kindergartenlehrerin eine unumgängliche
Schnittstellenfunktion in Bezug auf das individuelle Zuweisen eines von ihr vorgegebenen Weges. Dass es sich hierbei um eine eingespielte Rolle handelt, zeigt
sich darin, dass Elena direkt nach dem Händewaschen auf Dora Dünki zugeht und
einen Auftrag einfordert, sowie darin, dass Tom nach dem Händewaschen stehen-
bleibt und zur Kindergartenlehrerin blickt. In der Sequenz „Händewaschen und
Clowns ausschneiden" war es Laura, die nach dem Händewaschen stehen blieb
und zu Dora Dünki blickte. Es kommt eine Orientierung an der Vorgabe einer
Aufgabe zum Ausdruck. Seitens der Kinder deutet sich ein erwachsenenorientiert-
responsiver Interaktionsmodus an. Diese unumgängliche Schnittstellenfunktion
Dora Dünkis hat die Konsequenz, dass eine selbstständige Betätigung der Kin-
der verunmöglicht wird. Die Kindergartenlehrerin steht bei der Bestimmung der
Aufgabe sowie bei der Kontrolle der „richtigen" (vgl. Sequenz „Tschuldigung")
Ausführung im Mittelpunkt. Je mehr Kinder im Kindergarten sind, desto stärker
ist Dora Dünki in dieser Funktion gefordert. Das bedeutet, dass sie zur eigenen
Entlastung auf die selbstständige Bearbeitung der Aufträge angewiesen ist. Dies
wird verhindert durch das individuelle Vorgeben der Aufgaben sowie durch die
Kontrolle der richtigen Ausführung.

Die Schnittstellenfunktion wird auch in der Fotogrammanalyse deutlich: Bei
den ausgewählten Fotogrammen 10 und 11 (vgl. Abbildungen 7.20 und 7.21)
ist Dora Dünki von mehreren Kindern umgeben. Somit wird sie räumlich zum
Mittelpunkt des Geschehens. Darin dokumentiert sich eine Orientierung an der
Kindergartenlehrerin als Koordinatorin. Besir steht im Fotogramm 10 (vgl. Abbildung 7.20) direkt neben Dora Dünki; im Fotogramm 11 (vgl. Abbildung 7.21)

ist eine Bewegung in Richtung der Kindergartenlehrerin ersichtlich. In der vorliegenden Sequenz „Zauberschrift" entsteht aber weder auf der verbalen noch auf
der nonverbalen Ebene eine Interaktion zwischen ihm und Dora Dünki. Darin
zeigt sich, dass Letztere über das Zustandekommen einer Interaktion entscheidet und sich dabei von verbalen und nonverbalen Impulsen der Kinder leiten
lässt. Wie in der vorliegenden Sequenz „Zauberschrift" deutlich gezeigt werden
konnte, lässt sich Dora Dünki bei ihren Interaktionen mit einzelnen Kindern situativ unterbrechen und setzt die jeweilige Kommunikation erst später fort. Dabei
spielen verbale und nonverbale sowie aktive und passive Stimuli der Kinder eine
Rolle. Die Initiierung einer Interaktion durch Elena kann als aktiver, verbaler
Stimulus eingeordnet werden. Bei Tom handelt es sich um einen nonverbalen,
passiven Stimulus, auf den Dora Dünki reagiert. Gerade bei Tom wird deutlich,
dass eine Interaktion (hier zwischen Dora Dünki und Elena) auch durch einen rein
potenziellen Störfaktor unterbrochen werden kann. Im Antizipieren von potenziellen Störfaktoren und in der zugehörigen Reaktion kommt eine Orientierung an
einem reibungslosen Ablauf zum Ausdruck, den es durch das Eliminieren von
Störfaktoren aufrechtzuerhalten gilt und der den normativen Horizont darstellt.

7.3.1.5 Zusammenfassung der Video-Rekonstruktionen

Insgesamt dokumentiert sich in den oben aufgeführten Interaktionen zwischen
Dora Dünki und den Kindergartenkindern ein machtstrukturierter Interaktionsmodus (vgl. Nentwig-Gesemann & Gerstenberg, 2018, S. 143). Dies zeigt sich darin,
dass Dora Dünki über die Aktivitäten der Kinder bestimmt, diese kontrolliert
und wenn nötig dafür sorgt, dass die Kinder die Aufträge nach ihren Vorstellungen ausführen. Der machtstrukturierte Erfahrungsraum kommt auch darin zum
Ausdruck, dass Elena sich mit ihrer zweifach gestellten Frage danach, was sie
machen könne, rückversichert, um die Bestätigung zu erhalten, das Richtige zu
tun. Besonders bei Tom – ansatzweise auch bei Elena – wird deutlich, dass
eine „Konstruktion totaler Identitäten" (Bohnsack, 2017, S. 247) vorliegt, was
als Merkmal für machtstrukturierte Interaktionen gilt (vgl. ebd.). So wird Tom
als derjenige adressiert, der ohnehin Mühe haben wird. In diesen Interaktionen
besitzt Dora Dünki die Rahmungsmacht.

Die aus den oben dargestellten Sequenzen rekonstruierten Praktiken Dora
Dünkis werden gerahmt von einer Norm des Befolgens von vorgegebenen
und nicht verhandelbaren Aktivitäten. Das Einhalten dieser Norm bedingt eine
individuelle Einführung der Kindergartenkinder in die vorbereiteten Aufgabenstellungen, die Kontrolle der Bearbeitung der einzelnen Schritte sowie – bei
Abweichung – die Intervention durch die Lehrerin. Um das korrekte Bearbeiten
der Aufgaben zu ermöglichen, wird die Praktik des Eliminierens von Störfaktoren

eingesetzt. Der möglichst störungsfreie Ablauf wird zum normativen Horizont.
Dora Dünki gibt den Kindergartenkindern einen Weg vor, den sie zu befolgen
haben. Ihre Rahmungsmacht liegt darin, den richtigen Weg zu bestimmen. Sie
hilft den Kindern zurück auf den Weg, wenn sie davon abkommen. Die Kindergartenlehrerin erhält dadurch eine unumgängliche Schnittstellenfunktion bei der
Zuteilung der Aufgaben an die einzelnen Kinder und in Bezug auf die Begleitung der Aufgabenbearbeitung. Diese zeigt sich auch darin, dass sie den Kindern
die Arbeitsplätze zuweist, wodurch ein Austausch unter den Kindern und die
gemeinsame Bearbeitung einer Aufgabe verhindert werden. Diese beiden Normen
scheinen während der gesamten Auffangzeit zu gelten, also sowohl beim Übergang von der Familie zum Kindergarten als auch im Rahmen des vorbereiteten
Spiel- und Lernangebots. Dies zeigt sich auch darin, dass Dora Dünki die Praktik
der Erteilung von konkreten Handlungsaufträgen sowohl bei der Begrüßung in
der Garderobe bzw. bei der Verabschiedung von Lauras Mutter als auch im Kindergartenraum einsetzt, wenn sie die Kinder in ihre Aufgaben einführt oder die
Arbeiten begleitet. Die damit verbundene Norm kann bei Dora Dünki zu unterschiedlichen Zeitpunkten und in Interaktionen mit unterschiedlichen Funktionen
rekonstruiert werden, weshalb sie eine situationsunabhängige und übergeordnete
Bedeutung erhält.

Sowohl in der Sequenz „Händewaschen und Clowns ausschneiden" als auch
in der Sequenz „Zauberschrift" (vgl. Abschn. 7.3.1.4) verwendet Dora Dünki
Verben, die auf eine gewisse Unverbindlichkeit hinweisen. Die angebliche
Wahlmöglichkeit ist jedoch eine Illusion, denn der Handlungsauftrag ist nicht
verhandelbar. In der Sequenz „Tschuldigung" (vgl. Abschn. 7.3.1.3), in der das
Abweichen vom vorgegebenen Weg sehr deutlich zum Ausdruck kommt, werden
ebenfalls eher auf Unverbindlichkeit hinweisende Verben wie „dürfen" verwendet. Die Verbindlichkeit wird in dieser Sequenz jedoch mit dem Hinweis auf
eine bestimmte Reihenfolge erzeugt: „zuerst […] richtig" sowie „und dann, erst
dann". Die korrekte Bearbeitung der Aufgabe und das Einhalten der Reihenfolge
werden zum normativen Horizont der Auffangzeit. Im Anschluss an die Interpretation ausgewählter Videosequenzen aus Dora Dünkis Kindergarten wird nun das
Interview mit ihr interpretiert.

7.3.2   Interviewinterpretation

Das Interview mit Dora Dünki beginnt mit folgender Frage des Interviewers: *„Zuerst einmal möchte ich Ihre aktuelle Kindergartengruppe etwas näher kennenlernen,
bitte erzählen Sie mir von dieser."* Darauf antwortet Dora Dünki:

Also ich, ähm, arbeite hier seit drei Jahren und ähm, (.) ähm, ich habe bis jetzt eigent-
lich fast ausschließlich Kinder, ich sage jetzt mal, böse gesagt, aus der Unterschicht
(hustet). Und, (.) ähm, es gibt wie keine (.) wirklichen Zugpferde in solchen Klassen,
also so Alphatiere, oder wie man das sonst so sagt (hustet). Und, ähm (.), diese Kinder
bringen wirklich sehr wenig mit, (.) finde ich, und nur schon das Zeichnen zum Bei-
spiel muss man einfach üben und wieder üben oder kneten, also, (.) ja also, einfach
die Grunderfahrungen müssen sie wie nachholen, also weil sie das zu Hause gar nie
machen konnten. Es gibt auch Kinder, die nie eine Schere in der Hand hatten, weil die
(.) Eltern einfach Angst haben, (.) wegen Unfällen und so (hustet). Entschuldigung.
Ähm, (2) aber dafür haben sie ein äh Tablet und äh alle elektronischen äh Neuheiten,
die ich nicht kenne (lacht), äh, werden hier verwendet, also das ist schon noch ein-
drücklich. (3) Und sprachlich äh kommen sie wirklich auch meistens mit (.) fast nichts,
also, ähm, zum guten Glück haben wir eine sehr gute DaZ-Lehrerin, die ihnen wirklich
ähm ... die ein ganz bestimmtes Programm verfolgt, das sie selber zusammengestellt
hat, äh, und, äh, (.) und, äh, und dadurch machen sie wirklich auch Fortschritte, also,
ähm, (.) inzwischen sprechen wir im Kindergarten auch immer Hochdeutsch, damit
sie einfach die Standardsprache so gut wie möglich mitbekommen, also dass sie kein
Gemisch haben, äh, ja, im Kopf.

In der Eingangspassage des Interviews beschreibt Dora Dünki die Kindergartenkinder auf pauschalisierende Art und Weise aufgrund ihrer Zugehörigkeit zu einer
sozialen Schicht. Diese einordnende Bezeichnung wird mit dem Vermerk *„böse*
gesagt" eingeleitet. Darin tritt ein Bewusstsein für diese pauschalisierende und
abwertende Zuschreibung zutage, das aber nicht weiter differenziert wird. *„Zug-*
pferde" bzw. *„Alphatiere"* bilden einen positiven Gegenhorizont zu den Kindern
aus der *„Unterschicht"*, die *„wirklich sehr wenig"* mitbringen. Es deutet sich eine
Orientierung am Leistungsvermögen in Abhängigkeit von der familiären Herkunft
der Kinder bzw. von einer sozialen Schicht an. In der Nennung von übungsbe-
dürftigen Aktivitäten wie *„Zeichnen"* und *„Kneten"* wird diese Orientierung am
Leistungsvermögen anhand des motorischen Entwicklungsstandes konkretisiert.
Der Kindergarten wird als Ort des Nachholens und Übens dargestellt. Damit stellt
er einen positiven Gegenhorizont zum familiären Umfeld dar, das im Hinblick auf
die Anregung des Lernens als unzureichend bewertet wird. Darin dokumentiert
sich eine Orientierung am Fördern von Entwicklung. Im Gegensatz zu den fehlenden *„Grunderfahrungen"*, wie *„eine Schere in der Hand halten"*, erfahren die
Kinder im familiären Kontext Anregungen in Bezug auf *„ein, äh, Tablet und, äh,*
alle elektronischen, äh, Neuheiten." Dora Dünki schreibt damit den Kindern im
familiären Umfeld erworbene Kompetenzen zu, die sie selbst nicht hat und die
nicht kompatibel sind mit ihren Vorstellungen davon, was die Kinder lernen sollten. Die Fähigkeiten der Kinder lassen sich demnach nicht in den normativen
Horizont Dora Dünkis einordnen, der darin besteht, Kinder in ihrer (motorischen) Entwicklung zu fördern. Im Lachen der Lehrerin kommen an dieser Stelle

auch eine Irritation über die Verwendung von elektronischen Geräten und eine Abgrenzung vom familiären Umfeld der Kinder zum Ausdruck. Entwicklungen im motorischen Bereich erhalten gegenüber denjenigen im Bereich des Umgangs mit elektronischen Geräten einen höheren Stellenwert. Als weiterer Bereich wird die sprachliche Entwicklung problematisiert. Der Lernerfolg im Bereich Sprache wird hauptsächlich der DaZ-Lehrerin und deren selbst zusammengestelltem Programm zugeschrieben. Sprachliche Entwicklung wird somit durch ein programmatisch strukturiertes Umfeld ermöglicht. Dora Dünki positioniert sich als wissend in Bezug auf Spracherwerbsprozesse sowie in Bezug auf den sprachlichen Entwicklungsstand der Kinder und legitimiert dadurch die konsequente Verwendung der Standardsprache im Kindergarten.

Insgesamt dokumentiert sich in Bezug auf die Gestaltung eines lernförderlichen Umfeldes eine Überlegenheit des Kindergartens gegenüber dem Zuhause. Während im Kindergarten motorische und sprachliche Kompetenzen gefördert werden, wird im familiären Umfeld höchstens der als weniger bedeutsam bewertete Umgang mit elektronischen Geräten unterstützt. Darin kommt eine Orientierung an der Entwicklungsförderung durch das von der Lehrerin gestaltete Umfeld zum Ausdruck. Dadurch entsteht in Bezug auf die individuelle Entwicklung – zusätzlich zur Abhängigkeit von der Familie – auch eine Abhängigkeit von der Qualität der Lernanregung im Kindergarten. Die Kindergartenkinder werden konstruiert als förderungsbedürftig und abhängig von Erwachsenen, also abhängig von einem generationalen Verhältnis. Es dokumentiert sich ein Entwicklungsverständnis, in dem die Entwicklung der Kinder durch Erwachsene ermöglicht wird. Dadurch rückt Dora Dünki die Bedeutung, die ihre Rolle für das Lernen und die Entwicklung der Kinder hat, in den Mittelpunkt. In Passung dazu werden die Kindergartenkinder pauschalisierend als defizitär in ihrer Entwicklung konstruiert. Die Verantwortung dafür wird bei den Familien bzw. den Eltern verortet. Der Kindergarten erhält dadurch primär die Funktion, familiär bedingte Defizite im Bereich der motorischen und sprachlichen Fähigkeiten auszugleichen. Dora Dünki positioniert sich und die DaZ-Lehrerin als Fachpersonen, die dafür verantwortlich und gleichzeitig auch fähig sind, dies zu leisten. Der motorische und sprachliche Entwicklungstand der Kinder wird zum normativen Horizont.

In dieser Passage deutet sich eine komplementäre Passung an zwischen Kindergartenkindern, die sprachliche (und motorische) Defizite aufweisen, und Kindergartenlehrpersonen, die insbesondere im sprachlichen Bereich Entwicklungsförderung leisten. Diese Passung weist jedoch auch Anteile eines machtstrukturierten Verhältnisses auf: Das Wissen darüber, was die Kinder lernen sollten, ist einzig bei den Kindergartenlehrerinnen verortet.

Der Interviewer setzt das Gespräch mit folgender Frage fort: *„Sie haben jetzt so die Herausforderungen aufgezählt. Gibt es Stärken, die Sie wahrnehmen?"* Darauf antwortet Dora Dünki:

> *Also (.) sie sind äh ziemlich begeisterungsfähig, also dadurch, dass sie wie keine Nahrung bekommen, sind sie natürlich froh um alles, was man hier tut. Ähm, es ist dann einfach disziplinarisch nicht immer einfach, äh, sie zu führen, äh, weil sie sehr, immer sehr schnell aufgeregt sind und, äh, ja (lacht). (.) Und dann muss man sie, äh, ja herunterbeamen (lacht), sage ich dem und äh ja, und sie dann an diese Sachen, (.) ähm, hinführt ... also ja, wie sagt man dem ...<Heranführen> Heranführen, genau, das wollte ich sagen. Ja, aber wenn sie dann mal dabei sind, äh, und sich auf diese Sachen, die wir machen, einlassen, dann äh, ja, dann läuft es eigentlich relativ gut, also, äh, (.) geführte Aktivitäten gehen hier besser als, äh, Sequenzen, wo sie relativ frei sind, also äh, das ist dann sehr mühsam, also (lacht) ja. Ah, was mir auch noch auffällt in diesen Gruppen, ist wirklich ähm, äh also das fällt uns allen auf, die hier äh arbeiten, ist äh diese Unselbstständigkeit der Kinder, also für alles müssen sie fragen, und äh für alles brauchen sie Hilfe und manchmal dreht man wirklich fast durch, also (lacht) man kommt nirgends hin, also äh es ist äh wirklich ... ja. Aber sie sind auch, ähm, (.) dadurch, dass sie von einer anderen Kultur kommen, sind sie auch emotional eigentlich sehr ... also, (.) äh, kann man sie auf der emotionalen Ebene eigentlich relativ gut abholen, also ja. Das ist eigentlich noch das Schöne, also (2) dann und, ähm, man merkt, wie sie dann Vertrauen gewinnen und, äh, (.) auch immer wieder bestätigt haben müssen, dass wir sie ja gernhaben, und (lacht) ja, es ist ein anderes Arbeiten als in einem anderen Quartier, also das ist schon noch besonders hier.*

Die Frage nach den Stärken der aktuellen Kindergartengruppe wird mit der Beschreibung von Stärken beantwortet, die aber direkt im Anschluss relativiert und dadurch zu Herausforderungen werden. In der Verwendung des Begriffs „Nahrung", der auf ein lebensnotwendiges Gut hinweist, werden die Kindergartenkinder erneut als abhängig von Erwachsenen konstruiert, die deren Grundbedürfnisse stillen. Die Metapher wird von Dora Dünki so verwendet, dass das familiäre Umfeld erneut eine Abwertung erfährt. Der Kindergarten wird zum positiven Gegenhorizont des familiären Umfelds in Bezug auf das Wahrnehmen und Stillen von kindlichen Bedürfnissen. Es dokumentiert sich eine Orientierung am Erfüllen von Bedürfnissen.

Begeisterungsfähigkeit wird vordergründig als Stärke bewertet, die jedoch lediglich aus der Stillung des Hungers nach Nahrung entsteht. Hintergründig handelt es sich aber auch bei der Begeisterungsfähigkeit um eine Herausforderung, da die Kinder schnell aufgeregt sind und es zu disziplinarischen Problemen kommt. Durch das „Herunterbeamen" und „Heranführen" der Kinder schafft Dora Dünki Situationen, in denen es „gut" läuft. Dora Dünki bevorzugt daher „geführte

Aktivitäten" gegenüber *„Sequenzen, wo sie relativ frei sind"*. Es kommt eine Orientierung an einem vorgegebenen und steuerbaren Ablauf zum Ausdruck. Das
Befolgen von vorgegebenen Aktivitäten wird somit zum normativen Horizont.
Ein weiteres Defizit besteht laut Dora Dünki in der *„Unselbstständigkeit der
Kinder"*. Auch in dieser Aussage erfolgt eine defizitäre Konstruktion des Kindergartenkindes, das abhängig ist von Erwachsenen. Weil Dora Dünki wegen
der Unselbstständigkeit *„manchmal [...] wirklich fast durch[dreht]"*, wird Selbstständigkeit zum positiven Gegenhorizont. Es dokumentiert sich eine Orientierung
am Entwicklungsstand der Kinder in Bezug auf praktisches und organisationales
Wissen. Im Gegensatz zu der bereits rekonstruierten Orientierung an der Entwicklungsförderung dokumentiert sich hier eine Resignation in Bezug auf den
Umgang mit der Unselbstständigkeit.

Die Kindergartenkinder werden anschließend pauschal beschrieben als Kinder,
die *„von einer anderen Kultur kommen"* und die man deshalb *„auf der emotio-
nalen Ebene eigentlich relativ gut abholen"* kann. Der Zugang zu den Kindern
wird somit auf eine klischeehafte Art und Weise mit dem kulturellen Unterschied
begründet. Es dokumentiert sich ein Kulturverständnis, gemäß dem Kinder aus
anderen Kulturen emotionaler sein sollen. Wird Emotionalität mit Temperament
und Impulsivität umschrieben, entsteht auf der Kehrseite die Gefahr, dass sie
sich rasch aufregen bzw. dass disziplinarische Probleme entstehen. Die vordergründig als Stärke ausgewiesene Emotionalität gefährdet somit gleichzeitig die
Orientierung Dora Dünkis an einem steuerbaren Ablauf. Dieser wird wiederum
ermöglicht durch das *„Vertrauen"* der Kinder in die Kindergartenlehrerin und
das Einlassen *„auf diese Sachen, die wir machen"*. Dass das Vertrauen jedoch
noch nicht ausreichend vorhanden ist, kommt im explizit erwähnten Bedürfnis
der Kinder nach Bestätigung zum Ausdruck. Die Kinder werden als bestätigungsbedürftig und damit als abhängig von der Kindergartenlehrerin konstruiert. Der
Wunsch Dora Dünkis, dass ihr Vertrauen entgegengebracht wird, deutet darauf
hin, dass sie sich die Rahmungshoheit zuschreibt und sich in ihrem Wissen darüber, was die Kinder tun und lernen sollen, gefährdet sieht, wenn sich diese nicht
auf das Spiel- und Lernangebot der Kindergartenlehrerin einlassen. Durch das
Einfordern von Rahmungshoheit stellt Dora Dünki die Passung zwischen dem
Kindergartenalltag und ihren Vorstellungen von der Arbeit im Kindergarten her,
wodurch sich ein machtstrukturiertes Verhältnis dokumentiert.

Die Kindergartenlehrerin bewertet die Arbeit in diesem Kindergarten als
„[ein] anderes Arbeiten als in einem anderen Quartier". Darin dokumentiert sich
eine Orientierung an einer bestimmten Vorstellung von der Arbeit im Kindergarten, wobei implizit auf eine Nicht-Passung zwischen dieser Vorstellung und der
Klientel des aktuellen Kindergartens hingewiesen wird. In Bezug auf die Arbeit

Dora Dünkis in ihrem aktuellen Kindergarten kommt nun ihre Abhängigkeit von den Kindern bzw. deren Familien zum Ausdruck. In dieser Passage zeigt sich, dass es Dora Dünki schwerfällt, echte Stärken der Kindergartenkinder zu benennen. Selbst die vordergründig als Stärken bezeichneten Eigenschaften gefährden letztlich die Orientierung an einem steuerbaren Ablauf. Die Vorstellungen Dora Dünkis und der von ihr erlebte Arbeitsalltag befinden sich aufgrund der Defizite der Kinder in einer Nicht-Passung, wobei die Defizite im motorischen und sprachlichen Bereich im Kindergarten bearbeitet werden, während die Defizite im Bereich des praktischen und organisationalen Wissens unbearbeitet bleiben.

Der Interviewer bittet Dora Dünki, noch kurz zu sagen, *„wie viele Ältere, Jüngere, Knaben, Mädchen"* in ihrer Klasse seien. Dora Dünki ergänzt:

Äh, phu, bei den Großen sind es aktuell sieben Kinder, davon drei Mädchen und vier Jungen, und bei den Kleinen sind es zehn Kinder und davon (2) vier Mädchen, glaube ich, und sechs Jungen, (2) glaube ich (lacht). Ungefähr, ja.

Die geschlossene Frage nach der Anzahl Kinder (aufgeteilt nach Geschlecht und Kindergartenjahr) wird mit der Nennung der Anzahl Kindergartenkinder pro Jahrgang beantwortet und der Angabe zur Verteilung der Kinder auf beide Geschlechter. Dora Dünki übernimmt in ihrer Antwort die Struktur der Fragestellung. Durch die Verwendung der Bezeichnungen „Große" und „Kleine" wird ein Bild der Kindergartenkinder konstruiert, das an das „Entwicklungsparadigma" (Jäger et al., 2006, S. 18) angelehnt ist. Die Kinder befinden sich in der Entwicklung, sie werden von den *„Kleinen"* zu den *„Großen"*. Abschließend wird diese quantitativ eindeutige Antwort mit *„glaube ich"*, einem Lachen und *„Ungefähr, ja"* geschlossen. Darin kommt erneut eine pauschalisierende Wahrnehmung der Klasse zum Ausdruck, bei der die Anzahl der Kinder und die Verteilung auf die beiden Kriterien keine große Rolle spielen. Die Individualität der einzelnen Kinder verschwindet in der pauschalisierten Wahrnehmung der Klasse. Im Relativieren der Zuverlässigkeit ihrer quantitativen Angabe sowie im Lachen dokumentiert sich ein Verständnis der Kindergartenklasse als nicht weiter zu differenzierende Gruppe von mehreren Kindern und eine Unsicherheit im Hinblick auf die genaue Zusammensetzung der Gruppe. Das Kindergartenkind wird hier als nicht genau quantifizierbarer Teil einer Gruppe konstruiert.

Der Interviewer setzt das Gespräch mit folgender Frage fort: *„Gehen wir zur Unterrichtsgestaltung. Da ist meine erste Frage: Was ist für Sie ein typisches Kindergartenkind und wie fließt diese Vorstellung in Ihren Unterricht ein?"* Dora Dünki antwortet:

Äh, das ist auch eine schwierige Frage (lacht). Ähm, (3) also (lacht), seit ich hier arbeite, habe ich wie keine (.) Erwartungen mehr (.) an das, was die Kinder eigentlich mitbringen müssten. Und, äh, ich schaue manchmal einfach, ja, (2) was können die eigentlich und mache einfach immer wieder Lektionen, wo wirklich alle beschäftigt sind, irgendwie Kneten und rhythmisches Zeichnen und äh, äh, phu, oder eben ähm, so Konstruktionsspiele, also, wenn alle beschäftigt sind, ist es einfacher, äh, hier zu arbeiten, weil (2) ja über die Sprache ist es noch relativ schwierig, äh, weil die meisten ja nichts verstehen oder fast nichts verstehen. Sie sind auch nicht daran gewöhnt, äh, einem Bilderbuch, einer Geschichte zu folgen, also das ist ganz schwierig, hier eine Geschichte zu erzählen (lacht). Äh, ich mache es zwar immer wieder, aber aber, äh, es braucht ziemlich viel, äh, (.) Überzeugungsarbeit, dass man jetzt diese Geschichte erzählt (lacht), ja. Ähm, (2) äh, was war eigentlich die Frage, Moment. <Was für Sie ein typisches Kindergartenkind ist und wie das eben in Ihre Unterrichtsgestaltung einfließt.> Also, ich versuche, äh, durch die verschiedenen Aktivitäten, die wir haben, sie einfach zu (.) zu interessieren und sie dahinzuführen, also und meistens, eben ist das bei diesen Kindern nicht so schwierig, weil sie Nahrung brauchen, also äh, es gibt auch viele Kinder, die sich, äh, zuerst verweigern, weil sie noch nie so etwas gemacht haben, und ich kann sie dann immer relativ gut beruhigen und sage, du musst gar nichts können, wir üben jetzt einfach (.) wir schauen dann, was für ein Resultat, dass es, äh, gibt, und es ist nicht tragisch, wenn es nicht geht, also, ja. Und, ähm, ja, aber wir arbeiten wirklich an der Basis, also, (2) ich habe noch nie so tief unten (lacht) gearbeitet, ja. Es ist, äh, ja noch speziell.

In der Antwort auf die Frage, was für Dora Dünki ein typisches Kindergartenkind ist und wie diese Vorstellung in den Unterricht einfließt, kommt erneut eine defizitorientierte Konstruktion des Kindergartenkindes zum Ausdruck: *„[Ich] habe [...] keine (.) Erwartungen mehr (.) an das, was die Kinder eigentlich mitbringen müssten."* Diese Konstruktion betrifft erneut den Entwicklungsstand der Kinder und wird anschließend wieder auf die motorische und sprachliche Ebene bezogen. Als positiver Gegenhorizont dient die Berufserfahrung, die die Kindergartenlehrerin in einem anderen Kindergarten gesammelt hat. Der Differenz zwischen der implizit vorhandenen Erwartung an den Entwicklungsstand und der defizitären Realität begegnet die Lehrerin damit, dass sie (beschäftigende) Aktivitäten vorgibt. Während die als defizitär konstruierten Kindergartenkinder die Arbeit im Kindergarten erschweren, dient das von der Kindergartenlehrerin gewählte Unterrichtssetting, in dem es darum geht, die Kinder zu beschäftigen, der Vereinfachung ihrer Arbeit: *„Also, wenn alle beschäftigt sind, ist es einfacher, äh, hier zu arbeiten."* Um mit den sprachlichen Defiziten der Kinder umzugehen, werden Letztere möglichst durchgehend beschäftigt. Um die Kinder hingegen für Aktivitäten zu gewinnen, die die Kindergartenlehrerin bestimmt hat – beispielsweise *„eine Geschichte zu erzählen"* –, bedarf es aktiver *„Überzeugungsarbeit"*. Dora Dünki positioniert sich als wissend in Bezug auf die Frage, welche Aktivitäten im Kindergarten wichtig sind.

Was die Gestaltung der Aktivitäten und den Einbezug der Kinder betrifft, stellt sie sich als aktiv dar. Sie positioniert sich als Fachperson, die dafür verantwortlich ist, die Kinder von Aktivitäten zu überzeugen, die sie selbst bestimmt hat. Diese „*Überzeugungsarbeit*" besteht darin, dass sie gegenüber den Kindern die Erwartungen an deren Fähigkeiten senkt. Das erfolgreiche Erfüllen einer Aufgabe besteht für die Kinder auf der kommunikativen Ebene lediglich darin, sich auf eine Aufgabe einzulassen – ohne Ansprüche an die Qualität der Bearbeitung zu haben.

Die eigene Arbeit bewertet die Kindergartenlehrerin mit den Worten „*ich habe noch nie so tief unten (lacht) gearbeitet.*" Damit wird ihre aktuelle Arbeit zum negativen Gegenhorizont. Im Vergleich zum positiven Gegenhorizont – der Arbeit in einem anderen Kindergarten (s. o.) – kommt implizit zum Ausdruck, dass sehr wohl eine Erwartung an die Kompetenzen und an den Entwicklungsstand der Kinder vorhanden ist. Im Kontrast zur expliziten Negierung von Erwartungen an die Qualität der Bearbeitung der Aufgaben dokumentiert sich somit eine illusorische Erwartungslosigkeit, nämlich die Überzeugung, dass die Familien, deren Kinder Dora Dünki im Kindergarten unterrichtet, die Normen der Lehrerin in Bezug auf die Förderung der Entwicklung der Kinder im motorischen und sprachlichen Bereich infrage stellen. Auf der expliziten Ebene bewegt sich Dora Dünki hin zu einer Negierung dieser Normen, indem sie darauf verweist, dass sie keine Erwartungen an den Entwicklungsstand der Kinder habe. Diese Annäherung wird aber auf der impliziten Ebene wieder aufgehoben, wonach sehr wohl Erwartungen bestehen. Der Entwicklungsstand der Kindergartenkinder wird zur Norm der Anerkennung. Außerdem zeigt sich, dass diese Norm die Konstruktion der Kindergartenkinder bestimmt und durch die Negierung auf der expliziten Ebene sogar in ihrer Bedeutung verstärkt wird.

Im weiteren Verlauf des Interviews wird zusätzlich zur Orientierung am motorischen und sprachlichen Entwicklungsstand der Kindergartenkinder deren sozial-emotionale und kognitive Entwicklung thematisiert. Dass Dora Dünki auch Erwartungen an die Familien in Bezug auf die Förderung der sozial-emotionale und kognitive Entwicklung der Kinder stellt, kommt an folgender Stelle zum Ausdruck: „*Also, viele haben wie keine Spielkultur, also die ... ich weiß nicht, was die zu Hause machen, aber, ähm, ...*" (Z. 114 f.). Dora Dünkis Erwartungen werden nicht erfüllt. Darin dokumentiert sich eine Nicht-Passung zwischen den Erwartungen an das familiäre Umfeld und der Realität. Das Defizit im Bereich der sozial-emotionalen Entwicklung kommt auch an folgender Stelle zum Ausdruck: „*Aber es ist wirklich ganz schwierig, weil (.) es gibt so viele (2) Kinder, die auch viel streiten, dass man, äh, überall ein Feuer löschen muss, und dann sollte man eigentlich noch Zeit haben für diejenigen, die völlig (.) äh, nicht wissen, was sie hier sollen*"

(Z. 116–118). Mit der Metapher „*Feuer löschen*" werden die Kinder pauschalisierend *(„überall")* aus einer defizitären Perspektive beschrieben, wobei sich
Dora Dünki die Rolle der Feuerwehr zuschreibt, die für Ruhe und Ordnung sorgt.
Kindergartenkinder, die aufgrund von Defiziten in ihrer sozial-emotionalen Entwicklung die Arbeit der Lehrerin erschweren, deren Unterstützung benötigen oder
deren Intervenieren provozieren, werden zum negativen Horizont. Demgegenüber
werden Kindergartenkinder, die einen reibungslosen Ablauf ermöglichen, zum
positiven Gegenhorizont. Durch eine Beschäftigung der Kinder versucht Dora
Dünki sich dem Ziel eines wunschgemäßen Ablaufs anzunähern. Sie positioniert
sich in Bezug auf die Gestaltung ihrer Arbeit als abhängig vom Entwicklungsstand der Kinder. Dieser wird somit hinsichtlich der (Nicht-)Passung mit
Dora Dünkis Vorstellungen bezüglich ihrer Arbeit im Kindergarten bzw. ihrer
Orientierung an einem steuerbaren und reibungslosen Ablauf zum normativen
Horizont. Die Diskrepanz zwischen der Wahrnehmung des tatsächlichen und
jener des zu erwartenden Entwicklungsstandes der Kinder bestimmt die Konstruktion des Kindergartenkindes. Während die Defizite im Bereich der motorischen
und sprachlichen Entwicklung durch eine entsprechende Entwicklungsförderung
bearbeitet werden, scheint Dora Dünki die Defizite im sozial-emotionalen und
kognitiven Bereich hinzunehmen. Die Kindergartenkinder werden dadurch in
Bezug auf ihre Entwicklung als abhängig von Erwachsenen konstruiert. Während das als anregungsarm beschriebene familiäre Umfeld den negativen Horizont
bildet, wird die Arbeit der Kindergartenlehrpersonen – zumindest in Bezug auf
die Förderung der motorischen und sprachlichen Entwicklung – zum positiven
Gegenhorizont. Der Kindergarten bzw. das Spiel- und Lernangebot Dora Dünkis
und ihrer Kollegin wird zum ausgleichenden Moment, das dem anregungsarmen
familiären Umfeld entgegengestellt wird. Dora Dünki positioniert sich sowohl
gegenüber den Kindergartenkindern als auch gegenüber dem familiären Umfeld
als überlegen in Bezug auf das Wissen darüber, was die Kinder tun und lernen
sollten.

Im Laufe des Interviews mit Dora Dünki dokumentiert sich eine Orientierung
an Selbstständigkeit und Unabhängigkeit als anstrebenswerte Zieldimensionen
von Bildung und Erziehung. Selbstständigkeit konnte bereits als positiver Gegenhorizont zur Unselbstständigkeit rekonstruiert werden. Diesbezüglich besteht ein
Kontrast hinsichtlich der Tatsache, dass zumindest im Rahmen des Interviews
eine Orientierung an der Entwicklungsförderung im Bereich der Selbstständigkeit ausbleibt. Die Bedeutung von Unabhängigkeit wird im Kontext des Erwerbs
der Kulturtechniken des Lesens und Schreibens dargestellt: „*Zur Bildung gehört
später natürlich auch, dass man (.) kein Analphabet ist oder, also dass man sich
wirklich, äh, auf, äh, (3) ja dass man sich auch schriftlich ausdrücken kann, also*

(.) ja, das ist ... Also ich habe so viele Eltern, die nicht lesen können und nicht schreiben können, und da merke ich schon, dass die wahnsinnige Defizite haben, also dadurch, [...] sie sind dann wirklich so abhängig, also von jemandem, der ihnen das dann alles erklärt" (Z. 87–93). Das Ziel der Unabhängigkeit steht im Kontrast zur Konstruktion des Kindergartenkindes, das in verschiedener Hinsicht von Erwachsenen abhängig ist. Die Verantwortung für den Erwerb der genannten Kulturtechniken wird mit *„später"* der Schule zugewiesen. Dora Dünki nimmt diese Kontraste in einem Modus der Resignation hin. Diese Gegensätze bleiben unbearbeitet.

Die Arbeit der Kindergartenlehrerin mündet in der Prüfung der Schulreife und der Übergabe der Kinder an die erste Klasse der Primarschule. Um einzelne Kinder besser auf den Übertritt vorzubereiten, zögert sie den Wechsel in die erste Klasse um ein Jahr hinaus: *„Ich habe noch nie so viele Kinder gehabt, ja, Kinder gehabt, die hier ein drittes Jahr Kindergarten machen oder, (.) ähm, (2) ja"* (Z. 907 f.). Während Dora Dünki die Verantwortung für die Defizite der Kinder in Bezug auf deren Entwicklungsstand dem familiären Umfeld zuschreibt, übernimmt sie in Bezug auf den Übertritt in die Schule Verantwortung. Die Orientierung am Entwicklungsstand der Kinder führt in Bezug auf den Übertritt jedoch dazu, dass sich die Kindergartenkinder an die Schule anpassen müssen, und nicht umgekehrt. Die Kindergartenlehrerin positioniert sich als berechtigt, den Entwicklungsstand der Kinder in Bezug auf die Reife für den Übertritt in die erste Klasse zu beurteilen.

Zusammenfassend kann festgehalten werden, dass die Konstruktion des Kindergartenkindes insgesamt pauschal auf der Ebene eines defizitären Entwicklungsstandes erfolgt. Dies geschieht auf eine sich über das familiäre Umfeld der Kindergartenkinder beschwerende und resignative Art und Weise. Zum positiven Gegenhorizont werden Kinder eines anderen Kindergartens bzw. die Art und Weise der Arbeit mit jenen Kindergartenkindern dargestellt. Es dokumentiert sich ein Modus der Überforderung und der Resignation, ausgelöst durch eine Nicht-Passung auf mehreren Ebenen. Die Erfahrungen in der Praxis des Kindergartenalltags sind nicht kompatibel mit den einmal angeeigneten professionellen Normen in Bezug auf eine gezielte Förderung der Entwicklung der Kindergartenkinder. Diese Diskrepanz kommt insbesondere bei der herausfordernden Gestaltung ihrer Arbeit mit den (unselbstständigen) Kindergartenkindern zum Ausdruck. Dora Dünki schreibt ihrem Handeln eine Wirkung zu in Bezug auf die Entwicklung der Kinder: *„dann merkt man schon die Fortschritte, also was das alles bringt, was man mit ihnen, (2) äh, tut, oder ja"* (Z. 215 f.). Lernen scheint jedoch auch einen zufälligen und *„automatisch[en]"* Charakter im Rahmen von vorgegebenen Aktivitäten zur Beschäftigung zu erhalten: *„Also, ich* *glaube, dass (3) die Kinder zwangsläufig mit dem, was wir ihnen anbieten, zum Beispiel in den Lektionen oder so, (.) automatisch Fortschritte machen, da muss man sich, äh, gar nicht so viele Gedanken darüber machen"* (Z. 192–194). Darin dokumentiert sich ein professionelles Selbstverständnis, das auf dem Vertrauen in ein durch die Kindergartenlehrerin bestimmtes Spiel- und Lernangebot basiert, das einen beschäftigenden Charakter aufweist. Dass Beschäftigung im Vordergrund steht, kommt an folgender Stelle explizit zum Ausdruck: *„Also, jetzt haben wir eine Gruppe von Mädchen, die bastelt gerne und zeichnet gerne und, äh, und dann haben wir schon mal eine Gruppe, die beschäftigt ist (lacht) und, äh, und dann finden sich vielleicht noch ein paar Jungen bei den Autos, und die stellen fest, dass man da ja spielen kann oder (lacht), und (lacht), ja, äh, und dann sind die auch einmal beschäftigt"* (Z. 120–123). Hintergründig dokumentiert sich in dieser Aussage die Orientierung an einem reibungslosen Ablauf.

Im Interview mit Dora Dünki dokumentiert sich eine Illusion von Erwartungslosigkeit. Auf der kommunikativen Ebene erzählt sie, dass sie gegenüber den Kindergartenkindern die Erwartungen reduziere. In der Konstruktion der Kindergartenkinder als „Defizitwesen" (Honig, 2018, S. 195) kommt jedoch zum Ausdruck, dass sehr wohl Erwartungen an den Entwicklungsstand der Kinder bestehen. Die Reduktion der Erwartungen scheint jedoch in Bezug auf die Einschätzung des eigenen Unterrichts Gültigkeit zu erhalten. Da Kindergartenkinder *„in den Lektionen oder so (.) automatisch Fortschritte machen"* (Z. 192 f.), besteht der Anspruch an den Unterricht v. a. darin, einen reibungslosen Unterricht durch Beschäftigung der Kindergartenkinder anzustreben. Es kommt eine Resignation zum Ausdruck, die in Dora Dünkis Antwort auf die Frage nach der Sicherstellung der Qualität ihres Kindergartenunterrichts bestätigt wird: *„Phu, diesen Anspruch habe ich schon gar nicht mehr (lacht). Ich versuche einfach, irgendwie hier durchzukommen, und, äh, ihnen möglichst Sachen beizubringen, äh, (.) äh, (2) von denen ich denke, dass sie wichtig sind, äh ..."* (Z. 236–238). Es deutet sich eine Orientierung am Wunsch an, den Arbeitstag zu überstehen, sowie eine Ausrichtung auf das Lernen der Kinder. Dora Dünki positioniert sich als Fachperson, die wissend ist hinsichtlich der Frage, was für die Kinder wichtig ist. Die vierfache Verwendung von *„äh"* im letzten Satzteil weist auf eine Unsicherheit hin. Die vordergründige Orientierung am Lernerfolg der Kinder wird dadurch relativiert und es deutet sich an, dass das Überstehen des Tages an erster Stelle steht. Darin bestätigt sich erneut, dass ein reibungsloser Ablauf im Zentrum steht.

7.3.3   Gegenüberstellung der Video- und der Interviewinterpretation (Dora Dünki)

Die normativen Horizonte, die in der Video- und der Interviewinterpretation für den Fall Dora Dünki herausgearbeitet werden konnten, werden einander nun gegenübergestellt. Sowohl in der Video- als auch in der Interviewinterpretation lässt sich eine Norm des ordnungsgemäßen und fehlerfreien Ausführens von vorgegebenen und nicht verhandelbaren Aufträgen rekonstruieren. Es zeigt sich, dass die Erfahrungen, die Dora Dünki im Kindergartenalltag macht, nicht kompatibel sind mit ihren professionellen Normen in Bezug auf eine gezielte Förderung der Entwicklung der Kindergartenkinder. Dieser Nicht-Passung begegnet Dora Dünki, indem sie geführte Unterrichtssequenzen bevorzugt, in denen sie die Kinder mit vorgegebenen Aufgaben beschäftigt. Das Befolgen dieser Aktivitäten wird im Rahmen der Interviewinterpretation zum normativen Horizont, der auch in der Videointerpretation rekonstruiert werden konnte. Bei Letzterer zeigte sich, dass die Aktivitäten nicht verhandelbar sind und dass eine ordnungsgemäße Ausführung zentral ist. Die Bezeichnung „ordnungsgemäß" bezieht sich dabei auf eine fehlerfreie Bearbeitung und das Einhalten der vorgegebenen Reihenfolge. Diese Norm kann sowohl im Rahmen der videografierten Interaktionen als auch im Interview in Verbindung gebracht werden mit der Orientierung an einem störungsfreien Ablauf. Es kann somit festgestellt werden, dass bei Dora Dünki in Bezug auf rekonstruierbare Normen und Orientierungen zwischen der Video- und der Interviewinterpretation eine hohe Übereinstimmung besteht.

In Letzterer kommt zusätzlich die Norm des erwarteten Entwicklungsstandes der Kindergartenkinder auf der motorischen, sprachlichen, sozial-emotionalen und kognitiven Ebene dazu. Die Kinder werden pauschal als defizitär in ihrer Entwicklung konstruiert, wobei sich Dora Dünki als verantwortlich positioniert, die Defizite zumindest im Bereich der motorischen und sprachlichen Entwicklung im Kindergarten zu bearbeiten. Die Förderung gestaltet sie aufgrund ihres Wissens darüber, was die Kinder tun und lernen sollen. Die Kindergartenlehrerin spricht sich somit die Rahmungshoheit zu, was auf ein machtstrukturiertes Verhältnis zwischen ihr und den Kindergartenkindern hinweist. Indem die Kinder in den Interaktionen wiederholt als unselbstständig und unterstützungsbedürftig adressiert werden, schafft sich Dora Dünki Gelegenheiten zu steuern und ihre Rahmungshoheit aufrechtzuerhalten.

Das Zuschreiben von Rahmungshoheit zeigt sich indirekt auch darin, dass Dora Dünki im Kindergarten konsequent die Standardsprache einsetzt. Sie begründet dies im Interview mit ihrer Rolle als Sprachvorbild und damit, dass sie vermeiden wolle, dass parallel mehrere Sprachen gesprochen würden. Die

Kindergartenlehrerin positioniert sich damit als wissend hinsichtlich der Frage, welches (sprachliche) Umfeld richtig für die sprachliche Entwicklung ihrer Kindergartengruppe ist. Mit der Entscheidung, nur Hochdeutsch zu sprechen, stellt sich Dora Dünki gegen die entsprechende Regelung im Volksschulgesetz des Kantons Zürich[22], wonach im Kindergarten als Unterrichtsprache „grundsätzlich die Mundart" (ebd., S. 6, § 24) und erst ab der Primarstufe „grundsätzlich die Standardsprache" (ebd.) verwendet werden soll. Somit hält sie eine gesetzliche Regelung nicht ein, um den Anspruch zu erfüllen, den Kindern ein sprachlich anregendes Umfeld zu ermöglichen. Die professionelle Norm der Kindergartenlehrerin in Bezug auf eine gezielte Förderung der Entwicklung der Kindergartenkinder kann damit am Beispiel des sprachlichen Fortschritts bestätigt werden.

Sowohl in der Video- als auch in der Interviewinterpretation kommt eine Illusion von Erwartungslosigkeit zum Ausdruck. Denn die Erwartungen an die Kindergartenkinder werden auf der expliziten Ebene nur vordergründig reduziert oder sogar negiert. Auf der impliziten Ebene zeigt sich jedoch im Rahmen der Interviewinterpretation, dass eine gewisse Erwartung an einen bestimmten Entwicklungsstand der Kinder sehr wohl vorhanden ist und zum normativen Horizont wird. Im Interview konstruiert Dora Dünki die Kindergartenkinder in verschiedener Hinsicht als abhängig von Erwachsenen. Dies deutet auf eine Nicht-Passung mit dem erklärten Bildungsziel der Unabhängigkeit hin. Indem die Kindergartenlehrerin jedoch zur unumgänglichen Schnittstelle wird, wie sich in den interpretierten Videosequenzen zeigte, bestätigt sich die Abhängigkeit der Kinder – zumindest von ihr als erwachsener Person – und wird noch verstärkt.

Dora Dünkis Defizitorientierung kommt im Interview zum Ausdruck, hauptsächlich in Bezug auf die von ihr wahrgenommene Unselbstständigkeit der Kinder, der sie resigniert gegenübersteht. Die Lehrerin beschreibt diese Unselbstständigkeit als stabiles Merkmal der Klasse, was ihr die Arbeit im Kindergarten erschwere. In der Videointerpretation kann – in Passung zur Interviewinterpretation – die Herstellung einer Illusion von Selbstständigkeit rekonstruiert werden. Indem Dora Dünki die Kinder in der Interaktion mit ihnen als unselbstständig adressiert, scheinen die Defizitwahrnehmungen zementiert zu werden. In den bearbeiteten Videosequenzen aus ihrem Kindergarten kann lediglich die Musterlösung im Stuhlkreis als Versuch bewertet werden, die Selbstständigkeit der Kinder zu fördern. Die Praktiken der Kindergartenlehrerin – die Erteilung von konkreten Handlungsaufträgen und das Eliminieren von Störfaktoren – können hingegen

---

[22] Volksschulgesetz (VSG) des Kantons Zürich (2005). Abrufbar unter: http://www.zhlex.zh.ch/Erlass.html?Open&Ordnr=412.100 (abgerufen am 15.10.2024).

nicht als Förderung von Selbstständigkeit betrachtet werden. Vergleicht man die Video- mit der Interviewinterpretation, wird deutlich, dass Dora Dünki das Problem auf der expliziten Ebene zwar erkennt, es auf der Ebene der Praktiken aber nicht bearbeitet.

Dora Dünki fragt die interviewende Person mehrfach nach der gerade gestellten Frage (z. B.: *„Ähm, (2) äh, was war eigentlich die Frage? Moment"*, Z. 73). Darin dokumentiert sich eine Orientierung an der Aufgabenerfüllung. Dora Dünki positioniert sich dabei als Auftragsempfängerin und als jemand, die einen erteilten Auftrag gewissenhaft erfüllt. Dies hat insofern Relevanz, als dies der Adressierung der Kindergartenkinder in den interpretierten Videosequenzen entspricht. Indem sie sich nach der gestellten Frage erkundigt, scheint sie sich zu vergewissern, dass sie es „richtig" macht. Die ordnungsgemäße Ausführung eines Auftrags rückt sowohl für die Kinder als auch für sie selbst in den Vordergrund.

Insgesamt dokumentiert sich im Fall Dora Dünki ein divergentes, machtstrukturiertes Verhältnis zu den Kindergartenkindern, das in Bezug auf die Erteilung, das Empfangen und das Ausführen von Aufträgen eine Komplementarität aufweist. Das machtstrukturierte Verhältnis zeigt sich u. a. im Interview, als die Kindergartenkinder pauschalisierend als defizitär in ihrer Entwicklung konstruiert werden. Die Kinder werden „insgesamt als abweichend degradiert oder gradiert" (Nentwig-Gesemann & Gerstenberg, 2018, S. 142). Ein zusätzlicher Hinweis auf Machtstrukturen ist das Verhindern von Metakommunikation (vgl. ebd.). Dies ist erkennbar, wenn Dora Dünki die Kinder einzeln zu ihren vorbereiteten Arbeitsplätzen schickt und ihnen Aufgaben zuteilt, die in Einzelarbeit gelöst werden müssen. Indem sie den Unterricht auf der organisationalen Ebene machtstrukturiert steuert, trägt ihr Handeln zu einem reibungslosen Ablauf bei.

Vergleichende Analyse

8

Nachdem in Kapitel 7 die beiden Fälle Sandra Sommer und Dora Dünki getrennt voneinander dargestellt wurden und die komparative Analyse zur Präzisierung der beiden Fälle beitrug, werden sie nun im expliziten Fallvergleich darge-stellt. Um die Analyse noch deutlicher auf die in Abschnitt 1.3 formulierten Fragestellungen nach den Anerkennungsverhältnissen, der gegenseitigen Adres-sierung und den Normen der Anerkennung auszurichten, wird an dieser Stelle explizit danach gefragt, welche Anerkennungsverhältnisse sich zwischen den Kin-dergartenlehrerinnen und den Kindergartenkindern manifestieren. Nachfolgend werden zuerst die Ergebnisse aus den Videointerpretationen einander gegen-übergestellt und Anerkennungsverhältnisse benannt, die sich im Kontext der Auffangzeit rekonstruieren ließen (Abschn. 8.1). Wie im Folgenden dargelegt wird, zeigte sich in den Analysen, dass insbesondere im Rahmen der Ertei-lung und Ausführung von Aufträgen sowie im Umgang mit dem Spiel- und Lernangebot (Abschn. 8.1.1) und bei der Herstellung einer Verbindung zum Unterrichtsgegenstand (Abschn. 8.1.2) Anerkennungsverhältnisse unterschieden werden konnten. Anschließend werden die Ergebnisse aus der Interviewin-terpretation einander gegenübergestellt (Abschn. 8.2). Gefragt wird nach den Anerkennungsverhältnissen, die darin zum Ausdruck kommen, wobei die Kon-struktion des Kindergartenkindes dabei in den Fokus rückt. Einerseits werden die Kinder als in Abhängigkeit von ihrem Entwicklungsstand (Abschn. 8.2.1) und andererseits als zukünftige Erwachsene konstruiert (Abschn. 8.2.2). Innerhalb dieser Konstruktionen kommen die Anerkennungsverhältnisse besonders deutlich zum Ausdruck. Abschließend werden die Rekonstruktionen aus den Video- und den Interviewinterpretationen zu beiden Kindergartenlehrerinnen zusammenge-führt (Abschn. 8.3). Es stellte sich heraus, dass die Ergebnisse unter dem Aspekt der Herstellung der generationalen Ordnung verbunden werden können.

© Der/die Autor(en) 2025
S. Staub, *Anerkennungsverhältnisse in der Schule*, Kinder, Kindheiten und Kindheitsforschung 33, https://doi.org/10.1007/978-3-658-46176-8_8

8.1 Anerkennungsverhältnisse im Kontext der Auffangzeit (Videointerpretation)

Nachfolgend werden anhand von Adressierungen, Praktiken und normativen Horizonten unterscheidbare Anerkennungsverhältnisse dargestellt, die im Rahmen der Videointerpretation rekonstruiert werden konnten.

8.1.1 Zur Erteilung und Ausführung von Aufträgen sowie zum Umgang mit dem Spiel- und Lernangebot

Die Interaktionen zwischen den Kindergartenlehrerinnen und den Kindergartenkindern drehen sich während der Auffangzeit mehrheitlich um das Erteilen und Ausführen von (Handlungs-)Aufträgen. In diesem Kontext werden fünf Bereiche unterschieden, innerhalb derer unterschiedliche Anerkennungsverhältnisse zum Ausdruck kommen: Aufträge, die beim Übergang von der Familie in den Kindergarten erteilt werden (Abschn. 8.1.1.1), die Unterstützung im Umgang mit dem vorbereiteten Spiel- und Lernangebot (Abschn. 8.1.1.2), das Einfordern von Zwischenschritten (Abschn. 8.1.1.3), normative Setzungen für die weitere Zusammenarbeit (Abschn. 8.1.1.4) und die Überschreitung von gültigen Normen (Abschn. 8.1.1.5).

8.1.1.1 Beim Übergang von der Familie zum Kindergarten erteilte Aufträge

Die Kindergartenkinder werden in beiden Kindergärten beim Übergang von der Familie in den Kindergarten als unterstützungsbedürftig adressiert. Dieser Übergang wird durch die Begrüßung und die Erteilung eines ersten Auftrags strukturiert. Im Fall von Sandra Sommer handelt es sich beim ersten Auftrag um das Umziehen in der Garderobe, bei Dora Dünki um das Händewaschen. Beide Anweisungen können als tägliche Handlungsaufträge eingeordnet werden, was Dora Dünki mit dem expliziten Zusatz „so wie immer" verbal bestätigt. Bei Aufträgen, die täglich auszuführen sind, kann davon ausgegangen werden, dass die Kinder die erwarteten Handlungen selbstständig durchführen können. Beide Kindergartenlehrerinnen nennen den Handlungsauftrag nicht nur explizit, sondern wiederholen ihn. Es zeigt sich, dass die ordnungsgemäße Ausführung dieser Aufträge in beiden Kindergärten im Vordergrund steht.

Solche täglich wiederkehrenden Handlungen können als Rituale bezeichnet werden, die ein Element des „Classroom Managements" darstellen (vgl. Wannack & Herger, 2014, S. 42–44). Rituale erfüllen die Funktion, Soziabilität,

Sicherheit und Orientierung herzustellen (vgl. ebd.). In den vorliegenden Sequenzen erhalten v. a. die *Soziabilität* – also die Fähigkeit, mit anderen Menschen in Beziehung zu treten – und die *Sicherheit* Bedeutung. Die *Orientierung* – im Sinne einer zeitlichen Richtlinie – spielt hingegen keine Rolle. Beide Kindergartenlehrerinnen berücksichtigen somit die Notwendigkeit, beim alltäglichen Übergang von der Familie in den Kindergarten Sicherheit und Soziabilität zu vermitteln. Weil die Kinder während der Auffangzeit gestaffelt im Kindergarten ankommen, erhalten die Kindergartenlehrerinnen die Möglichkeit, jedem Einzelnen oder auch Kleingruppen ebendiese Sicherheit zu vermitteln und den Übergang zu begleiten. In Situationen des Übergangs von der Familie in den Kindergarten stellen die Kindergartenlehrerinnen eine Asymmetrie zwischen sich und den Kindergartenkindern her. Die Vermittlung von Sicherheit sowie die Klärung der Verhältnisse werden damit im Rahmen der Begrüßung und Erteilung erster Aufträge höher gewichtet als beispielsweise das Fördern von Selbstständigkeit.

In den Begrüßungssequenzen der beiden Kindergartenlehrerinnen kommt ein komplementäres Verhältnis zu den Kindern zum Ausdruck. Sandra Sommer und Dora Dünki positionieren sich als Auftragserteilende und adressieren die Kinder als Auftragsempfangende. Die Kinder wiederum nehmen die ihnen zugewiesene Position ein, wobei das unmittelbare Ausführen des Auftrags – insbesondere im Fall von Pepe (vgl. Sequenz „Tasche und Streifen", Abschn. 7.2.1.2) – zugunsten der von der Kindergartenlehrerin (hier: Sandra Sommer) vertretenen Norm „zuerst zuhören, dann den Auftrag ausführen" verhindert wird. Darin deutet sich ein divergentes Verhältnis an. Normativ werden die Begrüßungssequenzen in beiden Kindergärten gerahmt von konkreten, vorgegebenen und nicht verhandelbaren Aufträgen, die befolgt und ordnungsgemäß ausgeführt werden müssen. Anerkennbar werden in beiden Kindergärten somit jene Kinder, die sich dieser Norm unterordnen (können).

Zusammenfassend kann festgehalten werden, dass der Übergang von der Familie in den Kindergarten innerhalb der Norm der ordnungsgemäßen Ausführung von Aufträgen eng begleitet wird. Im Vordergrund stehen das Vermitteln von Sicherheit und die Klärung der Verhältnisse. Das von den Kindergertenlehrerinnen eingeforderte komplementäre und asymmetrische Anerkennungsverhältnis beinhaltet die Adressierung der Kindergartenkinder als Auftragsempfangende, die die Anweisungen ordnungsgemäß ausführen.

8.1.1.2 Unterstützung im Umgang mit dem vorbereiteten Spiel- und Lernangebot

Wie anhand der Sequenzen „Schubkarre" (vgl. Abschn. 7.2.1.3) und „Tschuldigung" (vgl. Abschn. 7.3.1.3) dargestellt, werden die Kinder in beiden Kindergärten auch nach dem Übergang von der Familie in den Kindergarten (vgl. Abschn. 8.1.1.1) im Umgang mit dem vorbereiteten Spiel- und Lernangebot als unterstützungsbedürftig adressiert, was im Fallvergleich differenziert werden kann. Während die Kinder von Sandra Sommer darin bestärkt werden, mit dem vorhandenen Material aktiv und gestaltend umzugehen, werden die Kinder in Dora Dünkis Klasse darin unterstützt, den Auftrag ordnungsgemäß auszuführen. Zudem adressiert Dora Dünki die Kinder im Umgang mit dem vorbereiteten Spiel- und Lernangebot als passiv Abwartende. Sie sollen zuerst zuhören und zuschauen und erst dann den Auftrag ausführen. Dies wird zum normativen Horizont. Die ordnungsgemäße Ausführung steht im Mittelpunkt, und die Kinder werden entsprechend in der Bearbeitung unterbrochen, wenn sie einen Fehler machen (vgl. Sequenz „Tschuldigung", Abschn. 7.3.1.3). Wird kontrastierend dazu auf die Sequenz „Schubkarre" geschaut, zeigt sich deutlich, dass Sandra Sommer die Kinder als aktiv Mitgestaltende adressiert. In Bezug auf den Parcours scheint die Norm, zuerst zuzuhören und zuzuschauen, nicht zwingend zu sein. Die Art und Weise, wie die Kindergartenlehrperson ein Kind im Rahmen des Spiel- und Lernangebotes unterstützt, bestimmt somit das Anerkennungsverhältnis.

Zur weiteren Veranschaulichung kann an dieser Stelle auf das Angebot-Nutzungs-Modell (Helmke, 2007) Bezug genommen werden. Unterricht wird darin – vereinfacht dargestellt – als Relation von einem durch die Lehrperson vorstrukturierten Angebot auf der einen Seite und der Nutzung dieses Angebots durch Schülerinnen und Schüler resp. Kindergartenkinder auf der anderen Seite verstanden. Während bei Sandra Sommer die vielfältige Nutzung des vorbereiteten Bewegungsparcours im Vordergrund steht, wozu die Kinder von der Kindergartenlehrerin befähigt werden, besteht Dora Dünkis Funktion darin, die Nutzung des Angebots bzw. die Bearbeitung der Aufträge zu überprüfen. Das Anerkennungsverhältnis zwischen Sandra Sommer und den Kindergartenkindern ist demnach weit gefasst und lässt verschiedene Herangehensweisen zu: Die Kindergartenlehrerin nimmt eine *ermöglichende Funktion* ein. Der gestaltende Umgang mit dem Material kann mit ihr ausgehandelt werden, was beispielsweise in der Interaktion mit Louisa (vgl. Sequenz „Schubkarre", Abschn. 7.2.1.3) zum Ausdruck kommt. Es zeigt sich ein reziprokes Verhältnis. Zwischen Dora Dünki und den Kindern ihres Kindergartens gibt es hingegen ein eng gefasstes Anerkennungsverhältnis. Die korrekte Bearbeitung des Auftrags steht im Zentrum und wird zum normativen Horizont. Die Kindergartenlehrerin hat die Funktion einer *kontrollierenden Instanz.* Der Umstand, dass Dora Dünki die richtige Nutzung des Angebots bestimmt, zeigt ein machtstrukturiertes Verhältnis zwischen ihr und den Kindergartenkindern.

8.1.1.3 Einfordern eines Zwischenschrittes

Beide Kindergartenlehrerinnen fordern bei je einem Kind einen Zwischenschritt bei der Ausführung eines Auftrags ein. Sandra Sommer setzt diese Praktik in der Interaktion mit Pepe ein, als sie ihn beauftragt, zuerst zu prüfen, ob die Erde trocken ist und Pflanzen demnach Wasser brauchen (vgl. Sequenz „Sonnenblumen", Abschn. 7.2.1.4). Dieser Zwischenschritt verhindert, dass die Pflanzen zu viel Wasser bekommen. Pepe wird dadurch situativ eng geführt, was einen aktiven bzw. handelnden Umgang mit den Pflanzen ermöglicht. Dora Dünki hingegen bittet Laura, die ausgeschnittenen Clowns zuerst in eine Reihe zu legen, bevor das Kind diese auf das Papier klebt (vgl. Sequenz „Tschuldigung", Abschn. 7.3.1.3). Dieser Zwischenschritt verhindert, dass die Clowns in einer falschen Reihenfolge aufgeklebt werden, und er trägt dazu bei, dass Laura den Auftrag ordnungsgemäß ausführen kann. Auch hier könnte man von einem aktiven bzw. handelnden Umgang mit den Clowns sprechen. Im Gegensatz zur Sequenz „Sonnenblumen" in Sandra Sommers Kindergarten steht in der Sequenz „Tschuldigung" aber das ordnungsgemäße Ausführen im Hinblick auf die Musterlösung im Vordergrund. Das *Einfordern des Zwischenschrittes* findet in beiden Sequenzen im Rahmen einer bruchhaften Sequenz statt und markiert eine enge Führung der Kinder. Die Rahmungsmacht liegt in beiden Fällen bei den Kindergartenlehrerinnen.

8.1.1.4 Normative Setzungen für die weitere Zusammenarbeit

Aus den beiden Sequenzen „Tasche und Streifen" im Kindergarten von Sandra Sommer (vgl. Abschn. 7.2.1.2) bzw. „Händewaschen und Clowns ausschneiden" in jenem von Dora Dünki (vgl. Abschn. 7.3.1.2) lassen sich bereits im Rahmen der ersten Interaktionen mit einzelnen Kindern Normen rekonstruieren, die nachfolgend beim Umgang mit den vorbereiteten Spiel- und Lernangeboten gültig sind. Wie anhand dieser beiden Sequenzen aufgezeigt wurde, wird der Übergang von der Familie in den Kindergarten von der Kindergartenlehrerin eng begleitet, wobei auch eine normative Setzung für die weitere Zusammenarbeit vorgenommen wird. So findet bei Sandra Sommer nach der Begrüßungssequenz ein Wechsel zu einem *aktiven und gestaltenden Umgang mit vorhandenem Material* statt. Auf der Ebene der Aufgabenstellung kann ein Wechsel von der „lehrpersonenzentrierte[n]" (Beeli-Zimmermann & Staub, 2020, S. 59) Begrüßung und

Erteilung von konkreten Handlungsaufträgen beim Umziehen zu einem „kindzentrierte[n]" (ebd., S. 57) Umgang mit dem vorbereiteten Spiel- und Lernangebot festgestellt werden. Bei Dora Dünki hingegen behält die *Norm der ordnungsgemäßen Ausführung von Aufträgen* auch im weiteren Verlauf der Auffangzeit Priorität. Der eben genannte Wechsel auf der Ebene der Aufgabenstellung lässt sich bei ihr nicht erkennen. In der bruchhaften Sequenz „Sonnenblumen" (vgl. Abschn. 7.2.1.4) steht jedoch auch bei Sandra Sommer wieder die ordnungsgemäße Ausführung eines konkreten Auftrags im Vordergrund. In dieser Sequenz konnte jedoch parallel zur Engführung auch eine Ermöglichung aufgezeigt werden: Pepe kann sich mit den Pflanzen aktiv auseinandersetzen, was dem von der Kindergartenlehrerin eingeführten normativen Horizont entspricht. Während die Kinder bei Sandra Sommer im Rahmen der Auffangzeit zu *Mitgestaltenden* werden, bleiben sie bei Dora Dünki vorwiegend *Auftragsausführende*.

Die Adressierungen der Kinder stehen in Passung zur normativen Setzung bezüglich der weiteren Zusammenarbeit (vgl. Sequenzen „Tasche und Streifen", Abschn. 7.2.1.2 und Sequenz „Händewaschen und Clowns ausschneiden", Abschn. 7.3.1.2). Bei Sandra Sommer verändert sich die Adressierung von unterstützungsbedürftig zu kompetent. Die Adressierung der Kindergartenkinder als kompetent steht somit in einem Passungsverhältnis zur Norm des aktiven und gestaltenden Umgangs mit dem vorbereiteten Parcours. Bei Dora Dünki bleibt die Adressierung hingegen mehrheitlich gleich: Die Kinder werden auch nach der Begrüßung als unterstützungsbedürftig adressiert. Dies steht in Passung zur weiterhin gültigen Norm des ordnungsgemäßen Ausführens von vorgegebenen Handlungsaufträgen. Auf den ersten Blick kann die in beiden Fällen vorhandene Passung zwischen der Adressierung und der gültigen Norm als positiv bewertet werden. Es zeigt sich aber auch deutlich, dass der normative Rahmen, den Dora Dünki setzt, sehr viel enger ist als derjenige, den Sandra Sommer vorgibt. Die Gefahr des Abweichens von der Norm – und damit die Wahrscheinlichkeit, dass zwischen dem Verhalten der Kinder und der Norm ein Verhältnis der NichtPassung entsteht –, ist bei Dora Dünki somit viel größer als bei Sandra Sommer. Dies erfordert von Dora Dünki eine hohe Präsenz, da sie ständig kontrollieren und gegebenenfalls intervenieren muss, wenn ein Kind von der Norm abweicht. Die Kinder hingegen müssen sich wiederholt bei der Lehrerin rückversichern, ob sie das Richtige tun. Um der Norm des ordnungsgemäßen Ausführens von vorgegebenen Handlungsaufträgen gerecht zu werden, müssen die Kinder alle notwendigen Informationen dazu erhalten. In der Intervention bei Laura (vgl. Sequenz „Tschuldigung", Abschn. 7.3.1.3) kommt jedoch zudem zum Ausdruck, dass der Handlungsauftrag nachträglich präzisiert wurde. Denn als Laura begann, ihren Auftrag zu bearbeiten, fehlten ihr Informationen über die ordnungsgemäße

Ausführung. Ebenso einengend wirkt bei Dora Dünki die *Norm der fehlerfreien Bearbeitung der Aufgabenstellung*, wie sie u. a. in der Interaktion mit Emil zum Ausdruck kommt, den sie auf einen noch verbleibenden Fehler in der Aufgabenbearbeitung hinweist und bereits eine spätere Kontrolle der Ausführung ankündigt (vgl. Sequenz „Zauberschrift", Abschn. 7.3.1.4).

Bei Sandra Sommer steckt im Verweis („ein bisschen ein anderer", vgl. Sequenz „Tasche und Streifen", Abschn. 7.2.1.2) auf ein bereits bekanntes Spiel- und Lernangebot ein weiteres Phänomen. Sie stellt damit nämlich eine Verbindung zu einer „gemeinsamen lokalen Geschichte" (Tyagunova & Breidenstein, 2016, S. 82) her. Allgemeiner formuliert handelt es sich hierbei um eine Referenz auf eine gemeinsame Erfahrung aus der Vergangenheit – hier ein bereits durchgeführter Parcours in einer etwas anderen Form. Im Vergleich dazu enthalten Dora Dünkis Worte „so wie immer" (vgl. Sequenz „Händewaschen und Clowns ausschneiden", Abschn. 7.3.1.2) den Hinweis, dass ebendieser Auftrag des Händewaschens täglich erfüllt werden muss. Bei Sandra Sommer ermöglicht der Verweis auf die gemeinsame lokale Geschichte, auf weitere Anweisungen zu verzichten. Im Verzicht auf das Erteilen von konkreten Handlungsaufträgen dokumentiert sich ein Zutrauen, dass die Kinder mit dem Spiel- und Lernangebot umgehen können. Schon kurz nach der Begrüßung werden die Kinder also als kompetent sowohl im Umgang mit dem vorbereiteten Spiel- und Lernangebot als auch bezüglich des Handelns innerhalb des gültigen normativen Horizonts adressiert. Während Sandra Sommer den drei Kindern Pepe, Luca und Sanja somit Kompetenzen zuschreibt (vgl. Sequenz „Tasche und Streifen", Abschn. 7.2.1.2), spricht Dora Dünki entsprechende Fähigkeiten beispielsweise Tom ab, als sie ihn als vermutlich inkompetent adressiert, die vorbereitete Aufgabe erfolgreich zu bearbeiten (vgl. Sequenz „Zauberschrift", Abschn. 7.3.1.4). In der Sequenz mit Tom zeigt sich eine potenzielle Nicht-Passung zwischen dem Entwicklungsstand des Kindes und der Aufgabenstellung. Diese Nicht-Passung wird bereits in der Adressierung angekündigt, bevor sich das Kind der Aufgabe annähern und sich ihr stellen kann, während bei Sandra Sommer die Passung ebenfalls bereits in der Adressierung vorhergesagt wird. Hierin zeigt sich insofern eine Parallele, als dass beide Kindergartenlehrerinnen im ersten Hinweis auf das Spiel- und Lernangebot die Kinder auf eine prognostische Art und Weise in Bezug auf den Erfolg im Umgang mit dem vorbereiteten Angebot adressieren. Der Unterschied besteht jedoch darin, dass Sandra Sommer eine Prognose der Passung wagt, wohingegen Dora Dünki eine Prognose der potenziellen Nicht-Passung in den Raum stellt. Die Anerkennungsverhältnisse werden somit durch die Prognose der Passung bzw. der Nicht-Passung zwischen den zugeschriebenen Kompetenzen der Kinder und den Anforderungen des Spiel- und Lernangebots bestimmt. Die

Adressierung der Kinder erfolgt einerseits in Abhängigkeit von der Prognose, ob die Gestaltung des Spiel- und Lernangebots für das einzelne Kind auf eine Passung oder eine Nicht-Passung hinausläuft. Andererseits ist die Adressierung aber auch davon abhängig, ob es der Kindergartenlehrperson gelingt, trotz der prognostizierten Nicht-Passung kommunikativ eine Passung herzustellen. Dies zeigt sich in der Interaktion zwischen Dora Dünki und Tom: Sie fordert ihn auf, es trotz der erwarteten Nicht-Passung einfach zu versuchen. Die Kindergartenlehrerin versucht also, auf der kommunikativen Ebene Passung herzustellen und schützt den Jungen dadurch vor einem möglichen Misserfolg. Zusammenfassend kann bei Sandra Sommer ein *Modus des Zutrauens* und bei Dora Dünki im Fall von Tom ein *Modus des Schützens vor Misserfolg* festgestellt werden.

8.1.1.5 Überschreitung von gültigen Normen

Nachdem in Abschnitt 8.1.1.4 beschrieben wurde, welche normativen Setzungen die Kindergartenlehrerinnen in den untersuchten Sequenzen vornehmen, wird nun geprüft, inwiefern die adressierten Kindergartenkinder diese Normen überschreiten könnten und dies tatsächlich tun. Letzteres ist laut Butler (2009) notwendig, um als spezifisches Kindergartenkind anerkannt zu werden (vgl. Abschn. 4.1). Als Beispiel kann Pepe genannt werden, der in der Sequenz „Tasche und Streifen" (vgl. Abschn. 7.2.1.2) während der Begrüßung durch Sandra Sommer mit dem Ausruf „Jupi" auf den vorbereiteten Bewegungsparcours reagiert, sich später die Kinder mit kreisenden Hula-Hoop-Reifen kurz anschaut und sich dann aber den Sonnenblumen widmet (vgl. Sequenz „Sonnenblumen", Abschn. 7.2.1.4). Er verweigert sich damit der Norm des aktiven und gestaltenden Umgangs mit dem vorbereiteten Bewegungsparcours und rahmt sie im Umgang mit den vorhandenen Pflanzen neu. Er forciert dadurch das Aushandeln von Grenzen der gültigen Norm in Bezug auf den Aspekt, was zum vorhandenen Material zählt und was nicht. Indem Sandra Sommer darauf eingeht, gelingt es Pepe, die Norm zu überschreiten und dadurch passend zu seinem situativ erwachenden Interesse zu erweitern. Es zeigt sich ein responsiver Interaktionsmodus.

Während in diesem Beispiel Pepe die Normverschiebung initiiert, lässt sich in der Sequenz „Schubkarre" (vgl. Abschn. 7.2.1.3) eine von der Kindergartenlehrerin initiierte Erweiterung erkennen – nämlich, als sie Louisa vorschlägt, die Jonglierringe auf den Vorplatz zu holen und damit das vorhandene Material zu erweitern. Die Norm des aktiven und gestaltenden Umgangs mit dem vorhandenen Material bleibt zwar bestehen, aber die Grenze, was zum vorhandenen Material gezählt wird, ist offensichtlich situativ verschiebbar.

Im Kindergarten von Dora Dünki kann in Bezug auf die Frage nach der Überschreitung von gültigen Normen Laura als Beispiel genannt werden, die in der

Sequenz „Clowns ausschneiden und Händewaschen" (vgl. Abschn. 7.3.1.2) zuerst versucht, mit dem mitgebrachten Heft unter dem Arm die Hände zu waschen, und – nachdem es Frau Dünki auf den Tisch gelegt und sie die Hände gewaschen hat – das Heft wieder in die Hand nimmt. Laura befolgt zwar die konkreten Handlungsaufträge der Kindergartenlehrerin, ordnet sich diesen aber nicht komplett unter und behält ihr Heft auf eine subtile Art und Weise im Fokus ihrer Aufmerksamkeit. Sie positioniert sich damit einerseits als Auftragsempfangende und andererseits als Mädchen, das mit dem von zuhause mitgebrachten Heft eigenen Interessen verfolgt. Indem Dora Dünki das Heft zweimal wegnimmt und auf den Tisch legt, eliminiert sie einen Störfaktor in Bezug auf die gültige Norm der ordnungsgemäßen Ausführung eines vorgegebenen Auftrags. Auf eine sehr subtile Art und Weise kommt es zu einem Aushandeln zwischen Unterwerfung und Überschreitung der Norm. Dora Dünki dominiert das Aushandeln, in dessen Verlauf sich Laura (vorerst) der für sie vorgesehenen Aufgabe mit den Clowns widmet. Es handelt sich um eine machtstrukturierte Interaktion.

Werden nun die beiden Situationen verglichen, in denen jeweils ein Kind die gültige Norm überschreitet, zeigt sich, dass bei Sandra Sommer eine Erweiterung der Grenzen der gültigen Norm ausgehandelt werden kann, während Dora Dünki die Situation so stark dominiert, dass eine Erweiterung verhindert wird. Das Verhindern einer Normerweiterung durch Dora Dünki stimmt mit den Erkenntnissen von Sieber Egger und Unterweger (2020) überein, wonach in den von ihnen untersuchten Kindergärten die Möglichkeiten der Normverschiebung mit viel Aufwand gering gehalten werden (vgl. ebd., S. 291).

8.1.2 Zur Herstellung einer Verbindung zum Unterrichtsgegenstand

Die beiden Kindergartenlehrerinnen setzen im Verlauf der Auffangzeit verschiedene Praktiken ein, um eine Verbindung zum Unterrichtsgegenstand herzustellen. Nachfolgend werden drei Praktiken beschrieben, miteinander verglichen und jeweils im Hinblick auf die Frage untersucht, welche Anerkennungsverhältnisse sich darin zeigen. Es handelt sich um die Lenkung der Aufmerksamkeit durch Berührung (Abschn. 8.1.2.1), die Praktik des Zeigens (Abschn. 8.1.2.2) und den Einsatz von visualisierenden Gesten (Abschn. 8.1.2.3).

8.1.2.1 Lenkung der Aufmerksamkeit durch Berührung

Bei beiden Kindergartenlehrerinnen konnten im Rahmen der untersuchten Videosequenzen *Berührungen der Kinderkörper* beobachtet werden. Gemeint sind hierbei Berührungen jenseits des Handschlags bei der Begrüßung. Sowohl Sandra Sommer als auch Dora Dünki adressieren damit die Kinder implizit als lenkungsbedürftig hinsichtlich ihrer Aufmerksamkeit. Bei Sandra Sommer zeigt sich, dass das Berühren von Pepes Hand dazu dient, dass dieser sich zu ihr umdreht. Damit kann die Norm „zuerst zuhören und dann den Auftrag ausführen" erfüllt werden (vgl. Sequenz „Tasche und Streifen" sowie Abbildung 7.3, Fotogramm 2, Abschn. 7.2.1.2). Dora Dünki berührt Laura, als sie das Mädchen an der Hand fasst und in den Kreis führt (vgl. Sequenz „Händewaschen und Clowns ausschneiden", Abschn. 7.3.1.2). Dort weist sie Laura auf die Musterlösung hin, was das Kind ebenfalls dazu befähigt, die gültige Norm des ordnungsgemäßen Ausführens des vorgegebenen Auftrags zu erfüllen. Werden diese beiden Sequenzen miteinander verglichen, erhält nun auch in der Interaktion zwischen Dora Dünki und Laura die Norm „zuerst zuhören und dann den Auftrag ausführen" Gültigkeit. Bei Dora Dünki wird das Zuhören um das „Schauen" ergänzt, da die Musterlösung visuell erfasst werden kann. Es kann festgestellt werden, dass beide Kindergartenlehrerinnen ihren eigenen Körper dazu einsetzen, die Körper der Kinder und damit auch deren Aufmerksamkeit zu steuern. Der Einsatz solcher Praktiken geht einher mit der Adressierung der Kindergartenkinder als unterstützungsbedürftig. Es dokumentiert sich ein asymmetrisches Anerkennungsverhältnis, in dem die Rahmungsmacht darüber, was der Unterrichtsgegenstand ist und welche Aufmerksamkeit dieser verdient, bei der Kindergartenlehrperson liegt.

8.1.2.2 Praktik des Zeigens

Eine weitere Praktik, in der eine Verbindung zum Unterrichtsgegenstand hergestellt wird, ist diejenige des Zeigens (vgl. z. B. Prange, 2005). Sie wird von den beiden Kindergartenlehrerinnen unterschiedlich ausgestaltet. Sandra Sommer zeigt in der Sequenz „Schubkarre" (vgl. Abschn. 7.2.1.3) vor, wie ein aktiver und gestaltender Umgang mit dem Material aussehen könnte. Sie wirft Bälle in eine Schubkarre und deutet damit an, was die Kinder üben und dadurch lernen könnten. Das Zeigen erhält damit die *Funktion des Hinweisens, was es zu lernen gilt* (vgl. Sieber Egger & Unterweger, 2020, S. 285). Es kommt jedoch auch zum Ausdruck, dass es sich beim Werfen um eine exemplarische Darstellung innerhalb der Norm des aktiven und gestaltenden Umgangs mit dem Material handelt. Das Zeigen erfolgt somit auf eine Art und Weise, die das Einhalten der Norm ermöglicht, und ist als Handlungsmöglichkeit zu verstehen. Dies bestätigt ein Kind, Peter, der anschließend einen aktiven und gestaltenden Umgang mit anderem vorhandenem Material vorzeigt: Er hüpft auf einem Bein über einen Balken und lässt dabei einen Hula-Hoop-Reifen kreisen. Obschon er nur teilweise erfolgreich ist, zeigt er, was er geübt und gelernt hat, und positioniert sich damit als ebenso aktiv und gestaltend wie die Kindergartenlehrerin. Sandra Sommer bestätigt seine Fähigkeiten auf eine summative Art („Woa").

Bei Dora Dünki zeigt sich diese Praktik des Zeigens, was es zu lernen gilt, in modifizierter Form. Bei ihr scheint weniger das Lernen und mehr das konkrete Tun im Vordergrund zu stehen. So zeigt sie beispielsweise Laura eine Musterlösung und erklärt ihr verbal und nonverbal, was sie tun solle (vgl. Sequenz „Händewaschen und Clowns ausschneiden", vgl. Abschnitt 7.3.1.2). Indem sie mit einer Schneidebewegung auf das Ausschneiden der Clowns und mit einer Zickzackbewegung auf das Anordnen der Clowns hinweist, erhält das Zeigen die *Funktion des Hinweisens, was es innerhalb der Norm des ordnungsgemäßen Ausführens zu tun gilt.* Insofern besteht eine Parallele zwischen den sich unterscheidenden Praktiken des Zeigens: Beide Kindergartenlehrerinnen setzen diese ein, um den Kindern das Einhalten der gültigen Norm zu ermöglichen. Indem beispielsweise Besir in derselben Sequenz laut kommentiert, dass er schon drei Clowns ausgeschnitten habe, demonstriert er der Kindergartenlehrerin, was er schon gemacht hat. Er positioniert sich als jemand, der die Vorgaben befolgt. Auch Dora Dünki bestätigt den Fortschritt summativ („Schon drei, super"). Die Kinder beider Kindergärten belegen durch das Zeigen, dass sie sich in der jeweils gültigen Norm bewegen: Peter im Rahmen der Norm des aktiven und gestaltenden Umgangs mit dem Material und Besir innerhalb der Norm der ordnungsgemäßen Ausführung des Auftrags.

Die Norm des aktiven und gestaltenden Umgangs mit dem Material ist bei Sandra Sommer sehr breit gefasst und lässt vielfältige Subjektpositionen zu, die die Kinder innerhalb dieses normativen Horizonts einnehmen können. Es ist nicht genau festgelegt, was gelernt werden kann und was nicht, wobei das Aufzeigen von Handlungsmöglichkeiten eine Steuerung durch die Kindergartenlehrerin zulässt. Das Anerkennungsverhältnis bei Sandra Sommer hat somit einen mitgestaltenden Charakter. Bei Dora Dünki hingegen engt die Norm des ordnungsgemäßen Ausführens eines Auftrags die möglichen Subjektpositionen der Kinder stark ein. Bei ihr dokumentiert sich eine Rahmungsmacht darüber, welches Tun als richtig und welches als falsch bewertet wird. Insofern wird deutlich, dass die Kinder ihres Kindergartens – bzw. zumindest Laura, Emil und Besir – ständig Gefahr laufen, der Norm des korrekten Befolgens von konkreten Handlungsanweisungen nicht gerecht und dadurch nicht anerkannt zu werden.

Wenn Dora Dünki Störfaktoren eliminiert (vgl. Abschn. 7.3.1), kann dies als Hilfestellung verstanden werden: Sie unterstützt die Kinder darin, sich innerhalb der Norm zu bewegen. Das mit viel Aufwand erfolgte „Schmalhalten" der gültigen Norm durch die Kindergartenlehrerin scheint ihr im Umkehrschluss die Selbstpositionierung als Unterstützerin und Helferin zu ermöglichen und die Abhängigkeit der

Kinder von ihr bestehen zu lassen bzw. sogar noch zu verstärken. Das Anerkennungsverhältnis zwischen Dora Dünki und den Kindern ist somit vom Aufrechterhalten
einer Abhängigkeit in Bezug auf die ordnungsgemäße Bearbeitung der Aufgabe
geprägt, was sich insbesondere bei Laura, Besir und Emil zeigt. Dadurch wird gleichzeitig eine selbstständige Bearbeitung der Aufgabe erschwert. Im Vergleich dazu
zeigt sich in der Sequenz „Schubkarre" eine deutlich schwächere Abhängigkeit
zwischen Sandra Sommer und den in dieser Sequenz aktiven Kindern. Letzteren
ermöglicht dies einen selbstständigen Umgang mit dem vorhandenen Material.

Die Praktik des Zeigens wird also sowohl von den Kindergartenlehrerinnen
als auch von den Kindern eingesetzt und dient der Kommunikation darüber,
was gelernt bzw. getan werden soll – also der Verständigung über den Unterrichtsgegenstand. Peter beispielsweise positioniert sich als gestaltendes Kind,
Besir als Kind, das die Anweisungen befolgt. Diese Positionierungen befinden
sich in Passung zu den Adressierungen und den gültigen Normen. Sie werden
von der jeweiligen Kindergartenlehrerin verbal bestätigt. Die Anerkennungsverhältnisse können in beiden Kindergärten in Bezug auf das gegenseitige Zeigen
als komplementär bezeichnet werden. Indem Dora Dünki jedoch bestimmt, was
richtig und was falsch ist, erhält das Anerkennungsverhältnis bei ihr einen
machtstrukturierten Charakter.

8.1.2.3 Einsatz von visualisierenden Gesten

Sowohl Sandra Sommer als auch Dora Dünki setzen visualisierende Gesten ein.
Diese können ebenfalls im Kontext der Herstellung einer Verbindung zum Unterrichtsgegenstand beleuchtet werden. Sandra Sommer deutet mit den Armen ein
Kreuz an (vgl. Sequenz „Schubkarre", Abschn. 7.2.1.3). Sie weist damit auf die
situativ sich zeigende Herausforderung hin, dass zwei Kinder auf einem Balken,
der sich rund 20 Zentimeter über dem Boden befindet, aufeinander zugehen und,
um nicht heruntersteigen zu müssen, sich auf irgendeine geschickte Art und Weise
auf dem Balken aneinander vorbeigehen müssen. Dieses Kreuzen bzw. aneinander Vorbeigehen auf dem Balken stellt eine Handlungsmöglichkeit dar und weist
auf das hin, was es möglicherweise zu lernen gilt. Die Annäherung an diese Herausforderung findet innerhalb der Norm des aktiven und gestaltenden Umgangs
mit dem Material statt.

Dora Dünki setzt in zwei Sequenzen visualisierende Gesten ein. Erstens zeigt sie Laura mithilfe von Schneide- und Zickzackbewegungen, was
anschließend zu tun ist (vgl. Sequenz „Händewaschen und Clowns ausschneiden",
Abschn. 7.3.1.2). Dadurch wird die ordnungsgemäße Ausführung der Aufgabe
gewährleistet. Dora Dünki nimmt dabei eine aktive Rolle ein, Laura eine passive. Zweitens macht die Kindergartenlehrerin eine Handbewegung, die auf einen

imaginären Zauberstock hinweist. Damit visualisiert sie den Zauberspruch „Hokuspokus Simsalabim" (vgl. Sequenz „Zauberschrift", Abschn. 7.3.1.4). Die Aufgabe erhält dadurch auf der verbalen und der nonverbalen Ebene einen spielerischen Charakter.

In allen drei Sequenzen werden die Kinder durch die visualisierenden Gesten als unterstützungsbedürftig adressiert. Die Gesten betonten die Relevanz der damit in Verbindung gebrachten Aussagen der Kindergartenlehrerinnen und stellen eine Verbindung zum Unterrichtsgegenstand her. Die Rahmungshoheit darüber, was der Unterrichtsgegenstand ist, liegt auch bei dieser Praktik bei den Kindergartenlehrerinnen. Für die Kinder wird die Auseinandersetzung mit dem von Sandra Sommer bzw. Dora Dünki bestimmten Unterrichtsgegenstand verbindlich. Es kommt aber auch deutlich zum Ausdruck, dass die Kinder in Sandra Sommers Kindergartenklasse in einem *gestaltenden Modus* mit dem Spiel- und Lernangebot umgehen, während sich bei Dora Dünki ein die *Anweisungen befolgender Modus* dokumentiert.

Zusammenfassend kann festgestellt werden, dass die beiden Kindergartenlehrerinnen ihren Körper, Berührungen und nonverbale Kommunikation einsetzen, um den Unterrichtsgegenstand zu definieren und den Umgang damit innerhalb der gültigen Normen zu ermöglichen. In Bezug auf Anerkennungsverhältnisse zeigt sich bei Sandra Sommer, dass verschiedene Subjektpositionen möglich sind und dass die Kinder ihre Position mitgestalten können. Bei Dora Dünki hingegen können sich die Kinder nur innerhalb eines klar vorgegebenen Rahmens positionieren und werden darin anerkennbar.

8.2 Anerkennungsverhältnisse im Kontext der Konstruktion des Kindergartenkindes (Interviewinterpretation)

Nachdem in Abschnitt 8.1 Anerkennungsverhältnisse aus den Videointerpretationen rekonstruiert und beide Fälle zusammengeführt wurden, richtet sich der Blick nun auf die Interviewinterpretationen. Es zeigte sich, dass die Art und Weise, wie Kindergartenkinder konstruiert werden, für die Bestimmung der Anerkennungsverhältnisse zentral ist. Bedeutsam ist diesbezüglich insbesondere die Abhängigkeit vom Entwicklungsstand der Kinder (Abschn. 8.2.1) und das Bild der Kinder als zukünftige Erwachsene (Abschn. 8.2.2).

8.2.1 Kinder in Abhängigkeit von ihrem Entwicklungsstand

Eine der auffälligsten Gemeinsamkeiten in den Interviews mit den beiden Kindergartenlehrerinnen besteht darin, dass sowohl Sandra Sommer als auch Dora Dünki die Kindergartenkinder in Abhängigkeit von ihrem Entwicklungsstand konstruieren. Sandra Sommer thematisiert den körperlichen Entwicklungsstand v. a. in Bezug auf ein bestimmtes Kind und problematisiert diesen im Kontext der Klassengröße. Sie sieht sich in einem Spannungsfeld, in dem sie einerseits einem einzelnen Kind und andererseits der ganzen Kindergartenklasse gerecht werden muss. Dora Dünki hingegen bezeichnet den Entwicklungsstand der Kinder v. a. auf der motorischen und sprachlichen Ebene pauschal als defizitär und problematisiert diesen im Hinblick auf ihre Arbeit im Kindergarten. Die beruflichen Erfahrungen als Lehrerin in einem anderen Kindergarten werden für sie zum Vergleichshorizont. In den Interviews dokumentiert sich in Bezug auf den Entwicklungsstand somit in beiden Fällen eine Nicht-Passung. Als möglicher Kontext für diesen inhaltlichen Fokus in den Interviews können bildungspolitische Entscheide betrachtet werden: Durch die Verschiebung des Stichtags, an dem die Kinder das vierte Altersjahr vollendet haben müssen (vgl. Imlig et al., 2019, S. 15 f.), reduzierte sich das Eintrittsalter der Kinder zwischen 2014 und 2020 schrittweise (vgl. Abschn. 3.1.2). Die sich dadurch veränderte Altersstruktur der Kindergartenklassen zeigte sich erwartungsgemäß auch darin, dass der durchschnittliche Entwicklungsstand der Kindergartenkinder entsprechend sank.

Der Umgang mit der veränderten Altersstruktur der Kindergartenklassen und damit einhergehenden Herausforderungen unterscheidet sich hingegen zwischen den beiden Kindergartenlehrerinnen. Bei Sandra Sommer kommt ein *Modus des Akzeptierens und Arrangierens* zum Ausdruck. Es kann davon ausgegangen werden, dass sie die veränderte Altersstruktur als gegeben akzeptiert und sich damit arrangiert bzw. ihre Arbeit im Kindergarten an die veränderten Gegebenheiten anpasst. Dies zeigt sich zum Beispiel darin, dass sie ein Kind explizit an den Toilettengang erinnert, auch wenn sie dies nicht als ihre Aufgabe betrachtet. Bei Dora Dünki hingegen dokumentiert sich ein *Modus der Resignation und des Beschwerens*. Der defizitäre Entwicklungsstand der Kinder macht ihr die Arbeit schwer bzw. gefährdet ihre Orientierung an einem reibungslosen Ablauf. Im Umgang damit verstärkt sie ihre Steuerung, indem sie die Kinder mit vorgegebenen Aufgaben beschäftigt. Jeden einzelnen Arbeitstag zu überstehen, wird zur zentralen Orientierung. Die Situation im Kindergarten führt zu Überforderung und Unzufriedenheit. In Bezug auf die Kindergartenkinder bedeutet dies, dass Dora Dünki die Erwartungen an sie negiert und ihnen dadurch zum Teil die

Möglichkeit nimmt, die eigene Entwicklung und das individuelle Lernen wahrzunehmen. Sandra Sommer thematisiert den Entwicklungsstand hingegen eher aus der Perspektive der Unterrichtsgestaltung. Dadurch bleibt sie handlungsfähig. Dora Dünki wiederum bezieht sich implizit auf die Problematik des Entwicklungsstandes der Kinder zum Zeitpunkt des Eintritts in den Kindergarten. Es zeigt sich, dass Dora Dünki bestimmte Vorstellungen bezüglich der Reife und individuellen Bereitschaft für die sogenannte „Transition" (Vollmer, 2017, S. 249 f.), also den Eintritt in den Kindergarten verstanden als Übergangsphase, hat. Da sie keinen Einfluss darauf hat, wie die Kinder vor dem Eintritt in den Kindergarten gefördert wurden, eröffnet sich ihr nur ein geringer Handlungsspielraum. Die Defizite müssen gezwungenermaßen im Kindergarten ausgeglichen werden. Die Kindergartenlehrerin kann dadurch aktiv etwas zum Umgang mit der Problematik des defizitären Entwicklungsstandes beitragen, sieht sich dafür aber nicht als verantwortlich.

Während Sandra Sommer das Kindergartenkind also als sich noch in Entwicklung befindend konstruiert, zeichnet Dora Dünki das Bild eines Kindes, das noch nicht ausreichend entwickelt ist. Das Anerkennungsverhältnis zwischen der erstgenannten Kindergartenlehrerin und den Kindern ihres Kindergartens zeigt sich in einer akzeptierenden, dasjenige Dora Dünkis in einer resignierenden Form.

8.2.2 Kinder als zukünftige Erwachsene

In der Konstruktion der Kindergartenkinder in Abhängigkeit von ihrem Entwicklungsstand kommt die Vorstellung zum Ausdruck, dass es sich bei Kindern um zukünftige Erwachsene handelt. Diese Konstruktion basiert auf einer differenztheoretischen Unterscheidung zwischen Kindern und Erwachsenen. Entwicklung wird dabei gleichzeitig als „Voraussetzung und Ziel, aber auch [als] Ergebnis von Erziehung" (Honig, 2018, S. 195) verstanden. Das dahinterstehende Konzept fasst das Kind als Wesen auf, das zu einem Erwachsenen wird („becoming"). Dem steht das Konzept eines Kindes gegenüber, das sich in seiner Gegenwart befindet („being"), oder eines Kindes, das das eigene Aufwachsen und die sozialen Beziehungen aktiv mitgestaltet („agent") (ebd.). Anhand dieser Konstruktion des Kindergartenkindes stellt sich nun die Frage, welches Bild des zukünftigen Erwachsenen sich in den beiden Interviews dokumentiert.

Bei Sandra Sommer zeigt sich das Bild einer erwachsenen Person, die in verschiedenen Spannungsfeldern bestehen kann. Sie bezieht dieses Bild einerseits auf die Zukunft ihrer Kindergartenkinder, andererseits verwendet sie es

auch, wenn sie ihre Arbeit bzw. ihre Situation im Kindergarten beschreibt. Darüber hinaus führt sie aus, dass sich auch die Kinder im Kindergarten in einem
Spannungsfeld befänden (vgl. Abschn. 7.2.2). Insofern besteht eine hohe Passung zwischen diesem Bild und dessen Bedeutung für die Kindergärtnerin selbst
auf der einen Seite und für die Kinder – im jetzigen Zustand wie auch als
Erwachsene – auf der anderen Seite.

Dora Dünkis Bild des Erwachsenen ist im Vergleich zu demjenigen San-
dra Sommers deutlich allgemeiner und zeichnet sich dadurch aus, dass der
Mensch in einer Erwachsenenwelt bestehen muss. Die verminderte Fähigkeit,
lesen und schreiben zu können, was sie bei einigen Eltern der Kindergartenkinder beobachtet, wird zum negativen Gegenhorizont. Damit rückt der
Kindergarten als Bildungsinstitution in den Vordergrund, und somit auch die
Abhängigkeit der Kinder von Erwachsenen. Zu den Erwachsenen zählen hier die
(Kindergarten-)Lehrpersonen im institutionellen Kontext, die Eltern und weitere
Erziehungsberechtigte im familiären Kontext. Aufgrund dieser Analyse kann festgehalten werden, dass das Anerkennungsverhältnis von der Diskrepanz zwischen
dem aktuellen Entwicklungsstand und dem Bild der in einer Erwachsenenwelt
bestehen könnenden zukünftigen Erwachsenen bestimmt wird.

Im Fallvergleich deutet sich ein Unterschied in Bezug auf den jetzigen Zustand
der Kinder und im Hinblick auf das zukünftige Erwachsenensein an. Den laut
Sandra Sommer zu erlernenden Umgang mit Spannungsfeldern können die Kinder bereits im Kindergarten üben. Es gilt nämlich situativ zu prüfen, in welcher
Relation individuelle Interessen und jene der Kindergartenklasse stehen und welches Verhalten einen produktiven Umgang mit diesem Spannungsfeld darstellt.
Die Kinder erhalten darin eine *aktive* Rolle. Bei Dora Dünki hingegen wird
den Kindern durch die Abhängigkeit von den Erwachsenen eine *passive* Rolle
zugewiesen.

8.3 Zusammenführung: Anerkennungsverhältnisse im Kontext der Herstellung einer generationalen Ordnung

Nachdem in den Abschnittn 8.1 und 8.2 die Ergebnisse aus der Video- und
der Interviewinterpretation separat dargestellt wurden, soll nun eine Verbindung
hergestellt werden durch die Frage, inwiefern die rekonstruierten Anerkennungsverhältnisse Gemeinsamkeiten aufweisen. Insbesondere bei der Rekonstruktion
von Anerkennungsverhältnissen kristallisierte sich nach und nach heraus, dass

diese mehrheitlich auf der Herstellung und Aktualisierung einer generationalen Ordnung beruhen (vgl. Sieber Egger & Unterweger, 2020, S. 283). Dabei
handelt es sich um eine differenztheoretische Unterscheidung, die auf der Zugehörigkeit zu unterschiedlichen Generationen basiert. Relevant ist dieser Kontext
deshalb, weil durch die Frage danach, wie eine generationale Ordnung hergestellt
und aktualisiert wird, ein Beitrag dazu geleistet werden kann, das Zustandekommen von Unterschieden zwischen Kindern und Erwachsenen zu erklären.
Letzteres stellt laut Honig (2018) die Aufgabe einer sozialwissenschaftlichen
Theorie der Kindheit dar. Nachfolgend wird anhand einiger Erkenntnisse aus
der vergleichenden Analyse ausgeführt, wie die generationale Ordnung situativ hergestellt wird und was sich darin dokumentiert. Zunächst werden dabei
drei verschiedene Arten von Anerkennungsverhältnissen aus den Ergebnissen der
Videointerpretation herausgearbeitet, denen die wesentlichen Ergebnisse aus den
Interviewinterpretationen folgen.

Im Rahmen der *dokumentarischen Videointerpretation* konnten innerhalb der
Norm „zuerst zuhören bzw. zuschauen und dann ausführen" *divergente Anerkennungsverhältnisse* rekonstruiert werden. Die Orientierungen der interagierenden
Personen stehen also in einem inkongruenten Verhältnis zueinander. Sandra Sommer fordert von Pepe das Einhalten dieser impliziten Norm ein (vgl. Sequenzen
„Tasche und Streifen", Abschn. 7.2.1.2), Dora Dünki handelt ebenso bei Laura
(vgl. Sequenzen „Tschuldigung", Abschn. 7.3.1.3). Beide Kindergartenlehrerinnen verleihen der Forderung durch den Einsatz ihres eigenen Körpers Nachdruck.
Sandra Sommer berührt Pepes Hand, mit der er den Riemen seiner Tasche fasst,
womit sie ihn daran hindert, sich sofort seiner Tasche zu entledigen. Dora Dünki
zieht einen ausgeschnittenen Clown zu sich, den Laura im selben Moment in
ihre Richtung zieht. Sie hindert das Mädchen daran, die Clowns unmittelbar
nach der Erteilung des Auftrags in die richtige Reihenfolge zu legen. Pepe
und Laura wird durch das Einfordern der Norm die Rolle als passive Auftragsempfangende und Abwartende zugewiesen. Gleichzeitig werden sie implizit
als motiviert adressiert, den Auftrag unmittelbar auszuführen. Insofern nehmen
die beiden Kinder die unmittelbar auftragsausführende Rolle ein, womit sie
sich eigentlich in einer komplementären Passung zur Positionierung der Kindergartenlehrerinnen als Auftragserteilende befinden. Es zeigt sich, dass die Kinder
noch lernen müssen, wann der Zeitpunkt gekommen ist, um von der passiven
Rolle der Auftragsempfangenden in die aktive Rolle der Auftragsausführenden
zu wechseln. Die Rahmungshoheit darüber, welches der richtige Zeitpunkt für
die Auftragsausführung ist, liegt bei den Kindergartenlehrerinnen, die über die
Steuerung dieses Rollenwechsels der Kinder eine generationale Ordnung herstellen. Pepe und Laura akzeptieren die generationale Ordnung, indem sie die

unmittelbare Auftragsausführung unterbrechen und diese erst nach der Erklärung der Kindergartenlehrerin fortsetzen.

Die generationale Ordnung wird in beiden Kindergärten durch Praktiken des gegenseitigen Zeigens aktualisiert und bestätigt, wie im Rahmen der Videointerpretation aufgezeigt werden konnte. Es handelt sich um ein *komplementäres Anerkennungsverhältnis*: Bei Sandra Sommer steht der Praktik des Zeigens, was es zu lernen gilt, das Zeigen der Kinder gegenüber, die wiederum demonstrieren, was sie gelernt haben. Bei Dora Dünki steht das Zeigen dessen, was es zu tun gilt, dem kindlichen Zeigen dessen gegenüber, was gemacht wurde. Weil die Kindergartenlehrerinnen die Rahmungshoheit darüber haben, was würdig ist, gezeigt zu werden, stellen sie eine generationale Ordnung her. Sandra Sommers Rahmungshoheit ist weiter gefasst als diejenige von Dora Dünki. Dies zeigt sich beispielsweise darin, dass Peter etwas anderes vorzeigt als zuvor die Kindergartenlehrerin (vgl. Sequenz „Schubkarre", Abschn. 7.2.1.3). Bei Dora Dünki hingegen steht das Zeigen dessen, was getan wurde, im Kontext der ordnungsgemäßen Ausführung eines Auftrags. Indem die Kinder in die Praktik des gegenseitigen Zeigens einsteigen, bestätigen sie die generationale Ordnung.

Dora Dünki stellt die generationale Ordnung zusätzlich dadurch her, dass sie darüber befindet, ob ein Auftrag richtig oder falsch ausgeführt wird bzw. ob die Ausführung nachgebessert werden muss. Bei falscher Ausführung interveniert die Kindergartenlehrerin (vgl. Sequenz „Tschuldigung", Abschn. 7.3.1.3). Eine Nachbesserung fordert sie beispielsweise von Emil ein (vgl. Sequenz „Zauberschrift", Abschn. 7.3.1.4). In diesen Situationen kommt ein *machstrukturiertes Anerkennungsverhältnis* zum Ausdruck. Indem sich die Kinder – teilweise sogar unermüdlich – bemühen, die Aufträge korrekt auszuführen, bestätigen auch sie die generationale Ordnung.

Es kann festgehalten werden, dass zur Herstellung der generationalen Ordnung primär drei Anerkennungsverhältnisse unterschieden werden können: (1) Ein *divergentes* Anerkennungsverhältnis kommt in der Bestimmungshoheit darüber zum Ausdruck, wann der richtige Zeitpunkt für die Ausführung des Auftrags ist. (2) Ein *komplementäres* Anerkennungsverhältnis kommt im gegenseitigen Zeigen zum Ausdruck. Sandra Sommer zeigt, was es zu lernen gilt, und das Kind zeigt, was es schon gelernt hat. Dora Dünki hingegen zeigt, was es zu tun gilt, und das Kind zeigt ihr, was es schon gemacht hat. (3) Ein *machstrukturier-tes* Anerkennungsverhältnis kommt insbesondere bei Dora Dünki zum Ausdruck, die darüber befindet, ob ein Auftrag korrekt oder falsch ausgeführt wurde.

Vergleicht man die Art und Weise, wie die beiden Kindergartenlehrerinnen eine generationale Ordnung herstellen, wird deutlich, dass bei beiden das Erteilen von konkreten Handlungsaufträgen im Übergang von der Familie zum Kindergarten zentral ist. Im Verlauf der weiteren Auffangzeit zeigt sich zudem in beiden Fällen, dass das Einfordern der gültigen Norm zur Herstellung einer generationalen Ordnung beiträgt. Der Unterschied besteht darin, dass bei Sandra Sommer die gültige Norm des aktiven und gestaltenden Umgangs mit dem Material verschiedene Handlungsmöglichkeiten zulässt, während im Rahmen der in Dora Dünkis Kindergarten geltenden Normen unterschieden wird, ob der Auftrag ordnungsgemäß ausgeführt wurde oder nicht – bzw. ob das Tun des Kindes richtig oder falsch war. Die Art und Weise, wie Sandra Sommer die Kinder im Umgang mit dem Spiel- und Lernangebot begleitet, lässt folgende generationale Ordnung rekonstruieren: Die Kindergartenlehrerin gibt den Kindern einen Rahmen, in dem sie sich als spezifische Subjekte positionieren können. Bei Dora Dünki besteht die generationale Ordnung hingegen darin, über die richtige oder falsche Ausführung eines Auftrags zu bestimmen und im zweiten Fall die richtige Ausführung einzufordern.

In der *dokumentarischen Interviewinterpretation* zeigte sich das generationale Verhältnis im Konstrukt der Kindegartenkinder als „Entwicklungswesen" bzw. „Defizitwesen" (Honig, 2018, S. 195) sowie als zukünftige Erwachsene (vgl. ebd.). Die Kindergartenkinder werden als förderungsbedürftig und abhängig von Erwachsenen konstruiert. Es dokumentiert sich ein Entwicklungsverständnis, in dem Erwachsene die Entwicklung der Kinder ermöglichen. Bereits durch die Feststellung des Entwicklungsbedarfs wird auf eine generationale Ordnung hingewiesen. Dies ermöglicht den Kindergartenlehrerinnen, sich als wissend zu positionieren im Hinblick auf das, was für ein erfolgreiches Bestehen in der Erwachsenenwelt notwendig ist. Sie können dadurch die Rolle derjenigen einnehmen, die die Kinder in ihrem Lern- und Entwicklungsprozess unterstützen. Indem die Kindergartenlehrerinnen in Bezug auf den Entwicklungsstand der Kinder eine generationale Ordnung herstellen und aktualisieren, können sie ihr pädagogisches Handeln und damit ihren beruflichen Einsatz legitimieren (vgl. Betz & de Moll, 2021, S. 16). In den beiden Interviews dokumentiert sich ein professionelles Selbstverständnis, das darin besteht, die Kinder auf ihre Zukunft vorzubereiten.

Indem sich die beiden Kindergartenlehrerinnen als verantwortlich für die Förderung der kindlichen Entwicklung positionieren, verweisen sie ebenfalls auf eine generationale Ordnung. Sandra Sommer positioniert sich als verantwortlich für die Gestaltung eines Spiel- und Lernangebots, das zum Entwicklungsstand der Kinder passt und das deren Entwicklung ermöglicht. Dora Dünki sieht ihre Verantwortung im Ausgleich der familiär bedingten Defizite im Bereich der motorischen und sprachlichen Fähigkeiten. Beide Kindergartenlehrerinnen positionieren sich damit als wissend, wie ein die Entwicklung der Kinder förderliches Angebot aussehen sollte. Bei der Vorstellung, wie diese Angebote genutzt werden, unterscheiden sich die beiden Kindergartenlehrerinnen hingegen. Während Sandra Sommer die Nutzung der Angebote durch Bestätigung, Ermutigung und Zutrauen ermöglicht, gewinnt Dora Dünki das Vertrauen der Kinder durch Überzeugungsarbeit. Diese besteht darin, auf der kommunikativen Ebene bei den Kindern die Erwartungen an die eigenen Fähigkeiten zu senken und ihnen so ein Einlassen auf das Angebot zu ermöglichen. In beiden Fällen wird somit deutlich, dass sich die Kindergartenlehrerinnen sowohl für das Angebot als auch für dessen Nutzung verantwortlich fühlen. Insbesondere über die unterschiedliche Steuerung der Nutzung des als entwicklungsförderlich bewerteten Angebots stellen die beiden eine generationale Ordnung her.

Zusammenfassend kann aufgrund der Interviews festgehalten werden, dass sowohl Sandra Sommer als auch Dora Dünki durch die Konstruktion der Kindergartenkinder als Entwicklungswesen auf eine generationale Ordnung verweisen. Sie referieren damit auf ihr Selbstverständnis einer professionellen Rolle als Kindergartenlehrerinnen, in der sie sich Verantwortung für die Förderung der kindlichen Entwicklung zuschreiben. Beide versuchen, ihrer Verantwortung gerecht zu werden, indem sie ein förderlichen Spiel- und Lernangebot gestalten und dessen Nutzung sicherstellen. Es dokumentiert sich ein auf die Wirkung des Lehrerinnenhandelns bezogenes Anerkennungsverhältnis, das auf der Seite der Lehrerinnen aus intendiertem Fördern und auf der Seite der Kinder aus erwarteter Entwicklung besteht.

Nun stellt sich die Frage, in welcher Relation diese Ergebnisse zu denjenigen anderer Studien stehen und welche pädagogischen Konsequenzen und anderweitige Folgerungen beispielsweise für zukünftige Forschung sich daraus ergeben. Im nachfolgenden Abschnitt 9.1 werden ausgewählte Erkenntnisse diskutiert.

Diskussion

9

Um empirisch fundierte Ergebnisse für weitere Forschungstätigkeiten sowie für die Praxis zugänglich zu machen, bedarf es einer Distanzierung von den vorliegenden Fällen und einer Erhöhung des Abstraktionsniveaus. Dies wird nachfolgend in Bezug auf die Einordung der empirischen Ergebnisse (Abschn. 9.1) und des methodischen Vorgehens (Abschn. 9.2) geleistet. In beiden Kapiteln wird der Blick auf die gesamte Untersuchung gelegt. Im Anschluss daran erfolgt eine Zusammenfassung einschließlich eines Ausblicks (Abschn. 9.3).

9.1 Einordnung der empirischen Ergebnisse und Implikationen für die Praxis

Die in den Kapiteln 7 und 8 formulierten Ergebnisse werden nun in die einschlägige Theorie eingeordnet und diskutiert. Die Auswahl der nachfolgend diskutierten Punkte erfolgte im Hinblick auf deren Praxisrelevanz. Zuerst werden die Ergebnisse unter der Perspektive des Eintritts in den Kindergarten (Abschn. 9.1.1), der Unterrichtsgestaltung (Abschn. 9.1.2) und des Übertritts in die Primarschule (Abschn. 9.1.3) diskutiert. Anschließend wird der professionelle Umgang mit Nicht-Passung diskutiert (Abschn. 9.1.4). Um die Erkenntnisse der vorliegenden Untersuchung für die Praxis anschlussfähig zu machen, werden in jedem Unterkapitel pädagogische Konsequenzen formuliert sowie Hinweise auf Forschungsdesiderate gegeben.

S. Staub, *Anerkennungsverhältnisse in der Schule*, Kinder, Kindheiten und Kindheitsforschung 33, https://doi.org/10.1007/978-3-658-46176-8_9

9.1.1 Bedeutung der Ergebnisse für den Eintritt in den Kindergarten

Die Erkenntnisse der vorliegenden Untersuchung werden zuerst in Bezug auf deren Bedeutung für den Eintritt der Kinder in den Kindergarten diskutiert. Wie bereits Hemmerling (2007, S. 53) festhielt, bestimmt u. a. der beobachtete Entwicklungsstand der Kindergartenkinder das Anerkennungsverhältnis zwischen ihnen und der pädagogischen Fachperson. Dies konnte anhand der Interviewinterpretation bestätigt werden, wobei der Entwicklungsstand der Kinder sich im Verhältnis zu den professionellen Normen der Kindergartenlehrerinnen – zumindest teilweise – als Nicht-Passung zeigte: Der tatsächliche Entwicklungsstand mancher Kinder beim Eintritt in den Kindergarten entspricht *nicht* den Erwartungen der Kindergartenlehrerinnen. In dieser Problematik schwingt u. a. implizit der Umgang mit bildungspolitischen Änderungen mit. Gemeint ist damit insbesondere die schrittweise vollzogene Anpassung des Stichtages zur Bestimmung des Eintritts in den Kindergarten, was zu einer veränderten Altersstruktur der Kindergartenklassen führte, da Kinder von Schuljahr zu Schuljahr in einem minimal jüngeren Alter in den Kindergarten eintreten konnten.

Dass sich die pädagogische Arbeit im Kindergarten aufgrund der neuen Altersstruktur der Klassen in den letzten Jahren verändert hat, konnten auch Fasseing Heim et al. (2018) feststellen. Die Kindergartenlehrpersonen stehen vor der Herausforderung, Passung zwischen dem Entwicklungsstand der Kinder und ihren professionellen Normen herzustellen. Da Ressourcen wie Raum, Zeit und Ruhe für die notwendigen Interaktionen mit den Kindern fehlen, besteht die Gefahr, dass sich bei Kindergartenlehrpersonen Frustration einstellt (vgl. ebd., S. 60).

Während eine der beiden befragten Kindergartenlehrerinnen diese Nicht-Passung im *Modus des Akzeptierens und Arrangierens* bearbeitet, kommt bei der anderen ein *Modus der Resignation* zum Ausdruck (vgl. Abschn. 8.2.1). Zumindest kommunikativ scheint Letztere jedoch auf ihren professionellen Normen zu beharren. Entsprechend versucht sie, die Kinder passend für den Kindergarten zu „machen", indem sie viel dafür investiert, die Entwicklungsdefizite der Kinder auszugleichen. Somit stellt sich nicht nur die Frage nach dem Umgang mit der Nicht-Passung, sondern auch die Frage danach, wie bzw. von welcher Seite her Passung hergestellt wird. Ausgehend von der Frage nach der Herstellung von Passung zwischen dem Entwicklungsstand der Kinder auf der einen Seite und den Erwartungen der Lehrpersonen sowie den Anforderungen des Unterrichts auf der anderen Seite lässt sich eine erste pädagogische Konsequenz formulieren:

Pädagogische Konsequenz 1: Anpassung der pädagogischen Praktiken an die Kinder

Da Kinder in Bezug auf ihre soziale und kognitive Entwicklung mehr davon profitieren, wenn die pädagogischen Praktiken am Alter und am einzelnen Kind ausgerichtet gestaltet werden, sollten anstelle einer Anpassung der Kinder an die Schule bzw. den Kindergarten vielmehr die pädagogischen Praktiken der Lehrpersonen weiterentwickelt werden (vgl. OECD, 2017, S. 16). Der zugehörige Leitsatz aus dem OECD-Bericht lautet: „Focus on making schools ready for children, not children ready for school" (ebd.). Es gilt, Abstand zu nehmen von einer Vorstellung darüber, welchen Entwicklungsstand die Kinder beim Eintritt in den Kindergarten aufweisen müssen, und stattdessen Praktiken zu entwickeln, die allen Kindern Entwicklung auf dem individuellen Stand ermöglichen.

Diese pädagogische Konsequenz kann im Spannungsfeld zwischen der Fortsetzung einer Tradition einerseits und der Weiterentwicklung des Kindergartens andererseits verortet werden, was die Umsetzung der Forderung verzögern könnte. Ausgehend von dieser pädagogischen Konsequenz, die bereits auf der Ebene der Unterrichtsgestaltung (vgl. folgenden Abschn. 9.1.2) verortet werden kann, werden als nächstes die Ergebnisse in Bezug auf deren Bedeutung für die Gestaltung des Kindergartenunterrichts diskutiert.

9.1.2 Bedeutung der Ergebnisse für die Gestaltung des Kindergartenunterrichts

Im Rahmen der Videointerpretation konnte festgestellt werden, dass die Einführung der Kinder in Aufgabenstellungen und die Begleitung der Bearbeitung einen wichtigen Kontext darstellen, in dem sich Anerkennungsverhältnisse manifestieren. So konnte in der vorliegenden Untersuchung beispielsweise eine Adressierung als inkompetentes Kindergartenkind im Kontext der Ausführung von vorgegebenen Aufgaben und Arbeitsschritten aufgezeigt werden (vgl. Abschn. 7.3.1.3 und 8.1.1.2). Diese Adressierung erfolgte in Situationen, in denen die Aufgabe als zu schwierig für ein Kind eingeschätzt und dies dem Kind mitgeteilt wurde oder in denen eine Aufgabe nicht korrekt gelöst wurde. Sieber Egger und Unterweger (2020) konnten in ihrer Studie erkennen, dass einzelne Kinder dann als inkompetent adressiert werden, wenn sie schulische Praktiken, die auf explizit vermittelten oder auf als selbstverständlich vorausgesetzten Normen basieren, noch nicht verinnerlicht haben (vgl. ebd., S. 290). Diese Adressierung erfolgt somit in Situationen der Nicht-Passung zwischen der Erwartung an die Leistungsfähigkeit eines Kindes einerseits und den Anforderungen an die erfolgreiche Bearbeitung der Aufgabe bzw. an das korrekte Ausführen einer schulischen Praktik andererseits. Da die Norm der Anerkennung bei den untersuchten zwei Fällen insbesondere in Situationen des Übergangs oder des Bruchs darin besteht, Aufgaben ordnungsgemäß zu bearbeiten (vgl. Kapitel 7 und 8), werden Kindergartenkinder aufgrund ihrer Fähigkeit die vorgegebenen Aufgaben nach bestimmten Vorgaben – ordnungsgemäß – zu bearbeiten, anerkennbar. Dies kann insofern problematisch sein, als mit der erfolgreichen Bearbeitung von bestimmten Aufgaben Kompetenzen vorausgesetzt werden, die im Kindergarten – verstanden als Bildungsinstitution – erst noch erworben werden.

Der Wechsel von einer solchen eher eng gefassten Norm zu einer eher offen gefassten, ging in einem der beiden untersuchten Fälle einher mit einem Wechsel von einer „lehrpersonenzentrierte[n]" (Beeli-Zimmermann & Staub, 2020, S. 59) zu einer „kindzentrierte[n]" (ebd., S. 57) Situation. Es zeigte sich, dass zwischen der Art und Weise der Aufgabenstellung und der gültigen Norm ein Zusammenhang besteht. Mit der lehrpersonenzentrierten Aufgabenstellung und Interaktion war eine enge Norm verbunden, wohingegen die kindzentrierten Aufgabenstellung das Aufwerfen einer offenen Norm mit der Möglichkeit des Aushandelns von Grenzen ermöglicht.

Aus anerkennungstheoretischer Perspektive lohnt es sich an dieser Stelle einen Blick auf die Art und Weise der Aufgabenstellung zu richten. Es zeigt sich hierbei, dass die Aufgabe nicht nur in Bezug auf die Kompetenzentwicklung der Schul- bzw. Kindergartenkinder zentral ist (vgl. Keller & Reintjes, 2016), sondern auch für ihre Subjektivation. Daraus ergibt sich eine zweite pädagogische Konsequenz:

Pädagogische Konsequenz 2: Anerkennungstheoretische Analyse von Aufgabenstellungen
Da die Art und Weise einer Aufgabenstellung – z. B. unterschieden in lehrpersonenzentrierte und kindzentrierte – und insbesondere darin zum Ausdruck kommende Normen bedeutend sind für die Anerkennung der Kindergartenkinder, resultiert die Forderung, Aufgabenstellungen nicht nur aus der Perspektive der Kompetenzentwicklung zu analysieren, sondern auch mit einem anerkennungstheoretischen Interesse. Dabei soll

geprüft werden, welche Normen mit einer Aufgabenstellung verbunden sind und was dies für die Anerkennbarkeit der Kindergarten- bzw. Schulkinder bedeutet. Aufgabenstellungen, die einen gewissen Handlungs- und Aushandlungsspielraum beinhalten, der von den Kindergarten- und Schulkindern eingefordert werden kann, erleichtern es den Kindern, innerhalb der gültigen Norm zu agieren. In Bezug auf die Möglichkeiten des Aushandelns kann auf Alemzadeh (2014) verwiesen werden, die auf die Bedeutung von Wechselseitigkeit und Reziprozität für das Initiieren und Aufrechterhalten von Interaktionen zwischen pädagogischen Fachkräften und Kindern hinweist (vgl. ebd., S. 272). Dies bedeutet, dass Aufgabenstellungen so formuliert bzw. Interaktionen so gestaltet sein sollten, dass eine wechselseitige Einigung über die Erfüllung der Aufgabenstellung möglich ist.

Im Anschluss an diese pädagogische Konsequenz lässt sich festhalten, dass sowohl die Art und Weise einer Aufgabenstellung als auch die Interaktion darüber und insbesondere die darin Gültigkeit erhaltenden Normen bedeutsam sind für Anerkennungsprozesse. Dieser Zusammenhang muss noch stärker in den analytischen Fokus zukünftiger Forschung gerückt werden.

Zwischen dem Entwicklungsstand der Kinder und den Anforderungen des vorbereiteten Spiel- und Lernangebotes zeigte sich teileweise eine Nicht-Passung. Die Kindergartenlehrerinnen versuchen durch verschiedene Praktiken Passung herzustellen. Im Fallvergleich zeigten sich zwei verschiedene Herangehensweisen: Es konnte der *Modus des Zutrauens* vom *Modus des Schützens vor Misserfolg* unterschieden werden (vgl. Abschn. 8.1.1.2). Obwohl in beiden Modi Passung hergestellt werden kann, unterscheidet die sich darin dokumentierende Art und Weise der Konstruktion des Kindergartenkindes in Bezug auf mögliche Konsequenzen für die Entwicklung der Kinder. So lässt sich das Bild des *kompetenten* Kindes (vgl. Modus des Zutrauens) von demjenigen des *inkompetenten* Kindes (vgl. Modus des Schützens vor Misserfolg) unterscheiden. Um Aussagen über mögliche Konsequenzen für die Entwicklung der Kinder machen zu können, werden nun diese Konstruktionen aus der Perspektive der Resilienzforschung genauer beleuchtet.

Das Konzept der Resilienz weist auf eine Widerstandskraft hin, die in krisenhaften und belastenden Phasen besonders zum Tragen kommen (vgl. Fröhlich-Gildhoff & Rönnau-Böse, 2017, S. 363). Da Erfahrungen im Umgang mit Herausforderungen im kindlichen Alter Auswirkungen haben auf die Art und Weise der Bewältigung von schwierigen Situationen im Erwachsenenalter (vgl. ebd., S. 364), sollte die Förderung der Resilienz von Kindern insbesondere im Kindergarten einen Schwerpunkt darstellen. Eine der personalen Schutzfaktoren stellt die Selbstwirksamkeitserwartung dar, also das Vorhandensein einer „Grundüberzeugung, Anforderungen bewältigen zu können" (ebd., S. 366). Wenn nun eine (Kindergarten-)Lehrperson Anforderungen reduziert und gleichzeitig im Modus des Schützens vor Misserfolg interagiert, nimmt sie dem Kind in diesem spezifischen Moment die Möglichkeit, sich als selbstwirksam im Umgang mit Anforderungen zu erleben, und verwirkt damit die Gelegenheit, die Resilienz des Kindes zu stärken. Vor dem Hintergrund dieser Überlegungen lässt sich eine dritte pädagogische Konsequenz ableiten:

Pädagogische Konsequenz 3: Stärkung der Resilienz durch einen Modus des Zutrauens
Aus der Resilienzforschung ist bekannt, dass zusätzlich zur Bindung auf der sozialen Ebene die sechs Schutzfaktoren auf der personalen Ebene – Selbst- und Fremdwahrnehmung; Selbstwirksamkeit(-erwartung); Selbststeuerung; Problemlösen und kognitive Flexibilität; soziale Kompetenzen sowie Stressbewältigung, adaptive Bewältigung – zentrale Kompetenzen für die Entwicklung von Resilienz darstellen (vgl. Fröhlich-Gildhoff & Rönnau-Böse, 2017, S. 366). Diese Kompetenzen müssen im Unterricht einerseits durch die Gestaltung eines entsprechenden Spiel- und Lernangebots gefördert werden. Andererseits ist die Lehrperson dafür verantwortlich, dass sie auf der kommunikativen Ebene Passung zwischen dem Entwicklungstand des einzelnen Kindes und den Anforderungen des Spiel- und Lernangebots herstellt – und zwar in einer Art und Weise, die das Entwickeln von Resilienz fördert. Der Modus des Zutrauens und die damit verbundene Adressierung als kompetentes Kind sollten unter dieser Perspektive dem Modus des Schützens vor Misserfolg und der damit verbundenen Adressierung als inkompetentes Kind vorgezogen werden.

In Kapitel 4 wurde in Anlehnung an Butler (2009) ein Verständnis von Anerkennung formuliert, wonach sich das Kindergartenkind den situativ als gültig erachteten Normen unterwerfen muss, um spezifisch in seiner Rolle als Kindergartenkind anerkannt zu werden: Gleichzeitig muss es diese Normen aber überschreiten um als spezifisches Individuum anerkannt zu werden. Im Rahmen der Videointerpretation konnten diverse Normen der Anerkennung rekonstruiert werden und zudem aufgezeigt werden, wie sich diese Normen in Bezug auf deren

Grenzen unterscheiden. Daraus konnte die Erkenntnis generiert werden, dass insbesondere in offen gefassten Normen mit weniger klaren Grenzen Aushandlungen möglich sind, eine Überschreitung der Normen ermöglicht wird und damit die Anerkennbarkeit der unterschiedlichen Kinder gewährleistet werden kann. Sieber Egger und Unterweger (2020) konnten mit ihrer Studie aufzeigen, dass in den von ihnen untersuchten Kindergärten die Möglichkeiten der Normverschiebung mit viel Aufwand gering gehalten werden (vgl. ebd., S. 291). Die Autorinnen stellten fest, dass das Verhalten der Kinder fortwährend geprüft, beurteilt und wenn nötig sogar sanktioniert wird (vgl. ebd.). Wenn nun nochmals ein Blick auf die Frage gerichtet wird, inwiefern sich die Kindergartenkinder in den beiden Fällen der vorliegenden Studie den gültigen Normen unterwerfen und diese gleichzeitig aber auch überschreiten, lässt sich das Bild von Sieber Egger und Unterweger (ebd.) differenzieren.

Bei beiden Kindergartenlehrerinnen lassen sich Kinder identifizieren, die innerhalb der ausgewählten Videosequenzen die Normen überschreiten. In den entsprechenden Fällen handelt es sich um ein unterschwelliges Überschreiten, das erst auf den zweiten Blick als solches erkennbar wird (vgl. Abschn. 8.1.1.5). Bei der einen Kindergartenlehrerin werden die Grenzen der gültigen Norm ausgehandelt. Es kommt also situativ zu einer Normerweiterung. Hierin dokumentiert sich ein Bild des Kindes, das sich durch die Mitgestaltung des eigenen Aufwachsens auszeichnet – es wird zumindest in Bezug auf die Auseinandersetzung mit den gültigen Normen zum „agent" (Honig, 2018, S. 195). Bei der anderen Kindergartenlehrerin kommt es zu einer subtilen Aushandlung zwischen Unterwerfung und Überschreitung der Norm. Die Kindergartenlehrerin dominiert jedoch das Aushandeln, woraufhin sich das Kind (zumindest vorerst) der Norm beugt. Die Normerweiterung wird dadurch verhindert.

Da soziale Situationen prinzipiell offen und stets verschiedene Anschlüsse möglich sind, gibt es nicht die *eine* richtige Art und Weise der Gestaltung von Interaktionen. Aus strukturtheoretischer Perspektive kann davon ausgegangen werden, dass insbesondere in pädagogischen Situationen stattfindende Interaktionen von unterschiedlichen Spannungsfeldern gekennzeichnet werden können. So deutet sich beispielsweise zwischen der Norm des aktiven und gestaltenden Umgangs mit dem vorbereiteten Material und der Norm der ordnungsgemäßen Ausführung von Aufträgen ein Spannungsfeld an zwischen dem Fördern von Autonomie, z. B. durch situatives Aushandeln von Grenzen, und dem Vermitteln von Sicherheit, z. B. durch eine klare Vorgabe der Aktivitäten. Dies erlaubt einen Anschluss an die Professionstheorie, und zwar an den strukturtheoretischen Ansatz von Helsper (1996), der Antinomien des Lehrberufs unterscheidet.

Die oben genannten Normen bzw. die darin mögliche Förderung von Autonomie bzw. Vermittlung von Sicherheit kann in die Antinomie von Autonomie vs. Heteronomie eingeordnet werden (vgl. ebd., S. 535 f.).

Geht man von der Annahme aus, dass soziales Handeln stets bedeutet, mit widersprüchlichen Normen konfrontiert zu werden, wird es auch für Kinder – notabene als zukünftige Erwachsene – wichtig, dass sie sich mit entsprechenden Widersprüchen auseinandersetzen und einen adäquaten Umgang mit ihnen finden. Als solches Spannungsfeld, in dem sich sowohl Erwachsene als auch Kinder bewegen, kann als Beispiel das Unterordnen in der Gruppe und das Einstehen für die eigene Individualität aus der Interviewinterpretation genannt werden. Hierin manifestieren sich zwei konkurrierende, gleichzeitig gültige Normen. Aus dieser Sachlage lässt sich in Bezug auf das professionelle Handeln von Lehrpersonen eine vierte pädagogische Konsequenz ableiten:

Pädagogische Konsequenz 4: Situatives Hervorbringen von unterschiedlichen Normen
Damit die Kinder die Möglichkeit haben, als spezifische Kindergartenkinder anerkannt zu werden, sollten Interaktionen gepflegt werden, in denen Normverschiebungen durch gemeinsames Aushandeln von Grenzen ermöglicht werden können. Insbesondere aus der Perspektive des „agent" (Honig, 2018, S. 195) oder der „agency" (ebd., S. 198) – also gemäß dem Verständnis, wonach das Kind sein Aufwachsen mitgestaltet – sollten normative Horizonte gepflegt werden, die eine Bandbreite an Subjektpositionen zulassen und ein Aushandeln darüber ermöglichen, welches Verhalten innerhalb der Normen möglich ist und welches nicht.

Da schulische Normen jedoch in einem konkurrierenden und teilweise sogar widersprüchlichen Verhältnis zueinander stehen (vgl. Fritzsche, 2015b, S. 175), ist es nicht möglich, ein abschließendes Set an Normen zu bestimmen, das dem erfolgreichen Handeln von Lehrpersonen zugrunde liegen soll. Daher müssen Lehrperson ein Handlungsrepertoire aufbauen, mit dem sie situativ zwischen unterschiedlichen Normen hin- und herwechseln können. Als Beispiel sei hier die Vermittlung von Sicherheit durch enge Vorgaben auf der einen und das Ermöglichen von Handlungsspielräumen durch das Verzichten auf solche Bestimmungen auf der anderen Seite genannt. Um nicht in einen Interaktionsmodus der „Willkür" (Nentwig-Gesemann & Gerstenberg, 2018, S. 145) zu verfallen, ist es zwingend, dass die Kindergartenkinder die jeweils gültige Norm erkennen können. Dazu können beispielsweise sprachliche Mittel eingesetzt werden. Kindergartenkinder sollten ebenfalls Gelegenheit haben, Spannungsfelder und Widersprüche zu erleben und einen Umgang damit zu finden. Da solche Situationen ohnehin nicht verhindert werden können, ist es wichtig, dass sie explizit zum Thema gemacht werden.

Da Lehrpersonen durch das Vorhandensein einer generationalen Ordnung die Rahmungshoheit in Bezug auf die Deutung von sozialen Situationen erhalten, müssen diese sich ihrer normativen Setzungen bewusst sein, diese reflektieren und unter Umständen – auch situativ – anpassen. Um einen kritischen Umgang mit normativen Setzungen zu finden, sollte in der Aus- und Weiterbildung von Lehrpersonen ein Bewusstsein dafür entwickelt werden, welche normativen Horizonte im eigenen Unterricht Gültigkeit haben und diese kritisch geprüft werden.

In der vorliegenden Untersuchung konnte aufgezeigt werden, dass in der Auffangzeit Anerkennungsverhältnisse aktualisiert und Adressierungen sowie normative Setzungen vorgenommen werden. Es zeigte sich auch, dass diverse Praktiken im Zeichen der *Herstellung von generationaler Ordnung* stehen. Der analytische Fokus verschiebt sich dadurch von der bloßen Feststellung, dass ein solches Verhältnis besteht, hin zur Frage, wie Asymmetrie und eine generationale Ordnung von Kindergartenlehrpersonen wiederholt hergestellt und dadurch aktualisiert wird.

Im Rahmen von empirischen Untersuchungen konnte aufgezeigt werden, dass – exemplarisch dargestellt – sowohl Lehrpersonen in deutschen Schulen (vgl. Asbrand et al., 2020) als auch in australischen Kindergärten (vgl. Church, 2010) Asymmetrie durch die Koordination von Redebeiträgen und durch das Erteilen des Rederechts herstellen. Im Rahmen der vorliegenden Videointerpretation zeigte sich, dass insbesondere in Sequenzen des Übergangs von der Familie in den Kindergarten und in bruchhaften Sequenzen die Lehrpersonen einen sehr hohen und zum Teil fast ausschließlichen Anteil an den Gesprächen haben. Die untersuchten Kindergartenlehrerinnen stellten somit insbesondere in Phasen des Übergangs und des Bruchs durch die Einnahme des (alleinigen) Rederechts Asymmetrie her.

In Sequenzen, die in der vorliegenden Untersuchung weder im Rahmen eines Übergangs stattfanden noch einen bruchhaften Charakter aufwiesen, nahmen die Kinder mit einem deutlich höheren verbalen Anteil an der Interaktion teil als in den davor genannten Sequenzen. Es fällt auf, dass in solchen Fällen die Interkationen meistens von den Kindern initiiert wurden, woraufhin die Kindergartenlehrerin reagiert. Auch wenn es sich um asymmetrische Interaktionen handelt, wird die Asymmetrie nicht durch einen auffallend hohen Redeanteil der Kindergartenlehrerinnen hergestellt. Dies bedeutet, dass die Herstellung von Asymmetrie in solchen Interaktionen nicht im Vordergrund steht.

Die Herstellung von Asymmetrie geht eng einher mit der Herstellung von generationaler Ordnung. Nachdem Sieber Egger und Unterweger (2020) feststellen konnten, dass die generationale Ordnung im Kindergarten hauptsächlich durch entsprechende Adressierungen und Positionierungen hergestellt wird, konnte anhand der vorliegenden Fälle aufgezeigt werden, dass auch durch Praktiken eine generationale Ordnung hergestellt wird (vgl. Abschn. 8.3). Aus praxistheoretischer Perspektive kann dieser Vorgang in Anlehnung an „doing gender" als „doing generation" (Honig, 2018, S. 205) bezeichnet werden. Damit ist gemeint, „dass Kindheit keine Eigenschaft von Personen ist, sondern aus Interaktions- und Zuschreibungsprozessen hervorgeht, dass Kindheit als eine kulturelle Praxis zu verstehen ist" (ebd.). Wird das „doing generation" nun in den schulischen bzw. pädagogischen Kontext übertragen, interessiert anstelle der Herstellung eines Unterschieds zwischen Kindern und Erwachsenen derjenige zwischen Kindergarten- bzw. Schulkindern und (Kindergarten-)Lehrpersonen. Insofern erstaunt es nicht, dass auch durch Praktiken ein Generationenunterschied hergestellt werden kann. In den untersuchten Sequenzen erfolgte dies insbesondere durch Praktiken des gegenseitigen Zeigens (vgl. Abschn. 8.1.2.2) und durch das Erteilen von konkreten Handlungsaufträgen im Übergang von der Familie zum Kindergarten (vgl. Abschn. 8.1.1.1).

Aus anerkennungstheoretischer Perspektive wird nun sehr deutlich, dass die Auffangzeit eine wichtige Funktion für die Anerkennung der Kindergartenkinder erhält. Da aber die Kindergartenlehrpersonen auf der Basis von 45-minütigen Lektionen angestellt sind und die Auffangzeit vor Beginn der ersten Lektion stattfindet, besteht die Gefahr, dass die Qualität von unterrichtlichen Interaktionen innerhalb der nicht zu den Lektionen zählenden Auffangzeit insbesondere hinsichtlich der Frage nach der Anerkennbarkeit der Kindergartenkinder aus dem Blick geraten. Die vorliegende Arbeit soll daher einen Beitrag leisten zur Aufwertung dieser – wie gezeigt werden konnte – entscheidenden Phase innerhalb des Kindergartenvormittags. Die Bewertung dieser Phase als offizielle „Unterrichtszeit" könnte einen Beitrag dazu leisten. Daraus lässt sich eine fünfte pädagogische Konsequenz ableiten:

Pädagogische Konsequenz 5: Aufwertung der Auffangzeit
Die Auffangzeit hat eine wichtige Funktion in Bezug auf das Aktualisieren von normativen Horizonten und von Anerkennungsverhältnissen zwischen Kindergartenlehrpersonen und Kindergartenkindern, die durch das wiederholte Herstellen einer generationalen Ordnung geprägt werden. Darüber hinaus hat diese Phase eine wichtige Funktion für die Diagnose der individuellen Lernstände der Kinder (vgl. Beeli-Zimmermann et al., 2021, S. 204) sowie für die Durchführung von individualisierten Spiel- und Lernangeboten (vgl. Beeli-Zimmermann & Staub, 2020, S. 59 f.). Es reicht daher nicht, ihr „nur" die Funktion der Betreuung zuzusprechen. Die Auffangzeit muss als Unterrichtszeit mit eigenen Zielen anerkannt und als solche gezielt weiterentwickelt werden.

9.1.3 Bedeutung der Ergebnisse für den Übergang in die Primarschule

Da der Kindergarten als Ort beschrieben werden kann, an dem sich Kinder Wissen aneignen und Verhaltensweisen einüben können, die für ihre zukünftige schulische Ausbildung wichtig sind (vgl. Jäger et al., 2006, S. 7), und in dem die Kinder in den sozialen Kontext Schule und das schulische Lernen eingeführt werden (vgl. Deutschschweizer Erziehungsdirektoren-Konferenz, 2016, S. 42), gilt es nun, die Ergebnisse im Hinblick auf die weitere Schullaufbahn – konkret auf den Übergang in die Primarschule – zu prüfen.

Asbrand und Martens (2018) konnten in diversen Studien zum Unterricht in der Grund- und Sekundarstufe feststellen, dass die *„Orientierung an der Erledigung schulischer Aufgaben"* (ebd., S. 99, Hervorh. i. O.) in allen beobachteten Unterrichtssituationen vorkommt. Dies stimmt auch mit der Erkenntnis von Breidenstein (2006), der Schülerinnen und Schüler bei ihren Tätigkeiten während des Unterrichts in unterschiedlichen Sozialformen beobachtete, überein. Dabei konnte er feststellen, dass der „Schülerjob" (ebd., S. 87) im Rahmen von Einzel- und Partnerarbeit hauptsächlich darin besteht, Aufgaben zu lösen und Arbeitsblätter auszufüllen (vgl. ebd., S. 214 f.).

Wie in der vorliegenden Untersuchung aufgezeigt werden konnte, werden die Kinder demnach bereits im Kindergarten durch die Adressierung als Auftragsempfangende mit der Norm der ordnungsgemäßen Ausführung von Aufträgen vertraut gemacht. Es handelt sich um ein komplementäres und asymmetrisches Anerkennungsverhältnis: Die Lehrperson erteilt einen Auftrag, die Kinder empfangen diesen und führen ihn aus. Im Rahmen der Videointerpretation konnten zudem Interaktionen identifiziert werden, in denen die schulische Praktik in Bezug auf das Finden des richtigen Zeitpunkts für die tatsächliche Ausführung eines Auftrags noch nicht vorhanden war. Die entsprechenden Kinder wollten den Auftrag unmittelbar ausführen, wurden von der Lehrperson jedoch daran gehindert und implizit auf die Norm verwiesen, dass sie zuerst zuhören und erst dann den Auftrag ausführen sollen. Das Wissen darüber, wann die Kinder ihre Rolle von den Empfangenden zu den Ausführenden eines Auftrags wechseln können, kann somit zu relevantem schulischem Wissen gezählt werden, das sich die Kinder im Kindergarten aneignen müssen.

Durch das Steuern der Aufgabenbearbeitung stellt die Kindergartenlehrperson eine generationale Ordnung her, die auch in der Primar- und Sekundarstufe gilt (vgl. Asbrand & Martens, 2018; Breidenstein, 2006). Die Kinder im Kindergarten werden also durch eine entsprechende Adressierung als Auftragsempfangende und insbesondere durch das Erteilen von konkreten Handlungsaufträgen durch die Kindergartenlehrpersonen auf die in den nachfolgenden Schulstufen gültigen Orientierungen und Normen vorbereitet.

Dieses Ergebnis kann im Hinblick auf eine gute Vorbereitung auf die schulische Laufbahn zunächst einmal positiv bewertet werden. Die Kindergartenkinder werden also im Kindergarten in die zentralen „Spielregeln" der Schule in Bezug auf die Bearbeitung von Aufgaben eingeführt, womit eine Teilnahme an schulischen Praktiken gewährleistet werden kann. Dies muss auf der Basis der vorliegenden Fallanalysen jedoch differenzierter betrachtet werden. Wie anhand der Videointerpretationen gezeigt werden konnte, geht der normative Horizont der ordnungsgemäßen Ausführung von Aufträgen einher mit einer starken Einschränkung von Handlungsmöglichkeiten und Subjektpositionen, die Kinder innerhalb der gültigen Norm einnehmen. Während eine einschränkende Norm bei einer transparenten Kommunikation das Potenzial hat, Klarheit und Sicherheit zu vermitteln, wird das Erfüllen der Norm für die Kinder gleichzeitig umso schwieriger, je einengender die Norm ist. Die Kindergartenlehrperson erhält bei diesem Vorgang zudem eine machtvolle Position, aus der sie situativ bestimmen kann, ob die Norm erfüllt wird oder nicht und davon abhängig, wie die Kindergartenkinder anerkannt werden. Laut Butler (2014) müssen Normen jedoch überschritten werden können, um als spezifisches Subjekt anerkennbar zu sein. Bei einer offen gefassten Norm haben die Kinder mehr Möglichkeiten, sich innerhalb des situativ

gültigen normativen Horizonts zu bewegen oder aber die Grenzen der Norm aus-
zuhandeln. Insofern gilt es, auf einen situativen Wechsel zwischen verschiedenen
Normen zu achten (vgl. pädagogische Konsequenz 4).

Ebenfalls als Einführung in schulische Praktiken können die aus dem Fallvergleich stammenden folgenden drei rekonstruierten Praktiken genannt werden, mit
denen die Kindergartenlehrerinnen eine Verbindung zum Unterrichtsgegenstand
herstellen: Lenkung der Aufmerksamkeit durch Berührung, Praktik des Zeigens
und Einsatz von visualisierenden Gesten (vgl. Abschn. 8.1.2). In Bezug auf die
erstgenannte Praktik, der Lenkung der Aufmerksamkeit der Kinder durch eine
Berührung ihrer Körper, kann eine Parallele zur Untersuchung von Sieber Egger
und Unterweger (Sieber Egger & Unterweger, 2020) aufgezeigt werden. Die beiden Autorinnen konnten in ihrer Untersuchung „einen sehr prominenten Zugriff
auf den kindlichen Körper" (ebd., S. 289) erkennen, wodurch die Lehrpersonen
das Verhalten der Kinder hinsichtlich der gültigen Norm steuern. Sie stellten
zudem fest, dass dieser Fokus auf den kindlichen Körper und darauf, was diese
damit machen, ein „Merkmal des Kindergartens" (ebd.) darstelle. Als Erweiterung
dieser Erkenntnis konnte somit mit der vorliegenden Untersuchung aufgezeigt
werden, dass die Aufmerksamkeit der Kinder über deren Körper auch auf den
Unterrichtsgegenstand gelenkt wird.

Wird nun einschlägige Forschung aus dem Kontext der Primar- bzw. Grundschule herbeigezogen, zeigte sich, dass eher die Frage nach fachdidaktisch
ausgerichteten Praktiken im Fokus des Interesses steht (vgl. z. B. Breidenstein, 2021) und weniger die allgemeiner gefasste Frage danach, wie Verbindung
zum Unterrichtsgegenstand hergestellt wird. Dieser Befund kann dahingehend
interpretiert werden, dass die Herstellung einer solchen Verbindung bei älteren
Schülerinnen und Schülern nicht gleichermaßen stark im Mittelpunkt steht wie
im Kindergarten. Dies ist ein Hinweis auf ein kindergartentypisches Spezifikum,
nämlich dass im Rahmen von Kindergartenunterricht erst geklärt werden muss,
was zum (schulischen) Unterrichtsgegenstand gehört und was nicht. Insofern lässt
sich das Sensibilisieren für einen Unterrichtsgegenstand als Vorbereitung für den
Primarschulunterricht einordnen.

Im Kontext der (deutschen Grund-)Schule konnte rekonstruiert werden, dass
Anerkennungsverhältnisse durch den Leistungserfolg bzw. die Leistungsbewer-
tungen bestimmt werden (vgl. Fritzsche, 2015b, S. 175; Helsper et al., 2005,
S. 191; Hemmerling, 2007, S. 53). Bei der einen hier genauer untersuchten
Kindergartenlehrerin konnte eine solche Leistungsnorm ebenfalls rekonstruiert
werden. Da diese Norm aufgrund des aktuellen Forschungsstandes eher der
„abnehmenden" Grund- bzw. Primarschule zugeordnet werden kann, weist das
Referieren auf diese schulische Norm einerseits auf eine Vorbereitung der Kinder

auf die weitere Schullaufbahn hin. Andererseits zeigt sich, dass der Kindergarten zusätzlich zur strukturellen auch auf der normativen Ebene zur Schnittstelle zwischen dem vorschulischen KiTa-Bereich und dem schulischen Umfeld wird.

Wie gezeigt werden konnte, kann davon ausgegangen werden, dass Kindergartenkinder in die in der weiteren schulischen Laufbahn gültigen Normen und Orientierungen eingeführt werden. In der vorliegenden Untersuchung konnte jedoch auch aufgezeigt werden, dass sich diese Spielregeln zwischen den beiden Kindergärten unterscheiden. Aus dieser Erkenntnis lässt sich eine sechste pädagogische Konsequenz ableiten:

Pädagogische Konsequenz 6: Anknüpfen an Praktiken aus dem Kindergarten

Die Kinder werden bereits im Kindergarten in schulische Praktiken und relevante Orientierungen eingeführt. Primarlehrpersonen sind daher angehalten, sich mit Praktiken und Orientierungen, mit denen die Kinder im Kindergarten konfrontiert werden, auseinanderzusetzen und ihren Unterricht darauf aufbauend zu gestalten – ganz im Sinne des Zyklus 1 laut Lehrplan 21.

Wie gezeigt werden konnte, kann die Klärung dessen, was zum Unterrichtsgegenstand gehört und was nicht, als Spezifikum des Kindergartens bezeichnet werden. Für das professionelle Handeln von Kindergarten- und Primarschullehrpersonen bedeutet dies, dass die Bestimmung des Unterrichtsgegenstandes je nach Entwicklungsstand der Kinder mehr oder weniger zum Thema des Unterrichts gemacht werden muss.

An dieser Stelle zeigt sich, dass der Kindergarten eine wichtige Funktion hat in Bezug auf die Frage, was Gegenstand von institutioneller Bildung ist und was nicht. Dies bedeutet, dass solchen Fragestellungen fachdidaktischer und überfachlicher Art einen zentralen Stellenwert in der Aus- und Weiterbildung einnehmen sollten.

9.1.4 Professioneller Umgang mit Nicht-Passung

In beiden untersuchten Fälle kommt zum Ausdruck, dass eine Nicht-Passung zwischen den – aufgrund der als defizitär wahrgenommenen Entwicklung der Kinder – gemachten Erfahrungen im Kindergartenalltag und den angeeigneten professionellen Normen wahrgenommen wird (vgl. Abschn. 7.3.2). Eine weitere Nicht-Passung zeigt sich zwischen der Klassengröße und dem Entwicklungsstand einzelner Kinder – insbesondere in Bezug auf den selbstständigen Toilettengang. Es manifestiert sich ein Spannungsfeld, das geprägt ist von zwei divergierenden Aufgaben: Das Eingehen auf die Bedürfnisse einzelner Kinder einerseits und auf jene der ganzen Klasse andererseits, was bei einer räumlichen Trennung besonders herausfordernd ist.

Die Analyse der beiden Fälle hat aufgezeigt, dass sich die Orientierungen der Lehrerinnen und diejenigen der Kindergartenkinder unterscheiden. Die Lehrerinnen begegnen solchen Herausforderungen situativ, z. B. indem sie Möglichkeiten zur Aushandlung von geteilten Normen gewähren oder indem sie der Diskrepanz mit der Einnahme von Rahmungsmacht begegnen. Helsper (2018) hat sich die Frage gestellt, inwiefern eine Passung zwischen dem Habitus und den Orientierungen von Lehrpersonen und denjenigen der Kinder notwendig dafür ist, dass „tragfähige Arbeitsbündnisse" (ebd., S. 105) gebildet werden können. Er stellte fest, dass Lehrpersonen stets mit einer „Heterogenität bezüglich der Voraussetzungen, Deutungen und Orientierungen" (ebd., S. 130) konfrontiert seien. Gleichzeitig gelte ein „Diktum der Gleichbehandlung" (ebd.), das aber nicht standardisiert für alle Schülerinnen und Schüler gleichermaßen umgesetzt werden könne. Vielmehr müsse die Unterschiedlichkeit der Kinder und Jugendlichen berücksichtigt werden, was in einer „differenzierenden Ungleichbehandlung" (ebd., S. 131) gelingen könne. Dies führe dazu, dass die Lehrperson einerseits „dyadische Arbeitsbündnisse" mit den einzelnen Schülerinnen und Schülern eingehen müsse. Gleichzeitig müsse sie in der Lage sein, diese Kinder in ein „Klassenbündnis" (ebd.) einzubinden, in dem die geltenden Orientierungen für alle Gültigkeit hätten. Eine professionelle Haltung beinhaltet laut Helsper (ebd.) die Fähigkeit, zum eigenen Habitus und zu den eigenen Orientierungen Distanz einzunehmen. Dies bedeutet, dass es einer reflektierten Auseinandersetzung mit den eigenen Orientierungen und einer Offenheit gegenüber anderen Orientierungen bedarf. Das Problem der hier fokussierten Nicht-Passung wird somit auf der Ebene der Professionalität verankert und sollte daher auch auf dieser Ebene bearbeitet werden. Daraus lässt sich eine siebte pädagogische Konsequenz ableiten:

Pädagogische Konsequenz 7: Reflexion eigener Orientierungen
Im Anschluss an Helsper (2018) und in Passung mit der theoretischen Verortung der vorliegenden Studie in der praxeologischen Wissenssoziologie

(vgl. Bohnsack, 2017) kann an dieser Stelle die Distanznahme zu eigenen Orientierungen als Merkmal von Professionalität dargestellt werden. Ausgehend davon, dass Reflexion ein wichtiges Mittel zur Entwicklung von pädagogischer Professionalität darstellt (vgl. z. B. Krüger, 2014), braucht es eine kritische und distanzierte Auseinandersetzung mit den eigenen Orientierungen und deren anschließende Reflexion. Dadurch können eigene Orientierungen ins Bewusstsein gerückt, kritisch geprüft und weiterentwickelt werden.

Die dafür notwendige Reflexionsfähigkeit gilt es in der Aus- und Weiterbildung von Lehrpersonen gezielt zu schulen und zu fördern. In der praktischen Umsetzung können Super- und Intervision sinnvolle Konzepte darstellen. Damit sie umgesetzt werden, müssen sie in der tertiären Aus- und Weiterbildung, aber auch innerhalb der Schulen fest eingeplant und niederschwellig zugänglich gemacht werden. Da sich Kindergärten oft isoliert in einem Stadt- oder Ortsteil befinden und nicht immer einer Primarschule angegliedert sind, kann die systematische Einbindung von Kindergartenlehrpersonen in das Lehrpersonenteam den Zugang zu schulinternen Angeboten zur gemeinsamen Reflexion der Unterrichtspraxis erleichtern.

In der vorliegenden Untersuchung konnte aufgezeigt werden, dass (Kindergarten-)Lehrpersonen der Gefahr ausgesetzt sind, in einen Modus der Frustration und Resignation zu fallen. Zum selben Ergebnis kamen u. a. auch Fasseing Heim et al. (2018, S. 60). Für betroffene Lehrpersonen kann ein Verharren in diesem Modus gesundheitliche Konsequenzen mit sich bringen. Umgekehrt kann dies für betroffene Kindergarten- und Schulkinder beispielsweise zur wiederholten Adressierung als inkompetente Kinder führen, was für deren Entwicklung problematisch sein kann (vgl. pädagogische Konsequenz 3). Es wird deutlich, dass in solchen Fällen Handlungsbedarf sowohl auf der individuellen als auch auf der systemischen Ebene besteht. Auf beiden Ebenen lassen sich pädagogische Implikationen sowohl für einen reaktiv-intervenierenden als auch einen proaktiven Umgang mit diesem Modus formulieren. Daraus lässt sich die achte pädagogische Konsequenz ableiten:

Pädagogische Konsequenz 8: Prävention von Frustration und Resignation
Stellt sich in pädagogischen Praktiken und Interaktionen seitens der Lehrperson ein Modus der Resignation ein, gibt es akuten Handlungsbedarf.

Auf der individuellen Ebene kann durch gezielte Aus- und Weiterbildung sowohl pro- als auch reaktiv ein Umgang mit Frustration und Resignation thematisiert werden.

Auf einer systemischen Ebene müssen die Schule sowie die Schulbehörde in die Verantwortung genommen werden. Lehrpersonen, die sich akut in einer resignativen und frustrierten Phase befinden, müssen niederschwellig Zugang zu Unterstützung, beispielsweise in der Form von individuellem Coaching, oder vorübergehend personelle Unterstützung, beispielsweise durch Assistenzpersonen oder Zivildienstleistende, erhalten.

Um die Nicht-Passung zwischen professionellen Normen der Lehrpersonen und dem Entwicklungsstand der Kinder zu bearbeiten, gilt es zudem, die vorschulische Bildung auszubauen, das familiäre Umfeld für die Notwendigkeit der Förderung von (Klein-)Kindern zu sensibilisieren und den Zugang zu vorschulischer Bildung und Förderung für alle Kinder zu gewährleisten (vgl. Edelmann, 2018, S. 315–321). Besonders wichtig ist diesbezüglich, dass Kinder unterschiedlicher Familien gemeinsam Angebote nutzen und so insbesondere im Aufbau von sprachlichen Kompetenzen auch voneinander lernen können (vgl. ebd.). Dadurch können kognitive, sprachliche, sozial-emotionale und motorische Unterschiede zwischen den Kindern auch außerhalb der Bildungseinrichtung Kindergarten angegangen, Defizite kompensiert resp. Unterschiede zwischen deren Familien produktiv genutzt werden.

Wichtig ist aber auch, dass der Druck von der abnehmenden Primarschule bezüglich des erwarteten Entwicklungsstandes der Kinder beim Eintritt in die Primarschule reduziert wird. Die Lehrpersonen müssen dafür sensibilisiert werden, dass jüngere Kinder mit einem durchschnittlich tieferen Entwicklungsstand in den Kindergarten eintreten und später wiederum in die Primarschule wechseln.

Insbesondere in Zeiten eines gravierenden Lehrpersonenmangels könnte eine gezielte Untersuchung des individuellen Umgangs mit Nicht-Passung auf der Ebene der Orientierungen von Lehrpersonen weitere konkrete Hinweise dazu liefern, wie Lehrpersonen adäquat unterstützt werden können. Unterschiedliche Ebenen der Nicht-Passung könnten identifiziert und Arten des Umgangs mit ihnen unterschieden werden. Dies könnte umgekehrt auch helfen, das Berufsziel Kindergartenlehrperson attraktiver zu machen und damit perspektivisch dem Lehrpersonenmangel entgegenzuwirken.

9.2   Reflexion des methodischen Vorgehens

Nachdem in Kapitel 6 anhand einzelner Schritte ausführlich dargestellt wurde, wie die dokumentarische Methode für die vorliegende Untersuchung eingesetzt wurde, soll an dieser Stelle mit Blick auf das gesamte Vorhaben reflektiert werden, inwiefern sich das methodische Vorgehen im Kontext des vorliegenden Forschungsdesign als geeignet herausgestellt hat, welche Grenzen es hat und wo es allenfalls alternative Vorgehensweisen gäbe. Zur Strukturierung dieser Reflexion werden die in vier Kategorien gebündelten Gütekriterien herangezogen, die für die vorliegende Untersuchung leitend waren (vgl. Abschn. 2.2.2). Es wird zuerst nochmals systematisch geprüft, inwiefern diese Kriterien erfüllt wurden (Abschn. 9.2.1). Anschließend wird der Blick auf die Chancen und Herausforderungen gerichtet, die sich aus einer Sekundäranalyse (vgl. Abschn. 2.1.4) ergeben, und deren Bedeutung für die vorliegende Untersuchung geprüft (Abschn. 9.2.2).

9.2.1   Reflexion entlang von Gütekriterien

Basierend auf der Feststellung, dass kein Konsens besteht in Bezug auf Gütekriterien, die für qualitativ-rekonstruktive Sozialforschung Gültigkeit haben, wurden die in der einschlägigen Literatur genannten Gütekriterien zu vier für die vorliegende Untersuchung passenden Kategorien zusammengefasst (vgl. Abschn. 2.2.2). Diese sollen dazu beitragen, die Qualität der vorliegenden Untersuchung zu gewährleisten. Bei den Kategorien handelt es sich um die Begründung der Methodenwahl mit Bezug auf den Forschungsstand (vgl. Abschn. 2.2.2.1), die Beschreibung, Reflexion und methodologische Einordnung des methodischen Vorgehens (vgl. Abschn. 2.2.2.2), die Herstellung von Theoriebezügen (vgl. Abschn. 2.2.2.3) und die nachvollziehbare Darstellung und Einordnung der Ergebnisse bzw. Interpretationen (vgl. Abschn. 2.2.2.4). Entlang dieser vier Kategorien wird nun das forschungspraktische Vorgehen reflektiert. Es werden hierbei auch Grenzen aufgezeigt und Überlegungen zur Frage formuliert, wie die Qualität von qualitativ-rekonstruktiver Forschung weiterentwickelt werden könnte.

9.2.1.1   Reflexion der Methodenwahl mit Bezug auf den Forschungsgegenstand

Um zu bestimmen, welche Methode für den vorliegenden Forschungsgegenstand und das Forschungsinteresse passend ist, wurden fünf Herausforderungen identifiziert, die sich aus dem Forschungsgegenstand dieser Arbeit ergaben (vgl.

Abschn. 5.2.1–5.2.5). Dabei handelt es sich um folgende Aspekte: (1) Anerkennungsverhältnisse als Konstruktion zweiten Grades, (2) Analyse von Adressierung
und Re-Adressierung, (3) Datentriangulation, (4) Komplexität von unterrichtlichen Interaktionen und (5) Kinder als Beforschte. In Abschnitt 5.2 wurde
ausführlich dargelegt, inwiefern sich die dokumentarische Methode ausgehend
von diesen Herausforderungen für die empirische Annäherung an den zu unter-
suchenden Gegenstand eignet. Nachfolgend wird nun, nach der Darlegung
der Ergebnisse, nochmals kritisch geprüft, inwiefern der Umgang mit diesen
Herausforderungen gelungen ist.

Um Anerkennungsverhältnisse zu rekonstruieren – die erste Herausforderung – bedurfte es eines methodischen Vorgehens, das den Zugang zur impliziten
Wissensebene leisten kann. Mit der dokumentarischen Methode ist dies möglich.
Da dieses methodische Vorgehen aber nicht auf die Rekonstruktion von Anerkennungsverhältnissen ausgerichtet ist, musste es entsprechend weiterentwickelt
werden. Konkrete Ausführungen hierzu finden sich in Abschnitt 9.2.1.2.

Um Anerkennungsverhältnisse empirisch zu beschreiben, wurde Anerkennung
als Adressierung operationalisiert und damit die Interaktionen als Abfolge von
Adressierung und Re-Adressierung verstanden. Da dieses Geschehen sowohl die
verbale als auch die nonverbale Ebene betrifft, konnte nicht die von Rose und
Ricken (2018) vorgeschlagene Adressierungsanalyse eingesetzt werden. Zur Analyse des Adressierungsgeschehens – der zweiten Herausforderung – musste die
solches nicht primär im Fokus habende dokumentarische Methode weiterentwickelt werden. Konkrete Ausführungen hierzu finden sich in Abschnitt 9.2.1.2.

Der Umgang mit der Datentriangulation – der dritten Herausforderung –
erwies sich auf der Ebene des Zusammenführens der Ergebnisse aus der Video-
und der Interviewinterpretation als anspruchsvoll, da dafür zuerst eine geeignete
Form gefunden werden musste. Um dieser Aufgabe zu begegnen, wurde für den
Fallvergleich eine geeignete Struktur geschaffen (vgl. Tabelle 7.1). In Kapitel 7
wurden zuerst die Interpretationen nach Fall (Sandra Sommer, Dora Dünki) und
innerhalb des Falls nach dessen Art (Video-, Interviewinterpretation) getrennt
dargestellt. Anschließend wurden die Ergebnisse fallweise verbunden, indem die
rekonstruierten Normen einander gegenübergestellt wurden. In Kapitel 8 wurden
dann zuerst die Ergebnisse der Videointerpretation und anschließend diejenigen
der Interviewinterpretation fallübergreifend miteinander verglichen. Zur Strukturierung des Vergleichs wurde der Fokus auf die Anerkennungsverhältnisse gelegt.
Zum Schluss wurden die unterschiedlichen Anerkennungsverhältnisse unter der
Perspektive der Herstellung einer generationalen Ordnung beleuchtet. Die Strukturierung des Fall- und Datenvergleichs erfolgte in erster Linie induktiv; inspiriert
wurde sie von sogenannten „sensitizing concepts" (Blumer, 1954, S. 7). Dazu

wurde einschlägige Literatur einbezogen, auf die in den Ausführungen verwiesen wird. Insofern entspricht die Struktur von Kapitel 8 einem inhaltlichen
Selektionsentscheid, der sich im Rahmen der intensiven Auseinandersetzung mit
den empirischen Daten und Ergebnissen als sinnvoll erwies. In Bezug auf die
Triangulation der videografierten Unterrichtsbeobachtungen mit den leitfadengestützten Interviews kann festgehalten werden, dass sich die qualitativen Aussagen
der Ergebnisse aus der Interpretation der unterschiedlichen Datenarten deutlich
unterscheiden. Insofern kann die Erkenntnis von Jooß-Weinbach (2012) bestätigt
werden, wonach die „Triangulation mehrerer Perspektiven und Erhebungsverfahren" (ebd., S. 127) wichtig ist, um ein „verzerrtes Bild von Professionalität"
(ebd.), wie es durch den Ausschluss von Videosequenzen oder Interviews entstehen würde, zu verhindern. Als konkretes Beispiel kann hier der Fall Sandra
Sommer erwähnt werden: Während sie im Interview die Kindergartenkinder als
zukünftige Erwachsene konstruiert, dokumentiert sich im Kontext des vorbereiteten Spiel- und Lernangebots, dass die Kinder als Mitgestaltende einbezogen
werden. Auf theoretischer Eben kann auf die bereits mehrfach verwendete Unterscheidung von Honig (2018, S. 195) hingewiesen werden, der zwischen dem Kind
als Entwicklungswesen und demjenigen als Mitgestalter differenziert. Der Einbezug beider Datenarten führte somit auch in der vorliegenden Arbeit zu einem
differenzierteren Bild der beiden Fälle.

Dem Umgang mit der hohen Komplexität unterschiedlicher Interaktionen – der
vierten Herausforderung – wurde begegnet, indem gezielt Sequenzen ausgewählt wurden, in denen noch nicht alle Kinder im Kindergarten anwesend
waren; die videografierten Interaktionen wiesen entsprechend nicht eine maximale Komplexität auf. Um die Ergebnisse der vorliegenden Studie noch weiter
zu differenzieren oder auszuweiten, könnte ein Vergleich mit Videosequenzen
gewinnbringend sein, die *nach* der Auffangzeit erstellt wurden. Zu diesem Zeitpunkt sind alle Kinder anwesend und die Komplexität erhöht sich, weil durch
die Anwesenheit aller Kinder parallel verschiedene Interaktionen im Gange sein
können.

Die fünfte Herausforderung bestand darin, dass Kinder als Beforschte im
Fokus standen. Obwohl in der Untersuchung aus einer professionstheoretischen
Perspektive vor allem die Lehrerinnen interessierten, konnten deren Praktiken und
das Adressierungsgeschehen nicht ohne Einbezug der Kinder untersucht werden.
In den analysierten Videosequenzen zeigte sich deutlich, dass der Sprechanteil der
Kindergartenlehrerinnen gegenüber demjenigen der Kinder stark dominierte. Um
die Praktiken und das Adressierungsgeschehen zu erforschen, war es daher bei der
empirischen Analyse der Videosequenzen zentral, dass auch nonverbale Anteile

der Interaktionen einbezogen werden konnten. Der Blick auf die nonverbale Kommunikation musste während der konkreten Umsetzung der Interpretationsschritte bei den videografierten Interaktionen jedoch immer wieder in Erinnerung gerufen werden, da verbale Anteile stets stärker in den Fokus rückten als nonverbale. Dies lag möglicherweise auch daran, dass sich Verbaltranskripte einfacher lesen lassen als Beschreibungen nonverbaler Anteile. An dieser Stelle deutet sich ein Desiderat auf der methodischen Ebene an, das es in Zukunft zu bearbeiten gilt: Eine gut nachvollziehe Darstellungsform, mit der sich verbale und nonverbale Anteile einer Interaktion gleichwertig darstellen lassen und zugleich gut lesbar sind, muss demnach noch gefunden werden.

9.2.1.2 Reflexion und Weiterentwicklung des methodischen Vorgehens

An dieser Stelle wird das methodische Vorgehen reflektiert. Dazu wird hauptsächlich der Umgang mit den ersten zwei Herausforderungen, die sich aus dem Forschungsgegenstand ergaben – Anerkennungsverhältnisse als Konstruktion zweiten Grades und Analyse von Adressierung und Re-Adressierung (vgl. Abschn. 5.2.1 und 5.2.2) – kritisch gewürdigt.

Bei der methodischen Herangehensweise an das empirische Material zeigte sich insbesondere im Rahmen der dokumentarischen Videointerpretation, dass das von Fritzsche und Wagner-Willi (2015) sowie Asbrand und Martens (2018) vorgeschlagene Vorgehen weiterentwickelt werden musste. Im Rahmen der reflektierenden Interpretation der Videosequenzen zur Analyse des Adressierungsgeschehens und somit zur Bestimmung von Anerkennungsverhältnissen waren Modifikationen nötig. Zur Analyse von Adressierung wurde das Konzept der „Positionierungen" (Rose, 2019, S. 79; Wrana, 2015) hinzugezogen. Damit konnten relational verfasste Subjektpositionierungen fokussiert werden (vgl. Rose, 2019, S. 79). Verkürzt auf drei Schritte bedeutet dies, dass auf eine (1) Selbstpositionierung eine (2) Adressierung des Gegenübers mit der Zuschreibung einer Subjektposition erfolgt, wobei bereits die Selbstpositionierung eine Positionierung des Gegenübers enthält. Daran schließt eine Reaktion der adressierten Person auf die in der Adressierung eingelagerte Positionierung an – eine (3) Re-Adressierung. Während der Interpretation der ausgewählten Videosequenzen stellte sich heraus, dass jeweils die Proposition, die in Bezug auf die formale Interaktionsanalyse an erster Stelle einer Interaktionseinheit steht (vgl. Asbrand & Martens, 2018, S. 50), solche Selbstpositionierungen enthält und dass die nachfolgenden Interaktionsbewegungen dadurch gerahmt werden. Aufgrund der Erkenntnis, dass (Selbst-) Positionierungen mit Propositionen in Verbindung stehen, konnte die dokumentarische Methode für die Analyse von Adressierungsgeschehen anschlussfähig

gemacht werden. In Anlehnung an die Adressierungsanalyse (vgl. Rose, 2019,
S. 79) wurde somit das Konzept der (Selbst-)Positionierung für die dokumen-
tarische Interpretation nutzbar gemacht (vgl. Abschn. 6.5.1). Der Einsatz der
dokumentarischen Videointerpretation eignete sich also insbesondere durch den
Einbezug von nonverbalen Interaktionsaspekten zur Darstellung der gegenseitigen
Adressierung.

Um anschließend vom Adressierungsgeschehen auf die Anerkennungsverhältnisse zu schließen, wurden unterschiedliche Interaktionsmodi einbezogen.
Diese beschreiben, in welchem Verhältnis die in einer Interaktion zum Ausdruck
kommenden Orientierungen zueinander stehen. Um Anerkennungsverhältnisse
zu bestimmen, wurden die Interaktionsmodi und die Adressierungen zusammengeführt. Dieses Vorgehen soll als Vorschlag verstanden werden, wie die
dokumentarische Videointerpretation für die Bestimmung von Anerkennungsverhältnissen nutzbar gemacht werden kann. Inwiefern sich dieses Vorgehen auch
für andere Untersuchungen einsetzen lässt, wird sich in zukünftigen qualitativen
Forschungsarbeiten zeigen. Zur Bestimmung des jeweiligen Interaktionsmodus
wurden die in der einschlägigen Literatur vorgeschlagenen Modi berücksichtigt. Da diese Modi ausreichten, um die Verhältnisse der unterschiedlichen
Orientierungen zueinander zu beschreiben, wurden die Videosequenzen nicht
hinsichtlich einer weiteren Ausdifferenzierung von Interaktionsmodi in pädagogischen Interaktionen analysiert. Dass sich die Modi aus der Literatur nicht in ein
kohärentes Gefüge zusammenführen lassen, lässt sich als Desiderat für weitere
Forschungstätigkeiten identifizieren.

Für die vorliegende Untersuchung wurden die zu interpretierenden Videosequenzen nach verschiedenen Kriterien ausgewählt (vgl. Abschn. 6.2.2). Insbesondere bei der Diskussion der Ergebnisse zeigte sich, dass die Auswahl der
Sequenzen zwar zur offen formulierten Fragestellung passte, dass aber der Verzicht auf eine inhaltliche Einschränkung es erschwerte, die Ergebnisse präzise
und fokussiert darzustellen. Mögliche Eingrenzungen hätten sich ergeben, wenn
der Fokus auf bestimmte Praktiken oder Situationen – etwa solche, die eine
Normverschiebung ermöglichen – gelegt worden wäre. Letztere hätte man mit
Blick auf bestimmte Aspekte noch deutlicher miteinander vergleichen können.
Durch die offene Herangehensweise gelang es zwar, unterschiedliche Phänomene
in den Blick zu bekommen. Gleichzeitig wurde dadurch eine vertiefte Darstellung
einzelner Ergebnisse eingeschränkt.

9.2.1.3 Reflexion der Theoriebezüge

In der vorliegenden Untersuchung wurde die vierteilige Systematisierung von
Dörner und Schäffer (2012) verwendet, um die notwendigen Theoriebezüge

sicherzustellen: Zur Darstellung des Verhältnisses von Theorie und Empirie unterscheiden die Autoren zwischen Gegenstands- und Grundlagentheorien, Methodologie und Methode (vgl. ebd., S. 16–18). Auf der Ebene der Gegenstandstheorie wurden in der vorliegenden Untersuchung Theorien zum Kindergarten in der Deutschschweiz, zur Auffangzeit und zu unterrichtlichen Interaktionen herangezogen. In diesem Zusammenhang wurde der aktuelle Forschungsstand abgebildet (vgl. Kap. 3). Zur Grundlagentheorie zählen die Anerkennungstheorie und die Theorie sozialer Praktiken (vgl. Kap. 4). Als Metatheorie zur methodologischen Rahmung der dokumentarischen Methode wurden für die vorliegende Untersuchung relevante Aspekte der praxeologischen Wissenssoziologie erörtert (vgl. Kap. 5, insbesondere 5.1). Zur Bestimmung der methodischen Schritte wurde ein theoretisch fundiertes und empirisch bewährtes Vorgehen für den Einsatz der dokumentarischen Methode gewählt (vgl. Kap. 6). Bei der Beschreibung der beiden analysierten Fälle (vgl. Kap. 7) und beim Vergleich dieser Fälle (vgl. Kap. 8) wurden hauptsächlich Bezüge zur Gegenstands- und zur Grundlagentheorie hergestellt. Jegliche Bezüge zu theoretischen Wissensbeständen wurden explizit ausgewiesen und an geeigneter Stelle – insbesondere in Abschnitt 9.1 – diskutiert.

Die Herausforderung der hier reflektierten Herstellung von Theoriebezügen zeigte sich insbesondere in der Annäherung an das empirische Material. Es galt, einen offenen Blick zu bewahren und gleichzeitig theoretisches Wissen einzubeziehen. Hilfreich waren dabei die „sensitizing concepts" (Blumer, 1954, S. 7) und das Konzept der „theoretischen Sensibilität" (Strauss & Corbin, 1996, S. 25) (vgl. Abschn. 2.2.1). Es galt, sich stets ins Bewusstsein zu rufen, welches Verhältnis von Theorie und Empirie bei jedem einzelnen Forschungsschritt im Vordergrund stand. Insbesondere bei der Darstellung der Fallanalysen (vgl. Kap. 7 und 8) wurde darauf geachtet, explizit theoretische Bezüge herzustellen, die sich aus den Analysen ergaben. Durch die Einordung der empirischen Ergebnisse in die bestehende Forschung konnte gesichert werden, dass die Resultate mit den theoretischen Beständen verknüpft sind.

9.2.1.4 Reflexion der Interpretationsdarstellung und der Einordnung der Ergebnisse

Eine Interpretation muss nachvollziehbar dargestellt sein, um verstanden zu werden. Aus diesem Grund wurden in den Kapiteln 7 und 8 zuerst die ausgewählten Videosequenzen anhand von Transkripten, Interaktionsbeschreibungen und Fotogrammen illustriert. Zur Nachvollziehbarkeit der Interviewinterpretationen wurden einzelne Passagen aus den Interviews als Transkripte aufgeführt. In

Passung mit der sequenziellen Logik von Interaktionen wurden jegliche Interpretationen in einem ersten Schritt sequenziell dargestellt. Damit die Interpretation nachvollziehbar ist, wurden die Ergebnisse zudem wiederholt in ein Zwischenfazit und in Zusammenfassungen gebündelt. Um zu prüfen, ob die Darstellungen auch für Dritte nachvollziehbar sind, wurden sowohl die auf Text und Bild basierenden Illustrationen zu den Videosequenzen als auch die sequenziell strukturierten Interpretationstexte mehrfach in Forschungswerkstätten diskutiert. Auf Basis der Rückmeldungen und der gemeinsamen Arbeit an den Texten wurden sie in mehreren Schritten überarbeitet und präzisiert.

Die größte Herausforderung zeigte sich bei der Videointerpretationen: Es galt, eine verständliche und präzise Sprache zu finden, um in linearer Sprachlogik darzustellen, was simultan und sequenziell sowie verbal und nonverbal von der Videokamera erfasst und dadurch zur Ausgangslage der Interpretationsarbeit wurde. Neben der Sprache trugen auch die Abbildungen von Transkripten, Fotogrammen und Beschreibungen der Handlungen dazu bei, die Nachvollziehbarkeit sowohl der Interaktionen als auch der Interpretationen zu gewährleisten. Eine Möglichkeit, die videografierten Unterrichtsbeobachtungen noch besser darzustellen, wäre die Verlinkung mit zuvor online gestellten und gegebenenfalls anonymisierten Sequenzen gewesen. Für die vorliegende Untersuchung fehlte dazu die Einwilligung der abgebildeten Kindergartenlehrpersonen und der Erziehungsberechtigten der Kindergartenkinder.

Zur Einordnung der Ergebnisse in die bestehende Forschung wurden diese in Abschnitt 9.1 mit der in Kapitel 3 dargestellten Forschung verglichen. Dazu wurden die vorliegenden Ergebnisse in die bereits bestehende Gegenstandstheorie eingeordnet. Insgesamt wurden viele Übereinstimmungen zwischen den vorliegenden Ergebnissen und der einschlägigen Forschung festgestellt. Dies bedeutet einerseits, dass die empirischen Erkenntnisse, die über die bestehende Forschung hinausgehen, ebendiese ausdifferenzieren und bestätigen. Andererseits weist die Übereinstimmung auch darauf hin, dass das für die vorliegende Untersuchung gewählte und weiterentwickelte methodische Vorgehen für die empirische Annäherung an Anerkennungsverhältnisse geeignet war. Um die Erkenntnisse für die Praxis nutzbar zu machen, wurden im Anschluss an die Einordnung einzelner Ergebnisse davon jeweils pädagogische Konsequenzen abgeleitet (vgl. Abschn. 9.1).

9.2.2 Reflexion der Sekundäranalyse

Bei der vorliegenden Untersuchung handelt es sich um eine Sekundäranalyse. Es wurden mehrere Chancen und Herausforderungen identifiziert, die bei einer Sekundäranalyse entstehen und die für die vorliegende Untersuchung bedeutsam sind (vgl. Abschn. 2.1.4). Ein zentraler Vorteil beim Zugriff auf den bestehenden Datenkorpus der Kindergartenstudie bestand darin, dass kein erneuter Zugang zum Forschungsfeld erstellt werden musste, dass auf eine Datenerhebung verzichtet werden konnte und dass von der im Rahmen des Projekts erfolgten Aufbereitung und Ablage der erhobenen Daten profitiert werden konnte. Zusätzlich zu forschungsökonomischen Vorteilen bedeutete dieses Vorgehen für das Forschungsfeld, dass dessen Akteure nicht durch weitere Erhebungen belastet wurden.

Da das Teilen von Daten zunehmend an Bedeutung gewinnt (vgl. Steinhardt et al., 2020), soll an dieser Stelle der Umgang mit damit verbundenen Herausforderungen erörtert werden. In Anlehnung an Heaton (2008) wurden für die vorliegende Untersuchung erstens die Frage nach ihrer Vereinbarkeit mit der qualitativen Forschung, zweitens das Problem der Verfügbarkeit von Kontextinformationen und drittens ethische sowie rechtliche Aspekte als Herausforderungen identifiziert.

Wird ein bereits vorhandener Datenkorpus für eine qualitative Analyse genutzt, verhindert dies – dies entspricht der *ersten* Herausforderung –, dass nicht systematisch nach der Maxime des maximalen Kontrastes nach weiteren zu erhebenden Fällen gesucht werden konnte, wie es für die Arbeit mit der dokumentarischen Methode empfohlen wird (vgl. z. B. Asbrand & Martens, 2018, S. 162–166). Für die vorliegende Untersuchung führte dies aber aus zwei Gründen nicht zu einer Minimierung der Ergebnisqualität: Erstens wurde keine Typenbildung erstellt, für die das Vorhandensein maximaler Kontraste zwingend notwendig gewesen wäre. Und zweitens wurde bei der Erstellung des Samples für die Kindergartenstudie bereits auf eine maximale Kontrastierung anhand mehrerer Kriterien geachtet (vgl. Abschn. 2.1). Der Fallvergleich lebt vom Kontrast, und dieser ist – wie in den Kapiteln 7 und 8 aufgezeigt wurde – deutlich vorhanden. An dieser Stelle soll nochmals explizit darauf hingewiesen werden, dass die Fokussierung zweier Fälle nicht einer Stichprobengröße von $N = 2$ in einer quantitativen Logik entspricht (vgl. Akremi, 2022, S. 410). Wie in Abschnitt 6.1 dargestellt, wurden insgesamt acht kriteriengeleitet ausgewählte Fälle analysiert. Sechs dieser Fälle wurden zur Darstellung der beiden ausgewählten Fälle jedoch nur implizit herangezogen, indem sie im Rahmen der komparativen Analyse zur Identifikation von falltypischen Merkmalen beitrugen. Durch die Beschreibung der zwei Fälle Sandra Sommer und Dora Dünki sowie durch den explizit erfolgten Fallvergleich gelang es, eine Unterschiedlichkeit innerhalb des untersuchten Forschungsgegenstandes abzubilden, was als Ziel qualitativer Sozialforschung verstanden werden kann.

Nichtsdestotrotz kann nicht ausgeschlossen werden, dass durch die vertiefte Analyse weiterer Fälle auch noch weitere Adressierungen, Praktiken und Normen der Anerkennung rekonstruiert werden könnten bzw. dass eine weitere Ausdifferenzierung der Ergebnisse gelingen könnte. Es könnte sein, dass man auf einen weiteren Fall stieße, der sich von den beiden untersuchten Fällen stark unterscheiden würde, bzw. dass die Differenz ebenso groß wäre wie jene zwischen den Kindergärten von Sandra Sommer und Dora Dünki. Die vorliegende Studie kann somit als Ausgangspunkt für weitere Forschung zu Anerkennungsverhältnissen im Kindergarten bzw. in der Schule verstanden werden.

Der sehr umfassende Datenkorpus, auf den zurückgegriffen werden konnte, barg die Gefahr, sich im empirischen Material „zu verlieren". Selektionsentscheide erhielten dadurch eine umso höhere Bedeutung. Die Auswahl von acht bzw. zwei Fällen für die Feinanalyse bzw. Fallbeschreibung stellte einen ersten Schritt im Umgang mit dem großen Datenkorpus dar. Innerhalb der Videointerpretation hat sich zudem die Begrenzung auf die Auffangzeit bewährt. Es konnte aufgezeigt werden, dass bereits nach der Begrüßung der Kinder Adressierungen stattfinden und normative Horizonte eingeführt werden, deren Gültigkeit in der anschließenden Bearbeitung des Spiel- und Lernangebots Gültigkeit bestätigt wird. Das Vorhandensein eines Datenkorpus ermöglichte eine Triangulation des unterschiedlichen empirischen Materials. Dass die Videointerpretationen durch die Interviews mit den Kindergartenlehrpersonen ergänzt wurden, erwies sich ebenfalls als hilfreich und erhöhte die Qualität der Fallbeschreibungen. Der Entscheid, die Interviews einzubeziehen, führte auf der anderen Seite aus zeitlichen Gründen dazu, dass die Feinanalyse sich auf zwei Fälle beschränken musste. Ob sich die gewählte Herangehensweise der Sekundäranalyse und der Datentriangulation auch für das Erstellen einer Typologie eignen würde bzw. ob dies aus einer forschungsökonomischen Perspektive überhaupt geleistet werden könnte, wurde aus ressourcentechnischen Gründen nicht geprüft.

Während sich die videografierten Unterrichtssequenzen gut für eine dokumentarische Interpretation eigneten, hatte der bei der Durchführung der Interviews verwendete Leitfaden zur Folge, dass die Kindergartenlehrerinnen zahlreiche Fragen zu beantworten hatten; sie erhielten von der interviewenden Person nur wenig Zeit, weitere Gedanken zu formulieren, da sich Frage an Frage reihte. Im Vergleich zu den videogestützten Unterrichtsbeobachtungen, bei denen die Autorin der vorliegenden Studie in den Kindergärten Sandra Sommers und Dora Dünkis selbst die Lehrpersonenkamera bediente, wurden die beiden Interviews von einer anderen Person durchgeführt. Nichtsdestotrotz gelang es auch im Rahmen der leitfadengestützten Interviews, auf die implizite Ebene vorzudringen und nutzbare Erkenntnisse für die vorliegende Untersuchung zu generieren.

Die *zweite* Herausforderung bestand darin, dass die Autorin der vorliegenden Untersuchung nicht alle verwendeten Daten selbst erhoben hatte. Dadurch ging Kontextwissen verloren. Rückblickend zeigt sich nun, dass die Information darüber, welche Kinder einer Kindergartenklasse der jüngeren bzw. der älteren Kohorte zugehörten, gegebenenfalls eine Differenzierung der Ergebnisse erlaubt hätte. Teilweise konnte diese Information aus den Interaktionen erschlossen werden, was aber nicht bei allen Kindern möglich war. Dieses fehlende Kontextwissen führte somit dazu, dass dieser Aspekt der Zugehörigkeit der Kinder zu einer bestimmten Alterskohorte nicht systematisch einbezogen werden konnte.

Die *dritte* Herausforderung bezieht sich auf forschungsethische Aspekte. Obwohl die teilnehmenden Kindergartenlehrpersonen weiterführenden Analysen zugestimmt hatten und ihnen Anonymität zugesichert worden war, drang die vorliegende Untersuchung auf eine implizite Ebene vor, was nach einem besonders sorgfältigen Umgang mit den Daten und den Ergebnissen verlangt. Die beiden Kindergartenlehrerinnen Sandra Sommer und Dora Dünki, die in Wirklichkeit selbstverständlich einen anderen Namen tragen, werden durch die Analyse in eine verletzliche Position gebracht – ihre Integrität wird durch die Verwendung von fiktiven Namen und das Verpixeln der Fotogramme geschützt. Zusätzlich gilt es, im Rahmen der Darstellung und der Diskussion jegliche Ergebnisse in einen theoretischen Kontext zu rücken und nicht vorschnell zu bewerten.

Abschließend kann festgehalten werden, dass sich der Datenkorpus für die Sekundäranalyse eignete und dass die Vorteile dieser Herangehensweise die damit verbundenen Herausforderungen überwogen. Mit den Herausforderungen, die sich im Rahmen der Sekundäranalyse ergaben, konnte stets ein produktiver Umgang gefunden werden. Insofern kann die vorliegende Untersuchung als Plädoyer dafür verstanden werden, insbesondere videografierte Unterrichtsbeobachtungen im Rahmen einer Sekundäranalyse dokumentarisch zu interpretieren. Videodaten eignen sich vor allem dann, wenn es sich, wie beim vorliegenden methodischen Vorgehen, um eine offene Herangehensweise handelt, bei der die Praxis selbst den Forschungsgegenstand darstellt. Wie sich zeigte, ließen sich auch die leitfadengestützten Interviews mit den Kindergartenlehrpersonen nutzen. Ob mit diesem Vorgehen eine Typologie hätte erstellt werden können, bleibt indes offen. Auf eine kritische Auseinandersetzung mit der Frage nach den Grenzen von Sekundäranalysen sollte daher auch im Rahmen anderer Forschungsprojekte nicht verzichtet werden.

9.3 Zusammenfassung und Ausblick

Am Anfang der vorliegenden Untersuchung stand die Frage, wie Kinder im Schweizer Kindergarten zu Kindergarten- bzw. Schulkindern gemacht werden und wie sie sich selbst zu solchen machen. Durch die Einführung des Lehrplans 21, in dem der zweijährige Kindergarten und die ersten zwei Jahre der Primarschule im sogenannten Zyklus 1 zusammengefasst sind und damit – zumindest auf der Ebene des Lehrplans – eine Einheit darstellen, werden die Kinder mit dem Eintritt in den Kindergarten „in den sozialen Kontext der Schule aufgenommen und in die Welt des schulischen Lernens eingeführt" (Deutschschweizer Erziehungsdirektoren-Konferenz, 2016, S. 42). Vor diesem Hintergrund stellt sich die Frage, wie dieses Werden zum Kindergarten- bzw. Schulkind in der alltäglichen Praxis zum Ausdruck kommt.

Um dieser Frage in der vorliegenden Untersuchung nachgehen zu können, bot sich ein subjektivations- und anerkennungstheoretischer Zugang im Sinne von Butler (2001) an. Demnach werden Individuen durch gegenseitige Anerkennung als spezifische Subjekte hervorgebracht. Da Anerkennungsprozesse innerhalb normativer Horizonte stattfinden, die in sozialen Praktiken zum Ausdruck kommen, war es naheliegend, die Theorie sozialer Praktiken von Reckwitz (2003) als zusätzlichen theoretischen Rahmen miteinzubeziehen.

Da es sich bei Anerkennungsverhältnissen um solche Wissensbestände handelt, die in der Regel nicht explizit verfügbar sind, musste ein Verfahren gewählt werden, mit dem der Zugang zur impliziten Ebene möglich war. Die dokumentarische Methode, die ursprünglich von Ralf Bohnsack entwickelt wurde (vgl. z. B. Bohnsack, 2018a), eignete sich für das Vorhaben insbesondere durch den Wechsel der Analyseeinstellung von der *Was-* zur *Wie*-Ebene. Sie bot sich aber auch deshalb an, weil damit sowohl Video- als auch Interviewdaten interpretiert und weil nonverbale Anteile von Interaktionen berücksichtigt werden können. Da die Methode nicht für die Rekonstruktion von Anerkennungsverhältnissen entwickelt wurde, musste das Vorgehen v. a. im Rahmen der reflektierenden Interpretation angepasst werden.

Für die Untersuchung stand der Datenkorpus der Kindergartenstudie (Edelmann et al., 2018b) zur Verfügung. Verwendet wurden die Video- und Interviewdaten, die im Rahmen von zwei Teilstudien der Kindergartenstudie erhoben und ausgewertet wurden. Die Daten wurden für die vorliegende Arbeit im Sinne einer

Sekundäranalyse mit einer anderen Fragestellung und einem anderen methodischen Vorgehen als denen der Hauptstudie analysiert. Dabei mündete die Analyse der Daten schlussendlich in der Beschreibung von zwei sich kontrastierenden Fällen bzw. Kindergartenlehrpersonen. Während des Interpretationsprozesses wurden die gegenseitigen Adressierungen und die sozialen Praktiken fokussiert. Anschließend wurden die normativen Horizonte eruiert, innerhalb derer die Interaktionen stattfanden. Dieses Vorgehen kann somit als Vorschlag verstanden werden, die dokumentarische Methode für subjektivationstheoretische Fragen anschlussfähig zu machen. Inwiefern sich dieses Vorgehen für weitere Forschungsgegenstände eignet, wird sich im Rahmen von zukünftigen Forschungsprojekten zeigen.

Durch die Interpretation von Videosequenzen und Interviewpassagen sowie durch komparative Analysen konnten verschiedene Kontexte identifiziert werden, die für die Manifestation von *Anerkennungsverhältnissen* zentral sind. Im Rahmen der Videointerpretation standen bezüglich der Anerkennung Interaktionen im Vordergrund, die sich der Erteilung und Ausführung von Aufträgen sowie im Umgang mit dem Spiel- und Lernangebot widmen und in denen eine Verbindung zum Unterrichtsgegenstand hergestellt wird. Im Rahmen der Interviewinterpretation konnte gezeigt werden, dass die Art und Weise, welches Bild die Lehrerinnen vom Kindergartenkind konstruieren, für deren Anerkennung relevant ist. Diesbezüglich zeigte sich, dass die Kinder in Abhängigkeit von ihrem Entwicklungsstand und als zukünftige Erwachsene konstruiert werden. Während in den Interviews mit beiden fokussierten Kindergartenlehrerinnen die Kinder als Entwicklungswesen konstruiert werden, die von Erwachsenen abhängig sind, zeigte sich in den unterrichtlichen Interaktionen einer der beiden Lehrpersonen eine Diskrepanz: bei ihr wurden die Kinder in bestimmten Situationen zu aktiven Mitgestaltenden statt nur zu bloßen Ausführenden von vorgegebenen Aufträgen. Durch die mitgestaltende Funktion der Kinder wird es möglich, eine Überlappung von Orientierungen herzustellen, und dadurch gegenseitiges Verstehen zu gewährleisten. Die weiteren Analysen ergaben zudem, dass diverse Praktiken der Kindergartenlehrerinnen dazu beitragen, immer wieder eine generationale Ordnung herzustellen, was die Anerkennungsverhältnisse maßgebend prägte: Sie ließen sich unterscheiden in divergente, komplementäre und machtstrukturierte Verhältnisse.

Es wurde in der vorliegenden Arbeit zudem geprüft, innerhalb welcher *normativer Horizonte* die Interaktionen stattfanden. Da Normen stets wiederholt und aktualisiert werden müssen, um gültig zu sein, findet eine permanente Verschiebung dieser Normen statt. Gelingt es, normative Setzungen so vorzunehmen, dass Grenzen ausgehandelt werden können, kann dies als Herstellung von Passung zwischen den sich unterscheidenden Orientierungen von Kindergartenlehrpersonen und Kindergartenkindern verstanden werden. Es zeigte sich, dass während der Auffangzeit insbesondere die Norm der ordnungsgemäßen Ausführung von Aufträgen und die Norm des aktiven und gestaltenden Umgangs mit dem vorbereiteten Spiel- und Lernangebot bedeutsam sind. Hervorzuheben ist hierbei, dass insbesondere die zweitgenannte Norm durch ihre Offenheit unterschiedliche Subjektpositionen zulässt: Durch die darin implizierte Möglichkeit, über Grenzen der Norm zu verhandeln, stehen den Kindergartenkindern sogar noch weitere Positionierungsmöglichkeiten offen. Dies ermöglicht es den Kindern, innerhalb der gültigen Norm zu agieren.

Im Rahmen der vorliegenden Untersuchung konnte somit aufgezeigt werden, dass unterrichtliche Interaktionen im Rahmen der Auffangzeit im Kindergarten sowohl im Hinblick auf die Anerkennung der Kindergartenkinder als auch in Bezug auf deren Einführung in schulische Normen, Praktiken und Orientierungen von großer Relevanz sind. Die Auffangzeit stellt damit weit mehr als nur eine Überbrückungsphase dar und muss daher zwingend als spezifische Phase innerhalb des Kindergartenunterrichts mit eigenen Zielen und hohen Anforderungen an die Lehrpersonen anerkannt werden.

Diese Relevanz von pädagogischen Interaktionen geht mit einer Verantwortung der Kindergartenlehrpersonen einher, aus der hohe Ansprüche an deren professionelles Handeln erwachsen. Es ist die Aufgabe von Bildungspolitik und -institutionen, Lehrpersonen im Rahmen der Aus- und Weiterbildung auf diese anspruchsvolle Arbeit vorzubereiten und deren professionelle Weiterentwicklung zu gewährleisten. Hierzu ist es auch wichtig, dass der Zugang zur Ausbildung über entsprechende qualitative und quantitative Zulassungsbedingungen gesteuert wird. Es ist umgekehrt aber auch die Aufgabe der Lehrpersonen selbst, ihr eigenes Handeln im beruflichen Kontext – angesichts ihrer Verantwortung gegenüber den Kindern und ihres gesellschaftlichen Auftrags – kritisch zu prüfen und kontinuierlich weiterzuentwickeln.

Anhang

Anhang A1: Transkriptionsnotationen für Gespräche (TiQ)

Transkriptionsnotationen

Bezeichnung	Beschreibung
⌊ja	Beginn einer Überlappung (gleichzeitiges Sprechen von zwei oder mehr
ja-ja	Sprechenden)
(3)	schneller Anschluss, Zusammenziehung
(.)	Pause; Dauer in Sekunden
Jaaa	kurzes Absetzen, etwa eine Sekunde
Nein	Dehnung, je mehr Vokale aneinandergereiht sind, desto länger die
Nein	Dehnung
°Text°	Betonung
vie-	laut gesprochen
(kein)	leise gesprochen
()	Abbruch
[räuspern]	Unsicherheit bei der Transkription
@Text@	Äußerung ist unverständlich; Länge der Klammer entspricht ungefähr der
@(.)@	Dauer der unverständlichen Äußerung
@(3)@	parasprachliche Äußerung
	Text wird lachend gesprochen
	kurzes Auflachen
	3 Sekunden Lachen

© Der/die Herausgeber bzw. der/die Autor(en) 2025
S. Staub, *Anerkennungsverhältnisse in der Schule*, Kinder, Kindheiten und Kindheitsforschung 33, https://doi.org/10.1007/978-3-658-46176-8

Verwendung von Satzzeichen

Bezeichnung	Beschreibung
.	stark sinkende Intonation
;	schwach sinkende Intonation
?	stark steigende Intonation
,	schwach steigende Intonation

(Quelle: Asbrand & Martens 2018, S. 178 f., Verwendung mit freundlicher Genehmigung von Springer Nature)

Anhang A2: Transkriptionsbezeichnungen für Interviews

Bezeichnung	Beschreibung	Beispiel
If, Im	Interviewerin (fem.), Interviewer (mask.)	Im:
Lf, Lm	Lehrerin (fem.), Lehrer (mask.)	Lf:
…	unterbrochene Sätze	Lf: Ich bin mir nicht sicher …
()	kurze Pause	Lf: Und (.) ähm es gibt wie keine
(2)	Pause von 2 Sekunden (Länge der Pause in Zahlen angegeben)	Lf: Das ist eigentlich noch das Schöne, also (2) dann und ähm man merkt wie …
unterstrichen	besonders betonte Begriffe	Lf: Das stimmt so.
fett	lautes, energisches Sprechen, Schreien	Lf: **Das ist überaus ärgerlich**
(lacht)	Lautäußerungen in Klammern (lacht, seufzt etc.)	Lf: Manchmal ist es amüsant (lacht), wie die Kinder damit umgehen.
(unverständlich)	unverständliche Worte in Klammern	Lf: Ich habe (unverständlich) gesehen.
(Telefon klingelt)	äußere Merkmale in Klammern	Lf: Mir ist wichtig (Telefon klingelt), dass die Kinder sich wohl fühlen.
Zahlen	Zahlen stets ausschreiben	Lf: Bei den Großen sind es aktuell sieben Kinder.
„Gireitzli"	In einem Interview in Standardsprache wird explizit ein Wort in Mundart verwendet	Lf: Wenn die Kinder draußen auf dem „Gireitzli" sitzen.

(Quelle: In Anlehnung an Edelmann et al., 2018, S. 51)

Anhang B1: Auf Hochdeutsch übertragenes Transkript zur Sequenz „Taschen und Streifen"

Pepe:	( )	00:13:38
Fr. Sommer:	⌊[zu Pepe] hooi Pepe; **guten Morgen**. hoi Sanja; hoi Luca, (.)	00:13:39
	schaut mal? (.) wir haben den Parcours wieder aufgestellt?	
Pepe:	jupi	00:13:48
Fr. Sommer:	ein bisschen ein anderer? (.) ihr könnt die Taschen reintun, den Streifen	00:13:49
	reintun, schau mich nochmals an, und? Nachher?	
Luca:	⌊in den Socken	00:13:56
Fr. Sommer:	<u>ja genau</u> Luca; du hast es herausgefunden; die Socken und die Schuhe	00:13:58
	lassen wir auch grade drinnen; (.) barfuss kommen wir wieder raus; ohne	
	Tasche ohne Streifen;	

Anhang B2: Auf Hochdeutsch übertragenes Transkript zur Sequenz „Schubkarre"

Fr. Sommer	<u>schau</u> ich habe mir überlegt wo wir die Bäll hineinwerfen könnten; und da	00:16:14
Luca	⌊( )	00:16:18
Fr. Sommer	habe ich gedacht wir können es ja mal mit der Schubkarre versuchen.	00:16:19
	vielleicht können wir sogar da drauf stehen, und versuchen da	
	reinzuzielen; (.) weisst du was ich probiert habe; ich kann jetzt schon	
Peter	⌊weisst du was ich probiert habe; ich kann jetzt schon	00:16:27
	drehen auf dem Ding mit einem Bein.	
Fr. Sommer	[zu Peter] echt? zeige einmal? (.) ich schaue? (4) woa. (5) vielleicht	00:16:31
	immer nur jemand Vincent. ausser man hat eine Idee wie man in der Mitte	
	wechsln und aneinander vorbei kann. (.)	
	wenn man eine Idee hat geht das vielleicht.	
Louisa	⌊( )	00:16:51
Fr. Sommer	[zu Louisa] hm? mit einem Bein; (.) muss man aber die keinen	00:16:53
	Jonglierringe? nehmen. möchtest du diese? noch holen gehen.	
Louisa	ja	00:16:59
Fr. Sommer	wo haben wir diese?	00:16:59
?	°oh ja°	00:17:01
Louisa	°weiss nicht?°	00:17:02
Fr. Sommer	warte einmal? wo haben wir diese? (.) die sind glaube ich auch in der	00:17:03
	Garderobe. (.) die Jonglierringe.	

Anhang B3: Auf Hochdeutsch übertragenes Transkript zur Sequenz „Sonnenblumen"

Peter	(schau Pepe)	00:15:22
Louisa	(jetzt musst du bei mir schauen im Fall (.) kannst du das Pepe?)	00:15:26
Pepe	**die Sonnenblumen;**	00:15:35
Fr. Sommer	ja die sind <u>meega</u> gewachsen; gell? (.) die brauchen jetzt dann einen	00:15:37
	anderen Platz. die müssen wir jetzt dann- ja kannst noch ein bisschen	
	giessen; sie haben nämlich trocken; (.) hast du schon mit dem Finger	
	geschaut, schau zerscht mit dem <u>Finger</u> ob es noch feucht ist in der <u>Erde</u>;	
	oder ob es trocken ist; (.) schau <u>da</u>? bei den Sonnenblumen; (.) fasse mal	
	schnell [bei den] Sonnenblumen in [den] Topf rein; ob es trocken oder	
	feucht ist; (.) ist ein bisschen trocken? ja siehts du dann brauchen sie	
	Wasser; (.) und <u>überall</u> wo es trocken ist; kannst du Wasser reintun.	

Literatur

Akremi, Leila (2022). Stichprobenziehung in der qualitativen Sozialforschung. In: *Handbuch Methoden der empirischen Sozialforschung* (3. vollst. überarb. und erw. Aufl., S. 405–424). Springer.

Alemzadeh, Marjan (2014). *Interaktionen im frühpädagogischen Feld. Ethnographische Bildungsforschung zu Interaktions-und Spielprozessen und deren Bedeutung für eine Didaktik der frühen Kindheit am Beispiel der Lernwerkstatt Natur.* Dissertation, Universtität zu Köln.

Alkemeyer, Thomas (2013). Subjektivierung in sozialen Praktiken. Umrisse einer praxeologischen Analytik. In: Thomas Alkemeyer, Gunilla Budde & Dagmar Freist (Hrsg.), *Selbst-Bildungen. Soziale und kulturelle Praktiken der Subjektivierung* (S. 33–68). transcript.

Alkemeyer, Thomas & Pille, Thomas (2012). Die Körperlichkeit der Anerkennung. Subjektkonstitutionen im Sport- und Mathematikunterricht. *Ein Forschungsprojekt am Arbeitsbereich „Soziologie und Sportsoziologie" der Carl von Ossietzky Universität Oldenburg.* https://uol.de/fileadmin/user_upload/sport/soziologie/anerkennung/Alkemeyer_Pille_Die_Koerperlichkeit_der_Anerkennung.pdf

Althusser, Louis (1977). *Ideologie und ideologische Staatsapparate. Aufsätze zur marxistischen Theorie.* VSA.

Ambühl, Erich, Heller, Werner, Huldi, Max, Oggenfuss, August, Rageth, Esther, Strittmatter, Anton & Trier, Uri Peter (1986). *Primarschule Schweiz. 22 Thesen zur Entwicklung der Primarschule* Schweizerische Konferenz der kantonalen Erziehungsdirektoren.

Andersson, Emilia & Sørvik, Gard Ove (2013). Reality lost? Re-use of qualitative data in classroom video studies. *FQS – Forum Qualitative Sozialforschung, 14*(3). https://www.qualitative-research.net/index.php/fqs/article/view/1941/3558

Asbrand, Barbara & Martens, Matthias (2018). *Dokumentarische Unterrichtsforschung.* Springer VS.

Asbrand, Barbara, Martens, Matthias & Nohl, Arnd-Michael (2020). Pädagogische Interaktionen in der dokumentarischen Interpretation von Videografien. In: *Jahrbuch Dokumentarische Methode* (Heft 2–3/2020, S. 299–328). https://doi.org/10.21241/ssoar.70843

Balzer, Nicole (2014). *Spuren der Anerkennung. Studien zu einer sozial- und erziehungswissenschaftlichen Kategorie.* Springer VS.

© Der/die Herausgeber bzw. der/die Autor(en) 2025
S. Staub, *Anerkennungsverhältnisse in der Schule*, Kinder, Kindheiten und Kindheitsforschung 33, https://doi.org/10.1007/978-3-658-46176-8

Balzer, Nicole & Bergner, Dominic (2012). Die Ordnung der ‚Klasse'. Analysen zu Subjektpositionen in unterrichtlichen Praktiken. In: Norbert Ricken & Nicole Balzer (Hrsg.), *Judith Butler: Pädagogische Lektüren* (S. 247–279). Springer VS.

Balzer, Nicole & Ricken, Norbert (2010). Anerkennung als pädagogisches Problem. Markierungen im erziehungswissenschaftlichen Diskurs. In: Alfred Schäfer & Christiane Thompson (Hrsg.), *Anerkennung* (S. 35–87). Verlag Ferdinand Schöningh.

Bedorf, Thomas (2010). *Verkennende Anerkennung. Über Identität und Politik.* Suhrkamp.

Beeli-Zimmermann, Sonja & Staub, Sabina (2020). Die Nutzung der Auffangzeit für individualisierenden Unterricht. In: Evelyne Wannack & Sonja Beeli-Zimmermann (Hrsg.), *Der Kindergarten im Fokus. Empirische und pädagogische Einblicke* (S. 50–61). hep-Verlag.

Beeli-Zimmermann, Sonja, Staub, Sabina & Wannack, Evelyne (2021). Individualisierender Unterricht im Kindergarten aus der Perspektive der Lehrperson und der Kinder. In: Alexandra Zaugg, Petra Chiavaro-Jörg, Thomas Dütsch, Lucia Amberg, Karin Fasseing Heim, Ruth Lehner, Christine Streit & Evelyne Wannack (Hrsg.), *Individualisierung im Spannungsfeld von Instruktion und Konstruktion. Kompetenzförderung durch spielbasiertes Lernen bei vier- bis achtjährigen Kindern* (S. 195–211). Waxmann.

Beeli-Zimmermann, Sonja, Wannack, Evelyne & Staub, Sabina (2020). Videobasierte Unterrichtsforschung: Aufnahmen mit zwei Kameras – und dann? *FQS – Forum Qualitative Sozialforschung, 21*(2), 1–29. www.qualitative-research.net/index.php/fqs/article/download/3298/4607

Benjamin, Jessica (1990). *Die Fesseln der Liebe. Psychoanalyse, Feminismus und das Problem der Macht.* Stroemfeld Roter Stern.

Benjamin, Jessica (1993). *Phantasie und Geschlecht. Psychoanalytische Studien über Idealisierung, Anerkennung und Differenz.* Stroemfeld.

Betz, Tanja, Bischoff-Pabst, Stefanie, Eunicke, Nicoletta & Menzel, Britta (2019). *Kinder zwischen Chancen und Barrieren. Forschungsbericht 1. Zusammenarbeit zwischen Kita und Familie: Perspektiven und Herausforderungen.*

Betz, Tanja & de Moll, Frederick (2021). Bildung und Betreuung von Kindern im Vorschulalter. In: Heinz-Hermann Krüger, Cathleen Grunert & Katja Ludwig (Hrsg.), *Handbuch Kindheits- und Jugendforschung* (S. 1–32). Springer. https://doi.org/10.1007/978-3-658-24801-7_24-1

Bildungsdirektion des Kantons Zürich (2023). *Information zur Lohneinreihung Lehrpersonen Kindergartenstufe ab 1. Januar 2023.*

Bildungsdirektion Kanton Zürich (2008). *Lehrplan für die Kindergartenstufe des Kantons Zürich.* Lehrmittelverlag des Kantons Zürich.

Bildungsdirektion Kanton Zürich (2011). *Angebote für Schülerinnen und Schüler mit besonderen pädagogischen Bedürfnissen: Integrative Förderung (IF).* Lehrmittelverlag des Kantons Zürich.

Bildungsdirektion Kanton Zürich (2020a). *Neu definierter Berufsauftrag. Handbuch für Schulleitungen. Gültig ab Schuljahr 2020/21.* https://www.zh.ch/content/dam/zhweb/bilder-dokumente/themen/bildung/informationen-fuer-schulen/informationen-fuer-die-volksschule/fuehrung/klassen-stellen-planen/schuljahr-planen/berufsauftrag_handbuch_sl.pdf

Bildungsdirektion Kanton Zürich (2020b). *Tagesstrukturen. Allgemeine Informationen und spezifische Vorgaben.*

Bildungsstatistik Kanton Zürich. (2020). *Kennzahlen von Schulgemeinden.* https://pub.bista. zh.ch/de/zahlen-und-fakten/andere/kennzahlen-von-schulgemeinden/vergleich-von-sch ulgemeinden/#2471

Bischoff-Pabst, Stefanie (2021). ,Geburtstag feiern in der Kita' als doing collaboration-Analysen zu (ungleichen) Passungen zwischen Familie und Kindertageseinrichtung. *Diskurs Kindheits-und Jugendforschung, 16*(1), 7–21. https://doi.org/10.3224/diskurs.v16 i1.02

Bittner, Martin, Bossen, Andrea, Budde, Jürgen & Rißler, Georg (2018). Konturen praxis-theoretischer Erziehungswissenschaft. Eine Einleitung. In: Jürgen Budde, Martin Bittner, Andrea Bossen & Georg Rißler (Hrsg.), *Konturen praxistheoretischer Erziehungswissenschaft* (S. 9–19). Beltz.

Blumer, Herbert (1954). What is wrong with social theory? *American sociological review, 19*(1), 3–10.

Bohnsack, Ralf (1989). *Generation, Milieu und Geschlecht. Ergebnisse aus Gruppendiskussionen mit Jugendlichen.* Leske + Budrich.

Bohnsack, Ralf (2005). Standards nicht-standardisierter Forschung in den Erziehungs- und Sozialwissenschaften. *Zeitschrift für Erziehungswissenschaft, 8*(4), 63–81.

Bohnsack, Ralf (2006). Die dokumentarische Methode der Bildinterpretation in der Forschungspraxis. In: Winfried Marotzki & Horst Niesyto (Hrsg.), *Bildinterpretation und Bildverstehen. Methodische Ansätze aus sozialwissenschaftlicher, kunst- und medienpädagogischer Perspektive* (S. 45–75). Springer.

Bohnsack, Ralf (2011). *Qualitative Bild- und Videointerpretation. Die dokumentarische Methode* (2. aktual. Aufl.). Verlag Barbara Budrich.

Bohnsack, Ralf (2014a). Habitus, Norm und Identität. In: *Schülerhabitus* (S. 33–55). Springer.

Bohnsack, Ralf (2014b). *Rekonstruktive Sozialforschung. Einführung in qualitative Methoden* (9. überarb. und erw. Aufl.). Verlag Barbara Budrich.

Bohnsack, Ralf (2017). *Praxeologische Wissenssoziologie.* utb.

Bohnsack, Ralf (2018a). Dokumentarische Methode. In: Ralf Bohnsack, Michael Meuser & Alexander Geimer (Hrsg.), *Hauptbegriffe qualitativer Sozialforschung* (S. 52–58). Verlag Barbara Budrich.

Bohnsack, Ralf (2018b). Fokussierungsmetapher. In: Ralf Bohnsack, Michael Meuser & Alexander Geimer (Hrsg.), *Hauptbegriffe qualitativer Sozialforschung* (S. 84–85). Verlag Barbara Budrich.

Bohnsack, Ralf, Fritzsche, Bettina & Wagner-Willi, Monika (2015). Dokumentarische Video- und Filminterpretation (Einleitung). In: Ralf Bohnsack, Bettina Fritzsche & Monika Wagner-Willi (Hrsg.), *Dokumentarische Video- und Filminterpretation. Methodologie und Forschungspraxis* (2. durchges. Aufl., S. 11–41). Verlag Barbara Budrich.

Bohnsack, Ralf, Hoffmann, Nora Friederike & Nentwig-Gesemann, Iris (2018). *Typenbildung und Dokumentarische Methode.* Verlag Barbara Budrich.

Bohnsack, Ralf, Nentwig-Gesemann, Iris & Nohl, Arnd-Michael (2013). Einleitung: Die dokumentarische Methode und ihre Forschungspraxis. In: Ralf Bohnsack, Iris Nentwig-Gesemann & Arnd-Michael Nohl (Hrsg.), *Die dokumentarische Methode und ihre Forschungspraxis* (3. aktual. Aufl., S. 9–32). Springer.

Bostelmann, Antje & Fink, Michael (2011). *Das Praxisbuch für Tagesmütter. Betreuen, Fördern, Bilden.* Bananenblau.

Breidenstein, Georg (2006). *Teilnahme am Unterricht: Ethnographische Studien zum Schülerjob*. VS Verlag für Sozialwissenschaften.

Breidenstein, Georg (2009). Allgemeine Didaktik und praxeologische Unterrichtsforschung. In: *Perspektiven der Didaktik* (S. 201–215). Springer.

Breidenstein, Georg (2021). Interferierende Praktiken. Zum heuristischen Potenzial praxeologischer Unterrichtsforschung. *Zeitschrift für Erziehungswissenschaft, 24*(4), 933–953. https://doi.org/10.1007/s11618-021-01037-0

Bublitz, Hannelore (2010). *Judith Butler zur Einführung* (3. überarb. Aufl., S. 142–152). Junius Verlag.

Budde, Jürgen (2015). Reflexionen zur Bedeutung von Handlung und Praktik in der Ethnographie. *Zeitschrift für qualitative Forschung, 16*(1), 7–24.

Bundesamt für Statistik (2017). *Familien in der Schweiz. Statistischer Bericht 2017*. https://www.bfs.admin.ch/bfsstatic/dam/assets/2347880/master

Bundesamt für Statistik (2021). *Struktur der ständigen Wohnbevölkerung nach Kanton, 1999–2020* https://www.bfs.admin.ch/bfs/de/home/statistiken/bevoelkerung/standentwicklung/raeumliche-verteilung.assetdetail.18344208.html

Burkhardt Bossi, Carine, Lieger, Catherine & Kucharz, Diemut (2014). Die Struktur der teilnehmenden frühpädagogischen Einrichtungen in der Schweiz und in Deutschland. In: Diemut Kucharz, Katja Mackowiak, Sergio Ziroli, Alexander Kauertz, Elisabeth Rathgeb-Schnierer & Margerete Dieck (Hrsg.), *Professionelles Handeln im Elementarbereich (PRIMEL): Eine deutsch-schweizerische Videostudie* (S. 85–98). Waxmann.

Butler, Judith (1987). *Subjects of desire. Hegelian reflections in twentieth-century France*. Columbia University Press.

Butler, Judith (1991). *Das Unbehagen der Geschlechter*. Suhrkamp.

Butler, Judith (1997). *Körper von Gewicht. Die diskursiven Grenzen des Geschlechts*. Suhrkamp.

Butler, Judith (2001). *Psyche der Macht. Das Subjekt der Unterwerfung*. Suhrkamp.

Butler, Judith (2003). Noch einmal: Körper und Macht. In: Alex Honneth & Martin Saar (Hrsg.), *Michel Foucault: Zwischenbilanz einer Rezeption* (S. 52–67). Suhrkamp.

Butler, Judith (2007). *Kritik der ethischen Gewalt*. Suhrkamp.

Butler, Judith (2009). *Die Macht der Geschlechternormen und die Grenzen des Menschlichen*. Suhrkamp.

Butler, Judith (2012). *Gefährdetes Leben. Politische Essays* (4. Aufl.). Suhrkamp.

Butler, Judith (2014). Epilog. In: Bettina Kleiner & Nadine Rose (Hrsg.), *(Re-)Produktion von Ungleichheiten im Schulalltag. Judith Butlers Konzept der Subjektivation in der erziehungswissenschaftlichen Forschung* (S. 181–187). Barbara Budrich.

Butler, Judith (2018). *Haß spricht. Zur Politik des Performativen* (6. Aufl.). Suhrkamp.

Chanson, Anne (2004). *Methoden der Kindergartenpraxis. Handbuch für Lehrpersonen im Kindergarten, in der Grundstufe, in der Basisstufe, in der Primarschul-Unterstufe und von heterogenen Gruppen von 4-bis 8-jährigen Kindern*. hep-Verlag.

Church, Amelia (2010). Opportunities for learning during storybook reading at preschool. *Applied Linguistics Review, 1*(1), 22–251.

Criblez, Lucien (2015). Die Schuleingangsstufe zwischen pädagogischer Vision und bildungspolitischer Realität – eine Policyanalyse. In: Charlotte Müller, Lucia Amberg, Thomas Dütsch, Elke Hildebrandt, Franziska Vogt & Evelyne Wannack (Hrsg.), *Perspektiven und Potentiale in der Schuleingangsstufe* (S. 61–82). Waxmann.

Criblez, Lucien, Müller, Barbara & Oelkers, Jürgen (2011). *Die Volksschule zwischen Innovationsdruck und Reformkritik*. Neue Zürcher Zeitung.

Damm, Marcus (2010). *Schemapädagogik. Möglichkeiten und Methoden der Schematherapie im Praxisfeld Erziehung*. VS Verlag, Springer.

Deci, Edward L. & Ryan, Richard M. (1993). Die Selbstbestimmungstheorie der Motivation und ihre Bedeutung für die Pädagogik. *Zeitschrift für Pädagogik, 39*(2), 223–238. https://doi.org/10.25656/01:11173

Denzin, Norman K (2017). *The Research Act. A Theoretical Introduction to Sociological Methods*. Routledge.

Deutschschweizer Erziehungsdirektoren-Konferenz (2016). *Lehrplan 21. Gesamtausgabe*. Deutschschweizer Erziehungsdirektoren-Konferenz. https://v-ef.lehrplan.ch/container/V_EF_DE_Gesamtausgabe.pdf

Dinkelaker, Jörg (2010). Simultane Sequentialität. Zur Verschränkung von Aktivitätssträngen in Lehr-Lernveranstaltungen und zu ihrer Analyse. In: Michael Corsten, Melanie Krug & Christine Moritz (Hrsg.), *Videographie praktizieren* (S. 91–118). VS Verlag für Sozialwissenschaften, Springer Fachmedien.

Dinkelaker, Jörg (2018). Selektion und Rekonstruktion. Herausforderungen und Möglichkeiten erziehungswissenschaftlicher Videographie. In: Christine Moritz & Michael Corsten (Hrsg.), *Handbuch Qualitative Videoanalyse* (S. 153–165). Springer.

Dinkelaker, Jörg & Herrle, Matthias (2009). *Erziehungswissenschaftliche Videographie. Eine Einführung*. VS Verlag für Sozialwissenschaften

Dörner, Olaf, Loos, Peter, Schäffer, Burkhard & Schondelmayer, Anne-Christin (2019). *Dokumentarische Methode: Triangulation und blinde Flecken*. Verlag Barbara Budrich.

Dörner, Olaf & Schäffer, Burkhard (2012). Zum Verhältnis von Gegenstands- und Grundlagentheorien zu Methodologie und Methoden in der Erwachsenen- und Weiterbildungsforschung. In: Burkhard Schäffer & Olaf Dörner (Hrsg.), *Handbuch Qualitative Erwachsenen- und Weiterbildungsforschung* (S. 11–24). Verlag Barbara Budrich.

Düttmann, Alexander García (1997). *Zwischen den Kulturen. Spannungen im Kampf um Anerkennung*. Suhrkamp.

Edelmann, Doris (2018). *Chancengerechtigkeit und Integration durch frühe (Sprach-) Förderung? Theoretische Reflexionen und empirische Einblicke*. Springer VS.

Edelmann, Doris, Wannack, Evelyne & Schneider, Hansjakob (2018a). *Die Situation auf der Kindergartenstufe im Kanton Zürich. Dokumentation der empirischen Studie*. Pädagogische Hochschule Bern und Pädagogische Hochschule Zürich. https://www.phbern.ch/sites/default/files/2019-11/dokumentation_studie_situation-auf-der-kindergartenstufe.pdf

Edelmann, Doris, Wannack, Evelyne & Schneider, Hansjakob (2018b). *Die Situation auf der Kindergartenstufe im Kanton Zürich. Eine empirische Studie im Auftrag der Bildungsdirektion des Kantons Zürich*. Pädagogische Hochschule Bern, Pädagogische Hochschule Zürich. www.phbern.ch/kindergartenstudie

Eisewicht, Paul & Grenz, Tilo (2018). Die (Un)Möglichkeit allgemeiner Gütekriterien in der Qualitativen Forschung. Replik auf den Diskussionsansatz zu „Gütekriterien qualitativer Forschung" von Jörg Strübing, Stefan Hirschauer, Ruth Ayaß, Uwe Krähnke und Thomas Scheffer. *Zeitschrift für Soziologie, 47*(5), 364–373. https://doi.org/10.1515/zfsoz-2018-0123

Erickson, Frederick (2006). Definition and Analysis of Data from Videotape: Some Research Procedures and Their Rationales. In: Judith L. Green, Gregory Camilli, Patricia B. Elmore, Audra Skukauskaiti & Elizabeth Grace (Hrsg.), *Handbook of Complementary Methods in Education Research* (S. 177–191). Lawrence Erlbaum.

Fasseing Heim, Karin, Rhode, Sabrina & Isler, Dieter (2018). *StarTG. Mit jungen Kinderkindern starten im Kanton Thurgau.* Pädagogische Hochschule Thurgau. https://wordpress.vkz.ch/wordpress/wp-content/uploads/2020/07/PHTG_Forschungsbericht_Nr17_Schlussbericht_StarTG.pdf

Fielding, Nigel (2004). Getting the most from archived qualitative data: epistemological, practical and professional obstacles. *International journal of social research methodology, 7*(1), 97–104. https://doi.org/10.1080/13645570310001640699

Flick, Uwe (2019). Gütekriterien qualitativer Sozialforschung. In: Nina Baur & Jörg Blasius (Hrsg.), *Handbuch Methoden der empirischen Sozialforschung* (S. 473–488). Springer VS. https://doi.org/10.1007/978-3-658-21308-4_33

Foucault, Michel (1994). Das Subjekt und die Macht. In: Hubert L. Dreyfus & Paul Rabinow (Hrsg.), *Michel Foucault. Jenseits von Strukturalismus und Hermeneutik* (2. Aufl., S. 241–261). Beltz.

Fritzsche, Bettina (2012). Subjektivationsprozesse in Domänen des Sagens und Zeigens. In: Norbert Ricken & Nicole Balzer (Hrsg.), *Judith Butler: Pädagogische Lektüren* (S. 181–205). Springer. https://doi.org/10.1007/978-3-531-94368-8_7

Fritzsche, Bettina (2013). Anerkennungsverhältnisse vergleichend, transkulturell und reflexiv gedacht. In: Merle Hummrich & Sandra Rademacher (Hrsg.), *Kulturvergleich in der qualitativen Forschung. Erziehungswissenschaftliche Perspektiven und Analysen* (S. 193–209). Springer. https://doi.org/10.1007/978-3-531-18937-6_11

Fritzsche, Bettina (2015a). Praxeologische Perspektiven auf die Verzahnung von „doing difference" und „doing pedagogy" im Unterricht. In: Jürgen Budde (Hrsg.), *Heterogenitätsforschung. Empirische und theoretische Perspektiven* (S. 165–192). Beltz Juventa.

Fritzsche, Bettina (2015b). Wenn niemand zu Schaden kommen darf. Eine kulturvergleichende Analyse schulischer Praktiken der Konfliktbearbeitung. *ZQF – Zeitschrift für Qualitative Forschung, 16*(2), 173–190.

Fritzsche, Bettina, Idel, Till-Sebastian & Rabenstein, Kerstin (2011). Ordnungsbildung in pädagogischen Praktiken. Praxistheoretische Überlegungen zur Konstitution und Beobachtung von Lernkulturen. *Zeitschrift für Soziologie der Erziehung und Sozialisation, 31*(1), 28–44.

Fritzsche, Bettina & Wagner-Willi, Monika (2015). Dokumentarische Interpretation von Unterrichtsvideografien. In: Ralf Bohnsack, Bettina Fritzsche & Monika Wagner-Willi (Hrsg.), *Dokumentarische Video- und Filminterpretation. Methodologie und Forschungspraxis* (2. Aufl., S. 131–152). Verlag Barbara Budrich.

Fröhlich-Gildhoff, Klaus & Rönnau-Böse, Maike (2017). Resilienz- und Gesundheitsförderung. In: Franz Petermann & Silvia Wiedebusch (Hrsg.), *Praxishandbuch Kindergarten: Entwicklung von Kindern verstehen und fördern* (S. 363–381). Hogrefe.

Garfinkel, Harold (1973). Das Alltagswissen über soziale und innerhalb sozialer Strukturen. In: Arbeitsgruppe Bielefelder Soziologen (Hrsg.), *Alltagswissen, Interaktion und gesellschaftliche Wirklichkeit* (S. 189–260). rororo studium.

Gerstenberg, Frauke (2014). Die Frage als Diskursbewegung in (pädagogischen) Praktiken. Zu den Möglichkeiten einer Gesprächsanalyse der Dokumentarischen Methode. In: Klaus

Fröhlich-Gildhoff, Iris Nentwig-Gesemann & Norbert Neuss (Hrsg.), *Forschung in der Frühpädagogik VII. Schwerpunkt: Profession und Professionalisierung* (S. 277–306). FEL.

Gisske, Anne (2021). *Gütekriterien qualitativer Sekundäranalysen.* Springer VS.

Glaser, Barney G & Strauss, Anselm L (1967/1998). *Grounded Theory. Strategien qualitativer Sozialforschung.* Huber (Original 1967: The Discovery of Grounded Theory. Strategies for Qualitative Research. New York: Aldine de Gruyter).

Göbel, Sabrina (2018). *Alltagspraktiken in Kindertageseinrichtungen. Eine videographische Studie zum Miteinander von pädagogischen Fachkräften und Kindern.* Springer VS. https://doi.org/10.1007/978-3-658-22916-0

Hackbarth, Anja (2017). *Inklusionen und Exklusionen in Schülerinteraktionen.* Klinkhardt.

Hampl, Stefan (2010). Videos interpretieren und darstellen. Die dokumentarische Methode. In: Michael Corsten, Melanie Krug & Christine Moritz (Hrsg.), *Videographie praktizieren. Herangehensweisen, Möglichkeiten und Grenzen* (S. 53–88). VS Verlag für Sozialwissenschaften, Springer Fachmedien.

Hampl, Stefan (2015). Videotranskription und das System MoViQ. In: Ralf Bohnsack, Bettina Fritzsche & Monika Wagner-Willi (Hrsg.), *Dokumentarische Video-und Filminterpretation. Methodologie und Forschungspraxis* (S. 441–464). Verlag Barbara Budrich.

Hattie, John (2015). *Lernen sichtbar machen aus psychologischer Perspektive.* Schneider Hohengehren.

Heaton, Janet (2004). *Reworking qualitative data.* Sage.

Heaton, Janet (2008). Secondary analysis of qualitative data: An overview. *Historical Social Research/Historische Sozialforschung, 33*(3), 33–45.

Hegel, Georg Willhelm Friedrich (1807/2011). *Phänomenologie des Geistes* (neu hrsg. von Hans-Friedrich Wessels und Heinrich Clairmont, Nachdr.). Felix Meiner Verlag.

Heiser, Patrick (2018). *Meilensteinne der qualitativen Sozialforschung. Eine Einführung entlang klassischer Studien.* Springer VS.

Helmke, Andreas (2007). *Unterrichtsqualität: Erfassen, Bewerten, Verbessern* (6. Aufl.). Kallmeyer.

Helsper, Werner (1996). Antinomien des Lehrerhandelns in modernisierten pädagogischen Kulturen. In: Arno Combe & Werner Helsper (Hrsg.), *Pädagogische Professionalität* (S. 521–569). Suhrkamp.

Helsper, Werner (2018). Lehrerhabitus. In: *Ungewissheit als Herausforderung für pädagogisches Handeln* (S. 105–140). Springer Fachmedien.

Helsper, Werner, Sandring, Sabine & Wiezorek, Christine (2005). Anerkennung in pädagogischen Beziehungen. Ein Problemaufriss. In: Wilhelm Heitmeyer & Peter Imbusch (Hrsg.), *Integrationspotenziale einer modernen Gesellschaft* (S. 179–206). VS Verlag für Sozialwissenschaften.

Hemmerling, Annegert (2007). *Der Kindergarten als Bildungsinstitution. Hintergründe und Perspektiven.* VS Verlag für Sozialwissenschaften. https://doi.org/10.1007/978-3-531-90753-6

Herrle, Matthias, Rauin, Udo & Engartner, Tim (2016). Videos als Ressourcen zur Generierung von Wissen über Unterrichtsrealität (en). In: Udo Rauin, Matthias Herrle & Tim Engartner (Hrsg.), *Grundlagentexte Methoden. Videoanalysen in der Unterrichtsforschung. Methodische Vorgehensweisen und Anwendungsbeispiele* (S. 8–28). Beltz Juventa.

Hildebrandt, Elke (2009). Eingangsstufe in der Schweiz – Reformschule für alle Kinder von vier bis acht Jahren. In: Dorit Bosse & Peter Posch (Hrsg.), *Schule 2020 aus Expertensicht* (S. 87–92). Springer.

Hirschauer, Stefan (2001). Ethnografisches Schreiben und die Schweigsamkeit des Sozialen. Zu einer Methodologie der Beschreibung. *Zeitschrift für Soziologie, 30*(6), 429–451.

Honig, Michael-Sebastian (2009). Das Kind der Kindheitsforschung. Gegenstandskonstitution in den childhood studies. In: Michael-Sebastian Honig (Hrsg.), *Ordnungen der Kindheit. Problemstellungen und Perspektiven der Kindheitsforschung* (S. 25–51). Juventa Verlag.

Honig, Michael-Sebastian (2018). Kindheit als praxeologisches Konzept. Von der generationalen Ordnung zu generationierenden Praktiken. In: Jürgen Budde, Martin Bittner, Andrea Bossen & Georg Rißler (Hrsg.), *Konturen praxistheoretischer Erziehungswissenschaft* (S. 193–209). Beltz Juventa.

Honneth, Axel (1992). *Kampf um Anerkennung. Zur moralischen Grammatik sozialer Konflikte.* Suhrkamp.

Honneth, Axel (2004). Anerkennung als Ideologie. *WestEnd. Neue Zeitschrift für Sozialforschung, 1*(1), 51–70.

Imdahl, Max (1979). Überlegungen zur Identität des Bildes. In: Odo Marquard & Karlheinz Stierle (Hrsg.), *Identität* (S. 187–211). Wilhelm Fink Verlag.

Imlig, Flavian, Bayard, Sybille & Mangold, Max (2019). *Situation des Kindergartens im Kanton Zürich.* Bildungsdirektion Kanton Zürich, Bildungsplanung.

Isler, Dieter, Kirchhofer, Katharina, Hefti, Claudia, Simoni, Heidi & Frei, Doris (2017). *Fachkonzept «Frühe Sprachbildung».* Bildungsdirektion des Kantons Zürich. https://publikationsserver.phtg.ch/receive/phtg_mods_00000083

Jäger, Marianna (2008). Alltagskultur im Kindergarten. Lebensweltliche Ethnographie aus ethnologischer Perspektive. In: Bettina Hünersdorf, Christoph Maeder & Burkhard Müller (Hrsg.), *Ethnographie und Erziehungswissenschaft. Methodologische Reflexionen und empirische Annäherungen* (S. 141–150). Juventa Verlag.

Jäger, Marianna, Biffi, Cornelia & Halfhide, Therese (2006). *Schlussbericht. Grundstufe als Zusammenführung zweier Kulturen. Teil 1: Eine Ethnographie des Kindergartens.* Pädagogische Hochschule Zürich.

Jooß-Weinbach, Margarete (2012). Ein Arbeitsbündnis mit den Jüngsten? Die Herausforderungen professioneller Interaktion mit Krippenkindern. In: Susanne Viernickel, Doris Edelmann, Hilmar Hoffmann & König Anke (Hrsg.), *Krippenforschung. Methoden, Konzepte, Beispiele* (S. 119–128). Ernst Reinhardt Verlag.

Kallmeyer, Werner & Schütze, Fritz (1977). Zur Konstitution von Kommunikationsschemata. Dargestellt am Beispiel von Erzählungen und Beschreibungen. In: Dirk Wegner (Hrsg.), *Gesprächsanalysen.* (S. 159–274). Buske.

Karsch, Christine & Gießler, Lea (2020). Betreuungssystem für Kinder unter drei Jahren. In: Nicole Biedinger (Hrsg.), *Was Eltern und Fachkräfte bewegt: Ein Überblick über die vorschulische Bildung in Deutschland* (S. 44–55). Barbara Budrich.

Kelle, Udo & Kluge, Susann (2010). *Vom Einzelfall zum Typus. Fallvergleich und Fallkontrastierung in der qualitativen Sozialforschung* (2. überarbeitete Aufl.). VS Verlag für Sozialwissenschaften.

Keller, Stefan & Reintjes, Christian (2016). *Aufgaben als Schlüssel zur Kompetenz. Didaktische Herausforderungen, wissenschaftliche Zugänge und empirische Befunde.* Waxmann.

Kleemann, Frank, Krähnke, Uwe & Matuschek, Ingo (2013). *Interpretative Sozialforschung. Eine Einführung in die Praxis des Interpretierens.* (2. Aufl.). Springer VS.

Kleiner, Bettina & Rose, Nadine (2014). *(Re-)Produktion von Ungleichheiten im Schulalltag. Judith Butlers Konzept der Subjektivation in der erziehungswissenschaftlichen Forschung.* Verlag Barbara Budrich.

Knoblauch, Hubert (2000). Workplace Studies und Video: zur Entwicklung der visuellen Ethnographie von Technologie und Arbeit. In: Irene Gotz & Andreas Wittel (Hrsg.), *Arbeitskulturen im Umbruch: zur Ethnographie von Arbeit und Organisation* (S. 159–174). Waxmann.

Kolbe, Fritz-Ulrich, Reh, Sabine, Fritzsche, Bettina, Idel, Till-Sebastian & Rabenstein, Kerstin (2008). Lernkultur: Überlegungen zu einer kulturwissenschaftlichen Grundlegung qualitativer Unterrichtsforschung. *Zeitschrift für Erziehungswissenschaft, 11*(1), 125–143. https://doi.org/10.1007/s11618-008-0007-5

König, Anke (2009). *Interaktionsprozesse zwischen ErzieherInnen und Kindern. Eine Videostudie aus dem Kindergartenalltag.* VS Verlag für Sozialwissenschaften. https://doi.org/10.1007/978-3-531-91412-1

Kress, Gunther (2010). *Multimodality. A Social Semiotic Approach to Contemporary Communication.* Routledge.

Krüger, Jana (2014). *Perspektiven Pädagogischer Professionalisierung. Lehrerbildner/-innen im Vorbereitungsdienst für das Lehramt an beruflichen Schulen.* Springer-Verlag.

Kuckartz, Udo, Dresing, Thorsten, Rädiker, Stefan & Stefer, Klaus (2007). *Qualitative Evaluation. Der Einstieg in die Praxis.* VS Verlag für Sozialwissenschaften.

Künzli Kläger, Sibylle & Scherrer Käslin, Regina (2019). Wegschleuder oder Steinschleuder? (Un-)Verständnis in Kommunikationsformen des Kindergartens. In: Anja Sieber Egger, Gisela Unterweger, Marianna Jäger, Melanie Kuhn & Judith Hangartner (Hrsg.), *Kindheit(en) in formalen, nonformalen und informellen Bildungskontexten* (S. 3–26). Springer. https://doi.org/10.1007/978-3-658-23238-2_1

Küsters, Ivonne (2009). *Narrative Interviews. Grundlagen und Anwendungen.* VS Verlag für Sozialwissenschaften.

Latka, Thomas (2003). *Topisches Sozialsystem.* Verlag für Systemische Forschung im Carl-Auer-Systeme-Verlag.

Luhmann, Niklas (2002). *Das Erziehungssystem der Gesellschaft.* Suhrkamp.

Maeder, Christoph (2018). Aushandlungsordnung im Kindergarten. In: Angelika Poferl & Michaela Pfandhauser (Hrsg.), *Wissensrelationen* (Beltz Juventa.

Maier, Uwe, Kleinknecht, Marc, Metz, Kerstin & Bohl, Thorsten (2010). Ein allgemeindidaktisches Kategoriensystem zur Analyse des kognitiven Potenzials von Aufgaben. *Beiträge zur Lehrerinnen-und Lehrerbildung, 28*(1), 84–96. https://doi.org/10.25656/01:13734

Mannheim, Karl (1923). *Beiträge zur Theorie der Weltanschauungsinterpretation.* Hölzel.

Mannheim, Karl (1980). *Strukturen des Denkens.* Suhrkamp.

Martens, Matthias & Asbrand, Barbara (2017). Passungsverhältnisse: Methodologische und theoretische Reflexionen zur Interaktionsorganisation des Unterrichts. *Zeitschrift für Pädagogik, 63*(1), 72–90. https://doi.org/10.25656/01:18481

Martens, Matthias, Petersen, Dorthe & Asbrand, Barbara (2015). Die Materialität von Lernkultur. Methodische Überlegungen zur dokumentarischen Analyse von Unterrichtsvideografien. In: Ralf Bohnsack, Bettina Fritzsche & Monika Wagner-Willi (Hrsg.), *Dokumentarische Video- und Filminterpretation. Methodologie und Forschungspraxis* (S. 179–206). Verlag Barbara Budrich.

Mayring, Philipp (2002). *Einführung in die qualitative Sozialforschung. Eine Anleitung zu qualitativem Denken* (5. überarb. und neu ausgestattete Aufl.). Beltz.

Mayring, Philipp (2016). *Einführung in die qualitative Sozialforschung. Eine Anleitung zu qualitativem Denken* (6. Aufl.). Beltz.

Meade, Anne & Cubey, Pam (1995). *Thinking Children. Learning About Schemas*. New Zealand Council for Education Research.

Medjedović, Irena (2014). Qualitative Daten für die Sekundäranalyse. In: Nina Baur & Jörg Blasius (Hrsg.), *Handbuch Methoden der empirischen Sozialforschung* (S. 223–232). Springer. https://doi.org/10.1007/978-3-658-21308-4_16

Menz, Margarete & Thon, Christine (2013). Legitime Bildung im Elementarbereich. Empirische Erkundungen zur Adressierung von Eltern durch Fachkräfte. *ZQF – Zeitschrift für Qualitative Forschung, 14*(1), 139–156. https://elibrary.utb.de/doi/epdf/10.3224/zqf.v14i1.15456

Meyer, Wolfgang (2007). Datenerhebung: Befragungen – Beobachtungen – Nicht-reaktive Verfahren. In: Reinhard Stockmann (Hrsg.), *Handbuch zur Evaluation. Eine praktische Handlungsanleitung* (S. 223–277). Waxmann.

Nentwig-Gesemann, Iris (2010). Regelgeleitete, habituelle und aktionistische Spielpraxis. Die Analyse von Kinderspielkultur mit Hilfe videogestützter Gruppendiskussionen. In: Ralf Bohnsack, Aglaja Przyborski & Burkhard Schäffer (Hrsg.), *Das Gruppendiskussionsverfahren in der Forschungspraxis* (2. überarb. und aktual. Aufl., S. 25–44). Verlag Barbara Budrich.

Nentwig-Gesemann, Iris & Gerstenberg, Frauke (2018). Typen der Interaktionsorganisation in (früh-) pädagogischen Settings. In: Ralf Bohnsack, Nora Friederike Hoffmann & Iris Nentwig-Gesemann (Hrsg.), *Die Typenbildung der Dokumentarischen Methode* (S. 131–150). Verlag Barbara Budrich.

Nentwig-Gesemann, Iris & Nicolai, Katharina (2015). Dokumentarische Videointerpretation typischer Modi der Interaktionsorganisation im Krippenalltag. In: Ralf Bohnsack, Bettina Fritzsche & Monika Wagner-Willi (Hrsg.), *Dokumentarische Video-und Filminterpretation. Methodologie und Forschungspraxis* (2. durchges. Aufl., S. 45–73). Verlag Barbara Budrich.

Niederhäuser, Rebecca (2009). *Merkblatt zum Transkribieren*. Institut für Populäre Kulturen.

Nohl, Arnd-Michael (2013a). Komparative Analyse. Forschungspraxis und Methodologie dokumentarischer Interpretation In: Ralf Bohnsack, Iris Nentwig-Gesemann & Arnd-Michael Nohl (Hrsg.), *Die dokumentarische Methode und ihre Forschungspraxis. Grundlagen qualitativer Sozialforschung* (3. aktual. Aufl., S. 271–293). Springer VS.

Nohl, Arnd-Michael (2013b). *Relationale Typenbildung und Mehrebenenvergleich. Neue Wege der dokumentarischen Methode*. Springer VS.

Nohl, Arnd-Michael (2017). *Interview und Dokumentarische Methode. Anleitungen für die Forschungspraxis* (5. aktual. und erw. Aufl.). Springer VS.

OECD (2017). *Starting Strong V: Transitions from Early Childhood Education and Care to Primary Education.* OECD Publishing. https://www.oecd.org/en/publications/starting-str ong-v_9789264276253-en.html

Oevermann, Ulrich (1996). Theoretische Skizze einer revidierten Theorie professionalisierten Handelns. In: Arno Combe & Werner Helsper (Hrsg.), *Pädagogische Professionalität. Untersuchungen zum Typus pädagogischen Handelns* (S. 70–182). Suhrkamp.

Pädagogische Hochschule Zürich. (2010, 18. Februar). Kindergarten- und Unterstufe an der PH Zürich: Ein Diplom für die ganze Schweiz [Medienmitteilung].

Panofsky, Erwin (1975). Ikonographie und Ikonologie. Eine Einführung in die Kunst der Renaissance. In: Erwin Panofsky (Hrsg.), *Sinn und Deutung in der bildenden Kunst* (S. 36–67). DuMont Schauberg.

Patton, Michael Quinn (1990). *Qualitative evaluation and research methods* (2. überarb. Aufl.). SAGE Publications, inc.

Prange, Klaus (2005). *Die Zeigestruktur der Erziehung: Grundriss der operativen Pädagogik.* Verlag Ferdinand Schöningh.

Prengel, Annedore (2012). Anerkennung in Lehrer-Schüler-Beziehungen als Bedingung sozialen und kognitiven Lernens. In: Frank Hellmich, Sabrina Förster & Fabian Hoya (Hrsg.), *Bedingungen des Lehrens und Lernens in der Grundschule* (S. 73–76). VS Verlag für Sozialwissenschaften I Springer Fachmedien.

Przyborski, Aglaja (2004). *Gesprächsanalyse und dokumentarische Methode. Qualitative Auswertung von Gesprächen, Gruppendiskussionen und anderen Diskursen.* VS Verlag für Sozialwissenschaften.

Przyborski, Aglaja & Wohlrab-Sahr, Monika (2014). *Qualitative Sozialforschung. Ein Arbeitsbuch* (4. erw. Aufl.). Oldenbourg Verlag. https://doi.org/10.1524/9783486719550

Rabenstein, Kerstin (2010). Was ist Unterricht? Modelle im Vergleich. In: Carla Schelle, Kerstin Rabenstein & Sabine Reh (Hrsg.), *Unterricht als Interaktion: Ein Fallbuch für die Lehrerbildung* (S. 25–42). Klinkhardt.

Reckwitz, Andreas (2003). Grundelemente einer Theorie sozialer Praktiken. Eine sozialtheoretische Perspektive. *Zeitschrift für Soziologie, 32*(4), 282–301.

Reckwitz, Andreas (2012). *Subjekt* (3. Aufl.). transcript Verlag.

Regierungsrat des Kantons Zürich. (2019, 26. Sepember). Mehr Lohn für Kindergärtnerinnen und Kindergärtner [Medienmitteilung]. https://www.zh.ch/de/news-uebersicht/med ienmitteilungen/2019/09/mehr-lohn-fuer-kindergaertnerinnen-und-kindergaertner.html

Reh, Sabine (2012). Mit der Videokamera beobachten. In: Heike de Boer & Sabine Reh (Hrsg.), *Beobachtung in der Schule – Beobachten lernen* (S. 151–169). Springer VS.

Reh, Sabine & Rabenstein, Kerstin (2012). Normen der Anerkennbarkeit in pädagogischen Ordnungen. In: Norbert Ricken & Nicole Balzer (Hrsg.), *Judith Butler: Pädagogische Lektüren* (S. 225–246). Springer VS. https://doi.org/10.1007/978-3-531-94368-8_9

Reh, Sabine & Ricken, Norbert (2012). Das Konzept der Adressierung. Zur Methodologie einer qualitativ-empirischen Erforschung von Subjektivation. *Qualitative Bildungsforschung und Bildungstheorie,* 35–56.

Reh, Sabine & Wilde, Denise (2016). „Ihr habt eigentlich gesehen..." – Von der Zeugenschaft zum Verstehen. Adressierungen des Subjekts und die ‚Sache' im Geschichtsunterricht. In: Thomas Geier & Marion Pollmanns (Hrsg.), *Was ist Unterricht?* (S. 103–122). Springer. https://doi.org/10.1007/978-3-658-07178-3_5

Reisenauer, Cathrin & Ulseß-Schurda, Nadine (2018). *Anerkennung in der Schule. Über Anlässe, Abläufe und Wirkweisen von Adressierungen.* hep-Verlag.

Ricken, Norbert (2006). Erziehung und Anerkennung. Anmerkungen zur Konstitution des pädagogischen Problems. *Vierteljahrsschrift für wissenschaftliche Pädagogik, 82*(2), 215–230.

Ricken, Norbert (2013). Anerkennung als Adressierung. Über die Bedeutung von Anerkennung für Subjektivationsprozesse. In: Thomas Alkemeyer, Gunilla Budde & Dagmar Freist (Hrsg.), *Selbst-Bildungen. Soziale und kulturelle Praktiken der Subjektivierung* (S. 69–99). transcript.

Ricken, Norbert (2014). Adressierung und (Re-)Signifizierung. Anmerkungen zum Zusammenhang von sozialer Herkunft und schulischer Leistung aus praktikentheoretischer Perspektive. In: Bettina Kleiner & Nadine Rose (Hrsg.), *(Re-)Produktion von Ungleichheiten im Schulalltag. Judith Butlers Konzept der Subjektivation in der erziehungswissenschaftlichen Forschung* (S. 119–133). Barbara Budrich.

Ricken, Norbert & Balzer, Nicole (2012). *Judith Butler: Pädagogische Lektüren.* Springer VS. https://doi.org/10.1007/978-3-531-94368-8

Ricken, Norbert, Rose, Nadine, Kuhlmann, Nele & Otzen, Anne (2017). Die Sprachlichkeit der Anerkennung. Eine theoretische und methodologische Perspektive auf die Erforschung von „Anerkennung". *Vierteljahrsschrift für wissenschaftliche Pädagogik, 93*(2), 193–235.

Riedl, Anna Maria (2018). Anerkennung in pädagogischen Beziehungen. *Engagement: Zeitschrift für Erziehung und Schule, 36*(4), 169–175.

Röhr, Henning (2009). Anerkennung. Zur Hypertrophie eines Begriffs. In: Norbert Ricken, Henning Röhr, Jörg Ruhloff & Klaus Schaller (Hrsg.), *Umlernen* (S. 93–107). Wilhelm Fink Verlag.

Rose, Nadine (2019). Erziehungswissenschaftliche Subjektivierungsforschung als Adressierungsanalyse. In: Alexander Geimer, Steffen Amling & Saša Bosančić (Hrsg.), *Subjekt und Subjektivierung* (S. 65–85). Springer Fachmedien. https://doi.org/10.1007/978-3-658-22313-7_4

Rose, Nadine & Ricken, Norbert (2018). Interaktionsanalyse als Adressierungsanalyse – eine Perspektive der Subjektivierungsforschung. In: Martin Heinrich & Andreas Wernet (Hrsg.), *Rekonstruktive Bildungsforschung* (S. 159–175). Springer Fachmedien. https://doi.org/10.1007/978-3-658-18007-2_11

Rüfenacht, Paul (1984). *Vorschulerziehung. Geschichte und aktuelle Situation in den einzelnen Kantonen der Schweiz.* Haupt.

Sabisch, Katja (2017). Poststrukturalismus: Geschlechterforschung und das Denken der Differenz. In: Beate Kortendiek, Birgit Riegraf & Katja Sabisch (Hrsg.), *Handbuch Interdisziplinäre Geschlechterforschung* (S. 283–291). Springer. https://doi.org/10.1007/978-3-658-12500-4_22-1

Schäfer, Alfred & Thompson, Christiane (2010). *Anerkennung.* Ferdinand Schöningh.

Schäffer, Burkhard (2020). Typenbildende Interpretation. Ein Beitrag zur methodischen Systematisierung der Typenbildung der Dokumentarischen Methode. In: Jutta Ecarius & Burkhard Schäffer (Hrsg.), *Typenbildung und Theoriegenerierung. Methoden und Methodologien qualitativer Bildungs- und Biographieforschung* (Verlag Barbara Budrich).

Schatzki, Theodore, Knorr-Cetina, Karin & von Savigny, Eike (2001). *The practice turn in contemporary theory.* Routledge.

Schulz, Marc (2016). Die Pädagogizität des genauen Beobachtens. Aufmerksame Körper, pädagogische Optiken und ‚Lernkindheit'. In: Friederike Schmidt, Marc Schulz & Gunther Graßhoff (Hrsg.), *Pädagogische Blicke* (S. 72–88). Beltz Juventa.

Schütz, Alfred (1971). Wissenschaftliche Interpretation und Alltagsverständnis menschlichen Handelns. In: Alfred Schütz (Hrsg.), *Gesammelte Aufsätze* (S. 3–54). Martinus Nijhoff.

Schweizerische Konferenz der kantonalen Erziehungsdirektoren (1994). *Kindergarten.* EDK.

Schweizerische Konferenz der kantonalen Erziehungsdirektoren (1997). *Bildung und Erziehung der vier- bis achtjährigen in der Schweiz.* Schweizerische Konferenz der kantonalen Erziehungsdirektoren (EDK).

Schweizerische Konferenz der kantonalen Erziehungsdirektoren (2011). *Die interkantonale Vereinbarung über die Harmonsierung der obligatorischen Schule (HarmoS-Konkordat) vom 14. Juni 2007. Kommentar, Entstehungsgeschichte und Ausblick, Instrumente.* Schweizerische Konferenz der kantonalen Erziehungsdirektoren (EDK).

Sieber Egger, Anja & Unterweger, Gisela (2020). „Da ist die Frage, ob man's steuern kann, seinen Körper". Praxeologische Betrachtungen des Kindergartenalltags. In: Andreas Hoffmann-Ocon, Andrea De Vincenti & Norbert Grube (Hrsg.), *Praxeologie in der Historischen Bildungsforschung* (S. 269–295). Transcript.

Steinhardt, Isabel, Fischer, Caroline, Heimstädt, Maximilian, Hirsbrunner, Simon David, İkiz-Akıncı, Dilek, Kressin, Lisa, Kretzer, Susanne, Möllenkamp, Andreas, Porzelt, Maike, Rahal, Rima-Maria, Schimmler, Sonja, Wilke, René & Wünsche, Hannes (2020). *Das Öffnen und Teilen von Daten qualitativer Forschung. Ergebnisse eines Worksops der Forschungsgruppe „Digitalisierung der Wissenschaft".* Weizenbaum Institut.

Steinke, Ines (2017). Gütekriterien qualitativer Forschung. In: Uwe Flick, Ernst von Kardorff & Ines Steinke (Hrsg.), *Qualitative Forschung. Ein Handbuch* (12. Aufl., S. 319–331). Rowohlt Taschenbuch Verlag.

Strauss, Anselm & Corbin, Juliet (1996). *Grounded Theory: Grundlagen Qualitativer Sozialforschung.* Beltz, PsychologieVerlagsUnion.

Strübing, Jörg, Hirschauer, Stefan, Ayaß, Ruth, Krähnke, Uwe & Scheffer, Thomas (2018). Gütekriterien qualitativer Sozialforschung. Ein Diskussionsanstoß. *Zeitschrift für Soziologie, 47*(2), 83–100. https://doi.org/10.1515/zfsoz-2018-1006

Tyagunova, Tanja & Breidenstein, Georg (2016). „Was ist Unterricht?" – Die Perspektive der Ethnomethodologie. In: Thomas Geier & Marion Pollmanns (Hrsg.), *Was ist Unterricht?* (S. 77–101). Springer.

Vasarik Staub, Katriina, Galle, Marco, Stebler, Rita & Reusser, Kurt (2019). Qualitätssicherung bei qualitativ inhaltsanalytischen Verfahren in großen Forschungsgruppen: Herausforderungen und Möglichkeiten in der Forschungspraxis am Beispiel der perLen-Studie.

Volksschulamt des Kantons Zürich. (2023). *Kindergarten: Start in die Volksschulzeit.* https://www.zh.ch/de/bildung/schulen/volksschule/kindergarten.html

Volksschulamt des Kantons Zürich (2016). *Neu definierter Berufsauftrag. Arbeitszeitmodell auf der Kindergartenstufe.* Bildungsdirektion des Kantons Zürich.

Vollmer, Knut (2017). *Fachwörterbuch für Erzieherinnen und pädagogische Fachkräfte* (überarb. Neuausgabe, 11. Gesamtaufl.). Verlag Herder.

von Sychowski, Gaja (2014). „Anerkennung" als „Subjektivation" – zur Anerkennungstheorie Judith Butlers. *Der pädagogische Blick: Zeitschrift für Wissenschaft und Praxis in pädagogischen Berufen*, 22(1), 5–18.

Wagener, Benjamin (2020). *Leistung, Differenz und Inklusion. Eine rekonstruktive Analyse professionalisierter Unterrichtspraxis.* Springer VS.

Wagner-Willi, Monika (2004a). Mikrorituale von Grundschülern – Liminalität und Aktionismus. In: Christoph Wulf & Jörg Zirfas (Hrsg.), *Innovation und Ritual. Jugend, Geschlecht und Schule* (S. 182–193). VS Verlag für Sozialwissenschaften.

Wagner-Willi, Monika (2004b). Videointerpretation als mehrdimensionale Mikroanalyse am Beispiel schulischer Alltagsszenen. *Zeitschrift für qualitative Bildungs-, Beratungs- und Sozialforschung*, 5(1), 49–66.

Wannack, Evelyne & Herger, Kirsten (2014). *Classroom Management. Unterrichtsgestaltung in der Schuleingangsstufe.* hep-Verlag.

Weltzien, Dörte (2014). *Pädagogik: Die Gestaltung von Interaktionen in der Kita: Merkmale – Beobachtung – Reflexion.* Beltz Juventa.

Wiedebusch, Silvia & Petermann, Franz (2017). Sozial-emotionale Entwicklung. In: Franz Petermann & Silvia Wiedebusch (Hrsg.), *Praxishandbuch Kindergarten: Entwicklung von Kindern verstehen und fördern* (S. 64–85). Hogrefe.

Wrana, Daniel (2015). Zur Analyse von Positionierungen in diskursiven Praktiken. Methodologische Reflexionen anhand von zwei Studien. In: Susann Fegter, Fabian Kessl, Antje Langer, Marion Ott, Daniela Rothe & Daniel Wrana (Hrsg.), *Erziehungswissenschaftliche Diskursforschung. Empirische Analyse zu Bildungs- und Erziehungsverhältnissen* (S. 123–141). Springer VS.

GPSR Compliance

The European Union's (EU) General Product Safety Regulation (GPSR) is a set of rules that requires consumer products to be safe and our obligations to ensure this.

If you have any concerns about our products, you can contact us on ProductSafety@springernature.com

In case Publisher is established outside the EU, the EU authorized representative is:

Springer Nature Customer Service Center GmbH
Europaplatz 3
69115 Heidelberg, Germany

The manufacturer's authorised representative in the EU is Springer
Nature Customer Service Centre GmbH, Europaplatz 3, 69115 Heidelberg,
Germany. If you have any concerns regarding our products, please
contact ProductSafety@springernature.com

Printed and bound by CPI Group (UK) Ltd, Croydon, CR0 4YY

24/04/2026

02096366-0003